Report on
Research and Development of
Digital Talent in Industries

产业数字人才
研究与发展报告

2023

人瑞人才 | 著
德勤中国

社会科学文献出版社
SOCIAL SCIENCES ACADEMIC PRESS (CHINA)

前　言

随着新一轮科技革命和产业变革的深入发展，数字经济正在成为重塑全球经济结构、改变全球竞争格局的关键力量，全球主要经济体均希望通过数字化转型建立更具包容性、竞争力和创新性的新型经济结构。《全球数字经济白皮书2022》显示，2021年全球47个主要经济体数字经济增加值占GDP比重为45%，毫无疑问，数字经济与实体经济的深度融合，将是未来经济发展的重要动力。而数字人才作为数字经济的核心要素，对推动数字经济高质量发展的作用至关重要。随着各产业数字化转型进入更深的阶段，大量数字化、智能化的岗位相继涌现，相关行业对数字人才的需求与日俱增，人才短缺已经成为制约数字经济发展的重要因素。中国信息通信研究院发布的《中国数字经济发展报告（2022）》显示，2021年我国数字经济规模达45.5万亿元，占GDP比重达39.8%。人瑞人才和德勤中国通过估算发现，当前数字人才总体缺口在2500万至3000万左右，且缺口仍在持续扩大。

我们深知，任何形式的组织变革与科技的运用其成败的根本依然在于人。人是发现问题的主观能动者，是保障组织任务和目标落地的决定因素。我们调研了众多的数字化转型企业，转型收效甚微或失败的比比皆是，究其原因主要有：1.对数字化转型理解不深，盲目表面地转；2.只侧重技术的运用，片面地转；3.看到问题解决问题，缺乏系统性地转；4.转型过程中，人才和组织机制保障跟不上。

在此背景下，人瑞人才与德勤中国携手合作，共同撰写《产业数字人才研究与发展报告（2023）》，希望通过此次研究，观察中国产业数字化进程现状，发掘企业数字化转型中的关键问题，分析数字人才现状与发展趋势，并给出具有针对性的数字人才发展问题解决方案。本报告研究对象涉及政府、企业、求职者及高校多级主体，采用公开政策研究、头部招聘平台数据采集与分析、第三方报告案头研究、企业深度访谈、调查问卷等方法获取企业数字化转型需求、问题及数字人才信息。这其中包括由公司决策者、业务主管、员工和HR填答的近2500份调查问卷，与11个不同行业高管交流得到的近100份访谈资料，以及公开的招聘数据信息，报告力求从客观的角度分析、发现各类企业数字化转型中遇到的问题，总结归纳好的经验方法，并针对困扰绝大部分企业的"数字人才不足与培养"问题提出一些针对性的解决方案，以供企业参考，期望能助力更多的企业成功实现数字化转型。

本报告第一部分概述中国企业数字化发展的背景与趋势。该部分在明确数字经济内涵的基础上概述了数字人才缺口的总体特征，并细化分析企业组织结构和人才管理体系的现状、挑战，以及应对策略。报告第二、三部分则根据德勤中国在数字化产业和产业数字化的行业经验进一步细化研究，分11个不同行业描述企业在人才方面遇到的机遇与挑战。该部分在展示细分行业人才供需情况的基础上，通过胜任力模型给出目标人才具备的能力特征，描绘人才微观画像以指明人才培养方向。报告第四部分将视角转向企业发展，人瑞人才从企业数字转型战略出发，分析数字化时代的产品研发策略和项目管理，并聚焦数字化时代的组织模式与人力资源管理策略，提出"以任务为中心"的组织形态、"基于人才领先"的人力资源战略、"企业内外相结合"的人才供应链体系，以及多元化的用工模式，为数字化转型过程中人才管理与培养问题提供了全面的解决方案，对长期困扰企业的"要不要转型、怎么转型、转型过程中需要注意什么，以及如何更有效地实现转型"等问题给出了归纳性意见及参考思路，对处于数字化转型进程中的企业予以启发。

数字化转型并非简简单单地将数字化技术叠加运用在企业管理中，一个企业要实现数字化转型，需要对企业组织架构、业务模式、人才结构、管理体系、企业文化等方方面面做系统性的转化。人瑞人才过去十几年服务中国各个行业著名企业，沉淀了大量专业服务经验并对行业的业务拥有深入理解与研究，德勤中国在各个行业的市场动态、业务发展趋势、企业管理模式等方面拥有深刻洞察与丰富的咨询服务经验，双方合作共同完成的《产业数字人才研究与发展报告（2023）》是国内首次对11个重点产业的数字人才发展的全面梳理与分析，对各行业企业的数字化转型和人才管理具有重要的参考价值。在此我们也希望借本书抛砖引玉，引发更多针对数字人才发展的讨论，并共同推进中国数字经济深入发展。

本报告由人瑞人才研究院院长曾子豪和德勤研究合伙人陈岚女士全面策划、组织与编写，德勤研究的十几位专家参与了其中的具体行业调研与报告编写工作，感谢李美虹女士、徐宜冰女士、钟昀泰先生、屈倩如女士、周菲女士、高菲女士、吴燕子女士、林珈庆先生、胡怡女士、徐欣馨女士、杜加威先生、张瀚予女士和王豆青女士的辛勤撰写工作。人瑞人才市场部副总裁谢宗良先生、尚昭先生、邱扬晨子女士参与了具体的市场调研和报告编排工作。人瑞人才的周倩女士、张亮先生承担了大量调研、分析、信息整理、案例和内容编辑的工作。感谢每一位的辛勤工作。同时，对于参与本报告的访谈企业，以及参与调研问卷的个人也表示特别感谢。在共同努力下，通过半年多的时间大家最终完成了本报告的编写与发布。最后，特别感谢社会科学文献出版社对该报告出版的大力支持。期待以后我们有机会与中国各个行业的企业进行更多的研究与合作，共同推动中国企业数字化转型与人才管理的成功。

人瑞人才 CEO　张建国[*]

2023年3月

* 张建国　人瑞人才科技集团（香港主板上市，6919.HK）执行董事、主席兼行政总裁，北京大学工商管理硕士研究生。曾任华为公司首任主管人力资源副总裁、北京华夏基石企业管理咨询公司总经理、中华英才网CEO，拥有二十多年人力资源管理经验。曾组织参与《华为基本法》的编写，负责搭建华为人力资源管理体系。出版《经营者思维——赢在战略人力资源管理》《灵活用工——人才为我所有到为我所用》等多部管理学著作。

目 录
CONTENTS

一

中国企业数字化发展的背景与趋势

◆◆◆

1. 企业数字化转型的宏观环境

我国经济社会发展已经进入数字时代，外部环境和内部条件正在发生深刻变化。物联网、大数据、机器人及人工智能为代表的数字技术催生的第四次工业革命引起了世界各国的高度重视。德国首次提出工业 4.0 概念，实施以物联网为核心的"工业 4.0 战略"；美国推出工业互联网的代表性措施，重点关注人工智能、先进的制造业技术、量子信息科学和 5G 技术。在新一轮科技革命和产业变革的背景下，中国加大数字经济发展力度，出台"中国制造 2025"战略，提出到 2025 年，制造业整体素质大幅提升，创新能力显著增强，工业化和信息化融合迈上新台阶的目标。

经济方面，数字经济已成为驱动中国经济实现发展的新引擎，数字经济所催生出的各种新业态成为中国经济新的重要增长点。根据中国信息通信研究院发布的《中国数字经济发展报告（2022）》，2021 年我国数字经济规模达 45.5 万亿元，占 GDP 比重达 39.8%，较 2016 年的 22.6 亿元扩张了 1 倍多，数字经济在国民经济中的地位更加稳固、支撑作用更加明显。数字产业化稳步发展，信息通信技术行业在增加值中占主要地位，软件产业和互联网行业占比小幅提升。产业数字化发展进入加速轨道，工业互联网融合应用迈入快速成长期，服务业数字化转型领先发展，农业数字化转型初见成效。

政策方面，党和国家高度重视数字经济发展和企业数字化转型，数字经济已上升为国家战略。党的二十大报告指出："加快发展数字经济，促进数字经济和实体经济深度融合，打造具有国际竞争力的数字产业集群。""十四五"规划中设置"加快数字化发展 建设数字中国"的专门章节对数字经济发展做出重要部署，明确了数字经济健康发展的指导思想、基本原则、发展目标、重点任务和保障措施。在未来工作方向上，国家将加大对关键核心技术攻关的政策倾斜，适度超前部署以新型基础设施为代表的数字化基础设施建设，进一步夯实数字经济底座。

技术方面，新一代信息通信技术已经进入大规模应用的成熟期，数字技术依托应用场景向生产生活全面渗透。VR 技术、元宇宙、数字货币的发展使虚拟和现实的界限变得模糊。人工智能、集成电路、云计算等新型领域达到普惠应用水平，出现相互交融趋势。农业、工业、教育、交通等传统产业利用数字技术进行全方位、多角度、全链条的改造提升，数据集成、平台赋能，物联网、车联网不断发展和完善。数字技术快速发展的同时，也密切关注和预防潜在风险，包括隐私、知识产权、垄断、治理等一系列领域将面临新的挑战。

竞争方面，数字化转型已经成为大型企业和中小企业发展的必然选择。全球调研机构 IDC 对 2000 位跨国企业 CEO 进行调查的结果显示，全球 1000 强企业中的 67%、中国 1000 强企业中的 76% 都将把数字化转型作为企业的战略核心。根据《福布斯》和麻省理工学院对全球 400 多家大型主流企业的调研数据，数字化企业的盈利能力比行业平均水平高出 26%。对于中小企业而言，数字技术成果的应用不仅能够降低软硬件投入的资金成本和安排部署、业务协同、团队组建的时间成本，还能通过提供个性化、柔性化定制解决方案，帮助中小企业打通供应链，实现精益生产、敏捷制造、精细管理和智能决策。

2. 数字经济的内涵与类别

数字经济发展的核心驱动力是数字技术。以制造业为例，基于信息物理系统的智能装备、智能工厂等智能制造引领制造方式变革，其核心支撑技术是信息物理系统（Cyber-Physical Systems, CPS）。信息物理系统是一个综合计算、网络和物理环境的多维复杂系统，通过 3C（Computation、Communication、Control）技术的有机融合与深度协作，实现大型工程系统的实时感知、动态控制和信息服务。信息物理生产系统（Cyber Physical Production System, CPPS）是信息物理系统在生产领域中的一个应用，是一个多维智能制造技术体系。CPPS 以大数据、网络和云计算为基础，采用智能感知、分析预测、优化协同等技术手段，将计算、通信、控制三者有机地结合起来，衍生出智能化工厂的新型生产模式。

我国数字经济大致经历了三个发展阶段。第一阶段是 1994 年至 2002 年的萌芽期，以中国正式接入国际互联网为起点，以互联网行业崛起为显著特征，此阶段互联网用户数量高速增长，一大批业内的先锋企业相继成立。第二阶段是 2003 年至 2012 年的高速发展期，以网络零售为代表的电子商务首先发力，自媒体等新业态涌现，带动数字经济逐渐发展壮大。第三阶段是 2013 年互联网行业迎来移动端时代，以信息互通为基础，智能手机全面连接起线上和线下生活。如今大数据、云计算、人工智能、物联网、区块链等数字技术在持续迭代、相互融合并赋能实体经济，中国数字经济的产业格局基本成型。

2021 年，首部国家级数字经济专项规划《"十四五"数字经济发展规划》出台，明确了数字经济在国民经济中的地位——数字经济成为继农业经济、工业经济之后的主要经济形态，同时突出了数据资源作为关键要素在数字经济发展中的重要作用。数字经济被定义为以数据资源为关键要素，以现代信息网络为主要载体，以信息通信技术融合应用、全要素数字化转型为重要推动力，促进公平与效率更加统一的新经济形态。[①]可以说，数字经济代表了围绕数据这种关键的生产要素所进行的一系列生产、流通和消费的经济活动的总和。同年，国家统计局出台了《数字经济及其核心产业统计分类（2021）》，为我国数字经济核算提供了统一可比的统计标准、口径和范围，开启了我国数字经济全产业的核算工作。该分类标准从"数字产业化"和"产业数字化"两个方面，将数字经济分为数字产品制造业、数字产品服务业、数字技术应用业、数字要素驱动业、数字化效率提升业等五大类。

数字产业化是完全依赖于数字技术、数据要素的各类经济活动，本质上是现代信息技术的市场化应用，包括数字产品制造业、数字产品服务业、数字技术应用业、数字要素驱动业四大产业。具体而言，数字产品制造业包括计算机、通信及雷达设备、数字媒体、智能设备、电子元器件及设备制造等；数字产品服务业包括数字产品批发、零售、租赁、维修等；数字技术应用业包括软件开发、电信、广播电视和卫星传输服务、互联网相关服务、信息技术服务等；数字要素驱动业包括互联网平台、互联网批发零售、互联网金融、数字内容及媒体、信息基础设施建设等。数字产业是数字经济的核心产业，对应于《国民经济行业分类》中的 26 个大类、68 个中类、126 个小类，也是数字经济发展的基础。

产业数字化是指传统产业应用数字技术所带来的产出增加和效率提升部分，利用现代信息技术对传统产业进行全方位、全角度、全链条的改造，是数字技术与实体经济的融合。产业数字化从大方向上可分为工业数字化、农业数字化和服务业数字化，具体领域包括但不限于智慧农业、智能制造、智能交通、智慧物流、数字金融、数字商贸、数字社会、数字政府等数字化应用场景。产业数字化对应于《国民经济行业分类》中的 91 个大类、431 个中类、1256 个小类，涉及范围比数字产业化更加广泛。

3. 数字人才供需与区域分布

3.1　数字人才缺口持续放大

数字人才是指拥有信息通信技术专业技能的人才，以及与信息通信技术专业技能互补协同的跨界人才。数字人才是数字经济发展最重要的基础和推动力量。数字产业化以数字技术的研发创新为引擎，是典型的技术密集型产业，需要高水平的数字技术技能。数字产业化以数字技术的应用创新为动力，需要以广泛的商业技能和行业经验为前提，依托行业经验拆解价值链、优化资源配置，通过数字化工具生成新组合，从而创造新的商业价值。无论是技术创新还是应用创新，人才都是最重要的驱动力。

---

① 《"十四五"数字经济发展规划》，http://www.gov.cn/zhengce/content/2022-01/12/content_5667817.htm。

数字经济的快速发展带来人才需求的新变化。由于数字经济及数字产业的迅猛发展，我国数字人才需求量持续上升。中国信息通信研究院发布的《中国数字经济发展与就业白皮书（2019年）》显示，2018年我国数字经济领域就业岗位为1.91亿个，占当年总就业人数的24.6%，同比增长11.5%，显著高于同期全国总就业规模增速。

根据人瑞人才研究院数据（图1-1），预计2035年中国数字经济规模将接近16万亿美元，折合人民币105万亿元。世界经济论坛《2020未来就业报告》预测，到2025年，新技术的引进和人机之间劳动分工的变化将导致8500万个工作岗位消失，同时也创造9700万个新的劳动岗位。此外，人瑞人才研究院的研究表明，未来20年，随着人工智能、机器人、自动驾驶汽车等技术的进步，中国就业规模将净增长12%。

图1-1　中国数字经济规模预测

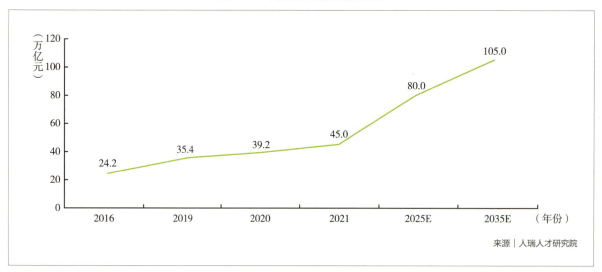

来源｜人瑞人才研究院

在数字经济迅猛发展的势头下，我国正面临着高技能数字人才短缺的问题，专业人才供应不足，在职人员技能有限。根据2022年发布的《中国ICT人才生态白皮书》，虽然高校积极规划并落实数字专业建设和人才培养，但结合教育部相关数据估算，每年数字相关专业的毕业人数约500万人，增速未见显著提升，仅依赖于高校每年培养的专业人才是远远不够的。此外，大量已就业群体的数字技能水平有限。相关数据显示，半数以上的就业人口在40岁以上，其中大部分从业者不具备数字相关教育经历或充足的数字技能储备。

整体上看，数字人才供需缺口仍在扩大。中国信息通信研究院在2021年发布的《数字经济就业影响研究报告》显示，2020年我国数字经济核心人才，即ICT专业技术人才缺口接近1100万，据此估算当前数字化综合人才总体缺口约在2500万至3000万左右，且缺口仍在持续放大。在此背景下，如何精准匹配和吸引数字人才、加快数字人才的供给与培养是数字经济发展背景下的重大挑战，也是值得企业探讨的关键问题。

3.2 数字经济区域聚集明显，东部城市优势明显

我国数字经济发展水平存在较大地域差异。《中国数字经济发展指数报告（2022）》从基础、产业、融合、环境四大维度对全国城市的数字经济发展水平进行量化，结果显示，东部是中国数字经济发展的引擎，数字经济发展指数由2013年的1218.34增长至2021年的7818.25，8年间增长了5.42倍，均值为3729.08。中部是中国数字经济发展的桥梁，数字经济发展指数从2013年的712.23增长至2021年的3066.77，8年间增长了3.31倍，均值为1598.77。西部是中国数字经济发展的洼地，数字经济发展指数从2013年的755.04增长至2021年的2855.36，8年间增长了2.78倍，均值为1565.28，数字经济发展后劲较足，且西部地区在电力和人力成本等方面具有优势，发展数字经济的潜力大。

我国东部城市数字经济竞争力整体水平较高，数字经济发展具有突出的区域聚集特征。根据《中国城市数字经济发展报告2022》，年度数字经济竞争力指数排名前十五位的城市中，东部地区占12席，中部地区占1席，西部地区占2席。其中，北京、上海、深圳位列前三名，并分别稳居6个分指数首位。这一方面是由于三地经济基础优势显著，可以为数字经济核心产业的发展提供充分的人才、资金等资源保障；另一方面，三地扎实的产业基础为数字技术与实体经济的融合发展提供了广阔的空间。

从全国范围看，可以根据数字经济发展特点把城市分为三个梯队。

第一梯队是如北京、上海、深圳等综合引领型城市，数字技术、人才等创新能力强，全力打造具有全球影响力的数字经济发展高地。其中，北京市定位于建设成为全球数字经济标杆城市。2020年，北京市数字经济体量全国领先，信息通信技术产业增加值达5966.4亿元，同时雄厚的科研资源助力北京在全国数字经济发展中发挥人才与技术的双重牵引作用。上海以国际数字之都为建设目标，作为国内数字人才流动的枢纽，推进我国数字创新要素领域的人才结构优化和技术融合，同时数字产业中的芯片行业在全国范围内发挥引领示范作用。深圳市核心数字产业发展位居全国前列，依托头部企业集群优势，成为国内对数字创新要素最具全球吸引力的城市之一，成为国内半导体产品的消费、集散和设计中心，推进打造全球数字经济先锋城市。

第二梯队是如广州、杭州、成都等特色追赶型城市，在细分领域具有较强的竞争优势，成为我国数字经济发展的中坚力量。具体而言，广州市以数产融合为特色，基于自身工业基础与产业集群优势，以数字经济为驱动经济发展的双引擎之一，努力打造数产融合全球标杆城市，建设具有国际影响力的数字产业集群。杭州市则以数字产业化为特色，以数字产业化、产业数字化与城市数字化相融合为主要路径，孕育了先进数字理念，积极推动新技术策源地发展，2018年对国内数字人才的吸引力位居第一。成都市是产业集群型数字经济发展模式，以建设国家数字经济创新发展试验区、新一代人工智能创新发展试验区和国家人工智能创新应用先导区为契机，实现互联网、软件业强劲增长。

第三梯队是如乌兰察布、赣州等潜力提升型城市，依托资源禀赋、区位优势等，发展特色产

业，推动地方经济实现快速发展。我国大多数城市属于此类潜力提升型城市。乌兰察布市以资源禀赋为特色，基于能源与气温双重优势，打造大数据产业重镇，吸引华为、阿里巴巴、苹果等知名头部科技企业数据中心落地。赣州市依托紧靠广东的泛珠三角区位优势，打造产业转移型数字经济模式。作为湘赣革命老区重要城市，赣州市数字经济重要支柱之一是来自以深圳为中心的粤港澳大湾区的相关产业转移，"湾区 + 老区"的特色数字经济正在形成。

3.3　数字人才分布与数字经济发达程度高度相关

数字人才的分布和数字经济发展水平高度一致，数字人才大量聚集在一线城市和新一线城市。整体来看，我国数字人才集中分布在东部和南部沿海城市。根据 2022 年人瑞人才与德勤共同开展的产业数字（图 1-2）人才研究调查，2022 年下半年数字人才需求最大的前十大城市分别是广州、深圳、北京、上海、武汉、成都、西安、杭州、苏州、合肥，其中前四位是一线城市，第五到第十是新一线城市。十大城市合计占全国数字人才的 75%，人才需求的集中度较高。

图 1-2　2022 年 7~12 月数字人才需求城市分布情况

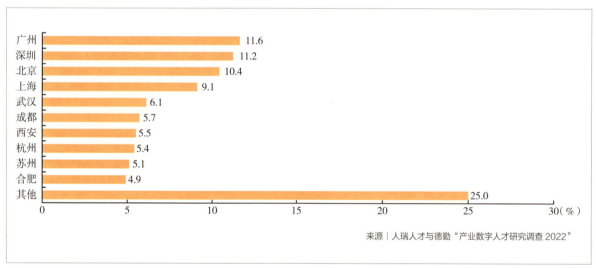

来源｜人瑞人才与德勤"产业数字人才研究调查 2022"

从数字人才需求岗位看，一线城市对数字产业化人才需求突出，新一线城市对产业数字人才需求相对迫切。根据人瑞人才与德勤共同开展的产业数字人才研究调查，一线城市需求量最大的前五类岗位（图 1-3）是 C++ 工程师、半导体技术、产品经理、Java 工程师、嵌入式软件开发，新一线城市需求量前五类岗位（图 1-4）则是 Java 工程师、电气工程师、电商运营、通信技术工程师和嵌入式软件开发。从人才需求总量上看，2022 年下半年，新一线城市数字人才需求岗位之和占全国岗位总量的 56%，高于一线城市岗位之和；新一线城市岗位月平均薪资为 13563 元，低于一线城市的 18328 元。

图1-3 2022年7~12月一线城市招聘数量TOP5岗位

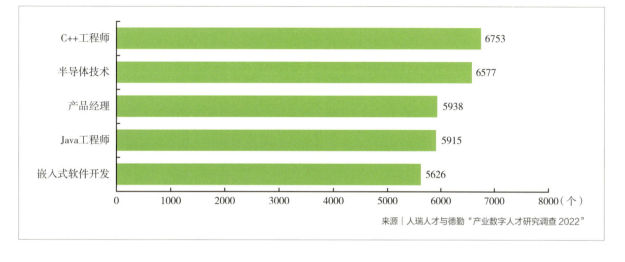

来源｜人瑞人才与德勤"产业数字人才研究调查2022"

图1-4 2022年7~12月新一线城市招聘数量TOP5岗位

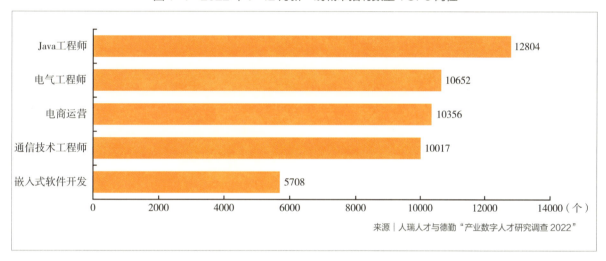

来源｜人瑞人才与德勤"产业数字人才研究调查2022"

　　一线城市数字经济发展水平高，数字创新要素密集，核心数字产业发达，数字融合应用广泛，具有良好的数字人才发展环境。此外，更丰富的教育、医疗等公共服务资源，更高的平均薪酬水平意味着对数字人才有更大的吸引力。武汉、成都、西安、杭州等新一线城市依托于丰富的高校教育资源，具备较强的科研能力和科教能力，同时，较低的生活成本和竞争压力，使得新一线城市在数字人才的培养和吸引上越来越具有竞争力。一线城市对新一线城市的数字产业发展与人才吸引的辐射与带动作用显著，为经济发展提供更充足、更持久的动力。

　　此外，地方政府和院校采取措施鼓励推动数字人才的流动和下沉。非一线城市地方政府出台优惠政策鼓励企业实施本地化发展，大力吸引数字人才。地方院校着力探索本地化人才培养模式，根据本地区产业发展战略精准制订人才培养计划，提高人才使用率，降低人才区域错配带来的资源浪费。一线城市高校推出与非一线城市特色产业对接的联合培养模式，鼓励数字人才向需求端输入。

4．企业组织结构和人才管理体系的现状、挑战与策略

4.1 企业组织结构和人才管理体系现状与挑战

数字化引起国家及各类行业企业的重视并得到蓬勃发展的原因在于数字化对企业的赋能作用。根据人瑞人才研究院的数据，数字化转型企业的营收及利润率是未数字化转型企业的数倍。同时，企业数字化专项红利具有明显的先发优势，即先进行数字化转型的企业更可能成为行业领军者。人瑞人才研究院的数据显示，以金融、零售、医疗、工业为例（图1-5），其 TOP10 企业数字化收入在行业数字化收入中的平均占比为 87.5%，体现出数字化在重构产业的业务模式和运营逻辑中的重要性，尤其是在人口红利消退的趋势下，数字化能够推动劳动密集型企业向智慧密集型企业转型，有助于降本增效，提高企业利润率。

图1-5 不同行业 TOP10 企业数字化收入占比

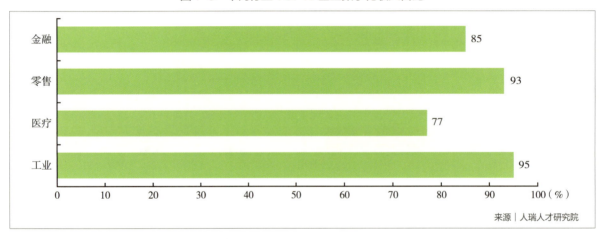

来源｜人瑞人才研究院

企业数字化转型不仅依靠数字技术的融合应用，更需要组织管理的同步革新。数字化转型是一个复杂的系统工程，虽然技术在企业数字化转型过程中起着重要作用，但这不能说明企业只需要正确运用技术，就可以实现数字化转型。根据麦肯锡全球研究院对数字化进程的调研显示，仅 14%的企业转型取得持续进展，变革成功的组织仅 3%，这说明单靠数字技术能力并不能驱动转型成功，技术必须依托于个人和群体主观能动性的发挥才能驱动数字化转型，组织管理的革新是企业数字化转型的中介变量与必要条件。

在数字化转型的背景下，垂直化的企业管理结构需要向网状化、扁平化的结构转变。网状化结构不同于传统"金字塔"型科层制结构，是打破业务边界、以最小经营单元为中心之间的链接所构成的网状结构，有利于不同部门之间开展合作。扁平化结构强调客户需求驱动企业决策，具有小

前台、大后台、强中台的特点，促使组织管理更加高效、敏捷；同时，扁平化结构具有更高的弹性和灵活性，可以更快适应外界多变的市场环境与碎片化的用户需求，利于企业提高数字化迭代效率。

企业在构建网状化、扁平化组织结构的同时，需要以构建学习型组织为目标打造人才管理体系，激发员工的主动性和创造性，提升企业的创新能力和可持续发展能力。一方面，企业在数字化转型过程中会衍生出大量全新岗位，企业需要形成一套动态更新的人才体系标准，精准判断复合型岗位的新需求，并制订相应的人才培养计划，提高人才体系对数字化转型的敏捷性；另一方面，企业需要主动打造组织层面的知识架构，形成持续更新的知识库，把先进员工的经验技能内化为企业的经验和能力，并帮助其他员工快速掌握和提升数字化转型的必备技能。

企业正加速迈进数字化进程，数字人才是企业数字化转型中的关键驱动力，但当前企业普遍面临数字化转型意识不足、数字人才成本高，以及缺乏培育在职人才的必要内部技能和专业知识等的挑战。

企业内部尚未就数字化转型达成集体共识，数字化转型意识有待提升。在德勤对企业负责人的访谈中，部分企业表示还未启动数字化转型，没有专门的数字化团队，而是公司各部门各自推进或外包。其原因在于，中小企业反馈公司预算有限，认为没必要也没有资金推进数字化转型，大企业则由于管理者对数字化型缺乏足够认识和重视，缺乏顶层规划和设计。归根结底，这都是企业对数字化的重要性认识不够，尚未达成数字化转型的共识，导致部门间存在壁垒，协同化程度低，尤其是技术部门与业务部门间的数据还没有打通。人瑞人才与德勤的产业数字人才研究调查结果显示（图1-6），42.9%的企业存在技术人员与业务人员缺乏协同的困难，阻碍企业数字化转型进程。

图1-6　企业人才管理存在的挑战

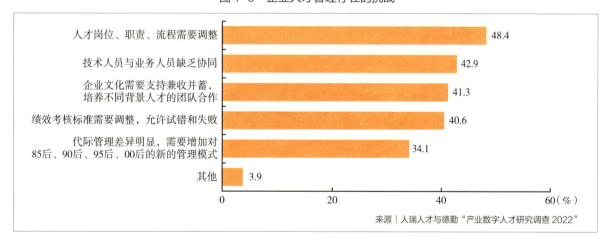

来源｜人瑞人才与德勤"产业数字人才研究调查2022"

数字人才供不应求，变相推高了企业经营成本。 对各行业企业管理者的访谈显示，相对于互联网、芯片等薪酬水平更高的数字产业，传统产业如医药、汽车等产业对于高端技术人才吸引力较弱。汽车、医药等制造业企业反馈，互联网、金融、人工智能等热点行业对人才吸引力大于自身所在行业。数字产业内部对于技术人才的竞争也十分激烈。芯片企业反映，现在对于数字技术人才的招聘市场属于供不应求的卖方市场，为了提高自身对人才的吸引力，不得不提高薪酬水平，由此导致的薪酬溢价大大提高了企业引进高技术人才的成本。

数字人才培训缺乏必要的内部技能和专业知识。伴随多样化数字技术的应用，企业在对外招聘数字人才的同时，也意识到对在职员工进行数字技术投资的重要性，尤其是打通业务人员和技术人员间的壁垒，实现业务人员数字化与技术人员业务化。但受制于规模、经验和成本等因素，除个别大型老牌企业外，大部分企业人才培育体系以入职基础知识培训为主，缺少完善的数字人才培育机制。软件、基金等企业对培训的理解局限在入职基础知识的培训，即使有长期培训项目，但主要集中在业务培训，缺乏数字化内容，或是仅局限于技术人员的内部分享。尤其是处于上升期的企业，对于数字人才的培养心有余而力不足，正如一位 HR 指出："公司在高速发展阶段，专业人才不够。但只是靠自己摸索培养，无法赶上公司发展的速度。"人瑞人才与德勤的问卷调研结果也印证了这一困难的存在，调查显示（图 1-7），38.7% 的企业由于缺乏培训讲师、教材等培训资源，未能形成数字人才培育机制。此外，48% 的企业受制于技术知识更新密集的特点，仅靠企业开发培训体系需要投入较大的时间和人力成本，降低了企业构建数字人才培育机制的意愿和能力。

图 1-7　企业未形成数字人才培育机制的原因

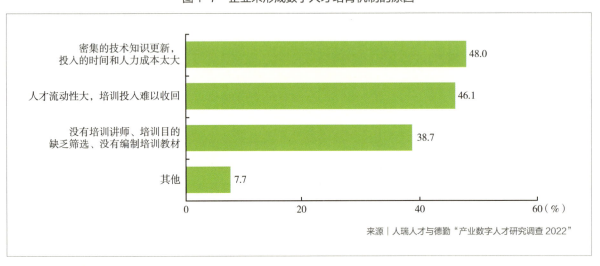

来源｜人瑞人才与德勤"产业数字人才研究调查 2022"

4.2　应对策略：构建学习型组织、培养跨界融合型数字人才

企业的组织管理结构需要做出调整和变革，以满足企业数字化转型战略的落地。

组织结构上，一方面，充分向员工组成的最小经营单位赋能和赋权，并基于组织系统一体化设计和数字化技术，连通部门之间的信息孤岛，实现信息共享，建立端到端的业务流程，打破传统

科层制结构形成的部门墙，实现最小经营单位间的连接、协同和共享；另一方面，以客户需求为导向，以客户价值创造为核心持续变革，开放封闭生态圈，提高信息和资源从需求端向生产端的流动效率，推动企业平台化。

人才管理上，企业可以通过拓宽数字人才招聘渠道和完善内部的人才培养体系扩大数字人才的供给。一方面，企业要通过垂直媒体追踪数字人才网络足迹，发掘潜在数字人才。同时，前置招聘选拔端口，推进校企深度合作。另一方面，企业要根据自身特定问题和发展战略明确岗位能力需求，通过人才盘点掌握企业内部数字人才供给情况，如数字化理念的普及程度、数字技术与业务的融合能力等，实现人才与岗位的合理匹配，为人才储备、人才规划提供决策依据。

积极构建学习型组织，培养跨界融合型数字人才。意识上，通过纳入绩效评价等方式，培养员工学习主动性，认识到培养数字化意识与开展具体知识和技能培训同样重要。方式上，促进技术和业务人员交流、合作和互补，培养复合型创新人才。结合员工职业通道和落地场景设计学习课程，保证内容和形式的可及性、个性化和实用性。实践上，以数字化应用场景创新驱动为抓手，面向实战进行强化学习，在掌握数字化专业知识技能的同时，提高创新能力、整合能力和变革推动能力。具体而言，从人瑞人力和德勤联合开展的调研结果来看（图1-8），企业最希望人才掌握数据分析技能（52.6%），其次是数字营销能力（38.3%），分别与技术能力和业务能力相对应。在被问到最希望提升的人才能力时，52.5%的企业表示希望加强人才复合型学习，尤其是技术人员的商务和运营能力，培育创新人才也受到46.7%的企业重视（图1-9）。由此可见，培养高质量的复合型创新人才是企业数字化转型的关键举措。

图1-8　企业希望培养的数字技能

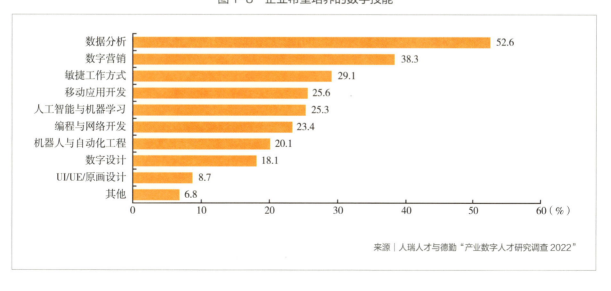

来源｜人瑞人才与德勤"产业数字人才研究调查2022"

图 1-9 企业希望提升的人才能力

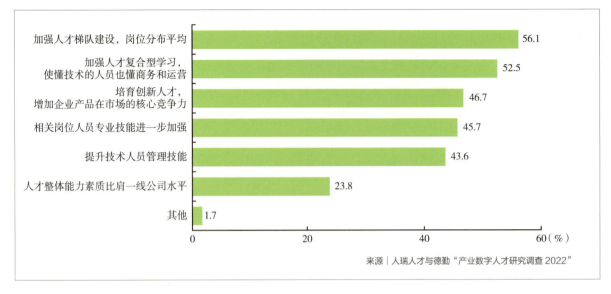

加强人才梯队建设，岗位分布平均	56.1
加强人才复合型学习，使懂技术的人员也懂商务和运营	52.5
培育创新人才，增加企业产品在市场的核心竞争力	46.7
相关岗位人员专业技能进一步加强	45.7
提升技术人员管理技能	43.6
人才整体能力素质比肩一线公司水平	23.8
其他	1.7

来源｜人瑞人才与德勤"产业数字人才研究调查 2022"

5. 数字产业化与产业数字化

5.1 数字产业化行业人才需求特点

数字产业化领域的企业基于技术创新和商业模式创新的快速迭代，为传统业务持续赋能。技术创新层面，企业聚焦关键芯片、基础零部件、基础材料、基础软件等工业技术领域推进自主化进程和高端芯片、操作系统、人工智能等关键核心技术攻关，提高数字技术基础研发能力和自主创新能力。商业模式创新层面，企业利用数字技术提供的连接、数据、算法算力、加工制造等能力，有效化解用户信息、生产成本、运行数据等问题，构建连接供应商、生产商、零售商、消费者，以及各种相关资源的生产交换关系枢纽，整合多个市场主体和众多消费者资源。

对于数字产业化行业企业而言，专业人才成为实现以上目标的关键支撑。调研显示，未来 3 年，数字产业化企业最需要运营人员和开发人员，其次是算法人员、销售人员和产品经理，说明技术革新与商业模式创新是助推数字企业发展的两大动力。同时，数字技能的培养和应用也成为共识。**46.4%** 的数字企业期望员工能够接受数字技能和跨学科技能的培训，**43%** 的数字企业需要员工使用数字化办公系统（图 1-10）。具体岗位方面，数字产业的企业对人才的需求集中在电子信息制造、基础设施建设和前沿数字技术领域。根据分析相关平台的招聘数据（图 1-11），2022 年下半年，**Java** 工程师岗位需求量最大，占比为 6.5%，半导体技术、集成电路 IC 设计和通信技术工程师次之，占比均在 4% 以上。

图 1-10　数字企业对员工的要求

灵活招聘用工，适应快节奏的数字化机遇	61.2
员工数字技能和跨学科技能培训	46.4
数字化办公系统，实现随时随地办公	43.0
HR在员工事务服务的自动化处理	40.9
员工通过团队活动等趣味性内容更加团结	39.7
机器和其他技术与员工的协作，提高生产效率	37.6
员工关怀数字化，精准分析诉求	32.9
其他	0.4

来源｜人瑞人才与德勤"产业数字人才研究调查 2022"

图 1-11　数字产业化岗位招聘岗位发布数量 TOP20

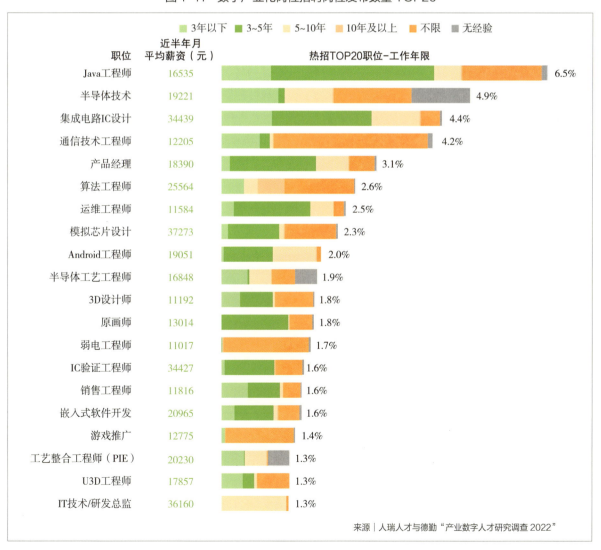

图例：3年以下　3~5年　5~10年　10年及以上　不限　无经验

职位	近半年月平均薪资（元）	热招TOP20职位-工作年限
Java工程师	16535	6.5%
半导体技术	19221	4.9%
集成电路IC设计	34439	4.4%
通信技术工程师	12205	4.2%
产品经理	18390	3.1%
算法工程师	25564	2.6%
运维工程师	11584	2.5%
模拟芯片设计	37273	2.3%
Android工程师	19051	2.0%
半导体工艺工程师	16848	1.9%
3D设计师	11192	1.8%
原画师	13014	1.8%
弱电工程师	11017	1.7%
IC验证工程师	34427	1.6%
销售工程师	11816	1.6%
嵌入式软件开发	20965	1.6%
游戏推广	12775	1.4%
工艺整合工程师（PIE）	20230	1.3%
U3D工程师	17857	1.3%
IT技术/研发总监	36160	1.3%

来源｜人瑞人才与德勤"产业数字人才研究调查 2022"

5.2　产业数字化行业人才需求特点

产业数字化领域，企业基于自身特点和差异化需求，全方位、全角度、全链条开展数字化转型，提高全要素生产率。工业企业持续加深互联网、人工智能等新技术的布局应用，探索工业数字化工具开发利用模式，亟待突破工业大数据应用。同时，通过加强硬件互联互通，提高工业技术软件化的水平，提升产业链、供应链自主可控能力和应对重大风险和外部冲击的韧性和弹性。服务业企业依托数字技术持续赋能变革，不断催生出服务新模式、新业态，以"互联网+"持续推动工业设计、商务服务、商贸流动、文化旅游等生产性和生活性服务迭代升级，促进产业价值链向高附加值、高技术含量环节攀升。农业方面，随着农产品流通的数字化水平大幅提高，企业将进一步整合包括采购、仓储、包装、物流、运输、配送、售后等服务在内的农产品供应链，为分散小农户走进大市场拓宽渠道。此外，企业将物联网技术应用到现代农业生产设施设备领域，实现对农业生产全过程的数字化控制，推动农产品品牌化、差异化和个性化发展。

产业数字化行业企业在数字化转型过程中注重管理全面转型、数字人才储备和提升数字化相关技能。根据人瑞人才与德勤对产业数字化企业的调研（图1-12），70.8%的企业高度重视针对数字化转型的企业管理的配套转型，大部分企业也将加强数字化相关技能人员的储备（67.7%）和提升公司数字化技能以适应数字业务发展（60%）视作数字化转型的必经阶段。此外，数字技能赋能业务和企业管理者的重视和领导也具有一定的重要性。

图 1-12　产业数字化企业认为数字化转型的关键要素

来源｜人瑞人才与德勤"产业数字人才研究调查2022"

产业数字化企业的人才需求方面，从图1-13来看，电气工程师和电商运营并列成为最热门的岗位，占比8%，其次是C++（6.1%）、技术支持工程师（5.0%）、硬件工程师（4.9%）等，表明做为智能制造关键支撑的工业数字化进程加深，数字技术催生的"互联网＋"新业态仍在壮大。此外，数字产业对产品经理岗位需求排名第五，而产业数字化的产品经理岗位需求仅排名第十，说明相较于数字产业对数字技术的产品化和市场化，产业数字化强调以本行业技能为基石，数字技术发挥赋能增效作用。

图 1-13　产业数字化岗位发布数量 TOP20

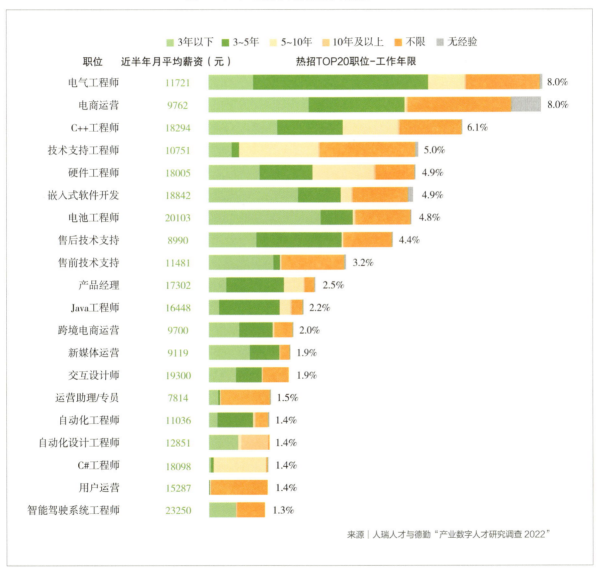

来源｜人瑞人才与德勤"产业数字人才研究调查 2022"

二
数字产业化企业的行业分析与人才策略

◆◇◆

1. 人工智能行业及人才策略

1.1 产业方向和应用场景、产业链

近年来中国人工智能产业快速崛起，并带动了金融、医疗、制造等传统领域从业务流程、产品形态、商业模式的全面变革，成为驱动经济发展的重要引擎。但纵观产业链不同环节发展现状，呈现应用层繁荣但底层支撑薄弱的格局，仅有少数科技巨头积极投入底层技术研发，为产业的长期稳定发展埋下隐患。

1.1.1 产业现状：人工智能产业进入高速发展期，中国市场快速崛起

人工智能（Artificial Intelligence, AI）是通过应用计算机来模拟、延伸和扩展人类某些思维过程和智能行为的技术科学。自1956年"人工智能"的概念被首次提出以来，历经70年的发展，与大数据、云计算，以及区块链技术深度融合，已在交通、医疗、金融、制造等多个行业场景实现落地应用，成为驱动各行业创新变革的关键因素。从全球视角来看，中国人工智能产业起步较晚，但得益于政策与资本的重点支持、巨大市场潜力，以及海量数据积累等多重因素，发展势头迅猛，AI企业数量和融资总金额迅速上升至全球第二，在计算机视觉、语音识别等细分领域已具备技术优势。[1]据艾瑞咨询预测（图2-1），到2026年中国人工智能相关产业规模有望突破2万亿元。[2]

---

[1] CB Insights Research, "State of AI Report 2021", https://www.cbinsights.com/research/report/ai-trends-2021/, 2022-03-29。

[2] 艾瑞咨询：《2021年中国人工智能产业研究报告》，https://report.iresearch.cn/report/202201/3925.shtml，2022年1月21日。

图 2-1 中国人工智能产业规模变化

1.1.2 人工智能产业图谱：从底层支撑到场景化应用

人工智能作为多学科高度交叉的复合型综合性学科，已衍生出一个庞大的产业体系，涵盖了从底层软硬件支持到技术实现，再到特定场景下的产业化应用的全部环节，其产业结构可以分为基础支撑层、核心技术层、场景应用层三大板块（图 2-2）。

图 2-2 人工智能产业图谱

场景应用层	智能安防	智能医疗	智能金融	智能制造
	智能教育	智能物流	智能零售	智能政务
	智能农业	智能驾驶	智慧城市	……

核心技术层

关键通用技术		关键领域技术		
机器学习	知识图谱	自然语言处理	计算机视觉	语音处理
卷积神经网络		语义分析	目标检测	语音增强
时序差分学习		机器翻译	图像分类	语音识别
逻辑回归			图像分割	语音合成
……		……	……	……

基础支撑层

硬件设备	数据服务	AI算力支持		AI模型生产
传感器	数据采集	AI芯片	GPU / ASIC	AI开源框架
通信设备	数据标注		FPGA / ……	AI开放平台
服务器	数据分析	云计算平台		效率化生产平台
……	……	……		……

来源｜基于公开信息，德勤研究整理

○ **基础支撑层：提供数据资源和算法、算力支撑**

为海量数据资源的存储、计算、处理等提供支持的设备和服务共同构成了人工智能产业的底层基础，具体涵盖 AI 芯片、云计算平台、数据服务、AI 开发框架等多个细分领域。

整体而言，基础支撑层是中国人工智能产业的薄弱环节，因技术门槛和投入水平高，海外的 Google、Intel 等科技巨头企业领先优势明显。以 AI 开源框架领域为例，Google 推出的 Tensorflow 和 Meta 推出的 PyTorch 已占据全球主导地位，国内企业在近几年加速追赶，代表性的有百度推出的 PaddlePaddle 和华为推出的 MindSpore 等，但在市场影响力和使用规模上距离海外科技巨头仍有差距（图 2-3）。

图 2-3　国内外 AI 开源框架影响力比较——海外巨头领先优势明显

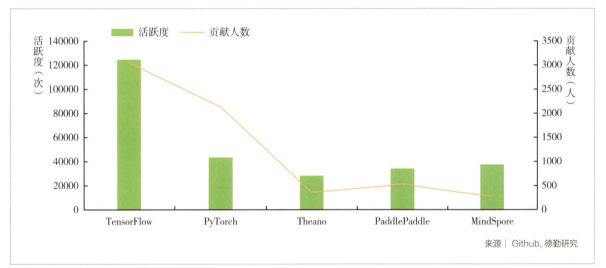

来源｜Github，德勤研究

○ **核心技术层：实现数据价值的关键**

核心技术层主要包括机器学习、知识图谱、计算机视觉、自然语言处理以及语音处理等 AI 算法。其中机器学习作为实现人工智能的核心技术，往往与计算机视觉、自然语言处理、语音处理和知识图谱等关键技术紧密结合，最终完成在金融、医疗、交通等领域的应用落地。从市场潜力来看，计算机视觉技术应用场景最为广泛，是当前最热门的赛道，据艾瑞咨询预测（图 2-4），到 2026 年计算机视觉技术的核心产品市场规模有望达到 2208 亿元，具备极高成长性。

○ **场景应用层：人工智能与产业的深度融合**

在场景应用层，人工智能技术面向特定应用场景的差异化需求提供具体产品或系统性解决方案。作为驱动全球产业数字化转型的核心技术，人工智能技术在产业中的深度渗透已经突破支撑企业业务流程优化、在生产过程中分析预测、辅助决策等作为企业生产力提升工具的范畴，图像识别、语音交互、智能推荐等技术重塑了传统行业的业务场景，催生新技术、新产品与新业态，为传统行业带来新的增长点。

图 2-4　中国人工智能产业关键技术市场前景比较——计算机视觉最具潜力

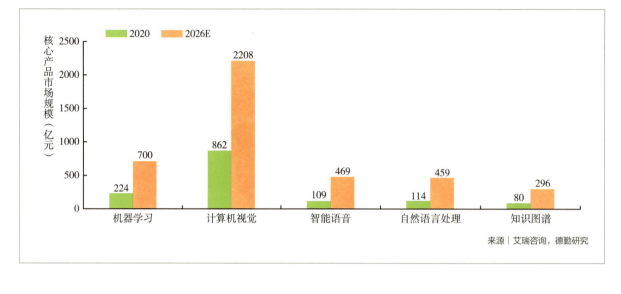

综合行业渗透率、场景挖掘、技术成熟度、数据积累情况等要素来看（图 2-5），在各细分赛道中，智能金融以及智能零售发展成熟度领先，而交通、医疗、工业制造等领域将是人工智能技术未来的重要增长点。

图 2-5　人工智能渗透各行业领域情况

	政府及公共管理	金融	交通	医疗	新零售	工业制造	......
当前渗透率	●●●○○	●●●●○	●●●○○	●●●○○	●●●●○	●●○○○	
场景挖掘	●●●○○	●●●●○	●●●○○	●●●○○	●●●●○	●●○○○	
技术成熟度	●●○○○	●●●○○	●●●○○	●●●○○	●●●○○	●●○○○	
数据积累	●●●○○	●●●○○	●●●○○	●●○○○	●●●○○	●○○○○	

来源｜艾瑞咨询，德勤研究

1.1.3　竞争格局：科技巨头全面布局，独立 AI 企业争夺细分场景

科技巨头着力打造 AI 技术生态，支撑多场景商业化落地。以 AI 芯片和 AI 开发框架为代表的位于产业上游环节的算力、算法支持类技术具有通用性特征，容易形成标准化产品；同时，其技术壁垒高、研发投入大，科技巨头企业更易建立优势，进一步培育技术生态，实现多元化场景下的商业化落地。国内以百度、阿里巴巴、腾讯为代表的科技领军企业均在底层支撑方面深度布局，进而

以人工智能为自身各产品线赋能，向各行各业推广。

人工智能应用层百花齐放，独立 AI 公司凭借技术能力入局。由于人工智能应用层行业差异明显，模块化的产品难以适应特定场景下的个性化需求，商业模式以定制化开发为主，在这一领域巨头企业的规模化优势相对较弱，一批独立 AI 企业凭借其在特定场景下的算法优势，深挖细分领域市场，得到快速发展（图 2-6）。这类企业主要集中在计算机视觉和语音识别领域，代表性企业包括"AI 四小龙"——商汤科技、云从科技、依图科技、旷视科技，以及海天瑞声等。

图 2-6　人工智能产业主要玩家业务布局

代表性企业		业务领域		
		底层支撑	核心技术	场景化应用
平台型企业	百度	百度智能云、百度大脑、飞桨、Easydata……	机器学习、计算机视觉、智能语音、自然语言处理……	百度地图、百度智能工业、小度智能家族……
	阿里巴巴	阿里云、阿里灵杰、飞天智算平台、AI芯片含光800……	机器学习、计算机视觉、智能语音、自然语言处理……	阿里云城市大脑、AICS工业大脑、智能客服机器人……
	腾讯	腾讯云、腾讯AI开放平台、AI开源框架Angel……	机器学习、计算机视觉、智能语音、自然语言处理……	腾讯Wecity、云深智药、云小微数智人……
独立AI企业	云从科技		机器学习、计算机视觉	盘古智能人脸摄像机、如意支付PAD、玄武智慧航显……
	商汤科技		机器学习、计算机视觉	商汤绝影智能汽车平台、Sensecare智慧医疗平台……
	海天瑞声	AI数据服务	机器学习、智能语音、自然语言处理……	

来源｜基于公开信息，德勤研究整理

1.1.4　趋势展望：底层技术仍是行业制高点，商业化落地考验企业工程化能力

底层技术仍是制高点。算法和算力始终是驱动人工智能领域发展的核心引擎。随着人工智能的应用场景快速拓展，数据随之呈现爆发性增长，数据的采集与治理水平成为关键能力。同时，要提升模型精确度也迫切需要更强的算力支撑，当前算力产业已逐渐进入后摩尔时代，要适应数字经济时代的算力供给需求，亟须在芯片等底层技术上寻求突破。

低 / 零代码开发助推与实体经济深度融合。在人工智能技术在各大传统产业领域加速渗透的趋势下，企业在数字化转型进程中存在的需求趋向于动态化和长尾化。低 / 零代码平台支持业务人员自主完成对碎片化需求场景的高效、敏捷地响应，回避了定制化开发服务带来的高昂成本，将成为人工智能技术拓展应用场景的关键路径。

AI 工程化成为实现效益最大化的核心能力。人工智能技术应用场景的碎片化造成产品复用性低，难以实现规模化经济效应。AI 工程化要求企业在完成定制化项目的基础上，抽取出各场景在

感知、认知、决策算法上的共性，建立完备的开发工具体系、标准化的开发流程，以及科学的资源管理机制，从而打造规模化开发和交付能力，提升盈利能力。

图 2-7　人工智能产业发展趋势及关键能力

	趋势展望	关键能力
底层技术创新	● 在AI芯片领域，类脑芯片、存内计算、量子计算等或将成为下一代产品的发展方向 ● 在算法模型方面，超大规模预训练模型将突破现有模型结构的精度局限，结合嵌套小模型训练，为模型面向碎片化、个性化应用场景的泛化能力提供解决方案	数据采集挖掘管理 模型训练推理能力 算力设施技术突破
应用领域拓展	● 低/零代码平台借助流程性模块、功能插件和AI功能套件等模块集合，为企业创造低门槛甚至零门槛的开发环境，降低AI应用开发对专门技术人才的依赖度，驱动人工智能技术在各行各业进一步渗透	跨领域融合能力 敏捷响应能力 低/零代码开发
商业价值实现	● 抽取共性模块打造标准化组件，以标准化组件＋定制化功能的形式降低开发成本 ● 对业务流程、开发工具及安全要求等系统化、规范化，保障交付效率和质量 ● 集成多项关键技术、解决方案构建AI平台，一站式满足客户需求	产品化能力 方案集成能力 AI工程化

来源｜德勤研究

能力打造的背后是人才梯队的建设。要夯实人工智能行业底层支撑，适应数字经济浪潮下与传统产业深度融合的趋势、建立人工智能技术商业变现机制，本质上需要围绕数据挖掘治理、算力设施研发、跨领域融合、AI 工程化等关键能力招引相应的人才。

1.2　行业人才现状、挑战及策略

当前人工智能行业人才严重短缺，已成为限制企业发展的关键因素。短缺的背后包含了总量和质量的双重欠缺，极大地考验企业培养人才、招引人才、管理人才的能力。

1.2.1　现状：人工智能人才供需矛盾加剧，严重制约企业发展

产业蓬勃发展带动人工智能人才需求高速增长，人才缺口快速扩大。过去十年间大批人工智能企业的创立与扩张引发人才供应的不平衡，根据人社部发布的《人工智能工程技术人员就业景气现状分析报告》，我国人工智能人才目前缺口已超过500万，[①] 而根据拉勾招聘数据研究院的统计数据，

---

① 　人社部：《人工智能工程技术人员就业景气现状分析报告》，http://www.mohrss.gov.cn/SYrlzyhshbzb/dongtaixinwen/buneiyaowen/202004/t20200430_367110.html。

2021年人工智能行业人才需求指数较2020年增长了103%，[①] 人才供不应求的局面仍在加剧。面向多家人工智能企业主管级人员的调研（图2-8）同样印证了这一现状——32%的受访者认为当前人才的供应无法满足企业自身的发展需求。

图2-8　人工智能产业人才供需情况

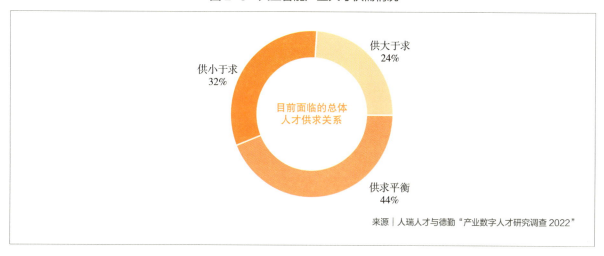

人才短缺已成为企业发展的一大痛点。在人工智能产业实践中，从技术研发、应用开发到交付及运维各个环节都需要大量人才支持。随着产业链分工日益明确，不同岗位能力需求趋于精细化和多元化，进一步加剧人才供需矛盾。近半数受访者将人才紧缺视为制约企业发展的关键因素（图2-9）。

图2-9　企业经营中碰到的主要困难

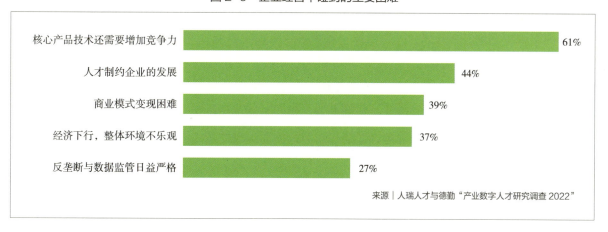

---

① 拉勾招聘数据研究院：《2021人工智能人才报告》，https://new.qq.com/rain/a/20211026A0B2JU00。

人才紧缺局面可能存在持续性负面影响。短期内受外部经济环境影响，人工智能产业人才竞争略有降温，认为当前企业人才供需平衡的管理者，大多表示是出于降本增效的考虑压缩了人员扩张计划。展望未来人才供应走势，受访者整体看法并不乐观。73% 的受访者认为未来三年将面临 10% 以上的人才缺口（图 2-10），这意味着人才供需矛盾可能在接下来三年中持续对产业发展造成负面影响。

图 2-10 未来三年的人才缺口占公司整体员工人数的比例

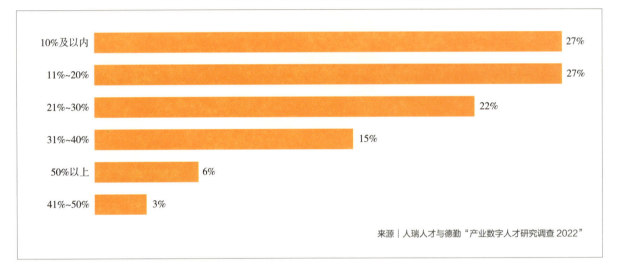

来源 | 人瑞人才与德勤 "产业数字人才研究调查 2022"

1.2.2 挑战：产教衔接不畅引发人才总量与质量双重欠缺

高效人才培养投入持续提升，但学科分类尚未对齐产业现状。面对人才供需困境，政府高度关注人工智能人才培养体系建设，继教育部于 2018 年 4 月发布《高等学校人工智能创新行动计划》，提出到 2020 年建立 50 家人工智能学院、研究院或交叉研究中心之后，2020 年 1 月，教育部、国家发改委和财政部共同发布《关于 "双一流" 建设高校促进学科融合 加快人工智能领域研究生培养的若干意见》，再次强调要提升人工智能领域研究生培养水平。在政策的积极引导下，国内各大高效积极布局人工智能学科建设，仅 2020 年全国就有 180 所高效获得人工智能专业建设资格，2021年又再次审批通过 130 所高校开设人工智能专业。但一方面，传统教学模式下人才培养需要较长的周期，无法在短期内快速填补企业的人才缺口；另一方面，当前国内人工智能学科建设仍处于起步阶段，专业体系尚不完善，产业匹配度不佳。比较中美两国人工智能学科建设可以看出（图 2-11），当前我国人工智能专业所属院系较分散，不同于美国以计算机视觉、机器学习等核心技术方向来区分专业，我国的人工智能专业命名较宽泛、技术方向区分度低，使得企业难以通过专业背景准确筛选人才。

图 2-11 中美两国人工智能学科建设比较

中 国		美 国	
所属院系	所属专业	所属院系	所属专业
计算机系	人工智能	计算机系	机器学习
人工智能学院	机器人工程	人工智能研究院	计算机视觉
智能科学与技术系	智能科学与技术	人工智能实验室	人机交互
自动化与智能科学系	数据科学与大数据	认知科学	机器人工程
……	……	……	……

来源｜亿欧智库，德勤研究

教学内容与产业实际结合不足使得人才能力未能满足用人方期望。从教学模式和教学内容来看，当前的高校教学内容仍然以课堂上的理论学习为中心，实战训练较为薄弱，跨学科融合度不高，教学内容与产业实际发生偏离，造成大量人工智能相关专业高校毕业生并不能在毕业后顺利满足岗位要求。针对招聘人才面临的主要困难调研结果显示（图 2-12），在企业决策者、HR 主管和技术主管中均有半数以上认为缺乏行业实践经验是用人方对应聘者不满意的首要原因。而根据面向数字化相关领域高校教师的调研（图 2-13），造成高校在人才培养中行业实践不足的原因主要是具有技术经验的师资力量欠缺，以及"产学研"合作不畅通。

图 2-12 招聘人才面临的主要挑战

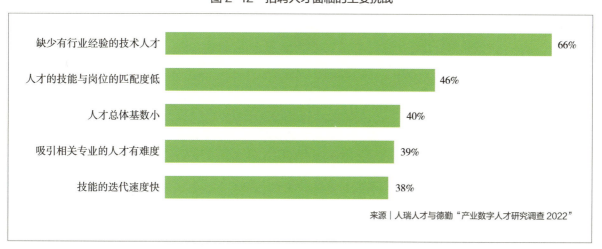

缺少有行业经验的技术人才	66%
人才的技能与岗位的匹配度低	46%
人才总体基数小	40%
吸引相关专业的人才有难度	39%
技能的迭代速度快	38%

来源｜人瑞人才与德勤"产业数字人才研究调查 2022"

图 2-13　所在的院校对数字人才的培养遇到的挑战

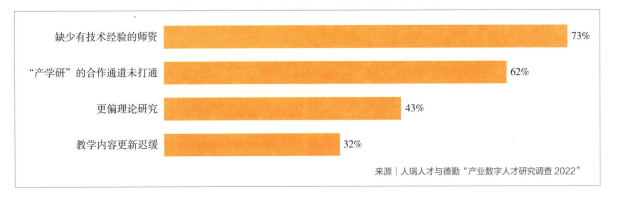

缺少有技术经验的师资　73%
"产学研"的合作通道未打通　62%
更偏理论研究　43%
教学内容更新迟缓　32%

来源｜人瑞人才与德勤"产业数字人才研究调查 2022"

"育才方"与"用才方"对接不足引发岗位之间供需错配。作为人才培养的重要主体，高校不仅承担着传授知识和锻炼能力的责任，还应作为学生了解行业发展现状的窗口，帮助其规划职业发展方向。调研数据显示（图 2-14），在用人方视角，人工智能四类典型岗位中算法工程师面临人才缺口最为严重，而高校教师和在校学生则将人工智能架构师视为人才紧缺度最高的岗位；同时，高校和在校学生对数据标注工程师这一岗位人才缺口的认知显著低于企业实际情况。这一结果反映当前高校的人才培养未能紧跟行业热点需求、学生对行业人才供需现状缺乏了解，最终导致学生就业意向与企业用人需求之间的错配。

图 2-14　企业、学生及高校教师眼中人工智能典型岗位人才紧缺度

	企业	学生	高校教师
人工智能算法工程师	3.06	2.62	2.89
人工智能架构师	2.51	2.86	3.13
人工智能训练师	1.30	1.45	1.74
数据标注工程师	1.11	0.65	0.63

来源｜人瑞人才与德勤"产业数字人才研究调查 2022"
注｜根据受访者眼中岗位人才缺口排序计算紧缺度，数值越大表示受访者眼中该岗位面临人才缺口越大

人才供给过度依赖于高校培养，企业在职后培养环节主动性不足。针对企业人才培养面临的困难，调研结果显示（图 2-15），当前由于人才流动性较大、对投入产出比有所顾虑等因素，企业尚未给予人才职后培养充分的重视，而激励机制的缺失也会影响人才自主学习的积极性。作为高新技术行业，人工智能领域技术飞速迭代更新，仅仅依靠在校教育无法充分支持人才对前沿技术的跟踪学习，职后培养亦是提升人才能力的关键一环。

图 2-15　企业人才培养面临的挑战

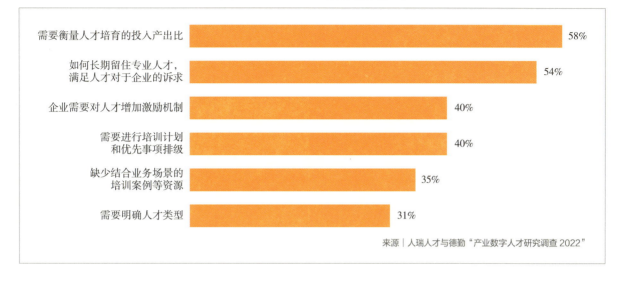

需要衡量人才培育的投入产出比　58%
如何长期留住专业人才，满足人才对于企业的诉求　54%
企业需要对人才增加激励机制　40%
需要进行培训计划和优先事项排级　40%
缺少结合业务场景的培训案例等资源　35%
需要明确人才类型　31%

来源｜人瑞人才与德勤"产业数字人才研究调查 2022"

1.2.3　策略：从人才的培养、挖掘与管理三环节发力

○　**人才培养：积极参与人才培养生态构建，实现精细化对接**

如前文所分析，当前人工智能产业人才缺口的核心问题在于产教融合不足，要构建完善的人工智能人才培养生态，需要政、产、学、研多主体协同配合，聚集各方优势资源。而企业因其具备行业专家队伍、大量实践案例人才培养所需的关键资源，应在人才培养生态中担当关键一环。

从现有校企合作模式来看，形式较为多元化，覆盖了基础教学、实践训练、招聘选拔等多个环节。虽有 88% 的学校建立了校企合作机制，但受访学生中实际参与到校企合作中的仅占约 19%（图 2-16），这表明目前校企合作在覆盖面和合作深度上存在不足，对人才培养的实际支持作用有限。

图 2-16　校企合作机制

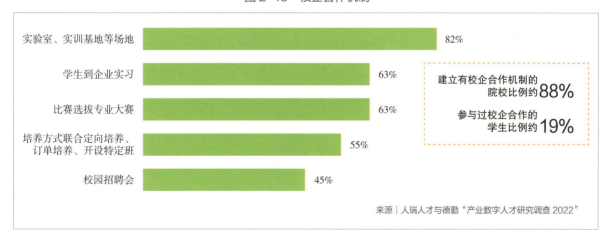

实验室、实训基地等场地　82%
学生到企业实习　63%
比赛选拔专业大赛　63%
培养方式联合定向培养、订单培养、开设特定班　55%
校园招聘会　45%

建立有校企合作机制的院校比例约 **88%**
参与过校企合作的学生比例约 **19%**

来源｜人瑞人才与德勤"产业数字人才研究调查 2022"

深化校企合作的核心在于企业应更积极地发挥主导作用，包括以共建学科的形式深度参与课程设计，强化师资、软硬件资源共享，联合举办短期校外训练营，或通过集成自身数据、算

力设施、实践案例等优势资源，为院校提供一站式人工智能人才培养方案和师资培训方案等
（图2-17）。

图2-17　人工智能企业人才培养策略

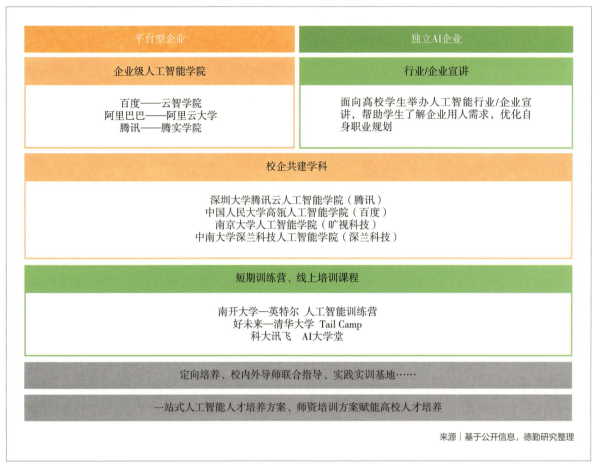

来源｜基于公开信息，德勤研究整理

○ **人才挖掘：组织建立实训、竞赛、联合研发中心等平台，拓宽人才招引渠道**

调研结果显示，从企业的招聘渠道分布来看，在引进核心技术骨干时，企业管理者倾向通过猎头渠道、招聘网站，以及朋友推荐等方式，而扩充基层员工时招聘网站、员工推荐，以及挖掘内部人才仍然是企业管理者较为青睐的选项。整体而言，当前企业的人才招引（图2-18）仍然依赖于招聘网站等外部平台与渠道，猎头和人脉关系是企业保障人才招引质量的主要手段，人才招引模式较为传统。

适应人工智能行业人才需求面广、技能门槛较高等特点，需要企业积极探索建立更具针对性的人才招引模式（图2-19）。平台型企业应侧重发挥自身资源优势，主导建立人才招引平台；独立AI企业则应考虑如何借助高校、政府等外部资源支持，适应当前人才供应格局，实现灵活引才。

图 2-18 企业扩充人才队伍的主要渠道

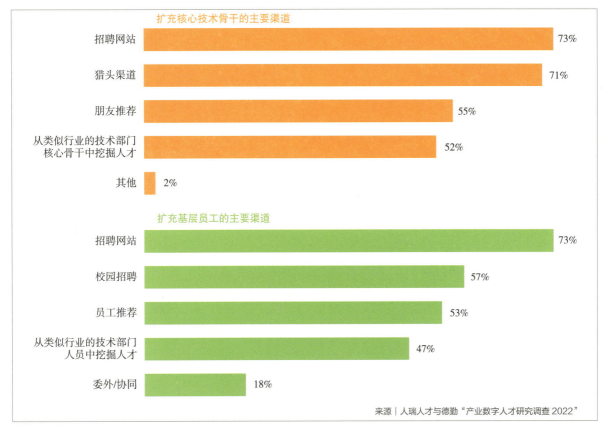

来源｜人瑞人才与德勤"产业数字人才研究调查2022"

图 2-19 人工智能企业人才招引策略

来源｜基于公开信息，德勤研究整理

○ **人才管理：围绕业务场景优化人员分工，完善企业内部人才能力提升与评估激励机制**

调研结果显示（图 2-20），在企业决策者和 HR 主管视角，人才管理的首要问题是优化团队之间的协同配合机制以及绩效考核标准，而技术主管则认为当前岗位职能设置与业务流程有待调整，亟须建立一套匹配人工智能产业业态的人才管理体系。反映行业处于快速发展阶段，人才需求随着应用场景的不断扩充而日趋多元化，相应的分工合作机制和考核评估标准仍在探索建立。

图 2-20　人才管理面临的主要挑战

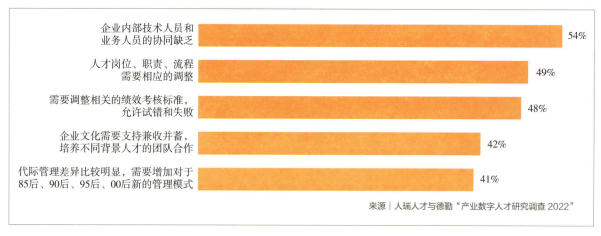

企业内部技术人员和业务人员的协同缺乏　54%
人才岗位、职责、流程需要相应的调整　49%
需要调整相关的绩效考核标准，允许试错和失败　48%
企业文化需要支持兼收并蓄，培养不同背景人才的团队合作　42%
代际管理差异比较明显，需要增加对于85后、90后、95后、00后新的管理模式　41%

来源｜人瑞人才与德勤"产业数字人才研究调查 2022"

应对动态发展变化的人才组织管理需求（图 2-21），人工智能企业应充分借助 AI 技术为自身人力资源管理赋能。例如，借助人工智能代替人力完成一些基础性工作以降低人力成本、构建智能化办公环境以提升协同效率、在人员考核评估中使用 AI 辅助决策等。而人工智能行业技术迭代更新快的特点也意味着职后提升是保证人才能力与业务需求相匹配的关键环节，企业管理者同样需要考虑为在职员工提供有利于持续学习的环境。

图 2-21　人工智能企业人才管理策略

管理重点	关键举措
职后提升	● 建立企业内部定期培训机制，帮助人才跟踪掌握行业前沿技术和产业动向 ● 建立企业内部资源库，为人才自主学习、训练提供硬件、数据等资源支持
考核激励	● 优化绩效考核体系，建立容错机制，激发人才创新意愿 ● 平衡技术、产品、商务等不同岗位的绩效评估方式，科学衡量人才价值
组织协调	● 适应业务模式的动态发展，细分拆解各岗位职责，优化再造业务流程 ● 运用智能化手段赋能人员组织管理，提升团队协同能力和管理决策水平 ● 以人工智能取代人力完成基础性工作，从而降低人力成本

来源｜德勤研究

本节中针对当前人工智能人才紧缺的现状，从人才培养、挖掘与管理三个环节为不同类型的企业梳理了应对策略。而受业务领域的影响，企业在扩充人才时也会有各自的倾向性，下节中将分别针对平台企业和独立 AI 企业研究其目标人才特征。

1.3　产业链对应企业的目标人员结构特点

在人工智能产业链中，头部科技企业在业务上倾向于全面布局，深度参与人工智能底层技术研发、算法开发到场景化应用多个环节，相应的人才结构较为多元化；独立 AI 企业则注重赢取细分领域市场，人才招引紧跟其核心业务需求。本节中分别选取国内科技巨头百度、腾讯、阿里巴巴、字节跳动，以及被业内称为“AI 四小龙”的依图科技、商汤科技、旷视科技、云从科技作为两类企业的代表，对其人员结构特点进行分析。

1.3.1　平台型企业：建设研发人才与工程型人才并重的多元化人才梯队

人工智能领域的头部企业普遍已具备较为成熟的人才体系，岗位设置全面，职位层级、职责和晋升路线明确，大致可分为技术序列、产品序列、市场序列和后勤序列四类（图 2-22）。其中技术序列和产品序列的人才主要承担核心技术的研发及产品化，也是企业人才扩充的重点目标。而市场序列和后勤序列的人才主要在市场拓展和内部管理等方面提供支持，作为平台型企业可依托自身的积累为人工智能相关业务赋能，因此人才扩充需求较弱。

图 2-22　平台型企业人才架构

	代表性岗位及主要职责	人才扩充需求
技术序列	研发工程师　开发工程师　测试工程师　…… 承担前沿技术攻关、产品方案的技术实现，以及在后续运营维护中提供专业技术支持	●●●●●
产品序列	产品经理　产品运营　产品架构师　…… 支持协调产品从市场调研到设计、开发、交付到后续运维升级全生命周期的顺利开展	●●●●●
市场序列	市场策划　品牌公关　销售专员　…… 在市场调研、市场推广、客户维护、品牌影响力提升等各方面为企业的业务开拓提供支持	●●●○○
后勤序列	HR　财务专员　行政专员　…… 在人力资源管理、财务管理、企业内部事务组织协调等方面为企业的经营管理提供保障	●●○○○

来源｜德勤研究

统计平台型企业发布招聘岗位中的关键指标要求显示（图 2-23），平台型企业目标人群结构呈现高质量、多元化特点：

- **学历要求：平台型企业招聘人才学历门槛较高，** 96% 的岗位要求具备本科以上学历。
- **工作经验：具备 3~5 年工作经验的人群最受平台型企业青睐，** 因其具备一定的项目实践经历，能快速上手业务，同时薪资成本较为合理。此外，平台型企业内部人才培养机制相对完善，这使得其愿意招引较大比例的应届生作为后备军。
- **岗位类型：平台型企业较为重视提升技术竞争力，** 技术类人才在招聘岗位中占比最高，市场类和行政类岗位需求较小。
- **专业背景：因平台型企业产品应用领域广，在人才招聘中专业背景要求更为多元化，** 在计算机、互联网相关专业之外，还涉及工商管理、自动化、医疗、教育等多个传统行业。

图 2-23　平台型企业目标人员结构特点

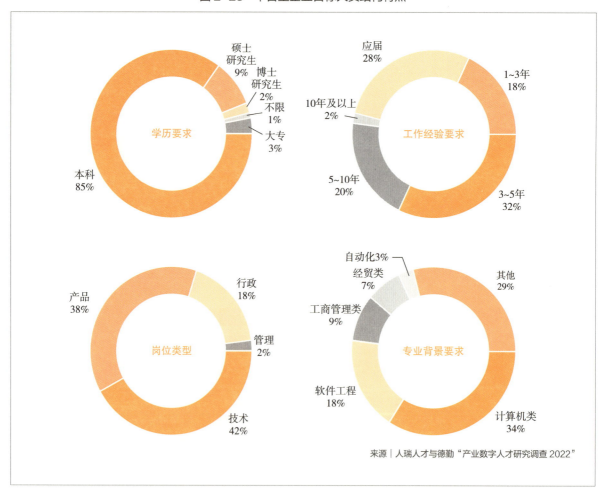

来源｜人瑞人才与德勤"产业数字人才研究调查 2022"

1.3.2　独立 AI 企业：跨学科复合型人才助力商业价值实现

独立 AI 企业主要凭借自身掌握的优势技术深耕细分领域，以定制化开发的形式开展业务，因此其人员体系大多围绕产品全生命周期设置（图 2-24），由技术类人才承担产品设计、开发、测试等环节，商务类人才支持项目前期调研、客户对接、产品交付等环节，同时由产品经理等角色负责全程统筹协调。

图 2-24　独立 AI 企业人才架构

来源｜德勤研究

统计独立 AI 企业发布招聘岗位中的关键指标要求显示（图 2-25），此类企业在招聘中更注重实用性，岗位要求更具针对性：

- **学历要求：招聘人才学历门槛略低于平台型企业，**人工智能作为典型的高新技术领域，在企业实际人才需求中，仍然有近 10% 的岗位专科学历亦能胜任。
- **工作经验：更倾向于行业经验丰富的人才。**具备 3~5 年工作经验的人群依然最受青睐，同时企业亦希望招引 5~10 年工作经验的资深员工来承担骨干位置。
- **岗位类型：支撑产品落地的岗位是招聘重点。**由于独立 AI 企业的业务更集中在应用层，近半数招聘岗位与产品直接相关。
- **专业背景：计算机与商科背景最为热门。**相较于平台型企业，独立 AI 企业对专业背景的要求更具针对性，具备专业技术能力的计算机相关专业背景人才以及支持市场营销、商务对接、财务管理等工作的商科人才占比最高。

图 2-25　独立 AI 企业目标人员结构特点

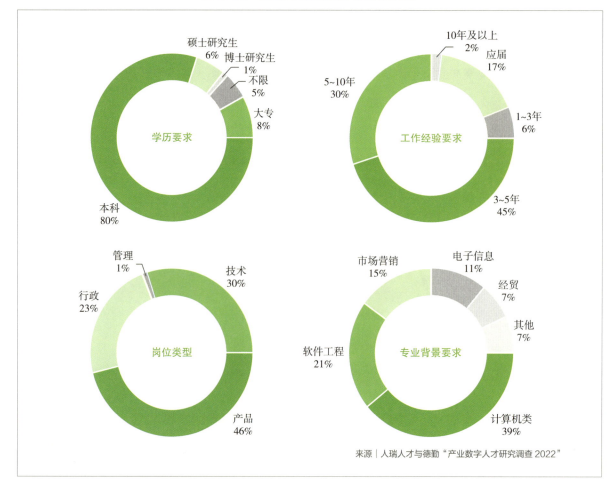

来源｜人瑞人才与德勤"产业数字人才研究调查 2022"

综上所述，平台企业的人才招引布局更为全面，而独立 AI 企业更强调扩充实践型人才。行业整体对学历背景、行业经验普遍要求较高，这也使得企业之间人才竞争愈发激烈。下文将进一步分析人才需求的焦点赛道与热门区域，从而帮助用人方定位人才竞争的关键点。

1.4　行业紧缺人才的供需状态

前文中从用人方视角分析了平台型企业和独立 AI 企业目标人才特征，本节中将立足于人才市场供需格局，从区域分布、岗位类型、技术方向和专业背景四个维度识别人工智能人才需求的焦点。

1.4.1　一线城市提供近四成岗位，北京、上海、深圳薪酬全国领先

从人才需求的城市分布来看，北上广深四座一线城市提供了 **39%** 的岗位，反映当前人工智能

企业主要集中在经济发达区域。在人才需求的总量方面，合肥和广州全国领跑，而北京、上海和深圳的薪酬水平显著高于其他城市，反映一线城市的企业更愿意以高成本引进高水平人才（图 2-26）。

图 2-26　人工智能产业招聘专业背景倾向

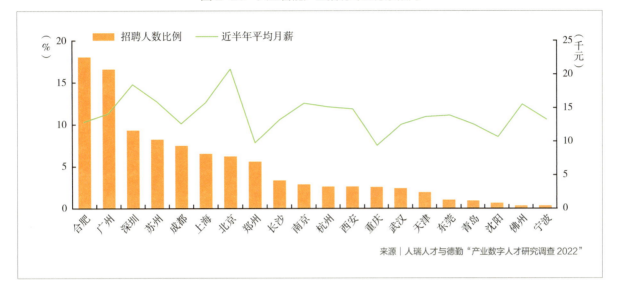

来源｜人瑞人才与德勤"产业数字人才研究调查 2022"

1.4.2　技术型岗位普遍面临人才短缺，算法研发与开发人才需求最为迫切

根据工信部人才大数据中心的统计（图 2-27），目前人工智能行业各技术型岗位的人才供需比均低于 1，其中算法研发岗作为人工智能产业的核心，也是人才最为紧缺的领域，人才供需比仅有 0.13。相比之下，产品经理、销售岗等对数字技能要求较低的岗位的人才供应更易得到保障。

图 2-27　人工智能各岗位人才供需比

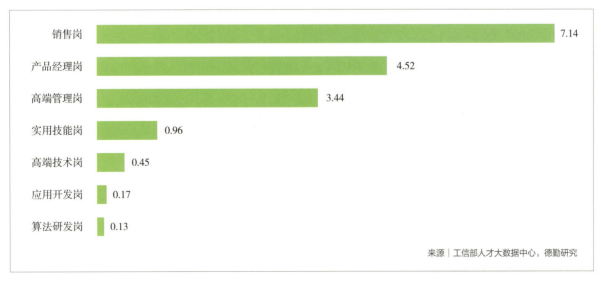

来源｜工信部人才大数据中心，德勤研究

1.4.3 各技术方向中，机器学习、计算机视觉技术应用广泛，人才需求旺盛

机器学习是当前实现人工智能的通用技术，在实际应用中与其他算法广泛结合以提升应用效果，也因此成为人才招聘中最热的技术方向。计算机视觉技术已在医疗、交通、安防等领域广泛应用，商业化较为成熟，不仅企业用人需求旺盛，亦是求职者较为青睐的赛道。相比之下，AI 芯片作为中国人工智能产业链的薄弱环节，当前在招聘市场上较为冷门。

1.4.4 用人方对人才专业包容度较高，计算机相关专业之外，数学专业背景亦受青睐

统计人工智能相关岗位对专业背景的要求（图 2-28），可以看出企业的招聘对象并不局限于计算机相关专业，数学专业背景人才因模型搭建、数据分析等方面的能力受到认可，而在将技术转换为商业价值的链条中，市场营销人才亦发挥关键作用。此外，人工智能技术与产业的融合还需要一批各领域的专业人才支持，对电气与自动化、通信工程、生物医疗等专业人才的高需求正与当前智能制造、智能设备、智能医疗等领域的高速发展趋势相吻合。

图 2-28　人工智能产业招聘专业背景倾向

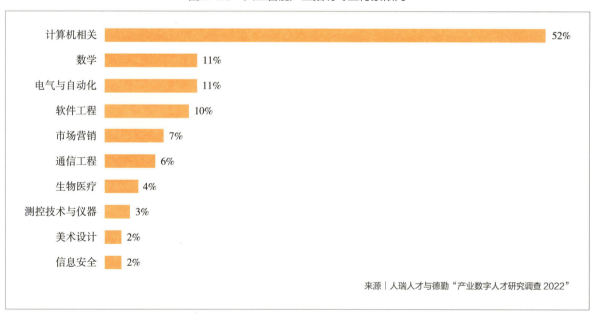

来源｜人瑞人才与德勤"产业数字人才研究调查 2022"

综上所述，人工智能产业人才需求在区域分布上集中于一线城市，技术型人才——尤其是算法研发和开发人才——处于严重供不应求的状态，各技术方向中以机器学习和计算机视觉技术相关人才最为紧缺。从专业背景来看，计算机相关专业与数学专业背景人才较受青睐，而随着人工智能技术广泛应用于各行各业，用人方对人才专业背景需求整体趋向于多元化。

1.5　关键数字人才及其胜任力模型

本节中将基于前文对人才供需形式的判断，选择关键岗位建立胜任力模型，以期为企业招引人才和优化人才结构提供参考。

综合考虑企业当前招聘岗位的数量分布、薪酬水平，以及不同类型岗位人才紧缺度、行业特征等多重因素（图 2-29），选取开发工程师、技术支持工程师、算法工程师、前端工程师，以及产品经理五类关键岗位，基于调研数据凝练其能力指标，搭建胜任力模型。

图 2-29　人工智能行业关键岗位识别

来源｜工信部人才大数据中心，人瑞人才与德勤"产业数字人才研究调查 2022"

1.5.1　人工智能开发工程师

相关岗位： Java 开发、C++ 开发、Python 开发、C 语言开发、嵌入式软件开发、软件工程师等。

岗位职责： 根据产品设计文档，交付满足功能、性能以及非功能特性等要求且符合各类规范的代码，并完成相关技术文档的编制；参与前期的需求分析、产品设计等流程，并协调相关人员完成功能模块的测试、调试、部署等工作，支持人工智能从技术到产品的转换。

图 2-30　人工智能开发工程师特征提取

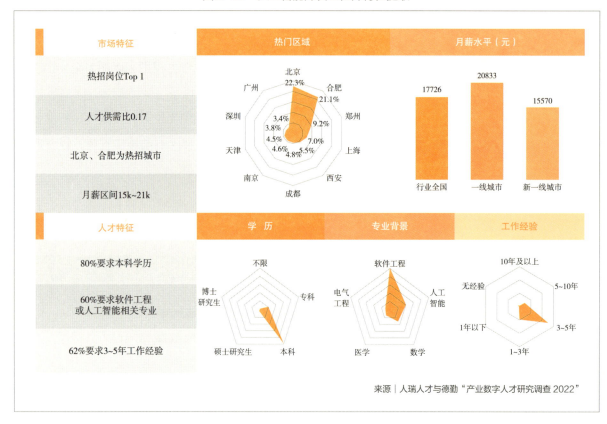

来源｜人瑞人才与德勤"产业数字人才研究调查 2022"

基于以上分析，搭建人工智能开发工程师胜任力模型如下（图 2-31）：

图 2-31　人工智能开发工程师胜任力模型

来源｜人瑞人才与德勤研究

1.5.2 人工智能技术支持工程师

相关岗位： 售前 / 售后技术支持、运维、IT 技术支持、现场技术支持工程师等。

岗位职责： 在产品售前咨询、项目实施以及售后维护阶段面向客户提供产品 / 方案宣讲、咨询答疑、日常巡检、问题排查及解决等服务，跟进客户业务需求并向团队反馈，推动产品优化改进，提升客户满意度。

图 2-32　人工智能技术支持工程师特征提取

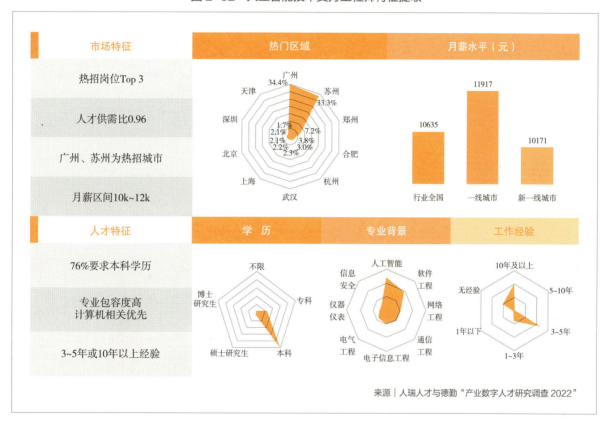

来源｜人瑞人才与德勤"产业数字人才研究调查 2022"

基于以上分析（图 2-32），搭建人工智能技术支持工程师胜任力模型如下（图 2-33）：

1.5.3 人工智能算法工程师

相关岗位： 图像算法工程师、调度算法工程师、NLP 算法工程师、自动驾驶算法工程师、激光 SLAM 算法工程师、算法研发工程师、算法专家等。

岗位职责： 负责人工智能算法和产品的设计、开发、实现、验证和优化，即针对特定业务需求通过分析问题、收集数据、构建模型、设计算法、训练调优等步骤最终输出解决方案，并协调配合其他人员推动方案的落地应用。

图 2-33 人工智能技术支持工程师胜任力模型

① 特征细分

供需情况：人才需求大，紧缺度适中
热招城市：广州、苏州
薪资水平：10k~12k/月
学历要求：本科
专业背景：要求较宽松、软件工程等优先
工作经验：3~5年工作经验优先，部分高端
技术要求10年以上

② 软性技能

● 客户服务能力：适应较频繁的出差以及驻场工作，能快速定位客户需求并响应
● 应变能力：能够及时发现并快速处理突发问题
● 沟通能力：具备良好的沟通表达能力，能协调推动相关团队共同解决问题

③ 业务能力

● 问题跟踪：针对产品运行中的异常快速排查问题并推动解决
● 技术讲解：能够面向客户提供产品宣讲、咨询及培训，及时响应客户的技术请求
● 文档编写：参与项目从售前咨询、招投标、实施到售后运维全流程中技术资料和项目资料的整理和输出

④ 数字技能

● 编程：具备一定的编程开发基础，包括但不限 C++、Python、Java、Shell等编程语言
● 操作系统：具备Windows和Linux操作系统维护经验
● 专业软件：熟练使用Word、Excel等办公软件以及Project等常见项目管理工具

来源｜人瑞人才与德勤研究

图 2-34 人工智能算法工程师特征提取

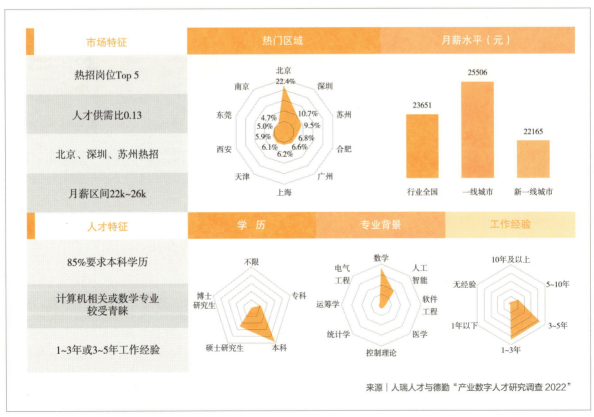

市场特征

热招岗位Top 5
人才供需比0.13
北京、深圳、苏州热招
月薪区间22k~26k

热门区域

北京 22.4%
深圳 10.7%
苏州 9.5%
合肥 6.8%
广州 6.6%
上海 6.2%
天津 6.1%
西安 5.9%
东莞 5.0%
南京 4.7%

月薪水平（元）

行业全国 23651
一线城市 25506
新一线城市 22165

人才特征

85%要求本科学历
计算机相关或数学专业较受青睐
1~3年或3~5年工作经验

学历

不限
专科
本科
硕士研究生
博士研究生

专业背景

数学
人工智能
软件工程
医学
控制理论
统计学
运筹学
电气工程

工作经验

10年及以上
5~10年
3~5年
1~3年
1年以下
无经验

来源｜人瑞人才与德勤"产业数字人才研究调查2022"

基于以上分析（图 2-34），搭建人工智能算法工程师胜任力模型如下（图 2-35）：

图 2-35　人工智能算法工程师胜任力模型

① 特征细分

供需情况：人才需求大，紧缺度极高
热招城市：北京、深圳、苏州
薪资水平：22k~26k/月
学历要求：本科及以上
专业背景：计算机相关及数学专业优先
工作经验：1~5年工作经验优先

② 软性技能

- 创新能力：密切跟踪学习行业前沿技术，并基于业务实际积极探索应用新技术
- 分析能力：良好的抽象思维和逻辑思维能力，能独立分析、解决问题
- 英语能力：能够自主阅读英文资料
- 沟通能力：具备良好的沟通表达能力与团队合作精神

③ 业务能力

- 业务理解：基于复杂业务场景快速构建模型和解决方案
- 算法研发：针对业务场景进行算法模型设计、结构改进、训练、调参、优化
- 技术指导：组织协助相关人员完成数据处理、模型训练、测试、部署等工作
- 加分项：发表算法相关论文、获得奖项

④ 数字技能

- 编程：熟练掌握C++、Python、Java等主流编程语言；熟悉 Linux、Windows等操作系统下的开发环境及脚本语言
- 算法：具有深度学习、机器视觉、机器人控制算法等领域的实践经验
- 开发框架：熟练掌握Tensorflow、PyTorch、Opencv等常用开源框架和工具

来源｜人瑞人才与德勤研究

1.5.4　人工智能前端工程师

相关岗位： Web 前端工程师、H5 开发工程师、移动前端工程师等。

岗位职责： 根据产品设计文档和视觉设计文件，完成桌面或移动端、小程序等页面的模块设计、开发及维护，支持产品的页面交互及功能实现。

基于以上分析（图 2-36），搭建人工智能前端工程师胜任力模型如下（图 2-37）：

1.5.5　人工智能产品经理

相关岗位： 产品助理、产品专员、产品专家、产品总监等。

岗位职责： 跟踪人工智能技术的潜在市场应用需求并进行产品功能和规格设计，在产品开发过程进行进度管理与跟踪，衔接协调产品研发、业务、售前售后等相关团队，共同推动产品功能实现，在交付后定期评估产品使用情况和市场接受度，并持续跟进优化。

基于以上分析（图 2-38），搭建人工智能产品经理胜任力模型如下（图 2-39）：

图 2-36　人工智能前端工程师特征提取

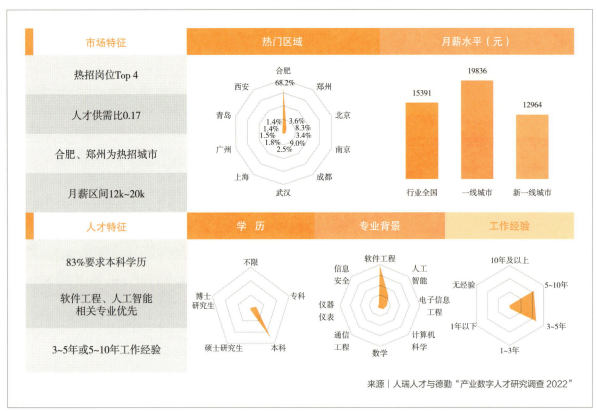

图 2-37　人工智能前端工程师胜任力模型

图2-38　人工智能产品经理特征提取

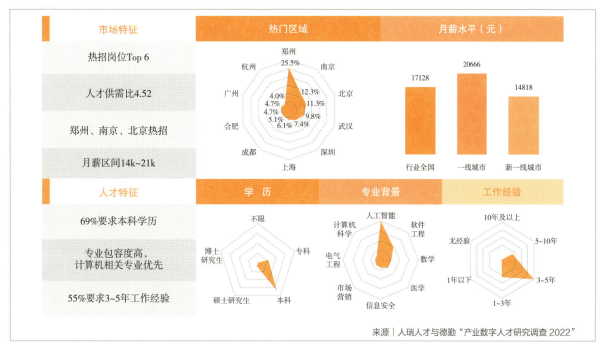

来源｜人瑞人才与德勤"产业数字人才研究调查2022"

图2-39　人工智能产品经理胜任力模型

来源｜人瑞人才与德勤研究

当前人工智能产业正步入发展快车道，对企业而言，要把握这一机遇，既需要积极争取具备深厚算法基础与丰富开发经验的技术型人才，如算法工程师、开发工程师、前端工程师等，不断强化自身技术竞争力；同时，企业亦需关注产品经理和技术支持型岗位的人才储备，通过挖掘具备产品全生命周期管理经验、善于把握市场需求，以及编程基础扎实、沟通协调能力强的人才来建立从技术研发到产品化全链条的人才保障。

1.6 最佳实践案例解析

根据前文分析，在人工智能产业链中，平台型企业与独立 AI 企业因其业务布局不同而产生差异化的人才需求，伴随着产业整体的快速崛起，两类企业均结合自身资源条件与发展所需，逐步探索出兼具针对性与实用性的人才解决方案。

1.6.1 某 AI 独角兽企业：人才飞地模式助力引进技术人才

○ **企业背景**

A 企业孵化自中科院下属西南地区研究院，作为一家以人机协同核心技术为基础的人工智能企业，业务范围涵盖智慧金融、智慧治理、智慧出行、智慧商业等多个重点行业领域。自 2015 年成立以来，A 企业凭借自主研发的人脸识别、隐私计算和对抗性神经网络等领先技术，发展迅猛，先后参与人工智能领域 30 项国家及行业标准的制定，并同时承担国家发改委"人工智能基础资源公共服务平台"和"高准确度人脸识别系统产业化及应用项目"等国家级重大项目建设任务，成为业内公认中国"AI 四小龙"之一。2022 年上半年该企业在科创板成功上市，开盘市值超百亿元。

○ **痛点**

受区位条件影响，难以引进高端研发人才。 作为一家以自主研发为核心的企业，对于高端研发人才有较高的需求，而从国内人工智能人才供给的区域分布特征来看，能力匹配的人才集中在北京、上海、深圳等经济发达的一线城市，其他区域的企业在人才竞争中处于弱势。工信部人才交流中心在 2020 年对人工智能产业人才的调研数据显示，京津冀、长三角和粤港澳大湾区三大热点区域吸引了 78.2% 的人才关注，求职意向在全国其他区域的人才仅占两成。作为一家起步于西南地区的企业，构建高端人才引进渠道成为亟须解决的问题。

业务结构要求加强团队之间协同配合。 从技术研发到商业化转化的过程中，不仅要考虑技术层面的实现，对市场需求的分析和成本控制、对接交付等环节亦十分关键，需要构建一支包含研发、实施、商务等多角色的人员队伍，以保障从产品设计到落地全生命周期的稳定运转。

○ **举措**

A 企业采用"人才飞地"模式实现分区域招引人才，突破区位条件对人才吸引力的限制，并进一步通过构建以技术中台为核心的研发架构，辅以构建智能化办公场地等措施，保障在"人才飞地"模式下不同区域、不同部门的团队之间能够高效配合。

亮点一：根据人才区域分布特征建立"飞地"，实现人才效益最大化。 A 企业最早孵化于西南地区，但积极通过共建研发平台等形式争取一线城市研发资源。早在 2017 年 A 企业便在广州签约设立人工智能视觉图像创新研发中心，其后将总部迁至广州。当前该企业已在北京、上海、苏州、成都、芜湖等多个城市设有办公地点，结合不同岗位的人才需求对业务进行区域划分，在上海等地侧重于招引高学历、海归人才等以支持核心技术产品的研发，同时将非核心业务转移到成都等地以降低用人成本。

亮点二：构建企业内部技术中台，促进技术研发与产品落地团队的协同配合。企业内部技术中台主要承担算法引擎、大数据分析、人机协同操作系统，以及 AIoT 设备等核心技术的研发，而产品和解决方案中心则由具备行业实践经验的人才针对细分应用场景，将核心技术转化为定制化的解决方案。技术管理部和产品管理部分别从研发规划和产品落地的角度，配合集成组合管理委员会进行团队组织协调，保障研发、开发过程中不同团队目标对齐。

图 2-40　某 AI 独角兽企业技术团队架构

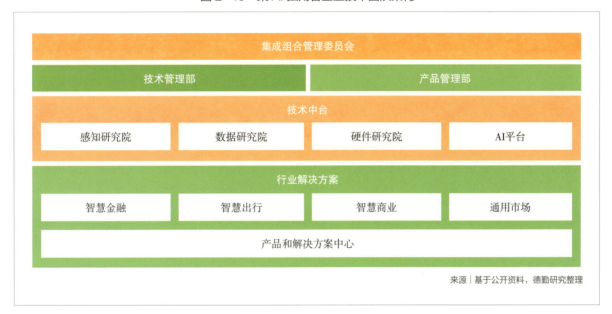

来源｜基于公开资料，德勤研究整理

○ **成效**

A 企业通过在上海、广州、苏州、成都等多个城市设立研发中心，充分适应当前人工智能行业人才分布现状，扩宽了人才招引面，为企业建立一支多元化、多层次的研发队伍提供了支持。截至 2021 年末，该公司已有研发技术人员 570 余人，占总员工数半数以上。在技术中台和产品解决方案分工配合的模式下，各个团队高效协同，共同推动了核心技术在金融、交通、新零售等多个行业领域的商业落地。

1.6.2　某科技巨头企业：企业主导建立人工智能人才"选、培、留、用"生态

○ **企业背景**

B 企业是国内互联网领域领军企业，也是国内最早布局发展人工智能技术的先行者，业务布局全面，在智能语音、智能驾驶、AI 机器人等多个领域都具备技术优势。

○ **痛点**

国内顶尖研发人才储备与海外存在差距。作为国内人工智能行业引领者，自研技术始终是 B 企业最核心的优势，而开展前瞻性研究探索对顶尖人才储备要求极高，而中国作为人工智能行业的后起之秀，高精尖人才仍是较为薄弱的环节。

技术型岗位人才供应不足，筛选难度高。B 企业业务领域在不断扩展，随之带来大量开发、测试、运维等相关技术型人才需求，而在当前人才总量与质量均存在欠缺的背景下，企业的人才招聘压力与日俱增。

人工智能技术迭代更新快，进一步拉高人才能力提升要求。在人工智能行业技术不断创新突破的背景下，需要从业人员密切跟踪学习前沿技术，企业是否建立有支持员工自我提升的学习平台日益关键。

○ **举措**

B 企业结合自身发展战略，一方面着力引进海外顶尖人才，打造前沿技术研发能力，另一方面线上线下全面布局，围绕自身业务需求参与技术型人才培养，此外通过自身人工智能技术优势反哺人才招聘环节，实现高效、精准招引人才。

亮点一：组建顶级研究院，丰厚待遇叠加研究资源吸引世界级科学家。在最初布局攻关人工智能领域时，B 企业即制定了配套的高端人才引进战略，从海外的牛津大学、新加坡国立大学等顶级院校招引人工智能顶级科学家，组建国际一流研究院，聚焦基础、前沿领域技术研发，并在硅谷等全球计算机技术高地建立人工智能实验室，建立与顶尖研发生态圈的常态化交流渠道。而 B 企业之所以能招引一批世界级人才，不仅仅依靠提供顶级的薪酬待遇，在企业自身深厚的数据积累、浓厚的技术氛围，以及庞大的市场份额等因素支持下，企业能为顶尖人才提供不可多得的研发与实践平台，使其对顶尖人才极具吸引力。

亮点二：线上线下互为补充，主导建立人才培养平台。针对当前人工智能领域高校教学模式和内容存在与产业实际脱节的现状，B 企业积极发挥自身资源优势参与人才培养体系建设，通过创办企业大学、与高校共建学科、组织训练营等模式，定向培养业务开展所需的各类人才。同时，聚拢数据、算力、实践案例等各类线上资源，搭建在线一站式学习平台，并在线下为各高校推广人才培养解决方案。此外，B 企业依托各种训练营和线上竞赛等活动，挖掘高潜力人才，为其提供招聘绿色通道等奖励，同时也为自身扩宽了人才招引渠道。

亮点三：人工智能技术赋能人才招聘，提升人才筛选效率与匹配度。B 企业应用语义分析、知识图谱等人工智能技术搭建智能招聘平台，对岗位需求和简历关键信息进行解析提取，向 HR 智能推送相匹配的候选人，有效提升简历筛选效率，并基于人才画像，实现定制化考题方案，帮助 HR 精准甄别候选人匹配度。

○ **成效**

B 企业通过立体化的人才战略，组建了规模和实力行业领先的人才队伍，成为其引领行业发展的关键因素。甚至，该企业的人才战略不仅仅支持了自身业务的开展，还为国内人工智能领域的人才培养发挥了带动作用。截至 2022 年，B 企业的线上 AI 学习平台已经与 500 余所高校机构开展教育合作，积累实训项目超过 400 万个、课程资源超过 5000 份，吸纳超过 200 万名的开发者入驻。

2. 芯片行业及人才策略

2.1　产业方向和应用场景、产业链

芯片是电子信息产业发展的基石。半导体芯片产业以万亿元产值支撑起我国数字经济 40 多万亿的产值，帮助我国提高经济发展实现从"量"到"质"的提升。同时，半导体芯片产业是我国科技自主发展的重要驱动力，不仅自身存在巨大的发展空间，更为人工智能、量子计算、物联网等新兴产业的发展提供了硬件基础，并助力新兴产业的发展及传统产业的升级。

2.1.1　产业现状：我国芯片对外依存度高，芯片自给率亟待提升

在中美贸易摩擦不断加剧的大背景下，我国半导体行业面临巨大的挑战，迫切需要提升芯片自给率，摆脱对以美国为主的国际技术的依赖。一方面，我国芯片仍然较为依赖海外进口，存在巨额贸易逆差，芯片对外依存度高，尤其在高端芯片方面，严重依赖进口；另一方面，我国芯片自给率虽然总体呈现上升趋势，但目前自给率仅为 16.7%，仍然处在较低的水平，并且近几年的自给率也存在一定波动（图 2-41）。因此，我国芯片自给率亟待提升。

图 2-41　中国半导体 IC 自给率

来源 | 艾瑞咨询，德勤研究

2.1.2 产业图谱：芯片设计产业规模较大，芯片制造壁垒较高，而封测已经进入成熟期

芯片的产业链（图 2-42）上游主要是芯片设计以及制造所需的原材料和生产设备。原材料包括晶圆制造材料和封装材料。芯片的产业链中游主要涉及芯片制造、芯片封装和测试等环节。IC 设计公司根据下游用户（下游厂商）的需求设计芯片，然后交给晶圆代工厂（即晶圆制造厂）进行制造，其主要任务就是把 IC 设计公司设计好的电路图移植到硅晶圆制造公司（即硅片制造商）制造好的硅片上。完成后的晶圆再送往下游的 IC 封测厂，封装测试厂进行封装测试，最后将性能良好的 IC 产品／芯片出售给下游厂商。

图 2-42 芯片产业链图谱

芯片设计	芯片制造	芯片封装及测试	芯片应用
通过对芯片的系统、逻辑、电路和性能的研究设计，转化为物理设计版图（包括：EDA 软件、器件模型、系统算法设计、电路设计、数字验证、版图设计、封装设计等）	进行晶圆生产，利用设计版图制作光掩膜版，并以多次光刻的方法将电路图形呈现于晶圆上，最终在晶圆表面／内部形成立体电路（包括：光罩、掩膜、氧化、刻蚀、掺杂扩散、离子注入、电极金属、晶圆等）	封装主要将加工完成的晶圆进行切割、封塑与包装，以保护管芯 并形成芯片产品；测试为对芯片的可靠性、稳定性等性能进行检测（包括：划片、装片、缝合、塑封、电镀、电性测试等）	包括芯片的应用方案、电子系统、终端产品等

来源｜德勤研究

- **芯片设计：** IC 设计企业数量迅速增长，2021 年占行业整体销售达到 43%（图 2-43）。随着芯片制程演进与 SoC 产品趋势，芯片设计复杂度迅速攀升，如何改善芯片的性能、功耗、裸片尺寸、良率等都是 IC 厂商面临的问题。
- **芯片制造：** 在全球缺"芯"背景下，IC 制造业保持强劲增长。基于上游资金需求与下游工艺关联的产业背景，半导体 IC 制造行业铸就资金、人才与技术的高壁垒因素。
- **芯片封装测试：** 封装行业进入壁垒较低，因此在中国集成电路发展早期，众多企业选择以封测环节作为切入口，并不断加强对海内外企业并购动作，以持续扩大公司规模，现中国封测龙头企业已成功步入成熟期。

从应用领域来看（图 2-44），芯片主要应用于通信设备、PC/ 平板电脑、消费电子、汽车电子等行业。汽车和通信领域是芯片市场增长的主要动力，市场占比已达 63%，而计算机领域占比逐渐下降。工业控制也是模拟 IC 的重要领域，占比较为稳定；受益于 5G 浪潮，5G 通信发展推动手机和基站更新换代的同时，新能源、物联网的兴起也将推动模拟芯片行业的发展。

图 2-43　集成电路细分行业销售占比（2021）

图 2-44　芯片下游应用占比情况

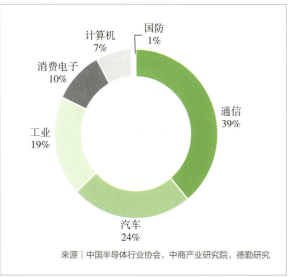

来源｜中国半导体行业协会，中商产业研究院，德勤研究

来源｜中国半导体行业协会，中商产业研究院，德勤研究

2.1.3　芯片行业生产制造环节的数字化程度最高

在芯片企业受访者对各部门数字化转型程度进行评估时（图 2-45），生产制造数字化程度最高，其次为供应链、客户运营、财务数字化；而营销和服务数字化的评估分数较低。

值得注意的是，尽管半数企业已经开展了营销与服务部门的数字化，但其数字化程度并不及其他部门；同时，研发部门也面临相同的问题，该部门数字化受到重视，但实际操作难度很大：75%的企业都已经开展研发部门的数字化，但是其数字化程度也相对较低，与全面、深入的转型仍有很长的距离。

图 2-45　不同数字化转型程度整体评估

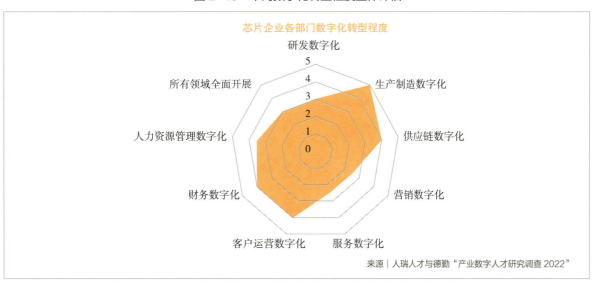

来源｜人瑞人才与德勤"产业数字人才研究调查 2022"

整体来看，在当前国际环境不确定性上升的大背景下，半导体产业已成为我国强化布局、展开博弈的重点领域。除了持续的技术、设备、资金等方面的投入，人才也是行业进步的重要先决条件。现今行业面临了外部日益增加的压力，以及内部愈显不足的人才技术，因此，如何培养并聚集高素质复合型人才已经成为行业发展的关键。下文中，我们将具体讨论我国芯片行业的人才现状、所面临的挑战，以及芯片企业如何制定应对策略。

2.2 行业人才现状、挑战及策略

作为技术驱动型行业，以高级工程师为代表的高端技术人才是芯片产业的基石。但与一般工科的不同之处在于，芯片产业对工程化、精确度要求极高，因而，芯片行业对人才要求也高，但人才培养周期长。

2.2.1 现状：芯片行业对顶尖人才要求较高，但行业面临人才培养和留存困境

人才政策初启，国家重视程度逐渐提高

为加大人才培养力度，2021 年 1 月 14 日，国务院学位委员会、教育部发布《关于设置"交叉学科"门类、"集成电路科学与工程"和"国家安全学"一级学科的通知》。国内许多知名高校相继成立了集成电路学院，目前，已经有 14 所高校出手弥补芯片人才短缺，其中就包括清华大学、北京大学、华中科技大学等。不仅如此，为了尽快培养出色的芯片人才，不少企业已经主动与高校合作，对芯片人才进行定向培养，在学习理论知识的同时，也能让在校的学生拥有实践的机会。比如，北京航空航天大学成立了集成电路学院，与华为共同成立了人才培养基地，并建立了联合创新实验室。

国家与地方政府也出台了许多相应的奖励政策为我国留住高端半导体人才，如上海市对于满足申报条件的研发 / 制造人员，给予最高 50 万元的奖励；广州市对于满足申报条件的高端 / 技术人才，给予最高 150 万元的奖励等。税收方面，上海张江科学城实施吸引境外 / 海外回流高端紧缺人才的税收优惠政策；广州提出对超过应纳税所得额的 15% 部分给予财政补贴；深圳明确给予最高 500 万元的补贴。在人才落户方面，北京、上海、深圳、广州等地对于满足相关学历以及年龄的毕业生、满足相关条件的人才皆有相关落户措施等。

国内行业顶尖人才流失现象较为严重

人才流失是中国芯片产业发展的最大也是最为致命的问题。当前集成电路产业就因为其作为未来基础技术的重要性而被美国视为"地缘技术"，一些芯片领域长期被海外巨头垄断，并形成技术壁垒，导致国内高技术人才集中于这些海外巨头企业，难以回流本土企业，造成人才流失；而国内企业也面临如何引进海外高端人才的困境。

此外，长期以来，国内对于芯片半导体行业重视程度不够。半导体行业的冷门，对探索未知过程中的错误包容度极低，让大家都不看好这个专业，而去追求那些热门、好找工作的专业，且高校

及研究所基础设施相对薄弱难以深层次研究。其次，苹果、高通和英特尔等国际顶尖芯片公司的企业文化更加人性化，薪资待遇更好，因此更能吸引人才的加入。

由于人才较缺乏且培养周期长，企业通常使用高薪手段吸引人才

芯片行业的人才培养存在周期较长的特点，而当前国内芯片人才总量不足，高端芯片人才稀缺，企业招人困难。芯片厂商为了提升自身人才竞争力，通常采用高薪挖人的策略。在此环境下，芯片企业间高端人才的争夺变相成为薪酬上的竞争，从而导致一些高端人才的薪酬出现两倍、三倍的增长。

其中，2021年设计业以39.21万元的年平均薪酬位列各类型企业首位，制造业（27.96万元）、半导体设备（27.93万元）分列第二、第三位（图2-46）。设计业作为高知识密集型产业，对于人才的依赖度极高，如何吸引人才是各设计企业均在关注的焦点，薪酬作为重要的人才吸引工具也在关键时刻发挥着重要作用。

图2-46　半导体不同类型企业平均工资分布

来源｜基于公开资料，德勤研究整理

2.2.2　挑战：人才招聘、管理及培养均面临挑战

在我国半导体相关行业迅速发展，技术更迭日新月异的今日，芯片类企业在人才支持方面主要面临着人才招聘、人才管理和人才培养三方面的挑战。

人才招聘方面，由于芯片产业技能更迭速度快，人才培养速度难以跟上。 每年高校毕业的学生进入芯片产业的人数约3万人，如仅靠高校培养，缺口巨大。这就要求未来高校应扩大集成电路专业本科和研究生招生规模，改革芯片人才培养模式。一方面，需要加大集成电路专业的推免研究生比例，以避免考研等环节的间断；另一方面，还需要加快盘活现有存量，通过职业培训，提升行业内在职人员的能力和水平。

图 2-47　芯片企业面临的人才招聘挑战

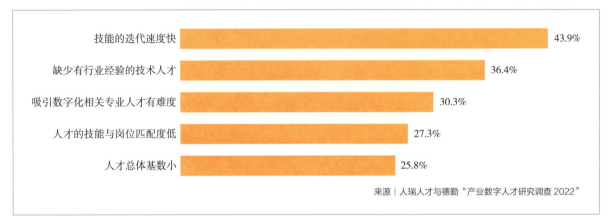

技能的迭代速度快	43.9%
缺少有行业经验的技术人才	36.4%
吸引数字化相关专业人才有难度	30.3%
人才的技能与岗位匹配度低	27.3%
人才总体基数小	25.8%

来源｜人瑞人才与德勤"产业数字人才研究调查2022"

　　人才管理方面，企业内部组织架构与管理流程待完善。 在人才管理方面（图 2-48），四成以上的受访企业提到了"数字人才岗位、职责、流程需要相应调整"的问题。同时，也均有超过 30% 的芯片企业正在经历"企业内部技术人员和业务人员的协同缺乏"（39.4%）与"需要调整数字化相关的绩效考核标准，允许试错和失败"（37.9%）的问题。芯片行业的数字人才转型对企业内部的人才管理体系变革提出了更复杂的要求，企业内部未来也应根据实际情况调整内部组织架构、管理体制、激励机制，构建内部数字人才的良好发展生态。

图 2-48　芯片企业面临的人才管理挑战

数字人才岗位、职责、流程需要相应调整	43.9%
企业内部技术人员和业务人员的协同缺乏	39.4%
需要调整数字化相关的绩效考核标准，允许试错和失败	37.9%
企业文化需要支持兼收并蓄，培养不同背景人才的团队合作	22.7%
代际管理差异比较明显，需要增加对于85后、90后、95后、00后新的管理模式	7.6%

来源｜人瑞人才与德勤"产业数字人才研究调查2022"

　　人才培养方面，紧缺岗位及人才类型待明确。 在人才培养方面（图 2-49），45.5% 的受访企业表示需要明确人才类型是当下人才培养中面临的突出困难。同时，需要进行培训计划和优先事项排级、需要衡量人才培养的投入产出比两大问题也获得了 36.4% 的受访企业的关注。相较而言，在"如何长期留住数字专业人才，满足人才对于企业的诉求"，以及"缺少结合业务场景的培训案例等资源"这两方面，芯片企业所面临的困难并不算特别突出。

图 2-49　芯片企业面临的人才培养挑战

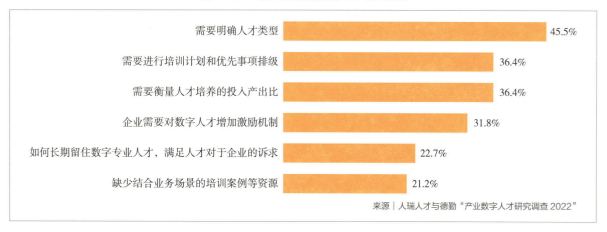

需要明确人才类型	45.5%
需要进行培训计划和优先事项排级	36.4%
需要衡量人才培养的投入产出比	36.4%
企业需要对数字人才增加激励机制	31.8%
如何长期留住数字专业人才，满足人才对于企业的诉求	22.7%
缺少结合业务场景的培训案例等资源	21.2%

来源 | 人瑞人才与德勤 "产业数字人才研究调查 2022"

2.2.3　策略：从组织架构优化、领军人才培养、产教融合入手，提升人才培养及管理效能

综上所述，我国芯片企业均面临的人才难觅的困境主要体现在以下方面（图 2-50）。

图 2-50　我国芯片行业面临的主要人才挑战

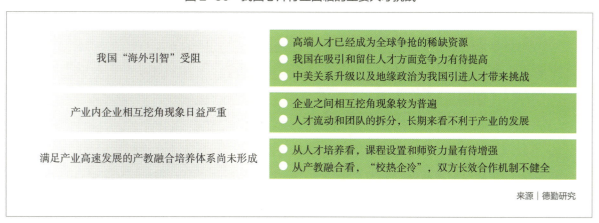

我国 "海外引智" 受阻	● 高端人才已经成为全球争抢的稀缺资源 ● 我国在吸引和留住人才方面竞争力有待提高 ● 中美关系升级以及地缘政治为我引进人才带来挑战
产业内企业相互挖角现象日益严重	● 企业之间相互挖角现象较为普遍 ● 人才流动和团队的拆分，长期来看不利于产业的发展
满足产业高速发展的产教融合培养体系尚未形成	● 从人才培养看，课程设置和师资力量有待增强 ● 从产教融合看， "校热企冷" ，双方长效合作机制不健全

来源 | 德勤研究

为了应对在人才招聘、培养等方面的困难，我国芯片企业正积极通过多种举措缓解困境（图 2-51）。

举措一：组织架构优化

针对目前行业内存在的人才问题，我国芯片企业开始尝试进行管理资源的融合，包括对组织架构、流程、体制、文化等方面的调整，并持续关注人才的引进和发展。据统计，超过一半的半导体企业把 "重构组织架构" 作为未来人才战略的首要举措。组织架构的优化一方面能够提升人才招聘、管理、激励的效率；此外，良好、高效的企业架构、氛围、职业发展层级也对人才吸引起到了推动作用。

从人才招聘渠道方面，不少企业将海外人才引进作为招聘渠道之一，但是近年来美国政府对中

国芯片行业的打压愈演愈烈。为了阻止中国获得先进的处理器设计芯片，美国出台了一系列政策来限制国产芯片行业，尤其在高端技术人才的引进上，国内芯片企业面临前所未有的挑战。因此，内部核心人才培养、制定更有效的激励政策也是企业比较关注的内容，而这些举措与人才的留用和发展紧密相关。

举措二：规范行业人才流动机制

针对行业内挖角现象，可通过行业协会和产业联盟等组织，形成行业内规范，制约企业之间对领军人才的恶性竞争，使有条件的企业注重和加强自己的领军人才培养，为可能成为领军人才的苗子提供优质资源，促进其尽快成长。

举措三：推进"产教融合"，注重核心人才的培养

针对人才培养与产业需求的脱节现象，高校应积极响应新工科教育改革，打破原有的传统教学方式，探索实践产教融合协同育人新模式，以产业需求为导向，企业参与高校的人才培养全环节，在培养方案制订、课程建设、实习实训和项目研究等环节由校企共同完成，实现校企协同育人的无缝衔接，打通芯片人才培养"最后一公里"。

图 2-51　中国半导体企业人才战略落地调整举措

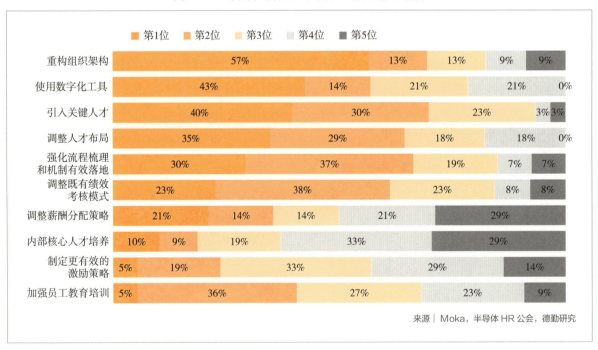

来源｜Moka，半导体 HR 公会，德勤研究

综上所述，由于芯片行业的高技术壁垒，对行业人才提出了较高要求，而企业也面临了人才吸引、培养、留在等一系列挑战，需要从组织架构优化、产教融合等多个方面去解决困境。此外，由于我国芯片行业在产业链不同环节的发展程度不一，对人才的需求也存在差别。在下一节，我们将具体讨论产业链各环节的人员结构特征及对人才的要求。

2.3　产业链对应企业的目标人员结构特点

整体来看，我国芯片行业在上游芯片设计领域的人才缺乏情况较为突出，且对人才的要求更高，具备一定的壁垒，而中下游的人才供给相对充分。

2.3.1　上游芯片设计领域：IC 设计、模拟芯片设计类岗位人才供不应求，整体薪资水平高

上游芯片设计领域对于集成电路设计、模拟芯片设计类岗位人才需求最为旺盛，同时设计岗位薪资较产业链其他人才更高（图 2-52）。

图 2-52　芯片设计领域主要人才需求

人才需求	基本要求
EDA软件研发	芯片设计需要使用EDA软件研发人才。EDA开发难度高，需要各类数学、物理计算的理论研究型人才，以及软件开发人才
半导体器件模型开发	微电子专业器件专业方向人才，芯片制造领域的代工厂需求强烈，各类器件都需要建立准确的模型才能提供PDK用于芯片仿真设计
芯片系统和算法类	从事相关系统架构或者特定算法的研究工作，为了实现特定的功能或者性能需要架构和算法上的创新，特别是传感器类、处理器类芯片产品和AI人工智能时代的芯片产品
RTL逻辑	需要熟悉Verilog语言，主要负责芯片逻辑功能的实现
电路设计	从事模拟电路类的设计工作，包括模拟电路、射频电路、数模混合电路等的设计。模拟电路的设计和数字电路的设计流程有很大差异，基本是个手工活，入门的要求较高，需要有扎实的电路理论和半导体相关理论基础
数字验证	从事复杂数字芯片系统的验证工作，包括算法功能、性能的验证，SOC系统功能及性能验证等，需要掌握UVM等各类验证方法学，用到很多的脚本语言
版图设计	分为模拟电路版图和数字电路后端版图设计，二者设计流程不同、采用工作不同，工作岗位差异也较大
封装设计	进行芯片的封装设计工作，包括各类封装结构的仿真评估等，主要和封测厂对接

来源 | 德勤研究

上游芯片设计领域岗位人才供不应求。设计类岗位对人才学历要求高，九成以上要求本科及以上学历；同时这些岗位人才也是芯片产业链中招聘薪资最高的群体，近 70% 的目标人员月薪集中在 25000~50000 元，有近 5% 的岗位目标月薪达到了 50000 元以上，是芯片行业薪资最高的领域（图 2-53）。

图 2-53　芯片设计类岗位需求、薪资范围与学历要求

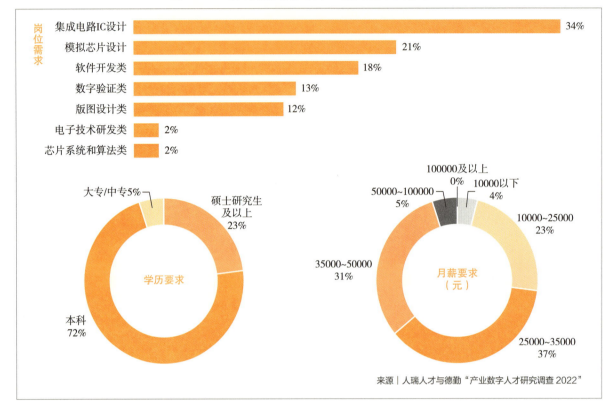

岗位需求

- 集成电路IC设计　34%
- 模拟芯片设计　21%
- 软件开发类　18%
- 数字验证类　13%
- 版图设计类　12%
- 电子技术研发类　2%
- 芯片系统和算法类　2%

学历要求
- 大专/中专 5%
- 硕士研究生及以上 23%
- 本科 72%

月薪要求（元）
- 100000及以上 0%
- 10000以下 4%
- 10000~25000 23%
- 25000~35000 37%
- 35000~50000 31%
- 50000~100000 5%

来源｜人瑞人才与德勤"产业数字人才研究调查2022"

2.3.2　中游芯片制造领域：产业相对成熟，人才供需较为平衡

芯片制造领域的人才要求（图 2-54）相较于上游设计类偏低，学历要求相对于设计类岗位来说更宽松，在人才供需方面对比产业上游（设计类岗位）较为平衡。其中，人才缺口主要集中于 FAE 现场应用工程师，而半导体技术工程师人才储备相对丰富。

图 2-54　芯片制造领域主要人才需求

人才需求	基本要求
晶圆制造类	进行芯片制造所用原材料——晶圆的制造，对应人才来源于化学、物理、机械、微电子等相关专业
半导体制造设备类	包括各种封装设备、测试设备，人才需求包括机械、光电、自动控制、物理、化学等专业方向，以及需要基础学科支撑的科研型人才
晶圆加工的工艺类	主要是foundry代工厂的工艺制造流程所需要的各类人才。芯片设计完成以后得到版图GDS文件，该文件交付代工厂进行芯片的生产制造。需求的人才主要是微电子学专业的器件和工艺方向；此外，也需要器件的建模、PDK制作、工艺线验证、EDA软件相关支持工作等

来源｜德勤研究

芯片产业链中游的制造领域相较于设计领域，人才供应情况良好，需求旺盛度不高。半导体设备制造和半导体工艺工程师是调研中发现需求突出的岗位。芯片制造类岗位整体对人才学历要求不及设计类岗位，近30%的岗位并不要求本科及以上学历；相应的招聘薪资也集中在月薪15000元以下，仅有7%的岗位提供20000元以上的月薪（图2-55）。

图2-55　芯片制造类岗位需求、薪资范围与学历要求

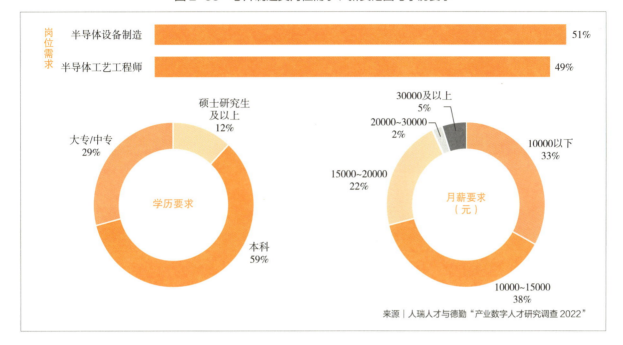

来源｜人瑞人才与德勤"产业数字人才研究调查2022"

2.3.3　中游芯片封测领域：人才需求主要集中于芯片测试领域

芯片封测分为封装和测试两个子类，同时也会涉及很多配套的产业，包括封装的原材料、封装设备和测试设备等。芯片封测人才来源主要是电子类相关专业、计算机专业、电气工程及自动化专业、机械专业等。目前，芯片测试方面的人才需求高于封装方面（图2-56）。

图2-56　芯片封测领域主要人才需求

人才需求	基本要求
芯片封装人才	主要完成晶圆的切割、芯片的引线框键合等工作，封装类型包括DIP、QFP、QFN、BGA、PGA等。封装过程中的各类可靠性评估、封装良率提升、仪器设备操作需要各类人才。芯片的封装工作往往被人认为技术含量不高，但是先进的晶圆级封装技术含量很高
芯片测试人才	芯片封装完成以后要进行电气性能测试、老化等可靠性测试、芯片筛选自动化测试等，需要熟悉测试分析仪器和测试流程及方法

来源｜德勤研究

芯片封测领域测试类岗位的需求明显高于芯片封装类岗位。在学历要求对比制造领域岗位收紧的同时（86% 要求本科及以上学历），招聘薪资也有一定程度的提高。42.9% 的人群的月薪要求集中在10000~20000 元，40% 左右的人群的月薪要求在 20000~50000 元，明显高于芯片制造领域（图 2-57）。

图 2-57　芯片封测类岗位需求、薪资范围与学历要求

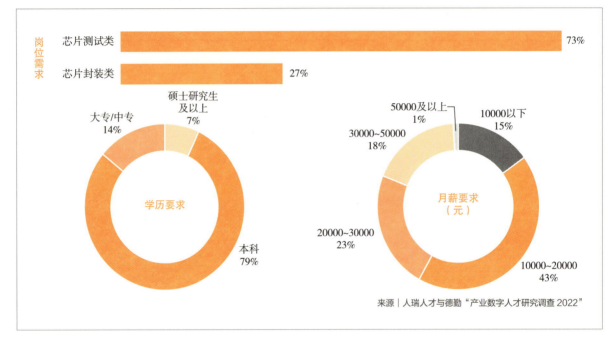

来源｜人瑞人才与德勤"产业数字人才研究调查 2022"

2.3.4　下游芯片应用领域：人才需求集中在芯片应用工程师、通信工程师与电子工程师

下游芯片应用领域人才需求主要集中在芯片应用工程师、通信工程师与电子工程师三类岗位。各类芯片应用工程师人才，工作任务主要是完成芯片的应用方案、电子系统的设计、终端产品的设计等；这类人才通常是电子工程师、通信工程师、系统应用工程师，将芯片最终推向应用市场。

调查发现，芯片产业链下游应用类岗位的供需矛盾并不突出，主要集中在芯片应用工程师、通信工程师与电子工程师三类岗位。同时，应用领域对目标人群学历要求相较上游设计领域同样有一定程度的放宽：仍有 17.1% 的岗位接受本科以下学历。该领域的月薪范围多集中与10000~30000 元，约占 60%，也有近 20% 岗位提供 30000 元以上的月薪（图 2-58）。

综上所述，芯片行业对相关人才均提出了较高的要求，尤其上游芯片设计领域，需要专业技术团队与强大研发能力，而获取人才对芯片企业未来良性发展起到了至关重要的作用。因此，行业人才的供需状况直接影响了产业的发展速度。

图 2-58 芯片应用类岗位需求、薪资范围与学历要求

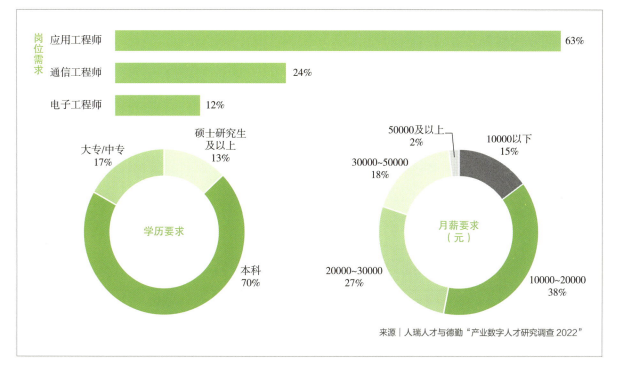

来源 | 人瑞人才与德勤"产业数字人才研究调查 2022"

2.4 行业紧缺人才的供需状态

整体来看，我国芯片行业人才的培养速度明显低于行业的增长速度，这导致了我国芯片产业人才供需不平衡的窘境。下文中，我们将进一步分析芯片行业核心人才的供需情况。

2.4.1 芯片企业人才供给显著低于产业发展速度，总量供不应求

根据《中国集成电路产业人才发展报告》显示，2021 年我国集成电路从业人员从 2017 年的 40 万增加到 57 万，而行业人才需求约为 72 万，存在缺口 15 万。预计到 2023 年前后全行业人才需求将达到 76.65 万左右，仍存在约 20 万的人才缺口。此外，2020 年我国集成电路相关专业毕业生规模在 21 万左右，约占毕业生总数的 2.30%；而在这 21 万学生中仅有 13.77% 的人毕业后从事集成电路相关工作，人数还不到 3 万，国内高校培养的芯片人才可谓青黄不接。

人才缺口的背后，是需求量的激增。自 2020 年底"缺芯"潮爆发以来，不少晶圆厂开始建新厂或大力扩产提升产能；同时，芯片行业创业也成为近年热潮，国内芯片设计初创企业如雨后春笋般涌现。随着国产芯片产业高速发展，芯片人才匮乏的现象日渐凸显。2021 年国内集成电路全行业销售额首次突破万亿元，2018~2021 年复合增长率为 17%，而 2021~2025 的年复合增长率更将扩大到 20%。

由此可见（图 2-59），人才增长速度跟不上产业增长速度，并已成为制约集成电路行业发展的重要因素。预计到 2025 年，全行业人才需求将达到 107 万左右，而实际供给仅增长到 82 万，人才总缺口量将扩大到 25 万。

图 2-59　我国芯片行业人才供求及需求情况

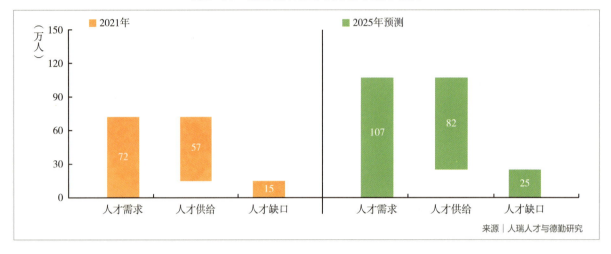

来源｜人瑞人才与德勤研究

2.4.2　芯片企业目前缺口最大的三类人才为开发人员、产品经理和算法人员

开发人员、产品经理、算法人员是目前芯片企业数量缺口最大的三类人员；广告投放人员、销售人员、市场人员则预计数量紧缺程度不高（图 2-60）。随着中美科技战的日益深化，我国加快攻坚卡脖子技术、实现集成电路的国产化已是大势所趋，这衍生出了对芯片上游的集成电路设计领域的研发人才、算法人才日益增加的需求。而这类人才往往培养周期长、对专业素质技能要求高，在未来一段时间仍将呈现明显的供不应求的状态。

图 2-60　芯片企业内人数缺口较大的人才类型（按紧缺程度排名赋分）

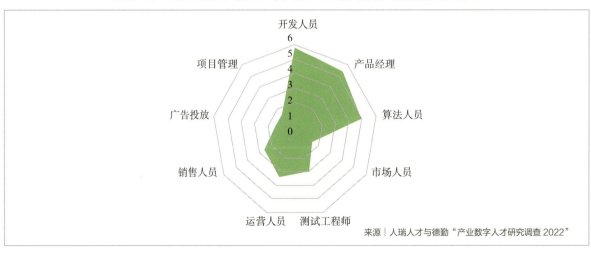

来源｜人瑞人才与德勤"产业数字人才研究调查 2022"

2.4.3 算法/IC架构师、IC前端设计工程师、版图设计师最为紧缺

在职位紧缺方面，受访的芯片企业在职位紧缺程度排序中，将算法/IC架构师、IC前端设计工程师、版图设计师排在了紧缺程度的前三位（图2-61）。

图2-61 芯片企业所需职位（按紧缺程度排名赋分）

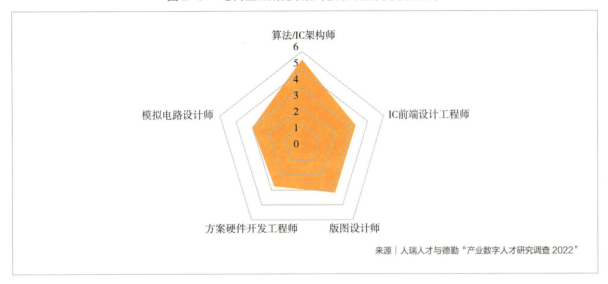

来源｜人瑞人才与德勤"产业数字人才研究调查2022"

芯片产业上游的IC架构师与设计工程师不但是技术的领导者，为芯片产品的整体竞争力负责，他们需要关注行业内最前沿的技术，不断积累沉淀知识和信息并将其炼化，而且他们也需要做前沿领域的探索，实验性地去搭建原型并论证前瞻性方案的合理性和可实施性。电子工程、计算机等专业的优秀毕业生成长为优秀的IC架构师与设计工程师需要很长的成熟周期，因此在这类智力密集型岗位具有较高的紧缺程度。

针对芯片行业的紧缺人才，下一节将具体围绕芯片行业产业链各环节对人才的要求及期望，建立胜任力模型，从而为企业招引人才和优化人才结构提供参考。

2.5 关键数字人才及其胜任力模型

芯片行业的就业机会分布情况主要集中于芯片设计、芯片制造、芯片封测与芯片应用（图2-62）。其中，芯片设计类岗位的人才相对较为紧缺，且对人才的综合素质要求更高。

图 2-62　芯片行业岗位分布情况

2.5.1　芯片设计类岗位

芯片设计类岗位（图 2-63）以要求本科学历为主，电子工程、微电子、通信工程为主要专业，拥有 3 年以上工作经验为佳。芯片设计类企业比较关注人员的学习能力，且要求相关人员熟练掌握 EDA、嵌入式语言等技能。

图 2-63　芯片设计类岗位特征提取

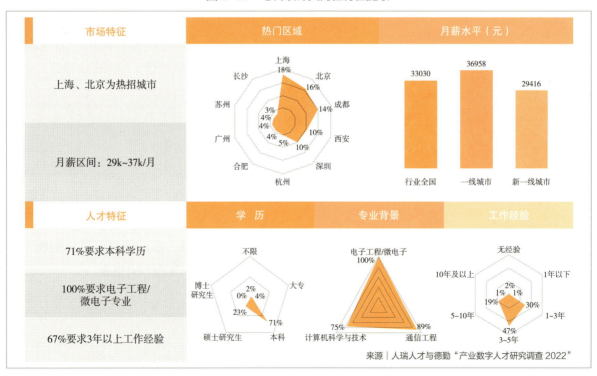

相关岗位：集成电路 IC 设计、模拟芯片设计、软件开发、数字验证等。

岗位职责：负责并参与集成电路、模拟或射频芯片的设计开发，以及设计芯片电路模块，并形成相应文件；根据芯片或模块的规格，利用已实现的验证环境进行验证和回归；完成后期芯片调试和测试，协助产品整体测试。

基于以上分析，搭建芯片设计类岗位胜任力模型如下（图 2-64）：

图 2-64　芯片设计类岗位胜任力模型

① **特征细分**

供需情况：人才需求大，紧缺度高
热招城市：上海、北京
薪资水平：29k~37k/月

学历要求：本科
专业背景：电子工程/微电子优先
工作经验：3~5年工作经验优先

② **软性技能**

● **学习与能力：**掌握扎实专业基础知识，具备良好的学习能力和创新能力
● **团队协作：**有良好的沟通能力和团队合作精神
● **加分项：**具有领导完成相关项目开发经验

③ **业务能力**

● **理论基础：**拥有微处理器结构、计算机原理、数字逻辑、程序设计理论基础
● **设计能力：**精通常用数字逻辑设计方法及时序控制，熟悉各种数字接口协议；熟悉数字电路设计和验证方法学；熟练掌握EDA等设计工具

④ **数字技能**

● **编程：**熟练运用Verilog等硬件描述语言进行设计及RTL代码交付；熟悉C，C++等编程语言；脚本语言（如：Perl、Python、Shell等）
● **专业软件/工具：**熟练使用Linux系统

来源｜人瑞人才与德勤研究

2.5.2　芯片制造类岗位

芯片制造类岗位（图 2-65）主要以本科学历为主，工程机械类、物理／化学、材料类专业为主要目标专业。企业主要看重人员在设备维护方面的经验，从而保证芯片生产的正常进行。

相关岗位：半导体设备工程师、半导体工艺工程师。

岗位职责：完成半导体生产工艺的开发及调试工作，并记录工艺开发调试过程、完成报告的撰写，以及对遇到的问题提出改善意见；对生产设备进行日常维护和定期保养，确保良好的设备条件；当设备生产产品出现异常时，能及时找出问题的根源并予以解决；能与客户进行良好的沟通，对客户提出的问题及时无误地进行反馈。

图 2-65 芯片制造类岗位特征提取

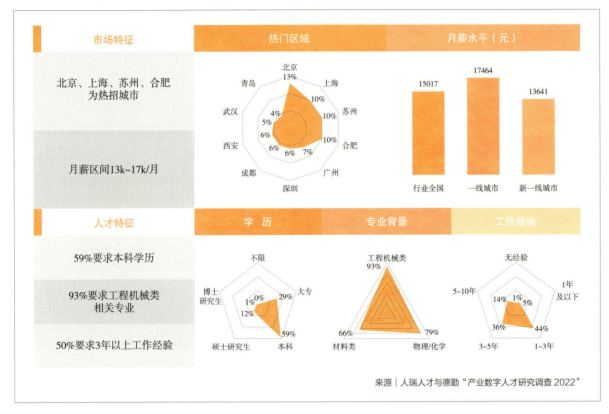

基于以上分析，搭建芯片制造类岗位胜任力模型如下（图 2-66）：

图 2-66 芯片制造类岗位胜任力模型

①特征细分

供需情况：人才需求大，但紧缺度一般
热招城市：北京、上海、苏州、合肥
薪资水平：13k~17k/月

学历要求：本科
专业背景：工程机械类专业优先
工作经验：3年工作经验优先

②软性技能

● 团队协作能力：良好的团队精神，良好的沟通能力
● 执行能力：责任心强，工作主动，工作能适应生产日程安排的要求
● 加分项：研发工程师或具有研发项目管理能力

③业务能力

● 工艺开发设计：完成新产品工艺开发及工艺设计；工艺稳定性维护和日常产品工艺监控
● 设备维护：负责生产设备的日常运营维护；保证设备良好运行
● 文档编写：负责工艺相关规范文件的编制及更新

④数字技能

编程：
● 掌握PLC编程
● 了解Visual Basic、C、C++等编程语言，能独立分析检查代码

来源｜人瑞人才与德勤研究

2.5.3　芯片封测类岗位

芯片封测类岗位（图2-67）主要以本科学历为主，微电子、电子工程、通信，以及计算机类专业受到企业的青睐。企业对人员的沟通、协作能力有较高的要求，并要求熟练掌握芯片封装设计和验证、品质控制等技能。

图 2-67　芯片封测类岗位特征提取

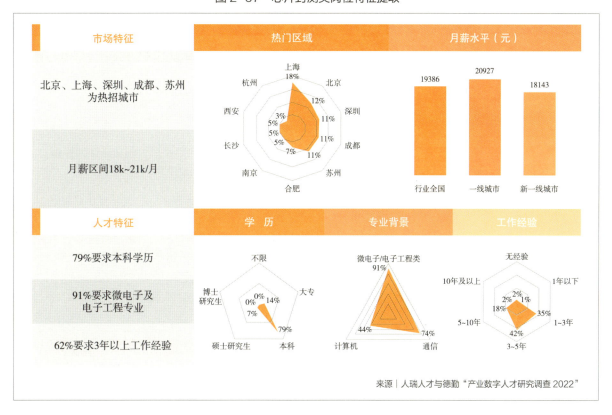

来源｜人瑞人才与德勤"产业数字人才研究调查 2022"

相关岗位：半导体封装工程师、半导体测试工程师。

岗位职责：

- 芯片封装：负责产品的封装设计，评估各种封装的可能性，从封装质量、性能、良率、成本、产能等角度设计封装方案；负责项目协调，对接封装厂进行技术开发，负责新工艺及新产品试验；制订封装加工的产品作业规范、工艺流程等要求，包括根据传感器芯片的使用要求进行封装贴片打线设计。

- 芯片测试：完成芯片测试板硬件原理图设计和PCB布板设计，设计与完善芯片测试用例、搭建软硬件测试平台；协助芯片设计师对芯片问题进行分析、跟踪和解决方案验证等工作。

基于以上分析，搭建芯片封测类岗位胜任力模型如下（图2-68）：

图 2-68 芯片封测类岗位胜任力模型

①特征细分

供需情况：人才需求大，紧缺度高
热招城市：北京、上海、深圳、成都
薪资水平：18k~21k/月
学历要求：本科
专业背景：微电子/电子工程、通信、
　　　　　计算机科学专业优先
工作经验：3年工作经验优先

②软性技能

● 沟通能力：具备良好的沟通能力，与客户针对
　　　　　　设计进行方案讨论
● 执行力：有效推进测试工作的开展，识别测试
　　　　　风险，有效进行问题管理
● 团队协作能力：良好的团队合作意识，与团队
　　　　　　　　及其他部门协同高效工作

③业务能力

● 封测设计：芯片封装设计和验证；芯片的封装
　　　　　　方案选型，封装工艺开发
● 品质管控：改善内部品质控制，封装工艺良率
　　　　　　和生立力；优化和简化工艺流程，
　　　　　　减少封装成本
● 加分项：具备特定封测设备经验（如：NXTII、
　　　　　Datacon、Finetch等）

④数字技能

编程：
● 熟悉Visual Basic、C/C++编程语言
● Phthon、Perl、Shell等脚本语言经验
● 有嵌入式系统开发经验

来源｜人瑞人才与德勤研究

2.5.4 芯片应用类岗位

芯片应用类岗位（图 2-69）主要以本科学历为主，集中于微电子、电子工程、通信、自动化类等专业。企业对人员的电子线路常用设计的技术能力比较看重，以保证芯片的应用设计。除了学习能力，企业对人员的创新能力也较为看重，尤其是创新应用领域的开发。

图 2-69 芯片应用类岗位特征提取

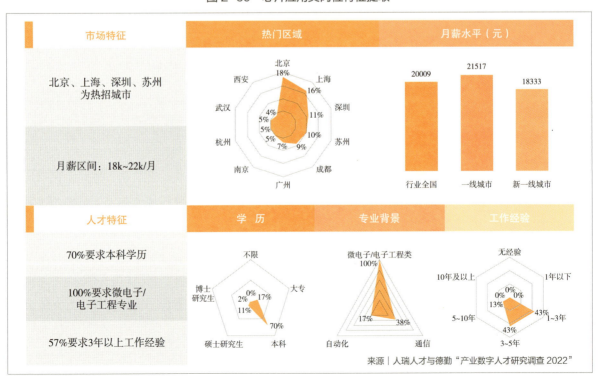

来源｜人瑞人才与德勤"产业数字人才研究调查 2022"

相关岗位： 应用工程师、电子工程师、通信工程师。

岗位职责： 帮助客户解决芯片在应用中遇到的技术问题，支持客户项目实施，协调公司内部相关技术资源配合客户完成产品开发；负责产品应用功能代码编写、调试、问题的解决。

基于以上分析，搭建芯片应用类岗位胜任力模型如下（图2-70）：

图 2-70　芯片应用类岗位胜任力模型

① 特征细分

供需情况：人才需求大，紧缺度一般
热招城市：北京、上海、深圳、苏州
薪资水平：18k~22k/月

学历要求：本科
专业背景：软件工程或人工智能专业优先
工作经验：3年以上工作经验优先

② 软性技能

创新能力：了解应用领域的最前沿技术
团队协作能力：能适应多线程管理项目工作，能协调和沟通不同部门及不同知识领域人员
沟通能力：良好的理解、表达沟通能力，优秀的计划协调能力

③ 业务能力

技术支持：客户端的技术应用支持，提供应用解决方案和技术支持，并及时解决客户反馈的产品技术问题
算法开发：对相应应用领域进行算法研究以及数学仿真

④ 数字技能

编程：熟练掌握C或汇编等编程语言；熟练使用电子线路常用设计软件CAD、Protel等
专业软件/工具：熟悉外设接方及使用方式，如：USB、CAN、UART、I2C、SPI等

来源｜人瑞人才与德勤研究

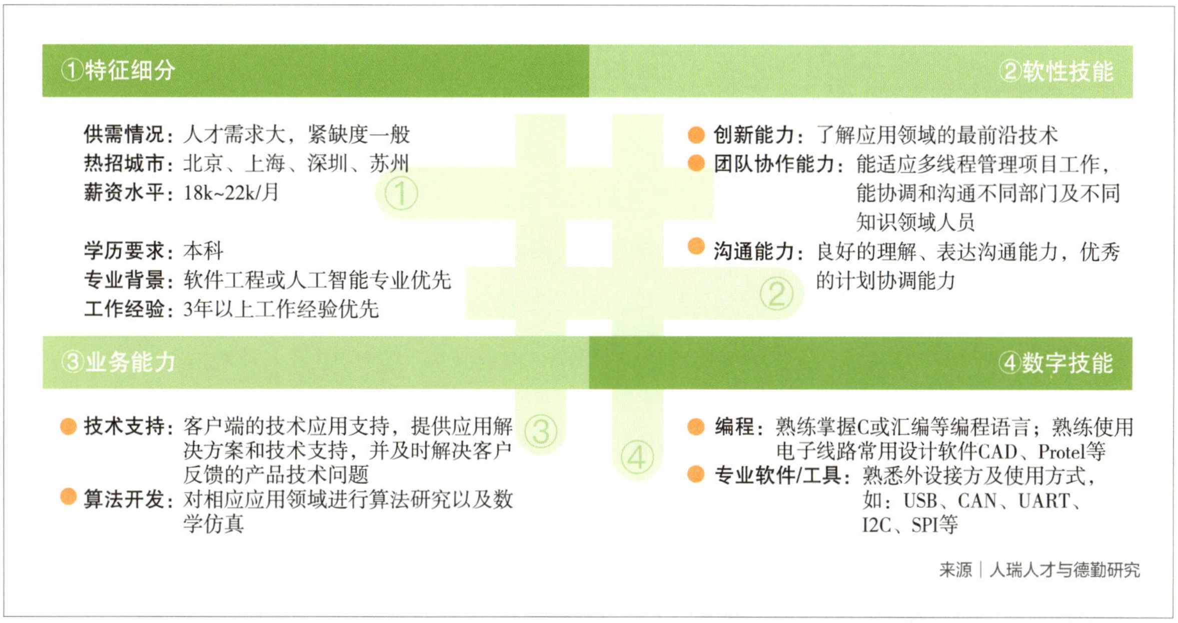

综合来看，随着我国芯片行业的快速发展，企业对人才的需求也呈现不断上升的趋势。考虑到国内产业所面临的挑战，对产业相关人员的素养及专业通力提出了更高的要求（尤其对于设计类岗位）。一方面，相关人才需要具备扎实的专业技术及与时俱进的创新通力；另一方面，也需要相关人才快速积累项目经验，从而胜任项目开发、管理等工作。此外，由于芯片行业涉及多个领域以及不同职能部门，在项目的执行过程中，人员也需要具备良好的沟通以及协同工作能力，从而保证项目的有序推进。

2.6　最佳实践案例解析

2.6.1　某头部集成电路企业：通过"1+3+N"创新模式，推进芯片人才培养

○ **企业背景**

该企业是国内领先的芯片应用及数字化解决方案供应商。其拥有芯片、计算、存储、网络、5G、安全、终端等全方位的数字化基础设施整体能力，提供云计算、大数据、人工智能、工业互联网、信息安全、智能联接、边缘计算等在内的一站式数字化解决方案，以及端到端的技术服务通力。

067

○ **痛点**

在芯片设计环节，所需的主要芯片专业分别为电子信息工程、自动化、电气工程及其自动化、电子信息科学与技术和测控技术与仪器。企业的项目开发需要相关人员熟练掌握多项专业知识和技能。然而，当下芯片产业仍存在巨大人才缺口，原因之一就是高校人才培养不到位。作为国内数字化解决方案以及集成电路的领导者，该企业也面临了人才招募难、培养周期长等的困境。

当下的高校教育体制限制了集成电路产业人才的培养，高校需要充分了解市场人才需求，采取"产学研"融合的人才培养模式，与企业资源共享，共同开展培训。"产教融合"是中国芯片产业人才队伍高质量发展的关键一环。

○ **举措**

在此情况下，该企业一直以来就将"产教融合"视为人才培养的重要途径之一，于 2021 年提出了"1+3+N"的创新模式，并成立"芯云学院"，实现教育与产业的全面对接，携手高校与合作伙伴，共同致力于促进数字人才培养模式改革，从芯到云助力数字产业人才培养，合力构建面向新型教育和人才的教育新生态，全面赋能人才培养升级。

首先，**"1"是指"一个人才计划"**，通过"产业 + 学院"的合作方式，促进人才培养培训、技术创新、就业创业、社会服务、文化传承全面融合。同时，它以集成电路、数字化和特色化人才培养为"落脚点"，以技能等级证书、行业认证和技能大赛为依托，协同产业链、生态链、教育链和人才链，以全链条赋能的方式推动人才向产业聚集，助力中国数字化产业技能人才的培养。

其次，**"3"是指"三种校企协同中心"**合作方式，包括：

（1）"人才培养中心"，主要是以满足产业需求的人才培养为目标搭建人才培养体系，以提高教师能力为目标建设企业教师流动工作站，以提升学生就业质量和就业率为目标开启芯云菁英计划，由此构建出人才的流动闭环，形成院校、学生和企业"三赢"的人才培养链、供给链，源源不断地输出数字人才，支持数字产业发展。

（2）与院校成立"实验和科研创新中心"，通过升级实训实验室，提供教学环境，开展浸润式实景教学，其目标是希望"实验和科研创新中心"，能够实现院校知识的溢出，这样就可以直接服务当地经济社会发展，推动科学技术研究成果的应用转化。

（3）在此基础上，该企业还通过与学院进一步成立"工程创新中心"，让更多的学生能够参与到企业在当地的项目建设中去。中心能够提供包括"建模渲染、数据治理、基础 ICT 架构搭建"等工作，不仅能够借助实际的项目培养师生的能力，也能进一步让学生从入学到毕业到就业，都能被清晰地勾画出一条成长轨迹。

最后，**"N"是指"N 个产业项目资源"**。在这方面该企业希望通过和院校的深入合作，在能够结合学院的专业学科特点提供理论知识、教学课程和资源的同时，也能为师生带去更多的项目交付和应用开发的机会。这样不仅可以提升学校的社会服务创收，也能通过这样的全新合作方式让更多的院校跟产业有更多的深度融合，成为产业发展中一个重要的环节，更好地服务于区域数字经济产业的发展。

○　**成效**

该企业计划投入 3000 万集成电路和数字化软硬件资源，与高校共同建设集成电路、数字化、国产化等实践基地；同时，设立奖学金，联合高校共同培养 2000 名集成电路技术工程师、10000 名数字化技术工程师及 2000 名国产化技术工程师。

2.6.2　某国际芯片厂商：通过"大学计划"，圈定国内芯片人才

○　**企业背景**

该公司为一家总部位于美国的半导体跨国公司，以开发、制造、销售半导体和计算机技术闻名于世，主要从事创新型数字信号处理与模拟电路方面的研究、制造和销售。自 1986 年进入中国以来，该公司一直高度关注中国市场的发展。针对中国市场，该公司的战略目标是帮助中国建立合理的电子产品结构，并且提高高科技产品的设计能力，力求以全球领先的 DSP 技术支持中国高科技产业走向世界。

○　**痛点**

芯片作为高技术密集行业，对人才要求高；在中国市场，国内外芯片厂商均在人才的争抢方面不遗余力。在芯片人才争夺白热化的今天，如何在学校阶段就与潜在人才建立起紧密联系，并对人才进行提前培养，已经成为头部芯片企业的重要人才战略方向之一。

○　**举措**

大学的半导体学科建设存在诸多困难。半导体设备价格较高，很多学校无法承担实验产线的购买和维护；半导体行业是一个高速发展、产品快速迭代的行业，教师关注方向往往集中于科研领域，学生从学校中获得的知识和产业实践差距较大。因此，半导体企业的大学项目往往成了对半导体人才培养的重要补充。

在此情况下，该国际芯片厂商推出了一系列"大学计划"，多维度展开与高校在芯片人才培养的合作，并提前圈定抢夺人才，毕业后进入企业工作。其"大学计划"主要包括以下几个方面。

（1）教材方面：该企业自主编写了相关教材，在嵌入式、数字信号处理和处理器三个领域都有多本教材可供学习。

（2）课程方面：该企业与浙江大学合作开设了"模拟电子技术实验"课程，也与合肥工业大学合作开设了"MSP430 单片机原理与应用"课程。

（3）合作方面：该企业入选教育部的"2020 年产学合作协同育人项目立项名单"，仅 2020 年就有 40 多个项目开展。这些项目既为学校提供了设备、实验室和教材，也加强了学生的产业认知和专业技能，还为该企业培养了专业人才。

（4）赛事组织：企业组织了创新挑战设计竞赛。该竞赛使学生可以获得现金奖励，也可以接触到半导体行业的潜在雇主。

○　**成效**

借助这些项目，学生可以获得对实际产业的了解，也可以获得对最新设备、器件的上手经验，

有助于在毕业后进入产业工作。而对半导体厂商来说，通常"大学计划"，相关专业的学生可以熟悉厂商的器件、设备，这些学生就更有可能在未来选择加入熟悉的公司、购买使用过的器件产品。

3. 物联网行业数字化及人才策略

3.1 产业方向和应用场景、产业链

随着新一代信息技术进入大规模应用成熟期，物联网成为新一轮科技与产业升级的核心发展力。目前消费级应用占据大部分的物联网连接数，随着行业信息化和联网水平提升，产业物联网连接数占比持续提高，应用场景的多元化将进一步激发产业链上下游发展活力。

3.1.1 数字技术的成熟应用和场景渗透促使物联网产业高速发展

物联网是通过感知设备，按照约定协议，连接物、人、系统和信息资源，实现对物理和虚拟世界的信息进行处理，并作出反应的智能服务系统，具有全面感知、稳定连接和智能处理三大基本特征。到 2030 年，发达国家的物联网价值潜力将占全球总量的 55%。中国物联网正在成为全球增长主力，其经济价值有望占据全球总价值的 26%（相当于所有新兴市场的潜力总和）。[1]目前中国产业结构完备、经济发展处于产业转型与消费升级阶段，从消费到工业生产都形成了物联网的强烈需求，因此物联网产业规模在近几年保持高速增长（图 2-71）。从应用场景来看，物联网连接正在向各个领域延伸扩展，如工业、智慧城市、汽车，以及零售。相较于活跃的 C 端场景，物联网在 B 端的应用将进入高速发展期。

图 2-71 2018~2022 年中国物联网产业规模及同比增速

来源｜易观分析，德勤研究

---
① 麦肯锡，"The Internet of Things: Catching up to an Accelerating Opportunity"，2021 年 11 月。

受国家政策、市场发展，以及新兴技术的驱动，物联网需求正在被不断挖掘，其产业链上的各个环节都得以良好的发展。物联网产业主要分为传输层、感知层、平台层和应用层，四大层级之间通过服务平台和服务载体联系在一起（图 2-72）。

1. 感知层实现对物理世界的智能感知识别、信息采集处理和自动控制，并通过通信模块将物理实体连接到网络层和应用层。

2. 传输层（或网络层）是物联网设备实现连接的通道，承担连接终端设备、边缘、云端的职责。

3. 平台层在物联网体系中起到承上启下的作用，向上服务应用层，向下由网络层与感知层相连，主要满足设备、数据和运营三个方面。

4. 应用层可以对感知层采集数据进行计算、处理和知识挖掘，从而实现对物理世界的实时控制、精确管理和科学决策。

图 2-72　物联网产业链主要环节、核心技术及价值分布

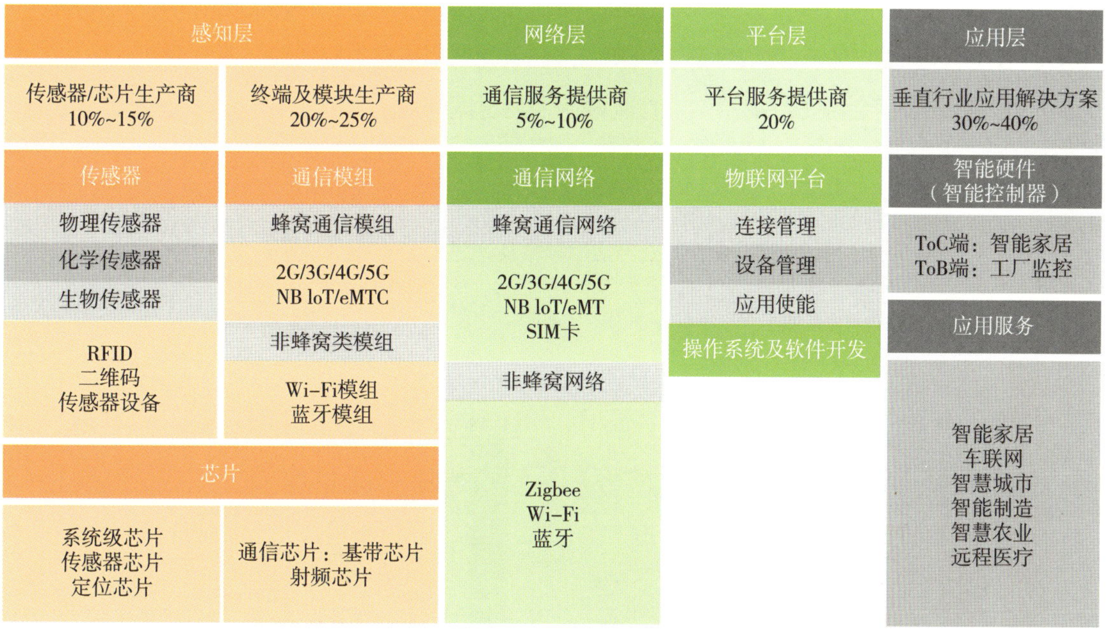

来源｜亿欧智库，西南证券，德勤研究

3.1.2　继消费应用取得先发优势，B 端应用将成为未来增长的主要驱动力

目前，消费应用市场占据了大部分连接数，受益于较大规模的受众群体、成熟的技术，以及种类繁多的产品，消费级应用取得了先发优势。随着物联网向各行业渗透，行业数字化和 5G 水平的不断提升，产业连接数占比将提高并创造更大价值。根据 GSMA Intelligence 预测，产业物联网连接数在 2017 年到 2025 年将实现 4.7 倍增长，大大高于消费物联网连接数预计实现的 2.5 倍增长。

图 2-73　物联网应用领域分布情况

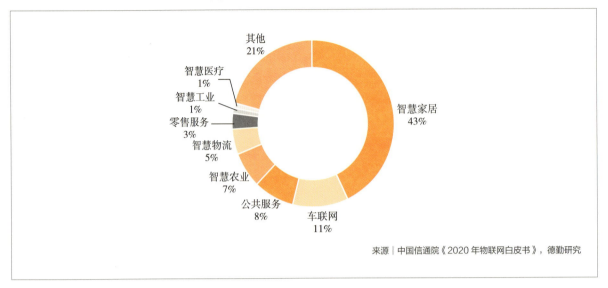

来源｜中国信通院《2020 年物联网白皮书》，德勤研究

　　根据我们对企业不同层级员工的调查（图 2-74），受访企业中目前业务应用前三名为物联网本行业（58.4%）、智能制造（30.7%）、数字金融（29.7%），未来计划拓展业务应用前三名为智能汽车（45.3%）、新零售（30.2%）、数字金融（27.4%）。消费物联网发展时间较久，可商业化的应用场景更丰富，企业在未来也将继续加深布局。以下将简要概述几个市场和企业较为关注的应用领域。

图 2-74　企业的业务应用领域及计划拓展应用领域情况

来源｜人瑞人才与德勤"产业数字人才研究调查 2022"

　　工业互联网 / 智能制造。自 2015 年提出"中国制造 2025"强国战略，物联网技术逐渐广泛用于能源、交通运输、制造（采矿、石油和天然气）等工业场景，主要针对运营管理、维护、安全等一系列用例，在不断提升工业生产安全的同时，提高制造效率和产品质量。在政策推进、技术迭代更新和企业发展内在需求的综合作用下，工业互联网市场规模保持稳定增长，预计 2023 年破 1 万亿元，保持 13% 的增长态势。[①]

智能汽车。 当前汽车产业在物联网感知层传感技术的驱动下，实现了对车辆和路网的"可视化"管控，进而促进了车联网、自动驾驶的发展。虽然无人驾驶汽车 2020 年受疫情影响市场规模有所下滑，但行业整体保持稳定的增长，为物联网技术提供了发展契机，预计 2023 年市场规模将达到 118 亿元，增速将达到 18%。[②]

数字金融。 银行业物联网主要集中在供应链金融、资产管理、动产质押、风险管理等应用场景，通过布局物联网技术平台打破企业与银行数据连接问题，帮助银行正确评估企业状况，在提升企业数字化转型融资效率的同时，对银行实现了审批及贷后监控预警。当前工商、平安等多家头部机构正在加快构建物联网应用底层技术。

智慧城市。 智慧城市是主要依靠物联网传感器收集、分析和处理大量的精细化实时数据，进而通过环境感知、水位感知、城市管网感知等实现市政、民生、产业等方面的智能化管理。当前超过 89% 的地级及以上城市、47% 的县级及以上城市均提出建设智慧城市，[③] 因此物联网技术将进一步赋能推动新兴智慧城市建设落地实施。

3.1.3　多元化应用场景促使头部企业加速布局云平台

平台层是物联网体系的中枢神经，向下连接和管理物联网终端设备，向上提供应用开发的标准接口和工具模块，触达最终用户。平台层还可以实现对终端设备和资产的"管、控、营"一体化，并为各行各业提供通用的服务能力。另外，云平台通过构建垂直领域的技术或业务平台吸引众多中小企业合作，以此增强盈利能力。预计 2022~2026 年，物联网平台市场规模超千亿元，年均复合增速为 21.9%。[④] 目前头部企业占据约 70% 的份额。未来物联网平台的竞争逻辑将围绕数据的规模和质量展开，连接量的规模将决定后期的数据变现能力，因为掌握更多数据模板、数据模型数量能优化平台层的算法、数据与物模型，从而更有效地服务应用场景，实现商业化落地。

各云平台厂商凭借云计算、大数据技术、人工智能等领域的技术优势，为企业提供 PaaS 层服务和软件开发平台，推动传统垂直企业的智能化部署和数字化转型；同时，借助通信领域厂商的市场覆盖与服务优势广泛聚合应用，在传统行业的覆盖度开拓新的市场领域，打造多行业的智能化解决方案（示例见图 2-75）。例如，智能家居行业的垂直生态发展，使得连接量、参与者和用户不断增加，云平台厂商逐渐复用现有的云技术开发和应用经验，根据多元的应用场景纵向扩展软件平台，如从深耕智能家居拓展到智慧商业地产或工业互联网。

[①]　艾媒咨询：《2021H1 中国智能制造专题研究报告》，2021 年 10 月。
[②]　艾媒咨询：《2022 年中国无人驾驶汽车市场行业研究报告》，2022 年 4 月。
[③]　工信安全、人民网财经研究院、联想集团：《智慧城市白皮书》，2022 年 5 月。
[④]　头豹研究院：《中国物联网平台行业概览》，2022 年 6 月。

图 2-75 某云平台龙头企业平台架构示例

物联网PaaS业务	行业SaaS业务	基于云的增值服务与其他服务
对象：企业客户、终端用户 内容：为商业客户提供AI虚拟助理、数据分析等增值服务，为智能设备终端用户提供数据储存、消息推送、付费内容等服务	对象：不同行业领域的企业客户 内容：提供垂直行业物联网Saas应用解决方案（智能硬件、智慧能源、智慧地产）包括软件开发、维护及其他相关服务	对象：开发智能设备的OEM+品牌商 内容：协助完成智能设备开发构建的全套流程，包括云模组实现设备上云、边缘计算、APP开发、设备优化等。

云平台

应用赋能平台	商业技术平台	物联网技术平台
数字孪生 loT边缘、物模型、OTA引擎、虚拟化设备生产	大数据计算、AI算法、设备管理、智能家居系统、智能制造系统	开发工具：API、SDK、低代码 应用平台：无代码、数据分析

基础设施（云服务）

来源｜艾瑞咨询《2021 年中国物联网云平台发展研究报告》

物联网产业的快速发展加深了与传统行业深度融合的趋势，进一步影响了企业的业务布局，对人才需求也变得更加具有针对性。未来物联网企业将主要围绕软硬件开发、物联网产品及解决方案应用、产品运维等方向招揽和培育人才。

3.2 行业人才现状、挑战及策略

物联网作为新兴行业，整体人才基数小，院校和企业的培养体系尚未成熟，人才数量和质量的双重挑战使得企业重新考虑人才培养、用工灵活性、人才管理等关键问题。随着物联网技术已逐渐成熟运用于各细分场景中，相较于单一的技能型人才，熟悉产品、能够进行解决方案搭建和运维的人才更受企业的青睐。

3.2.1 人才现状：人才缺口长期存在，工程应用型人才扩充需求持续增大

中国在 ICT（芯片、人工智能、大数据、5G）领域的人才长期存在供给不足的现象，物联网作为集合了大量 ICT 技术的新兴产业，对各类 ICT 人才的需求巨大，这也造成了物联网行业会与其他行业领域同时竞争本就供给不足的 ICT 人才。根据人社部发布的《新职业——物联网工程技术员就业景气现状分析报告》，2021 年至 2025 年物联网工程技术人才需求缺口总量将超过 1600 万人，平均每年约 300 万人。

○ **企业对人才供给持有乐观态度，六成企业认为未来三年数字人才缺口不到 20%**

根据我们对 106 位物联网从业人员进行的调研结果（图 2-76），受访企业对于人才市场的供需情况相对乐观。有 36.4% 的企业表示人才供不应求，但还有同等比例的企业表示供求平衡。企业

HR 对人才供给持有更为乐观的态度，接近 50% 的 HR 表示企业人才处于供求平衡。而 42.9% 的行业主管认为企业面临人才紧缺，对人才市场更为担忧。

图 2-76 公司总体人才供需关系

通过调查我们发现（图 2-77），大部分受访者认为未来三年将面临 10% 以内的数字人才缺口，占比约为 33.8%，但仍有二成以上企业表示未来三年的数字人才缺口将达到 20% 以上。近年来互联网大环境发生的变化正在影响企业人才招聘数量，企业更可能采取降本增效的人才招聘策略，从总体上控制招聘数量以帮助企业节约人力成本。

图 2-77 受访企业未来三年数字人才缺口

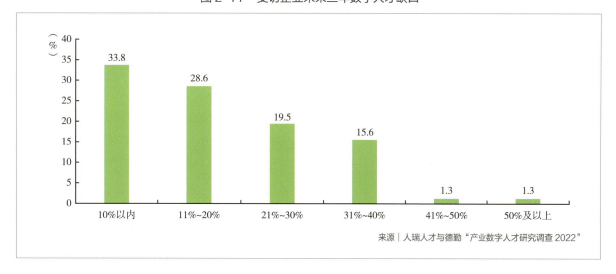

○ **市场需求从研发型人才逐渐转向服务于垂直场景的技能型人才**

我们粗略地将物联网人才分为研究型人才、工程应用型人才、技能型人才。其中研究型人才具有较完备且高级的物联网知识架构，专注于物联网政策研究、行业标准制定，以及技术研发，龙头企业一般仅需要个别物联网研究专家；工程应用型人才在拥有必要的物联网基础理论知识的同时，更要具备一定的工程实践能力，如通信网络、操作系统及软件开发，以及物联网平台；技能型人才需要拥有较强的综合能力，能够结合基础的物联网知识和行业经验服务于垂直领域场景。

根据对招聘网站的统计（图2-78），我们发现大客户代表是需求最大的招聘岗位，其次是解决方案工程师及售前技术支持。受物联网技术逐渐成熟的影响，应用领域向消费级应用持续渗透。大部分物联网企业也逐渐开始重视技术的市场宣传，因此现在更希望寻找到可以进行项目挖掘、新产品推广的人才，同时负责客户关系的推进及维护。

图 2-78　物联网热招岗位数量 TOP10（单位：个）

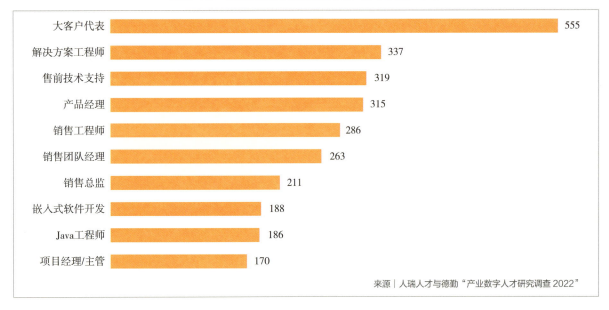

来源 | 人瑞人才与德勤"产业数字人才研究调查 2022"

随着大量物联网应用系统开发的完成，以及产业技术在传统领域的应用和发展，物联网产业对系统实施与维护方面应用型人才的需求已超过对研发型人才的需求。[1] 例如，大量具备 RFID、嵌入式、网络、传感技术知识，能够完成物联网产品的检查与维修、设备及附件的部署与组装调试、网络检测与连接，以及网络环境的运行维护等工作的技能型人才。

作为人社部公布的新职业之一，物联网工程技术员从业人数超过200万，[2] 当前物联网产业主要采取重点地区率先试点，其他地区逐步跟进的方法来推动发展，因此，物联网工程技术员就业以经济发达地区为主。按照工作经验和工龄统计，从事物联网工程技术员岗位工作的劳动者，应届毕业生平均月工资为6300元。

○ **物联网行业一线城市平均薪资水平高于全国其他城市**

从物联网行业平均薪资来看（图2-79），一线城市薪资水平远高于其他城市。其中北京、上海等一线城市的月薪遥遥领先，分别为 19840 元和 17908 元；杭州、苏州、南京等新一线城市的平均月薪基本与全国平均水平持平，分别达到了 16233 元、15617 元和 15587 元。

---

[1] 中国就业网：《物联网人才需求量不断上涨》，2020 年 2 月。
[2] 人社部：《新职业——物联网工程技术员就业景气现状分析报告》，2020 年 4 月。

图 2-79 物联网行业平均薪资情况（单位：元/月）

全部城市	15680
一线城市	17574
新一线城市	13976

来源｜人瑞人才与德勤"产业数字人才研究调查 2022"

3.2.2 人才挑战：培养体系欠缺影响人才总体基数，管理体系有待调整

○ **挑战一：人才基数小、培养体系未成熟、薪酬较其他 ICT 行业低为主要招聘难点**

物联网作为新兴产业涉及行业广泛，横跨电子信息制造业、智能装备制造业、软件和信息服务产业，需要与各行业应用结合，因此对人才的综合素质、学科复合能力要求较高。

在调研中（图 2-80），有五成以上的企业认为招聘难度主要在于物联网行业的人才总体基数较小，物联网技术更新迭代较快，同时由于各细分行业的技能需求和岗位设定未定型，高校短期内很难建立起成熟的培养模式，进而影响到人才总体基数。从具体群体看，大部分企业决策者、HR 认为招聘难点在于缺少具有行业经验的技术人才，占比分别为 62.5% 和 54.3%。

图 2-80 人才招聘挑战

来源｜人瑞人才与德勤"产业数字人才研究调查 2022"

智联招聘数据显示（图2-81），高技术行业不同细分领域的平均薪酬存在较大差距，其中人工智能行业平均薪酬最高，达到了13076元/月，其次是新能源汽车（12848元/月）、云计算/大数据（12176元/月）、物联网（11383元/月），以及区块链（11187元/月），通用设备制造排在末位，平均月薪为8251元。因为物联网行业的平均薪酬较其他ICT行业偏低，在一定程度降低了对人才的吸引力。

图2-81 ICT行业平均薪酬水平情况（单位：元/月）

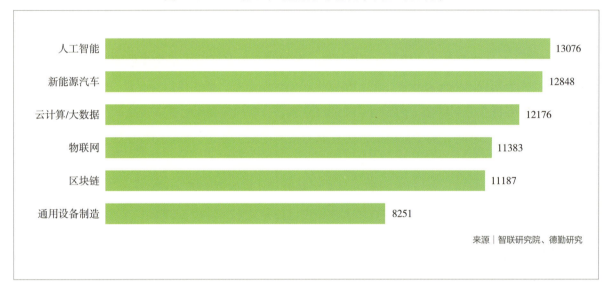

挑战二：课程设置不合理、师资不足、产学研脱节为高校培养痛点

通过对60名本科和专科院校的高校教师及110名高校学生的用户调研，我们了解到60%的职业技能类高等院校将物联网和互联设备列为重点培养方向，同时分别有71%的专科院校教师和56%的本科院校教师将物联网列为企业最需要的数字人才领域。但从学生的就业倾向来看（图2-82），物联网排名较低，仅有约22%，热门就业领域互联网和人工智能分别达到近57%和46%，这反映出物联网行业相对其他数字化行业较难吸收到毕业生人才。

物联网专业是计算机科学、网络工程、电子技术、信息工程、通信工程及其他边缘科学交叉渗透、相互融合的基础上发展起来的一门新兴应用型专业，具备跨学科性、涉及内容较宽泛，院校课程（图2-83）通常需要涵盖传感器技术、射频识别技术、嵌入式系统技术、数据库技术、互联网技术、云计算技术，以及管理学、软件开发等多方面的知识。

图 2-82　高校学生就业倾向

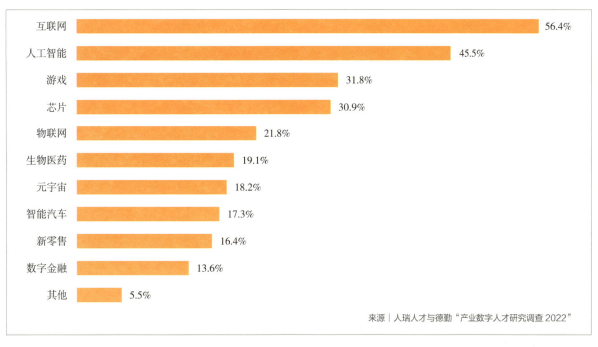

来源 | 人瑞人才与德勤"产业数字人才研究调查 2022"

图 2-83　物联网专业课程设置需求

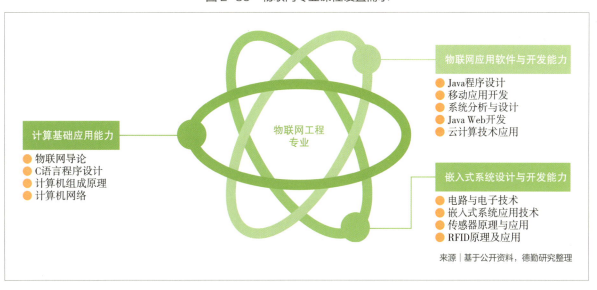

来源 | 基于公开资料，德勤研究整理

　　物联网在早期全产业规模有限及生态体系还不完善，市场还在摸索技术方向，导致大部分高校的物联网专业是作为院校的电子或通信专业的一个分支起步，课程设置、专业技能培养等方面没有形成完整体系。在课程内容选择上，部分院校并没有结合物联网的发展重点来更新课程内容，只是贪多求全而导致课程重点不突出，因此培养出的物联网专业毕业生与实际人才需求有一定的偏差。此外，物联网更新迭代较快，多年的学制也使得高校物联网教育具有滞后性，大部分情况下物联网专业毕业生仍需企业从头开始培养。

调研中有 **72%** 的受访者表示在师资方面，缺少具备理论基础和实践经验相结合的教师，教师对行业的熟悉度低从而影响了知识的传授。另有 **62%** 的受访者提到产学研通道未打通。物联网是一门实践应用专业，由于所需要的实训设施多且价格昂贵，很多学校尚未建立所需的实训室，这导致数字人才培养与实际脱节，无法真正实现数字人才供给端优化。

- **挑战三：缺乏培训计划、人才类型未明确为企业人才培养痛点**

整体来看，有超五成的企业认为人才培养难点（图 2-84）主要在于缺少结合实际业务的案例资源，以及未明确的培训计划安排，这反映出当前企业的大部分培训案例资料仍停留在理论阶段，造成培训效果不理想。同时，企业内部存在培训时间与其他业务的冲突，进而使得相关培训无法正常开展的问题。从具体职位来看，大多数 HR 与主管都认为人才类型没有明确，同时有 50% 以上的决策人员和主管表示现阶段没有合理衡量人才培养的投入与产出，企业提供的经费、时间、人力并没有从学习效果转换为业务价值。另外，有接近七成的决策人员对人才的留任问题表现出担忧。

图 2-84 公司人才培养挑战

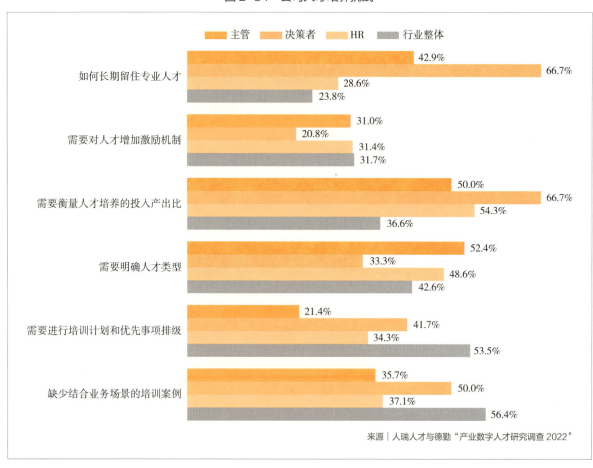

来源｜人瑞人才与德勤"产业数字人才研究调查 2022"

○ **挑战四：岗位分工不明确、缺乏跨部门协同能力为企业管理人才难点**

从企业人才管理的角度，职位分工的合理协作有待进一步加强。根据调研结果（图 2-85），52.5% 的企业表示岗位、职责、流程需要进一步调整，反映出当前大部分企业岗位仍处于单一性质，未根据物联网技术的复合型特点进行调整。有超四成的企业认为技术人员和业务人员的协同能力不理想，并考虑内部相关的绩效考核标准需要调整。随着物联网技术由原本单一性转变为越来越具系统性，技术人员和业务人员应消除隔阂，提升跨部门、跨领域的合作，同时通过调整绩效考核标准提升内部试错空间，进而促进人才发挥出自己最大优势。另有 34.7% 的企业意识到需要培养不同背景的人才团队，同时有 27.72% 的企业意识到要调整团队管理模式，以应对 85 后、90 后、95后、00 后的人才差异，如在企业内部保持更畅通的沟通渠道，塑造双向的信任等。

图 2-85　人才管理挑战

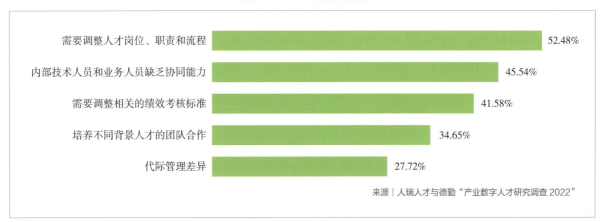

来源｜人瑞人才与德勤"产业数字人才研究调查 2022"

3.2.3　人才策略：人才培养、扩充、用工模式成为人才生态构建的重要环节

○ **人才扩充渠道多元化，灵活用工模式逐渐兴起**

我们的调查结果显示，当前物联网企业正在充分利用多样化渠道（图 2-86）扩充数字人才，同时灵活用工也被越来越多的企业接受并采纳。对于核心技术骨干和基层数字员工，招聘网站是最主要的招聘渠道，但技术骨干的招聘会更多地依靠猎头和朋友推荐。

在对七家物联网企业做了一对一的访谈后，也进一步证实了调研结果。我们发现受能力要求高、人才数量少等原因影响，较多企业提到上下游合作伙伴推荐、远程人才布局是核心技术骨干扩充最主要的模式，如在人才充足的城市建立分公司或研发部门。面向基层技术、职能型人才，企业通常会采用招聘网站、校园招聘以及外包的方式。

在访谈中，**较多企业提到基层技术、职能型人才都会在较为基础、替代性较强的岗位，因此用工模式以外包为主**。企业通常采取人才外包的方式减少正式员工编制，从整体提升公司人才队伍平均水平，从而更专注于核心岗位招聘体系的建立与维护。

图 2-86　企业扩充人才队伍的主要渠道

根据调研数据（图 2-87），我们发现程序员、开发工程师是最主要的外包岗位，其次是运营、广告投放等职能型岗位。从人才外包周期来看（图 2-88），接近 20% 的受访者表示以全年外包为主。从具体群体来看，HR 与主管有不同看法，超过三成的企业 HR 认为外包应以全年为主；但企业主管中，提到外包周期应在半年内的占比较大，这反映企业主管或更倾向根据项目周期松紧程度，或人手紧缺情况决定外包周期。

图 2-87　企业岗位外包情况

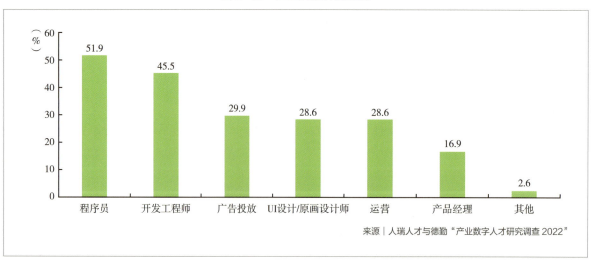

图 2-88　企业一年内使用的外包周期情况

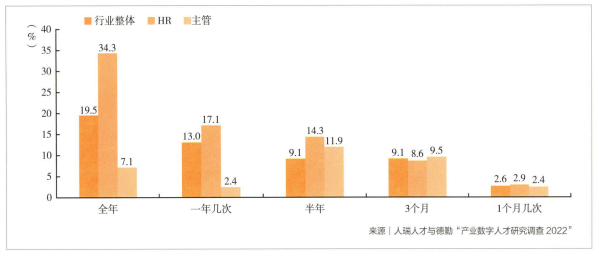

来源｜人瑞人才与德勤"产业数字人才研究调查 2022"

我们的调查结果显示，**目前物联网企业人才培养主要依靠外部报班学习、项目导师制，以及内部案例分享三种方式**，占比分别为 66%、54% 和 32%，只有 2% 的受访者表示所在企业没有培养体系，这反映出大部分企业已经拥有自己的人才培养体系。在访谈中，有企业提到内部时常采取"一带三"模式，即一位经验丰富的员工带领三位新员工进入项目，让新员工从项目中进行学习。此外，企业内部案例分享通常是由技术部门以"直播＋录播"的形式进行，但仍是主要针对较为基础的技术或职能岗位，并不适用于中高端研发岗位，这也可能是大部分受访者采取外部报班培养的原因之一。

○　**具备数据分析技能的人才更受企业欢迎**

基于对企业各层级的员工调研，我们发现企业在进行上述数字化转型举措的同时，对人才技能培养的方向也发生了相应的变化（图 2-89），超过六成的受访者表示数据分析是人才最需要掌握的技能，主要原因在于物联网技术的运用会涉及大量数据处理，企业希望招聘到的人才能够熟练使用数据进行算法预测等工作；其次为编程与网络开发（44.6%）和移动应用开发（40.6%）。

图 2-89　受访企业最希望培养的数字技能

来源｜人瑞人才与德勤"产业数字人才研究调查 2022"

综上所述，物联网产业的人才竞争激烈，企业会持续面临人才短缺的情况。当前企业针对人才数量不足、培养及管理等挑战，正在积极地扩充人才招聘渠道和采用灵活用工模式。由于物联网产业链的精细化分工进一步催生了人才需求结构的变化，产业链各方人才需以专业知识为基础，同时兼顾产业链上下游相关领域的知识。

3.3 产业链对应企业的目标人员结构特点

感知层、传输层、平台层、应用层四大层级的参与者与产品构建了物联网产业链。我们将物联网产业链分为上游的感知层（芯片厂商、模块厂商），中游的传输层（电信运营商）和下游的平台层和应用层（云服务商、系统集成商）。我们把产业链对应的人才类型分为四类，涵盖软硬件开发、通信技术、项目管理，以及系统运维（图 2-90）。

图 2-90　物联网产业链常见岗位

来源 | 德勤研究

3.3.1 产业链上游：侧重软硬件研发开发能力

感知层主要参与者是传感器厂商、芯片厂商，以及模块生产厂商，涉及芯片制造、模组开发工作，产品包括传感器、系统级芯片、传感器芯片和通信模组等底层元器。

感知层作为物联网应用实现的基础，半导体芯片、无线模组、传感器正在逐步转向低功耗、高性能方向发展，因此通常要求参与者自身需要具备强大的研发能力和技术优势。以芯片厂商为例，作为需要具备强大研发能力的企业，这样的特点也决定了企业对软硬件研发人才的重视。

图 2-91 感知层企业目标人才结构特点

来源｜人瑞人才与德勤"产业数字人才研究调查 2022"

- **学历要求：招聘人才学历门槛以本科为主。**软硬件研发及开发类人才需要具备扎实的理论基础。在企业实际人才需求中，仍有 18% 的企业认为专科学历亦能胜任。
- **工作经验：更倾向于经验丰富的人才。**具备 3~5 年工作经验的人群最受企业青睐，对后端开发、芯片 PCB、数字电路、电路设计技术经验有较高要求。
- **岗位类型：支持物联网芯片、软硬件开发。**布局感知层的企业招聘通常涉及嵌入式开发工程师、硬件工程师、模拟芯片设计工程师等岗位。
- **专业背景：电子、通信类专业背景受到企业青睐。**感知层参与者对专业背景的要求更具有针对性，企业对电子、通信类专业背景的关注占比接近 50%。

3.3.2 产业链中游：侧重通信开发运维能力

当前传输层主要的参与者涵盖电信网络运营商、广电网络运营商、互联网运营商和专网运营商。通信技术分为无线传输和有线传输，其中无线传输是主要发展趋势，因此物联网传输层主要关注点在无线传输技术上，如 Wi-Fi、蓝牙、5G 等。

随着物联网设备数量快速增加，应用场景日益丰富，市场对网络连接能力提出了更高的要求，进而对企业研发、系统运维能力也带来了挑战。基于市场趋势，通信开发及运维类人才需求得到了扩大，以进一步支持产品落地多样化场景。

图 2-92　传输层企业目标人才结构特点

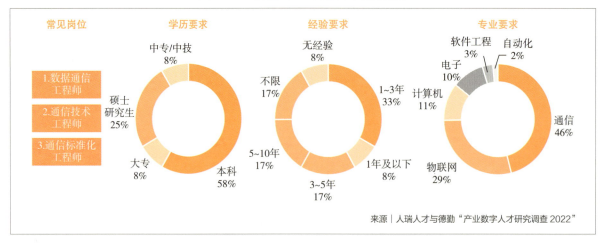

来源｜人瑞人才与德勤"产业数字人才研究调查 2022"

- **学历要求：招聘人才学历门槛以本科为主。**通信类人才需要具备扎实的计算机网络和通信基础知识，实际招聘中超五成的企业倾向本科背景人才。

- **工作经验：倾向拥有通信技术相关经验。**企业对通信技术人才的经验要求具有较开放的态度，精通 Wi-Fi、RFID 技术的经验者优先。

- **岗位类型：支持通信系统开发与落地是重点。**布局传输层的企业通常招聘会涉及数据通信工程师、通信技术工程师，以及通信标准化工程师。

- **专业背景：通信、物联网专业背景具有优势。**传输层的参与者更加青睐熟悉通信原理、终端产品协议相关标准的人才。

3.3.3　产业链下游：侧重具有一定垂直行业经验

平台层、应用层主要参与者包括系统集成商、云服务厂商和方案厂商。作为最贴近终端用户的服务主体，企业会密切关注市场动向，积极挖掘和响应用户的应用需求。

随着社会对智能化发展的需求增加，平台层、应用层的人才需求增速明显。例如，系统集成商、方案厂商、云服务厂商在项目管理，以及系统运维方向扩大了人才数量，主要涉及对物联网产品、应用系统的支持与维护。

- **学历要求：招聘人才学历以本科为主。**在企业实际招聘中，超过 60% 的受访者倾向于具有本科学历的人才，仍有 33% 的企业认为大专学历可以胜任。

- **工作经验：倾向行业经验丰富的人才。**具备 3~5 年工作经验的人群依然最受企业青睐，同时有 21% 企业希望找到具备 5~10 年工作经验的人才。

- **岗位类型：挖掘产品需求、支撑产品落地和运维是关键。**产业链下游企业岗位招聘通常为架构师、售前 / 售后技术支持工程师、大客户代表。

- **专业背景：计算机与物联网专业受到企业青睐。**相较于上中游企业，下游企业对专业背景的要求更加具有多样性，能够使技术融入多元化应用场景。

图 2-93　平台层、应用层企业目标人才结构特点

来源 | 人瑞人才与德勤"产业数字人才研究调查 2022"

3.4　行业紧缺人才的供需状态

通过前文对物联网产业链的分析，我们对上中下游各环节人才特点有了清晰的了解。在这节中我们将从区域、岗位、学历、专业四个维度出发分析物联网最为紧缺的人才。

3.4.1　岗位：嵌入式开发人才紧缺程度最高

根据猎聘发布的《2022 年互联网行业中高端人才报告》，嵌入式软件开发岗位的紧缺指数达到 11.84。企业的调查问卷也显示，物联网最急需的岗位是嵌入式研发工程师（图 2-94）。当前市场上做嵌入式开发的人才大多来自软件（计算机）背景或硬件（电子、通信）背景。从事嵌入式系统开发的同时需要软硬件专业能力，优质人才的市场供给尤其紧缺。

从传感器、无线网络，到控制操作、数据处理都需要通过嵌入式技术实现——将软件烧录在硬件资源上，使软硬件耦合度降低，在操作系统之上做上层应用开发，在操作系统之下做底层开发。国内的硬件设计水准较弱，当前大部分企业选择将硬件设计外包给中国台湾或国外的第三方企业，嵌入式软件开发则由企业自主进行。

3.4.2　区域：新一线城市需求正在追赶一线城市

通过对招聘网站数据的分析，我们发现一线城市与新一线城市总体上对物联网人才的需求数量相差不大，占比分别为 49.2% 和 50.8%。其中广州、北京等一线城市企业人才招聘数量遥遥领先，或与城市物联网布局和发展有较大关系。重庆、西安、成都等新一线城市的人才需求也开始释放，这反映出部分新一线城市正在加紧布局物联网技术，对技能型人才（如维运、销售）和工程应用型人才需求强烈。

图 2-94　企业急需的岗位与高校公认热门的岗位基本一致

来源｜人瑞人才与德勤"产业数字人才研究调查 2022"

电子科技大学（成都）、北京邮电大学、西安电子科技大学是输送 ICT 人才的主要阵地。这些学校有大部分毕业生以北京、上海、广州等一线城市作为首选就业地，反映出一线城市人才供需较稳定。同时，学校正在鼓励毕业生投身到国家发展战略重点区域，已有部分毕业生开始流向这些重点区域城市，新一线城市人才供给量逐步提升。

以北京邮电大学为例（图 2-95），北京、天津为代表的华北地区是毕业生的首选地，占比达到 45.7%，其次是以上海、广东为代表的华东和华南地区，占比分别为 18.1% 和 17.4%。从国家发展战略重

图 2-95　北京邮电大学本科毕业生就业地区流向分布

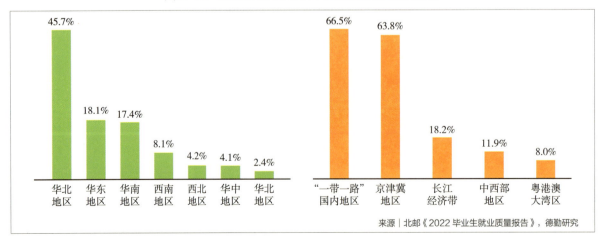

来源｜北邮《2022 毕业生就业质量报告》，德勤研究

点区域来看，"一带一路"国内地区和京津冀地区是最受欢迎的就业地，反映部分新一线城市对数字人才的需求逐渐释放。

3.4.3　学历：本科超过半成，专科学历超过三分之一

通过对企业人才学历分析发现，本科学历符合大部分物联网企业的招聘要求，其次是大专和硕士研究生。从事底层技术研究的人才主要集中在行业领军企业，市场整体招聘需求量最小，以博士、硕士研究生学历为主，本科学历较少。而从事物联网系统研发、规划、设计、实施部署的人群主要来自本科院校物联网及相关专业毕业的学生。招聘网站的数据则显示，超过三分之一的招聘岗位也包容大专学历及以下的求职者。随着物联网技术快速应用推广，不少相关企业开始接受职业院校毕业生投入物联网系统实施运维等岗位工作中。

3.4.4　专业：专业背景不完全对口，物联网专业不到两成

在目前企业招聘的专业偏好中（图2-96），物联网专业不到两成只排到第四位，计算机、电子、通信排在前三位，分别达到26%、17%和15%。

图 2-96　物联网企业招聘专业偏好

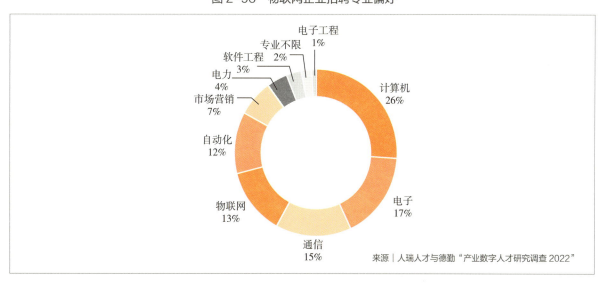

来源｜人瑞人才与德勤"产业数字人才研究调查2022"

除了上述提到的专业知识要求，物联网产业将更看重人才的综合能力。调研中（图2-97）有60.4%的受访者表示希望人才具备复合型学习能力，能够进行跨岗位及跨领域的相关工作，如销售岗位人才也需要加强对技术产品的了解，研发岗位人才在了解技术框架的同时也需要加深对业务场景的认识，以需求指导研发实践。有五成以上的企业提出技术人员的管理能力需要进一步提升，作为合格的技术人员，在具有项目落地实施能力的同时还应该有培养团队的能力，帮助团队成员在项目期间能够最大限度发挥出个人优势。所有岗位都由原本的单一性转变为越来越具有系统性、整合性、协同性的人才岗位，对于职位分工的合理协作的要求进一步加强。

图 2-97　企业对于人才能力培养的看法

通过前面的分析，我们从区域、岗位、学历、专业四个维度了解到物联网行业最需要什么样的人才。下一节将基于前文对物联网行业人才与岗位的了解，选择关键岗位进行岗位胜任力模型分析，旨在为企业招聘人才过程提供有效参考。

3.5　数字人才及其胜任力模型

基于物联网产业发展进程，综合考量岗位的重要性及紧缺度（图 2-98），将**解决方案工程师、嵌入式软件开发、硬件工程师、Java 工程师、产品经理**列为物联网行业前五的热招岗位。同时，我们进一步通过调研数据，从人才特征、软性技能、业务能力、数字技能四个维度出发，对物联网行业五大岗位进行胜任力分析并搭建模型。

图 2-98　行业热招岗位和缺口岗位对比

3.5.1 解决方案工程师

相关岗位：解决方案经理、高级产品方案顾问、咨询设计工程师、售前解决方案工程师。

岗位职责：配合销售进行项目需求挖掘，完成产品售前阶段的客户需求调研及分析，对产品进行客户适应度分析，并支撑行业解决方案在项目中的复制、推广和培训工作。

图 2-99 解决方案工程师特征提取

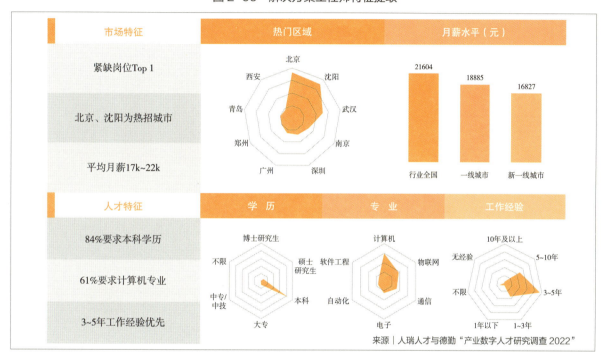

来源│人瑞人才与德勤"产业数字人才研究调查 2022"

图 2-100 解决方案工程师胜任力模型

来源│人瑞人才与德勤研究

3.5.2　嵌入式软件开发工程师

相关岗位： 嵌入式驱动工程师、嵌入式软件工程师、驱动工程师、操作系统工程师。

岗位职责： 负责嵌入式项目应用领域的需求评审、软件方案设计、功能开发、主导功能模块和组件化的整个开发测试交付流程。

图 2-101　嵌入式软件开发工程师特征提取

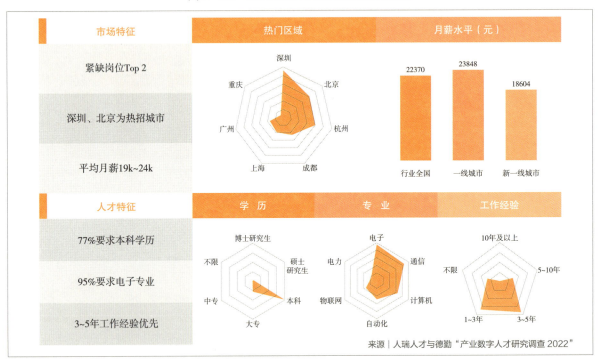

来源 | 人瑞人才与德勤"产业数字人才研究调查 2022"

图 2-102　嵌入式软件开发工程师胜任力模型

来源 | 人瑞人才与德勤研究

3.5.3 硬件工程师

相关岗位: 智能化硬件系统工程师、硬件研发经理、射频工程师、硬件开发工程师。

岗位职责: 根据产品定义或客户要求,配合评估设计硬件实现方案,完成硬件电路图设计,并制订硬件测试方案,完成硬件调试及测试工作。

图 2-103 硬件工程师特征提取

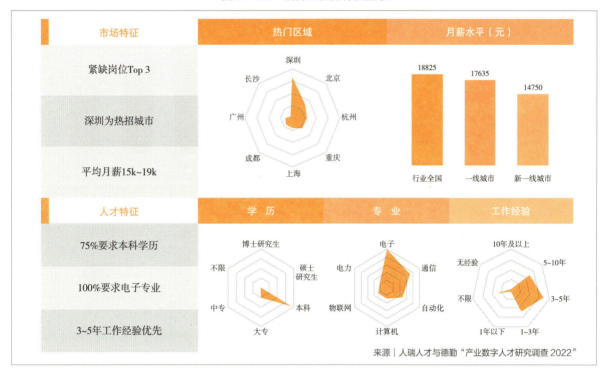

来源 | 人瑞人才与德勤"产业数字人才研究调查2022"

图 2-104 硬件工程师胜任力模型

来源 | 人瑞人才与德勤研究

3.5.4 Java 工程师

相关岗位： Java 开发工程师、后端开发工程师、Java 研发工程师、软件工程师。

岗位职责： 参与核心代码的编写及后台服务程序的编写，负责产品功能模块的升级与维护，同时准备相关技术文档协助新产品测试和发布。

图 2-105 Java 工程师特征提取

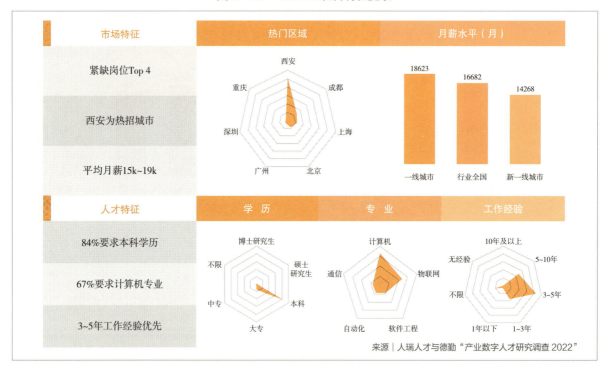

图 2-106 Java 工程师胜任力模型

3.5.5 产品经理

相关岗位： 交付产品经理、软件产品经理、物联网产品经理、硬件产品经理。

岗位职责： 结合市场调研与需求分析，明确产品定位和规划产品周期，积极参与产品整体的功能和流程设计、优化，配合开发人员解决项目过程中的关键问题。另外，对产品的运营数据进行监控和分析，不断优化系统和改进用户体验。

从岗位胜任力模型来看，物联网行业的关键人才需求仍主要集中在软硬件开发，以及服务于垂直领域的技术运维。企业普遍要求本科学历，需要一定的工作经验，以 3~5 年工作经验为优先选择，专业背景呈多样化结构，相对来说计算机、电子、物联网专业更受到企业青睐。从技能要求来说，良好的沟通能力、学习能力、培训能力、团队协作能力等是企业较为看重的软性特质，业务技能和数字能力会根据岗位特性有不同的要求，如软硬件开发需要较强的编程能力，技术运维则需要良好的客户服务能力。

图 2-107　产品经理特征提取

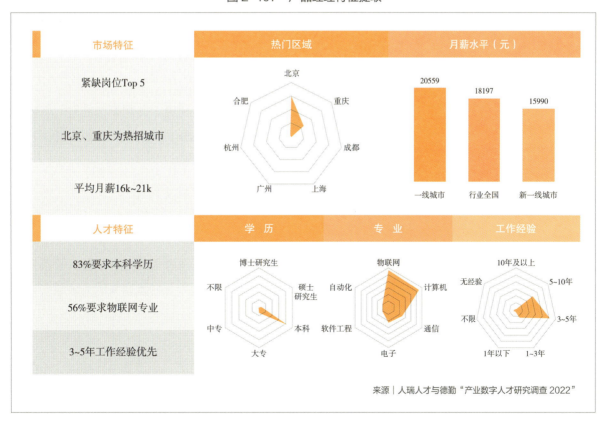

来源｜人瑞人才与德勤"产业数字人才研究调查 2022"

图 2-108　产品经理胜任力模型

来源 | 人瑞人才与德勤研究

3.6　最佳实践案例解析

3.6.1　头部 ICT 企业：企业高校合作共建人才培养体系

○　**企业背景**

A 企业是全球领先的 ICT（信息与通信）基础设施和智能终端提供商，主要聚焦物联网基础设施，利用云和 AI 的核心能力，发展企业级和消费级物联网；基于 NB-IoT 技术及端到端解决方案优势，以及在垂直行业实践的积累，通过终端侧、平台侧向 NB-IoT 终端设备和应用伙伴开放能力，促进业务创新发展和应用场景适配。

○　**痛点**

原有院校人才培养与快速发展的数字技术不匹配。头部 ICT 企业迫切希望其客户得到统一、规范的技术服务，而高等院校作为人才培养的主要阵地，面临着不及时更新教材、课程和实验条件等培养体系挑战，因此学院式的人才培养一直以来无法匹配千行百业数字化转型带来的人才缺口，让产业链上的企业大大增加了培训时间和资金成本。

○　**举措**

A 企业作为业内顶级企业，与某职业技术学院共同成立了 ICT 学院，双方逐渐探索出一条产教优势互补、协同发展的校企合作新模式，实现"校—企—生"共赢。在双方达成合作后，设置了移动动心、光纤通信和数据通信 3 个专业方向，随后引入了其企业对于专业的认证标准、认证体系和实战项目，课程与认证相互嵌入，实现了与企业认证完全接轨的课程体系，部分解决了产教融合的难题。

图 2-109 双方合作主要解决的难题及方式

问题	单一人才培养方案无法满足学生个性化学习需求	职业院校课程无法适应市场需求	学校培养与岗位需求不一致
培训方案	● 构建分段、分层、分类的"三分"课程体系 ● 根据学生不同的兴趣、基础、学习能力量身定制模块化、阶梯化课程	● 根据企业业务方向变化，及时增减或合并专业类别，同时调整专业课程内容和培养规模	● 共建一批基于A企业设备的实训室，增加实训、实践培训 ● 重点培养学生应用能力，如协议理解深度、网络故障诊断能力 ● 构建"五步教学法"，通过典型应用场景选取、知识点分解、小中大项目实施提升实战能力

来源 | 基于公开资料，德勤研究整理

○ **成效**

课程体系与企业认证相互嵌入形成了具有影响力的职业资格体系和统一规范的教育培训标准，其培养 ICT 人才的"三分"课程体系、实战项目教学中的"五步教学法"丰富了成果导向教育理论的运行要素，对于 ICT 行业深化校企合作具有理论指导意义。

3.6.2 中关村物联网产业联盟建立物联网实训基地提升新职业能力

○ **产业联盟背景**

中关村物联网产业联盟是在北京各政府部门联合支持下，由中关村物联网产业链上下游的多家企业、高校、科研院校联合发起成立的团体，旗下拥有中关村物联网产业研究院、中关村物联网公共服务平台，并成立了新能源、智能家居、卫星物联网等 20 多个专业委员会，先后支持了全国 50 余家地方政府和产业园区，促进了物联网产业的发展。

○ **痛点**

物联网产业当前存在大学生就业与企业用人的隔阂，如物联网技能人才培养跟不上需求的增长，具备物联网技术与行业经验的跨界职业人才供不应求，因此如何提升物联网从业人员的技能水平和素质水平成为重要议题。

○ **举措**

亮点一： 计划打造 100 家新型物联网实训基地，培训 100 万物联网新型人才。100 家新型物联网实训基地，主要通过实地走访与考察行业企业，对企业在物联网实训设施、设备、环境、实训队伍、实训资源、管理机制等方面的工作进行评估，对达标的企业授予"中关村物联网产业联盟实训基地"的称号。此外，中关村物联网联盟携手国内物联网行业领军企业起草了《物联网企业实训基地通用标准规范》，引导帮助中小微企业开展职工培训指明了正确的路径。

亮点二：中关村物联网实训基地打造了物联网新职业能力提升工程计划。

（1）打造职业人才画像：通过开展线上调查与行业企业实地调研，在数据分析的基础上形成物联网新职业人才画像；与企业共同开发新职业的职业能力标准。

（2）建立证书评价体系：依据国家职业资格证书制度内容框架，实施完整的评价过程，形成物联网从业人员执业能力评价证书。

○ **成效**

2020 年年底，经过调研问卷、企业走访、线上讨论，中关村物联网联盟发布了《物联网行业职业人才画像》，共涉及感知、传输、平台、大数据、安全、智能、应用七个方向，包涵十大应用领域，共计 81 个职业。中关村物联网联盟还首次系统发布了物联网实训课程体系，包括十二大类物联网课程，94 门实训课程，74 个实训平台，共计 7374 个培训学时。联盟还通过与龙头企业合作推出了物联网新职业，包括与北京国电高科科技有限公司联合开发的《卫星物联网开发师》和《卫星物联网运维师》两项新职业团体标准，与北京优诺科技共同开发了物联网可视化开发工程师的职业能力培训证书。

4. 互联网行业及人才策略

4.1 产业方向和应用场景、产业链

经过多年的发展，互联网行业已成为推动经济增长和产业创新的重要支柱，而新兴技术如 5G、芯片、边缘计算、AR、VR 的进一步落地，更拓宽了互联网行业的边界。

随着互联网的持续发展，新的经济业态也在不断产生，从而改变了人们的生活方式。当前互联网产业链可分为三大部分（图 2-110）：上游的数字基础设施、中游的应用服务场景，以及下游的应用主体。

1. 数字基础设施：包括但不限于互联网产业发展硬件设施建设，互联网产业应用软件系统研发，以及基础设施供货商。互联网产业硬件支撑为政府、企业、个人提供稳定的网络接入服务，互联网产业软件系统研发为互联网企业带来了丰富的应用生态，基础设施供货商保障互联网产业所需的带宽、网速，以及网络设备的运行环境和数据信息的安全性。

2. 应用服务场景：2B/2G（企业服务 / 政企服务）和 2C（消费者业务）是互联网发展到一定程度，中游进行细分的两种类别。企业服务重视逻辑、连接和效率；消费者业务重视用户体验和核心诉求。无论 2B、2G 还是 2C，其本质还是 To Value（价值），解决问题产生商业和社会价值。

3. 应用主体：主要分为政府、企业和居民。在"万物互联"的产业发展下，互联网改变着人们生活的方方面面，从政府的数智化治理，到赋能企业进行数字化转型，以及便利居民的生活。

图 2-110 互联网产业链图谱

来源 | 德勤研究

目前互联网正从单一粗放型增长转向高质量可持续发展阶段。互联网大厂从以下五个方面进行转型升级。

4.1.1 从消费互联网向产业互联网转移

总体上看，整个互联网行业的营收还在增长，但在经过多年发展之后，消费互联网的流量红利正在逐渐饱和，产业互联网开始深入发展（图 2-111）。产业互联网的本质是借助大数据、人工智能、物联网和云计算等信息技术来打通和链接全产业链的需求侧和供给侧，构建生态圈效应，从而提升企业运营效率，增加企业核心竞争力。根据清华大学社会科学学院经济学研究所预测，产业互联网在 2035 年会占整个中国 GDP 的 21% 左右。

图 2-111 消费互联网与产业互联网特征对比

	消费互联网	产业互联网
依托力量	电脑、智能终端	传感器、存储、计算
主导力量	互联网公司	传统企业
用户与场景	以个人为用户，以日常生活为应用场景	以企业为用户，以生产活动为应用场景
关注点	关注个人消费需求中的差异性特征	强调社会资源的共享性和公开性
目的	帮助既有的产品更好地销售和流通	帮助企业更好地设计产品，从整体上优化组织架构，提高生产销率

来源 | 清华大学电子商务交易技术国家工程实验室，德勤研究

4.1.2 透过产业互联网驱动企业数字化转型

产业互联网的核心是以数字化手段赋能传统行业的全产业链，并形成以数据驱动的数字化闭环。例如，网络基础设备供货商在连接和计算层面积累了大量的技术，可沿着数字技术维度赋能相关的产业互联网生态；而互联网应用大厂在消费互联网的积累，擅长利用相关数字技术进行商业模式创新，并能基于消费场景向行业背后的生产场景进行渗透。而数字化转型将使企业在全业务流程上全面升级，打通线上线下各种资源和服务，数据技术的应用扩展到生产环节、流通环节、营销环节、销售环节，构建全流程的数字化触点和供应链服务能力，以此来适应数字经济时代发展的需要。产业互联网赋能企业的数字化应立足于顶端设计，结合企业的核心竞争力，如产品设计能力、社会化服务能力、渠道终端覆盖力，以及未来的产业互联、生态发展方向，依托企业自身优势，抓取企业自身的数字化本质。

4.1.3 布局硬科技提升技术储备驱动增长

在现阶段，互联网服务提供商的增长逻辑发生了改变：过去的效益主要来自规模，而未来的增长更多依靠技术。硬科技在业界是指经过长期研究积累形成具有较高技术门槛和明确的应用场景，能代表科技发展最先进水平、引领新一轮产业变革，对经济社会发展具有重大支撑作用的关键核心技术。在互联网产业里，硬科技的代表性领域包含芯片、人工智能、自动驾驶、信息技术等。互联网公司在追求高质量发展，优化业务结构的同时，开始注重自主研发创新能力的培养，投身于硬科技。内部下场自研，对外投资收购，双管齐下。对内，从阿里巴巴的达摩院和半导体公司、腾讯自研芯片到百度的无人驾驶汽车，突破关键技术，提升企业竞争力；对外，加大对云服务、人工智能、大数据、集成电路、医疗健康、自动驾驶、区块链、智能制造，以及 AR/VR 等多个领域的投资。

4.1.4 出海成为增长的主要策略之一

国内人口红利见顶、内需供给增长变缓，为了追求业务的增长，互联网公司必须要拓展新的市场。2022 年，阿里巴巴、拼多多、网易、腾讯等多家大厂发布财报显示，出海成为企业的重要增长策略（图 2-112），而即使是 2021 年，海外市场对财报的贡献还并不显著。新一轮的出海不只在边缘市场做探索，而是还要面向主流市场全面深耕。工具之外，视频、游戏、电商、金融、云计算，以及新消费、汽车等全品类互联网产品全面出海。头部互联网企业纷纷加码海外，根据自己的业务开展错位竞争。出海不仅仅是产品出海，也是技术、商业模式、服务的出海，出海企业需要根据海外的经济情况、生活习惯、社交方式、基础设施、法律规范、生活习俗，以及使用习惯等来针对性地做本地化策略。

图 2-112　头部企业出海版图

字节跳动	TikTok商业化速度加快，TikTok电商GMV目标从2021年的约60亿美元调至2022年的近120亿美元
阿里巴巴	2021年12月调整了组织架构，专门成立"海外数字商业"板块
腾讯	成立海外游戏发行品牌Level Infinite，业务团队服务范围将覆盖全球
蚂蚁集团	2022年3月任命郑航为东南亚区域总经理，4月以战略投资方式和全球支付平台2C2P达成深度合作关系
拼多多	海外版拼多多Temu于2022年9月正式在美国上线，以"拼多多模式"低价切入市场
网易	2022年进行海外多达8个工作室的投资，"海外+主机"双战略，希望未来50%的游戏收入来自海外市场

来源｜德勤研究

4.1.5　直播电商成为多元化业务组成部分

直播电商作为一种数字化营销手段，成为企业突破困局的高效手段之一，渗透到企业业务经营的各个场景。"直播带货"是一种全新的销售方式，商家、网络红人、职业主播等采用实时直播的方式向直播间观众全方位、近距离地介绍商品，引导下单，并解答观众提出的问题。这种销售方式改变了传统的网络消费方式，从之前的"货对人"到现在的"人对人"。淘宝、京东、快手以及抖音等电商网站和社交平台纷纷成为国内主流的直播电商平台。2021 年直播电商市场规模超 2 万亿元，增速为 67%。[1] 直播电商在整体零售电商的占比已经从 2017 年的不足 1% 升至 15%，[2] 目前各个零售品牌商都在线上购物平台、短视频直播平台、社交媒体等高流量平台上自建自己的线上直播电商平台，直播电商对于企业营销来说具有较高的"产品破圈"潜力。

伴随着行业从高速度发展向高质量发展转变，从消费互联网到产业互联网的人才转移，企业数字化转型的深入，互联网行业的人才策略也在相应地进行调整，人才建设已经成为互联网行业发展的重要命题。

4.2　行业人才现状、挑战及策略

互联网行业正处在转型的重大拐点，一方面，继续深耕原有用户，开拓新的业务领域，向产业互联网转移，驱动企业数字化转型，扩展海外市场；另一方面，让科技创新成为发展的底层驱动力，加强内部自研，布局硬科技。在行业从高速度向高质量转变的过程中，对行业人才也提出了更高的要求。本节将重点介绍随着行业的转变，数字人才的发展现状、挑战和策略。

---

① 基于快手招股书，德勤研究整理。
② 基于阿里研究院发布信息，德勤研究整理。

4.2.1 人才现状：产业互联网带动相关就业激增，多元化技能要求增加

随着产业数字化的不断推进，产业互联网创造了大批量的岗位，拉动就业增长。中国产业数字化转型由机械化、自动化迈向了智能化，互联网的演进也跟随产业的发展，从科研型互联网到消费型互联网，再到生产型互联网，如车联网、工业互联网等。以工业互联网为例（图2-113），近年来带动国内就业人数显著增加，由2017年带动总就业人数2172.19万人，增长至2019年带动总就业人数超过2679.61万人，同比增长率达到了13.2%；到2025年新一代信息技术产业人才缺口将达到950万人。[①]

根据产业互联网网络、平台、安全三大体系和行业应用，下文将产业互联网企业主要划分为产业企业、产业互联网平台企业、运营商、产业互联网安全领域企业，以及系统集成商五种类别，并列举了不同类别企业的用人需求。

图2-113　2017~2020年中国工业互联网带动的就业人数及增长率

来源｜中国工业互联网研究院，德勤研究

○ **硬科技等高水平人才需求旺盛，缺口巨大**

硬科技领域人才需求（图2-114）因爆发时间短、工作领域新、人才需求大、人才质量要求高等原因，岗位适配人才存在较大缺口。据教育部、人社部和工信部联发的《制造业人才发展规划指南》显示，2020~2025年硬科技产业的人才缺口均呈扩大趋势。2025年人才缺口最大的新一代信息技术产业人才缺口为950万，节能与新能源汽车的人才缺口为85万。互联网企业除了自身布局硬科技的人才需求缺口外，助力其他硬科技领域的合作伙伴进行产业技术突破的硬科技人才也存在一定的缺口。例如，字节跳动2022届校园招聘为大学生开放1400多个就业岗位，其中一半为研发类；芯片工程师也是字节跳动希望招到的重点科技人才，其芯片团队分为服务器芯片、AI芯片、视频云芯片三大类，相关人才的需求量居高不下。

---

① 中国工业互联网研究院，德勤研究。

图 2-114 产业互联网不同类别企业的用人需求情况分析

名 称	详 情	人才需求
产业企业	产业企业作为产业互联网赋能的受益方，通过"上云"以低成本获得研发设计、生产管控、经营管理等平台服务	平台开发使用 网络维护 智能产线操作 产业互联网相关技术与数据分析的能力
产业互联网平台企业	产业互联网平台企业是产业互联网平台的建设者和解决方案提供商，利用产业互联网实现提质、增效、降本、减存，以及实现数字化、网络化、智能化的主要赋能方	平台架构 平台开发 产业App开发 平台维护 产业企业转型解决方案规划与实施
运营商	中国移动、中国联通、中国电信三大运营商除了提供产业互联网外网服务外，纷纷建设平台，探索5G在产业中的应用	网络运维 SD-WAN产品研发与推广 5G在产业中的应用
产业互联网安全领域企业	网络安全 工控安全 研发安全产品 产业互联网安全解决方案	数据安全技术人员 应用安全技术人员 解决方案技术人员 售前支持技术人员
系统集成商	系统集成商为产业企业转型提供电气、软硬件、系统集成服务。 大型系统集成商能够提供数字化工厂解决方案，同时利用自建的产业互联网平台或云平台为行业提供多种应用	自动化工程师 测试工程师 数字化工厂项目经理 产业App架构师 产业大数据工程师 网络安全工程师

来源 | 德勤研究

图 2-115 2022 年不同行业校园招聘人才预测

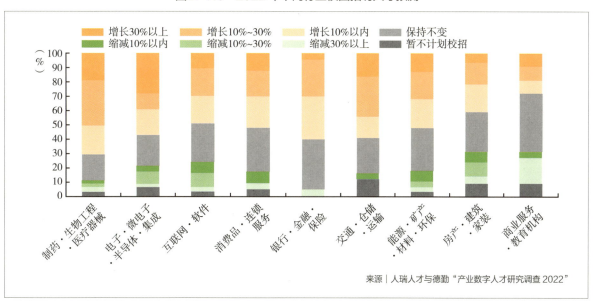

来源 | 人瑞人才与德勤 "产业数字人才研究调查 2022"

互联网硬科技领域的校园招聘需求旺盛。调研发现（图 2-115），2022 年校园招聘人才预测中，电子、微电子、半导体，以及生物医药领域均增长 20%~30% 以上，人才缺口较大。

○ **人才技能需提升多元化以应对跨场景产品的能力**

掌握多元化技能是产品跨界创新的综合能力要求。调查发现（图 2-116），53.5% 的企业认为需要掌握数据分析，32.0% 的企业认为掌握数字设计（UI/UX），29.9% 的企业认为需要掌握敏捷工作方式，29.5% 的企业认为需要掌握移动应用开发，26.5% 的企业认为需要掌握编程与网络开发。

图 2-116　企业对人才数字技能的培养方向

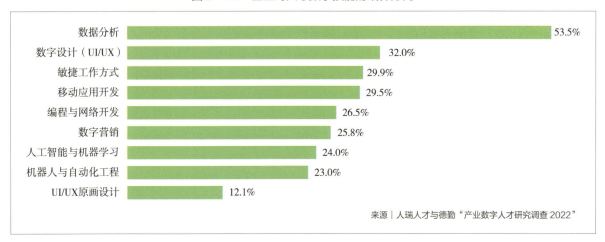

来源 | 人瑞人才与德勤"产业数字人才研究调查 2022"

4.2.2　人才挑战：人才综合能力要求提升，人才技能与岗位的匹配度低

在整体的趋势下，企业除了在自身的日常管理面临困难外，在人才招聘和培养中也面临着诸多挑战，国内业务在互联网行业人才也从消费互联网向产业互联网转移，国外业务在出海业务方面分别提出了对人才新的需求。同时，学校培养和社会需求方面也存在一定程度的脱节。

○ **缺乏有行业经验的技术人才，人才技能与岗位的匹配度低**

在互联网行业总体紧缩的形势下，企业对人才的性价比意识逐渐提高，尤其需要对行业熟悉、技能匹配的人才。调研发现（图 2-117），50.5% 的企业认为缺少有行业经验的技术人才，45.3% 的企业认为人才的技能与岗位的匹配度低，33.7% 的企业认为人才总体基数较小，32.2% 的企业认为吸引相关专业的人才有难度，29.2% 的企业认为技能的迭代速度快。对于一些硬科技企业，品牌知名度和流量的劣势无疑增加了人才招聘的难度。

图 2-117 互联网公司人才招聘挑战

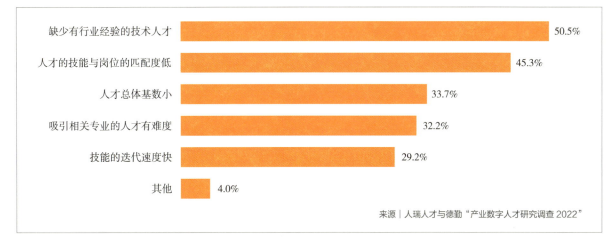

缺少有行业经验的技术人才 50.5%
人才的技能与岗位的匹配度低 45.3%
人才总体基数小 33.7%
吸引相关专业的人才有难度 32.2%
技能的迭代速度快 29.2%
其他 4.0%

来源 | 人瑞人才与德勤"产业数字人才研究调查 2022"

○ **人才培养需要衡量投入产出比，需加强人才盘点**

在人才培养方面，随着互联网降本增效的大趋势，企业更加注重人才培养的性价比。调研发现（图 2-118），48.3% 的企业认为需要衡量人才培养的投入产出比，37.9% 的企业认为需要明确人才类型，36.9% 的企业认为缺少业务场景结合的培训案例等资源，36.7% 的企业认为长期留住人才是企业难点，35.1% 的企业认为需要进行培训计划和优先级事项排级，32% 的企业认为需要对人才增加激励措施。所以，互联网企业在加强人才盘点的同时，还缺乏针对性的人才培养机制，如对核心员工和骨干员工需完善人员激励措施以长期保有人才。

图 2-118 互联网公司人才培养挑战

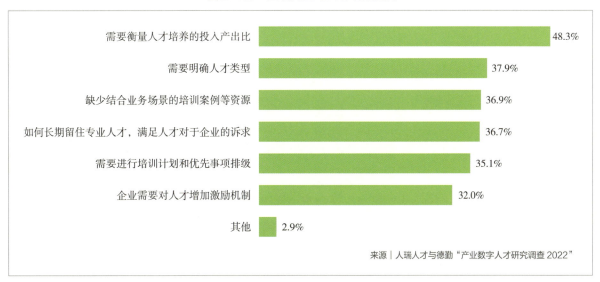

需要衡量人才培养的投入产出比 48.3%
需要明确人才类型 37.9%
缺少结合业务场景的培训案例等资源 36.9%
如何长期留住专业人才，满足人才对于企业的诉求 36.7%
需要进行培训计划和优先事项排级 35.1%
企业需要对人才增加激励机制 32.0%
其他 2.9%

来源 | 人瑞人才与德勤"产业数字人才研究调查 2022"

○ **企业梯队建设不足，内部缺乏协同机制**

在企业人才管理中，存在人才梯队建设不足、人才岗位职责和工作流程混乱、员工的协同性较差，以及团队文化建设缺乏等问题。调研发现（图2-119），47.7%的企业认为人才岗位、职责、流程需要做相应的调整；40.6%的企业认为企业内部技术人员和业务人员的协同缺乏；35.9%的企业认为企业文化需要支持兼收并蓄；35.9%的企业认为需要调整相关的绩效考核标准，允许试错和失败；31.9%的企业认为代际管理差异比较明显。在互联网降薪裁员大环境下，绩效考核比较硬性，员工的创新试错勇气缺乏，基本只是在原有业务进行深耕。在消费互联网向产业互联网转移的过程中，人员的代际差异明显，针对不同年龄段的员工缺乏不同的管理措施，文化的包容性较差。

图 2-119　互联网公司人才管理挑战

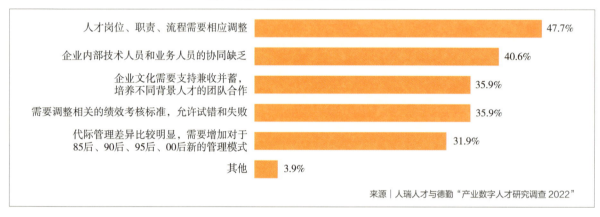

来源 | 人瑞人才与德勤"产业数字人才研究调查 2022"

○ **伴随着向产业互联网和硬科技的转移，人才创新型综合能力要求提升**

随着消费互联网向产业互联网和硬科技的转移，行业人才综合能力要求进一步提高。调研发现（图2-120），企业十分关注人才能力培养方面，着重加强人才的复合型学习，比如懂技术的人员也懂商务与运营占比为47.5%；希望本身岗位技能进一步加强占比为39.6%；提升技术人员的管理技能占比为38.3%；加强创新型人才的培养占比为38.1%。产业互联网是新一代信息技术和制造业深度融合的产物，不仅需要OT和IT复合型人才，也需要企业管理人才、行业领军人才、专业技术人才等多维度、多层次人才。

图 2-120　企业对于人才能力培养的看法

来源 | 人瑞人才与德勤"产业数字人才研究调查 2022"

○　**如何招募到适合的本地化人才，是出海企业的人才难题**

人才能力甄别的困难已成为制约中企加速海外人才本地化进程的一大因素。在海外招聘的过程中因为法规政策、用工环境，以及文化差异，往往会凸显出以下招聘问题（图2-121）：什么样的人才适合企业？是否有能力找到适合企业发展的人才？如何向人才树立企业品牌？是否有适合企业人才招募的渠道？这些问题都是出海企业在本地化人才招募过程中需要解决的重要问题。

图2-121　出海企业人才引进的挑战

什么样的人才适合企业？	如何向人才树立企业品牌？
● 海外人才从那些国家进行招募？ ● 海外人才的精准画像是什么？	● 如何增加人才对企业品牌的认知？ ● 企业对人才最大的吸引力来自于哪里？

出海企业人才引进的挑战

● 内部组织与分工能否支撑海外招聘？ ● 海外员工成长路径是否定义清楚？	● 适合公司的海外招聘渠道是什么？ ● 什么时间节点之前必须招到人？ ● 如何定义某个渠道招募的人才符合人才标准？
是否有能力招到适合企业发展的人才？	是否有适合企业人才招募的渠道？

来源｜领英，德勤研究

○　**直播带货作为互联网热门的新型岗位相对人才储备不足，需加强职业培训和标准执行**

直播带货岗位的人才需求旺盛，但社会存量人才相对较少，传统互联网行业人员转行从事直播带货、大学毕业生从业人数相对较多，导致直播带货这一产品链的人才培养和社会储备不足，在从事直播带货的过程中的效果参差不齐。目前，众多职业培训机构及直播带货机构已经开设了相关的直播带货课程，包括账号的搭建及基础技能、直播基础和运营通识、热门行业直播技巧、主播实操训练和就业指导等内容，进一步提升从业人员的技能。此外，人社部、国家新闻出版广电总局发布了《职业技能标准》，提高了行业进入壁垒，标准中将互联网营销师和直播销售员分为5个等级，带货主播、短视频创作者都成为正式工种，这将确保行业人才的基本能力与素质，但是企业在具体的环节还需要加强标准的执行。

4.2.3　人才策略：建立人才生态链，多渠道拓展人才

○　**多渠道扩充人才招聘，精准岗位人员的职位描述和人才画像**

企业需要多渠道拓展人才（图2-122）。目前，无论是核心技术骨干人才的招募还是基层人员的招募，在传统渠道的应用方面都是比较充分的。在精准岗位人员的职位描述和人才画像后，还需要根据岗位特征去拓展不同的人才招募渠道，对外来看，外包、校企合作、通过比赛招募人才、投资

并购等都是有效的方式；对内来看，通过项目的方式发掘培养核心技术骨干人才、扩充公司的分部来招募各地区的人才、提升薪酬福利、设置符合企业整体发展的期权股权激励措施、雇主品牌的吸引，以及以开放、包容、多样的招聘文化引领人才招聘。

图 2-122　公司扩充技术骨干渠道和扩充基层人员渠道

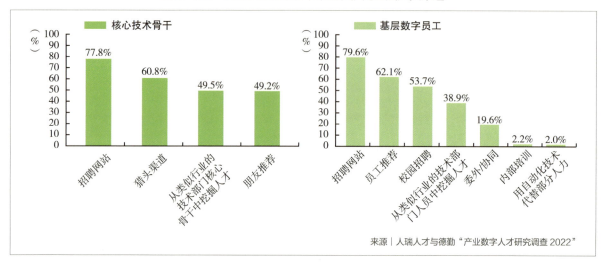

来源｜人瑞人才与德勤"产业数字人才研究调查 2022"

- **建立人才生态链，打通校园培养和社会人才需求**

建立人才最广泛生态链，利于降低企业和校园之间的错配现象。尽管在高校学生就业倾向行业中（图 2-123），互联网占比 56.4%，但人工智能、芯片、数字金融等人才需求较多的行业相对占比较小。在校园培养和社会人才需求方面，需要建立人才生态链，推动人才链和产业链的精准对接，充分利用校企合作的方式，通过实习、举办各类人才活动论坛、创新赛事，推进校企深度融合。

图 2-123　数字化专业学生就业行业选择统计

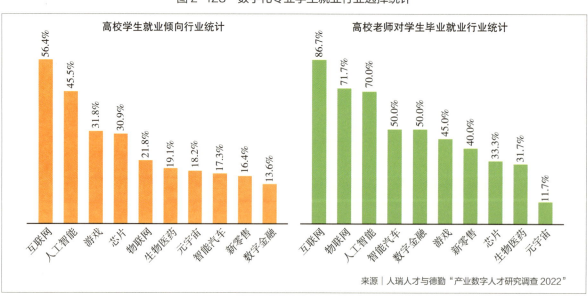

来源｜人瑞人才与德勤"产业数字人才研究调查 2022"

○ **设立和发展海外分支机构，关键人才全球化吸引助力出海企业本地化人才拓展**

基于海外办公室、研发机构或海外市场拓展在人才吸引的核心业务场景，从企业业务的实际需求出发，针对企业出海的四大挑战，从"设立和发展海外分支机构"及"关键人才全球化吸引"两大方向来助力出海企业在人才本地化招募的过程中提高核心竞争力。

方案 1：设立和发展海外分支机构

（1）在进行充分市场调研的基础上，明晰目标市场人才画像、竞争对手团队特征、本企业在海外地区的优势与劣势，定制企业在国际化核心团队中所需要的人才图谱，并根据图谱来定制招聘策略。

（2）盘点目标人才池，锁定目标人才并加强意愿跟踪，在搭建可面试人的核心初创团队人才库的同时，建立初创团队人才供应链，并且根据内推等方式快速锁定目标人才，创建稳固的管理研发等关键核心团队。

（3）积极拓展招聘渠道，以海外社招、海外校招、海外校企合作、海外招聘平台解决方案合作等方式进一步扩充初创团队，并根据业务发展的需要，扩大人才吸引渠道，为后续业务拓展进行人才梯队建设。

（4）根据企业的实际业务出发，进行人才盘点，对重点人才保留制定有效的激励措施，打造企业自己的海外招聘团队，维护目标人才库，实现高效招聘转化。

方案 2：关键人才全球化吸引

（1）利用全球社交网络渠道，充分对接全球人才库，把握国际人才画像，实现出海企业、海外高校、海外国际人才的供需精准匹配。

（2）盘点目标院校，高潜毕业生画像特征，搭建校招人才库，精准选定目标人群，执行线上和线下宣讲，人才交流与校企实习合作。

（3）通过海外投资并购，以高性价比且高效高质量的方式进行人才资源的收购，扩大人才来源渠道。

○ **政策与资本的推动下，利用知名"猎头"、校友会、人才工作站，强化高层次人才引进措施**

在政策与资本的推进下，高层次人才是各方纷纷争抢的对象。在人才方面，行业资深从业人员、科学家、大学教授等都是不可忽视的重要力量。如，作为国内硬科技概念的策源地，西安市抢抓海外华人回流机遇，实施"国家外国专家项目"及"西安市海外高层次人才引智项目"，重点支持一批科技企业引进外籍专家和海归人才。[①]

互联网企业在人才培养、管理和招聘等方面产生了新的问题，对于人才的要求和技能也随之发生变化。下节将根据产业整体、产业开发环节和产业运营环节等维度研究互联网企业目标人才特征。

---

① 基于《西安市"十四五"科技创新发展规划》相关信息。

4.3 产业链对应企业的目标人才结构特点

在互联网产业链环节，产业开发注重创新，注重人才的个人能力；产业运营注重已有产品的稳定深入维护，对人才的学历、经验要求更高，本节将分别针对产业整体、产业开发环节、产业运营环节的人才结构进行分析。

4.3.1 产业整体：工作经验要求不断提升，无工作经验或工作经验较少的人才已出现饱和

随着消费互联网人才饱和度的提升，人才的需求也呈现"优中选优"的特征，对人才的工作经验要求提升。调研发现（图 2-124），工作 1~3 年经验的人才需求占比为 32.1%，工作 3~5 年经验的人才需求占比为 30.2%，工作 5~10 年工作经验的人才需求占比为 10.4%；1 年以下工作经验需求仅占比为 2%，无经验需求占比为 1.4%。伴随着互联网企业从高速度发展向高质量发展转变，行业人才的需求结构也发生了变化。工作经验在 1~3 年、3~5 年、5~10 年工作年限的需求占比过半，企业对于中高端人才的需求提高。整体互联网环境下，无工作经验、工作经验较少的互联网人才显示出了供大于求的趋势。

图 2-124 2022 年 6~12 月职位工作经验要求占比

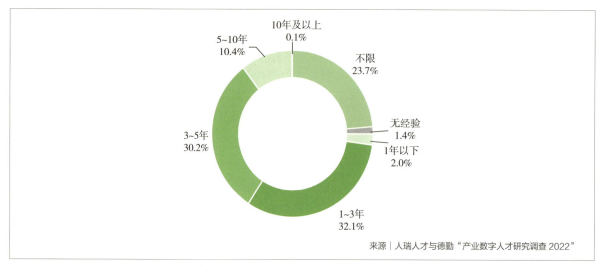

来源｜人瑞人才与德勤"产业数字人才研究调查 2022"

4.3.2 产业开发环节：新型开发岗位注重人才个人能力，编程语言多样

互联网新型开发岗位指随着互联网行业的深入发展，从传统开发岗位延伸出的适应行业特定发展需要的新型岗位，人才需求和编程技能要求有了新的变化。

○ **产业新型开发岗位人才学历要求较高，一线城市的需求更为集中**

● **工作经验：** 工作经验要求相对较低，注重人才的个人能力；工作经验不限占比 56.2%，1~3 年占比 19.9%，3~5 年占比 18.1%。

- **学历要求：** 学历要求高，本科占比 71.3%，硕士研究生占比 18.7%，博士研究生占比 2.4%。
- **专业背景：** 以计算机、数学、统计、软件工程及人工智能专业为主。
- **需求城市：** 一线城市的需求更为集中，北京占比 31.4%，广州占比 21.1%；西安，合肥，成都等新一线城市也有一定的需求。

图 2-125 2022 年 6~12 月互联网新兴开发者岗位特征

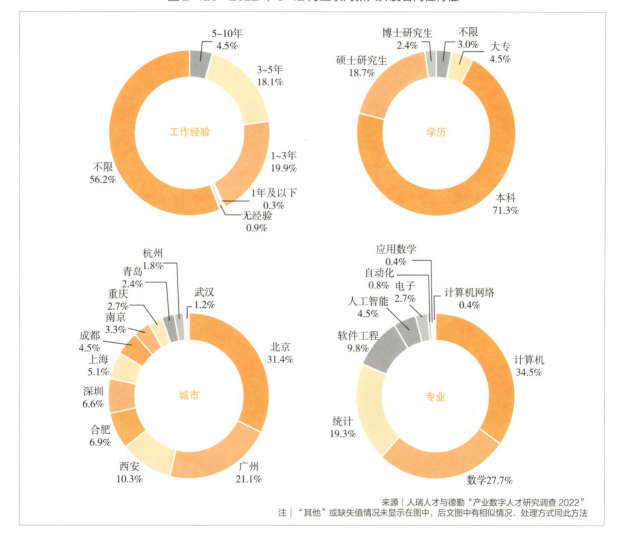

来源｜人瑞人才与德勤"产业数字人才研究调查 2022"
注｜"其他"或缺失值情况未显示在图中，后文图中有相似情况，处理方式同此方法

○ **产业新型开发岗位编程语言多样，开发者需要不断更新编程能力**

新型开发岗位（图 2-126）主要来源于人工智能、大数据、芯片、智能汽车等行业的人才需求。新兴开发者岗位包含：机器学习、数据科学家、数据挖掘、芯片工程师、自然语言处理、图像识别、语音合成、知识图谱等。新兴的高薪岗位对开发者的语言要求与传统岗位不尽相同（图 2-127），Python 基本是所有新型岗位必备的职业语言技能，C++ 语言的占比也较高。

图 2-126　互联网新型开发者行业来源占比

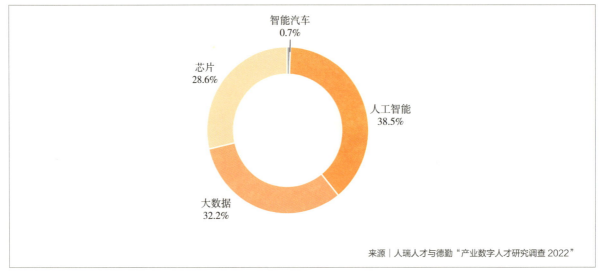

来源｜人瑞人才与德勤"产业数字人才研究调查 2022"

图 2-127　2022 年 6~12 月互联网新兴开发者语言要求 TOP 10

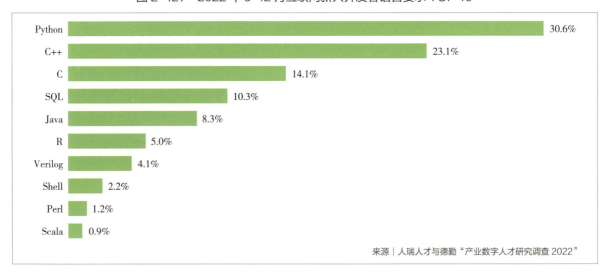

来源｜人瑞人才与德勤"产业数字人才研究调查 2022"

4.3.3　产业运营环节：产品技术核心岗位，人才学历、工作经验要求高，Java 是通用技能

互联网行业产业产品技术核心岗位人才主要包括：运维支持、移动研发、测试工程师、前端开发、产品经理、软件研发、数据工程师，以及人工智能等岗位。

- ○ **产业产品技术核心岗位工作经验要求高，需求集中在一线城市**
- ● **工作经验：**工作经验要求较高，1~3 年占比 23.9%，3~5 年占比 26.2%，5~10 年占比 28.5%。
- ● **学历要求：**以计算机、软件工程、通信、电子、自动化专业为主。
- ● **需求城市：**主要集中在一线城市，新一线城市中武汉、南京、苏州等地也需求旺盛。

图 2-128　互联网产业产品技术核心岗位特征

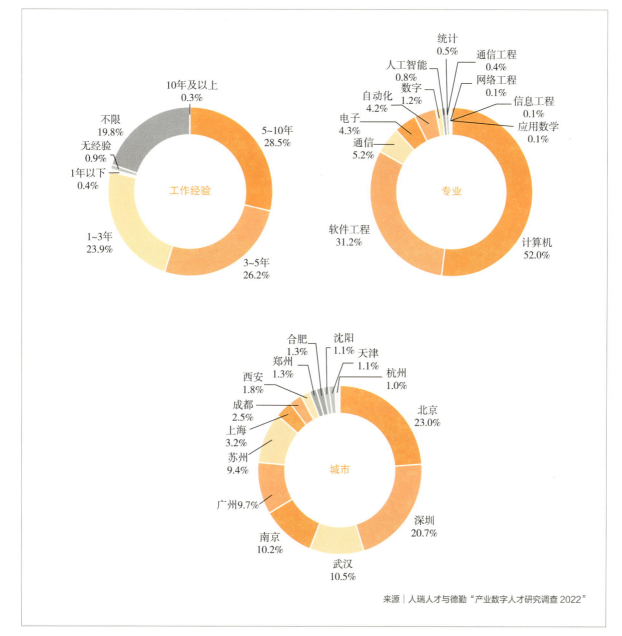

来源 | 人瑞人才与德勤"产业数字人才研究调查 2022"

○　**产业产品技术核心岗位均要求本科以上学历，人工智能岗位学历要求最高**

　　互联网行业产业产品技术核心岗位决定了公司产品的竞争力，对于人才学历的要求相对较高。调研发现（图 2-129），互联网产业产品技术核心岗位招聘中，大部分要求本科以上学历。人工智能岗位对从业者的技术功底和学习能力最为看重，对本科及以上学历人才要求占比为 86.3%，其中要求学历为硕士研究生及以上的岗位为 30.8%；运维支持 50.1% 的岗位学历需求为大专，仅有 0.4% 的岗位学历需求为硕士研究生及以上，相关的职业教育培训机构可以加强运维人才的课程设计。

图 2-129 互联网产业产品技术核心岗位招聘学历要求

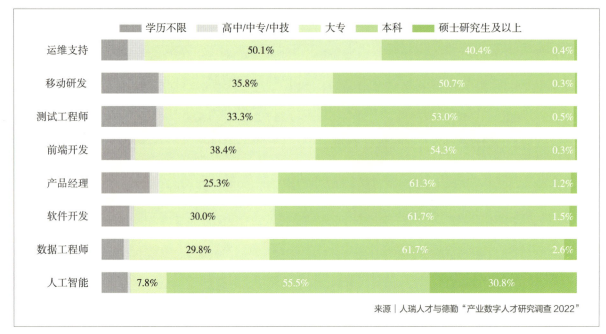

产业产品技术核心岗位编程技能均要求 Java，数据分析类岗位均要求 Python

互联网产业产品技术核心岗位中 Java 是所有核心岗位均要求的技能。软件开发、前端开发、测试工程师、运维支持等岗位除了 Java，均要求 R 语言。尽管产品经理岗位要求较为综合，随着行业竞争激烈，目前产品经理岗位对于编程技能的需求也进一步提升，R、Java、NLP、Python 等语言也是职业竞争中的加分项。

互联网产业各环节人员的特征更加明显，对于人才的岗位需求亦呈现不同特征。下文中将进一步分析人才需求的战略、薪酬与热门区域，从而帮助企业定位人才竞争的关键点。

4.4 行业紧缺人才的供需状态

企业人才战略引领人才岗位和薪酬的变化，企业已经从"招到人"变为"招好人"。前文中从企业视角分析了产业开发环节和产业运营环节目标人才特征，本节将立足于人才市场供需格局，从人才战略、区域特征、岗位特征和薪酬特征四个维度识别互联网人才需求焦点。

4.4.1 人才战略：企业正在从规模优先向质量优先转变，"招好人"的需求早已大于"招到人"

随着互联网行业结构性的调整，从追求用户规模流量演变为依靠科技进行企业效益增长及赋能其他产业，人才需求战略也发生相应的变化。调研发现（图 2-130），1~3 年工作经验需求占比 32.1%，3~5 年工作经验需求占比 30.2%，5~10 年工作经验需求占比 10.4%；针对不同的工作经验（图 2-131），无经验的岗位的平均薪酬为 6254 元 / 月，是全工作年限段最低的薪酬，其他年限的工作岗位薪资也随着工作年限依次提升，工作经验丰富薪酬更高。超过半数的企业都寻求具有工作经验的人才，尤其是1~3年和3~5年工作经验的人才，互联网企业整体的趋势已经从"找到人"转变为"招好人"。

图 2-130 2022 年 6~12 月招聘经验要求

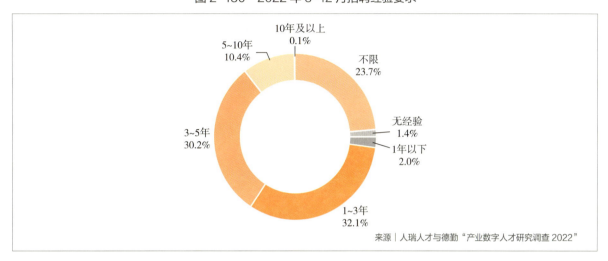

来源｜人瑞人才与德勤"产业数字人才研究调查 2022"

图 2-131 2022 年 6~12 月互联网不同经验要求的平均薪酬（单位：元/月）

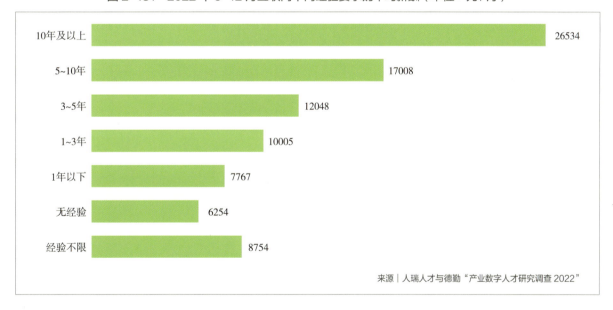

来源｜人瑞人才与德勤"产业数字人才研究调查 2022"

4.4.2 区域特征：一线城市人才需求呈下降趋势，新一线互联网招聘职位需求旺盛

上海市互联网职位需求占比居于首位，但成都等新一线城市的崛起与众多龙头企业聚集、政策加持等因素推动互联网行业迅速崛起有关。一线城市存在高房价、落户难等问题，为了企业持续发展，也为了吸引人才，众多互联网企业把目光放向了二线城市，纷纷建立研发中心或者区域总部，成都成为新一线互联网企业聚集的代表城市。

图 2-132　2022 年 6~12 月一线、新一线城市的职位占比

来源｜人瑞人才与德勤"产业数字人才研究调查 2022"

4.4.3　岗位特征：大客户代表、Java 工程师、运维工程师、电商运营等岗位需求旺盛

随着直播带货行业的深入发展，短视频营销成为行业的主流数字营销方式，电商运营、直播运营、主播、短视频运营等岗位也需求旺盛。互联网大厂产品经理、产品运营等岗位的热度显示互联网公司日常核心业务岗位需求旺盛，也同时表明互联网公司还在尝试不同赛道的增长机会，需要大量业务人员去设计需求和产品运营来提升业务增长的可能。

图 2-133　2022 年 6~12 月热招 TOP 20 职位

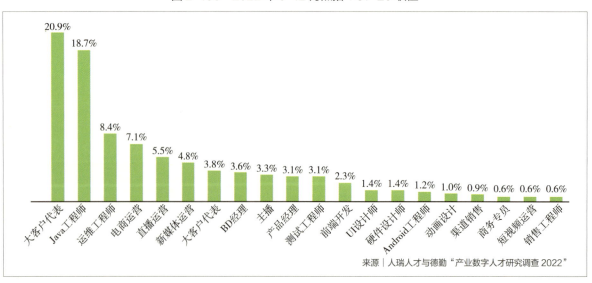

来源｜人瑞人才与德勤"产业数字人才研究调查 2022"

4.4.4 薪酬特征：企业端和岗位端的人才需求都随着战略进行结构性调整

○ **企业薪酬：互联网大企招聘薪酬相对温和，中小微企业更积极地争取经验丰富、薪酬更高的人才**

调研发现（图 2-134），互联网头部企业中月薪酬在 1 万～ 2 万的占比过半，为 53%，而中小微企业中 43.9% 的企业月薪酬在 1 万以下。在整个互联网行业下行的环境中，从总体比例来看，头部企业的薪酬比中小微企业的薪酬更具有竞争力。同时，我们发现，12% 的中小微企业月薪酬为 4 万元及以上，而仅有 0.4% 的头部企业月薪酬为 4 万元及以上。在整体市场下行的环境下，中小微企业更加积极地去争取经验丰富、薪酬更高的人才来帮助企业进行业务突围。

图 2-134　2022 年 6~12 月互联网头部企业和中小微企业的不同月薪酬占比

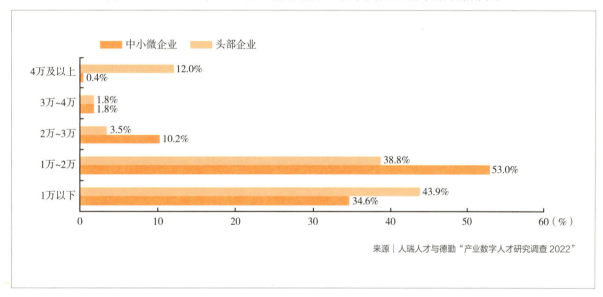

来源｜人瑞人才与德勤"产业数字人才研究调查 2022"

○ **岗位薪酬：商业数据分析月薪 3.5 万元，研发类岗位霸占薪酬榜单**

商业数据分析、项目总监、算法工程师、深度学习、机器学习等岗位薪酬较高，与互联网整体环境下企业降本增效，追求数据决策有关。随着行业对于数据分析的业务与岗位增多，商业数据分析岗位的薪酬也水涨船高。算法类的岗位，如算法工程师、深度学习、机器学习等因为行业人才紧缺，岗位薪资较高。同时，在 TOP 20 薪资的榜单中，研发类岗位占据绝大多数榜单位置。

图 2-135　2022 年 6~12 月互联网中小微企业的薪酬（单位：元 / 月）

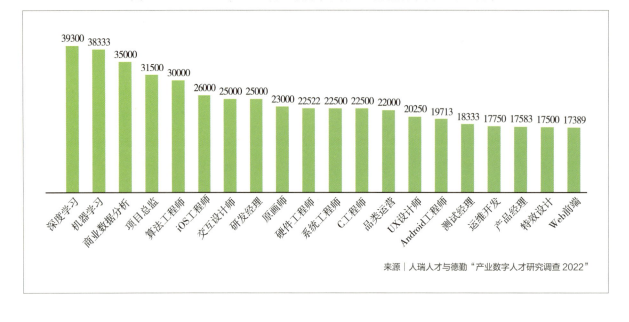

来源｜人瑞人才与德勤"产业数字人才研究调查 2022"

在整体互联网行业向高质量迈进的过程中，企业强调业务结构优化和人员结构性优化。下节将进一步分析关键数字人才及其胜任力模型，为企业关键人才招聘提供精准人才特征。

4.5　关键数字人才及其胜任力模型

综合考虑企业当前招聘岗位的数量分布、薪酬水平，以及不同类型岗位人才紧缺度、行业特征等多重因素，选取运维工程师、知识图谱、前端开发、数据分析，以及数据挖掘五类关键岗位（图 2-136），基于调研数据凝练其能力指标，搭建胜任力模型。

图 2-136　互联网知识图谱关键特征

名　称	建模理由
运维工程师	热招TOP3岗位，产品技术核心岗位
知识图谱	新型开发岗位TOP10，硬科技领域的代表性岗位
前端开发	热招TOP10岗位，产品技术核心岗位
数据分析	热招TOP30岗位，数字化转型核心岗位
数据挖掘	新型开发岗位TOP10，数字化转型核心岗位

来源｜人瑞人才与德勤"产业数字人才研究调查 2022"

4.5.1 运维工程师

相关岗位： 服务器运维工程师、网络安全运维工程师、开发运维工程师、数据库运维工程师。

岗位职责： 负责维护并确保整个服务的高可用性，同时不断优化系统架构提升部署效率、优化资源利用率以提高整体的 ROI。

图 2-137 互联网运维工程师关键特征

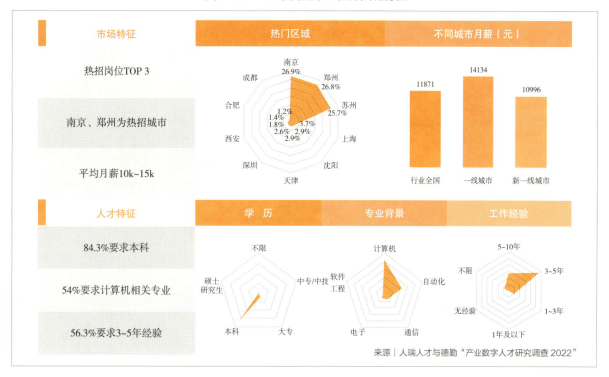

来源 | 人瑞人才与德勤"产业数字人才研究调查 2022"

图 2-138 互联网运维工程师胜任力模型

来源 | 人瑞人才与德勤研究

4.5.2　知识图谱工程师

相关岗位：知识图谱算法工程师、知识图谱专家、知识图谱工程师、知识图谱数据工程师。

岗位职责：运用知识图谱相关技术构建通用知识图谱、领域知识图谱、并对不同数据源的同领域知识图谱数据进行融合，将海量数据结构化、图谱化。

图 2-139　互联网知识图谱关键特征

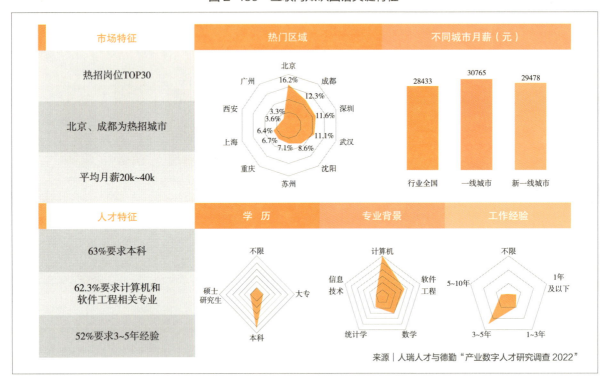

图 2-140　互联网知识图谱胜任力模型

4.5.3　前端开发工程师

相关岗位： H5 开发、小程序开发、Web 全栈开发、网页开发、App 开发。

岗位职责： 使用 HTML、CSS、JavaScript 等专业技能和工具，将产品 UI 设计稿实现成网站产品，涵盖用户 PC 端、移动端网页，以及处理视觉和交互问题。

图 2-141　互联网前端开发关键特征

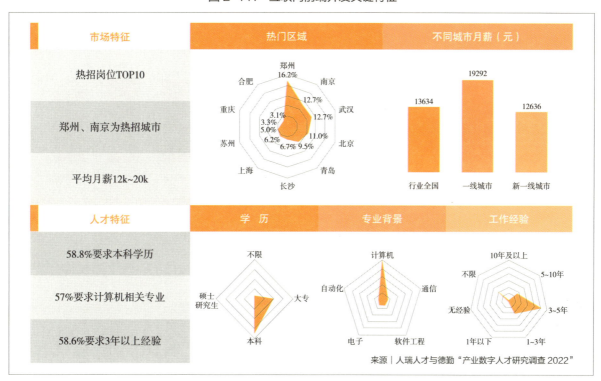

图 2-142　互联网前端开发胜任力模型

4.5.4 数据分析工程师

相关岗位：大数据处理、大数据管理、大数据分析、大数据系统、大数据安全、大数据服务。

岗位职责：对项目数据进行分析、挖掘，以及寻找规律，通过规律指导业务运营及自动化优化。

图 2-143 互联网数据分析工程师关键特征

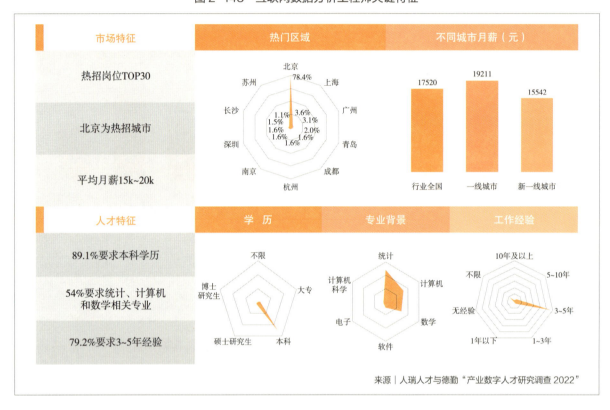

图 2-144 互联网数据分析工程师胜任力模型

4.5.5　数据挖掘工程师

相关岗位：数据挖掘工程师、数据分析师、商业分析师、数据建模师。

岗位职责：从大量的数据中通过算法搜索隐藏于其中的知识。这些知识可促使企业决策智能化、自动化，从而使企业提高工作效率、减少错误决策的可能性，以在激烈的竞争中处于不败之地。

图 2-145　互联网数据挖掘工程师关键特征

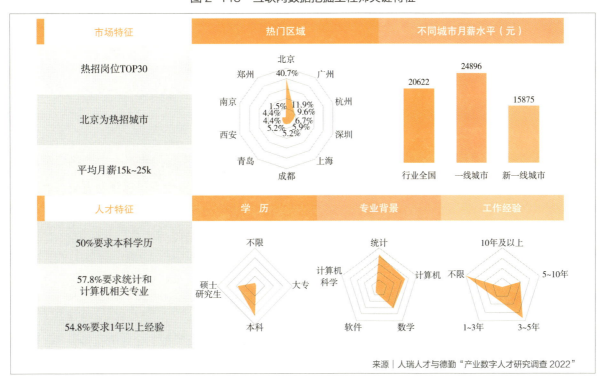

来源｜人瑞人才与德勤"产业数字人才研究调查2022"

图 2-146　互联网数据挖掘工程师胜任力模型

来源｜人瑞人才与德勤研究

从市场需求来看，互联网行业的关键人才需求大，薪资水平范围广，每月在 1 万 ~2.5 万元。用人方普遍要求本科学历，专业包容度高，相对较为青睐计算机专业背景。大多岗位要求具有工作经验，企业已经从"招到人"变为"招好人"。

4.6　最佳实践案例解析

在互联网行业的实践中，我们选取两家典型企业（某头部电商公司以及当前热门的某头部直播带货公司）的经营及人才策略来解析互联网行业的实践，希望从行业实践及人才策略的研究上为中国互联网企业的发展提供建议，为中国数字经济的发展提供研究支持。

4.6.1　某头部电商公司的 To C/To B 布局及人才策略

○　企业背景

国内该领域成为存量市场，业务竞争激烈。随着互联网的不断普及和我国一带一路政策的影响，跨境电商在双轮驱动下迎来了交易规模的高速增长。某头部互联网企业是以消费者业务起家成为该类型市场份额第一的互联网大厂，在消费互联网领域完成了公司的战略目标，成为该领域的头部企业，具有强大的影响力。该企业云计算是研发投入最多、利润最薄的业务，直到 2021 年第三季度才真正实现财务报表里的盈利。

○　痛点

痛点 1：消费互联网成为存量市场，企业利润大幅下降

随着国内消费互联网领域成为存量市场，之前的竞争格局随着相关类型的企业的直接竞争，以及其他类型的互联网企业差异化布局该类型，伴随消费互联网业务竞争激烈，企业经营的利润大幅下滑。

痛点 2：云计算业务利润低，国内政府云业务板块受到冲击

该企业的云计算是技术和效率驱动的业务，先进行技术升级来实现成本降低、效率提高的目的，之后再降低市场价格，以此获得市场占有率，但是市场主要是以 IaaS 为主，而高利润的 SaaS 和 PaaS 业务的市场份额占比较小。同时，国家对政企上云提出政策扶持之后，国内云服务市场涌现了一大批运营商云，运营商云和国资云就比互联网云更受欢迎，并且各地政府都有着自己的偏好，国内政务云业务板块受到冲击。

○　举措

通过消费、云计算和全球化进行破局，根据业务战略进行组织结构的升级。该企业进一步明确了三大战略：消费、云计算和全球化。电商、支付、云计算、物流组团出海，而全球化板块的布局则是消费的全球化与云计算的全球化。该企业在全球范围的人才策略随着业务也进行调整：往前 5~10 年布局储备人才，对标全球范围处于第一梯队的公司；实时掌握热门的机器学习、芯片、生物识别等人才画像地图；全球布局业务，全球的物理布局上更加明确世界人才，包括北美、欧洲等，主动与当地的资源、文化、习俗进行整合和交融，培育当地的商业环境和人才队伍。

亮点 1：对现有业务进行新一轮组织升级，并首次成立海外数字商业板块

伴随着中小商家跨境贸易成长的同时，该企业业务也由当初单一的 B2B 平台国际站，发展到包括帮助国内中小商家面向海外消费者的平台、海外本地化电商平台等在内的全球化生态体系。海外业务的重心并非是从 0 到 1 的"推新"，而是更多聚焦在对现有业务的梳理和调整上。由核心高管担任一号位，该板块囊括了跨境电商和海外本土电商服务。这既包括管理人员的调配，也涵盖了多个维度的优化升级，部分精英中高层和技术型员工去海外寻找新的增长点，也同步从国内招聘海外人才团队。在组织架构上，海外电商平台引入更多本土人才，并进一步放权给各个国家市场的 CEO，以减少决策成本、提高管理效率。

亮点 2：坚持伙伴优先战略，通过 SaaS 产品和云业务合并，国外人才布局发力

战略布局上，该企业把对云服务的期望拉回云业务的本质上—促进企业数字化转型上，该企业将 SaaS 产品和云服务打包出售。该战略布局不仅仅可以带动销量，还可以利用 SaaS 产品的强大客户群体为云业务引流，为行业数字化转型提供平台支持，云服务不再是提供简单的服务器资源，而是形成从 IaaS 为主导的市场向 PaaS 市场的转变。面对业务调整，在人才布局上，该企业新设立的 18 个行业部门，这 18 个行业包括了数字政府、金融、零售、电信等，突出政企市场。同时，该公司从竞品公司招募了政企线高管为该集团提供经验，同步，该企业 IoT 总经理出任 SaaS 产品 COO。同时，该企业在波尔图、墨西哥城、吉隆坡、迪拜等地设立六大服务中心，与当地数字人才合作，搭建多语种能力的规模化服务中心，优化海外市场的服务和交付体验。在技术出海的基础上，该企业通过技术架构连接所有企业、政府、个人，整合所有服务资源，制定生态自治规则。

○ **成效**

海外业务成为新的增长点，云计算业务也收获着产业数字化的红利。该企业海外业务的最主要成果是扫除了不少内在障碍，搭建了更多基础设施，基本理顺了跨境电商和海外本地电商的增长逻辑，实现较为稳健的增长。作为该企业面向 C 端的跨境电商主阵地，通过过去一年"收权"、提高商家整体质量，打破收入增长瓶颈。2022 年 5 月，跨境电商活跃新商家环比增长 179%，相当于 4 月的近 3 倍，同步在"双 11"期间，该企业的跨境电商业务发往韩国的包裹同比增长 300%。

通过 SaaS 产品和云业务合并，截至 2022 年 3 月 31 日的 2022 财年，该企业全年总收入在抵销跨分部交易前突破千亿大关，达到 1001.8 亿元，年复合增长率达到 66.36%。通过业务整合，为各行各业提供了一个更为易用的云基础设施，让应用开发更加容易，企业不需掌握专业的 IT 技术，业务人员用低代码就能自行开发应用，降低了实体经济行业的用云门槛。

4.6.2 某头部直播带货公司的经营及人才策略

企业背景

某头部直播带货公司成立于 2020 年 4 月，成立的背景在直播电商赛道。除了电商以外，该公司还有基于电商的职业培训业务、基于电商发展出来的孵化品牌业务等，公司有 1500 人左右。该公司 2022 年在抖音、淘宝都开展了直播活动，"双 11"活动预售当天，其著名互联网创业人员 IP 首场观看量破了千万，带货破 2 亿元。该直播带货公司的岗位一般是三种需求：第一种是运营类，负责直播间现场运营，也侧重数据分析能力；第二种是短视频制作，做高质量的内容输出；第三类是招商类人才，侧重于品牌的议价能力。直播带货寻找第二增长线，人才储备和孵化还没高度完善。

- **痛点**

痛点 1：尽管成绩显然，还需要新的业务增长突破口

该公司在业务层面尽管成绩显然，一直准备上市，但是也一直在寻找新的业务增长突破口来提升销售转化率。

痛点 2：人才缺乏标准，流动性比较高

在人才方面，尽管直播带货行业已经形成了较大规模，还没有形成固定的行业标准，行业人员入门门槛比较低，从业人员平均学历不高，流动性比较高。

- **举措**

亮点 1：布局海外直播带货业务，成立出海团队

近期该直播团队正在重点布局海外业务，把国际短视频平台 Tiktok 作为第二增长曲线。海外布局方面，直播带货不再是唯一，包括中国品牌出海营销、品牌直播代运营以及达人 CPS（商品推广解决方案）分销带货，即营销、带货，以及帮商家解决 TikTok 平台直播、短视频及店铺运营相关问题。业务重点包括两方面：其一是本地化交付能力，对此该公司正在建立全球化的交付中心，在印度尼西亚建有 40 余人的团队，后续将着重布局新加坡及其他东南亚国家。其二是数据化能力，计划利用 SaaS 能力等建立网红数据库、线上履约的数据化自动监测、竞品监测等。其出海业务团队大概由 60~70 人组成，95% 以上有出海营销相关从业经历；培训业务团队规模为 30 余人，其中 2/3 为教研人员，其余十几人分别来自跨境电商行业。

亮点 2：机构矩阵式账号运营，人才梯队管理

去网红化、去 IP 化、强供应链，甚至是溯源到产业带是行业的大方向，但是行业相关流入的人才还偏少，现存市场上直播带货的机构的人才基本上都是以代工厂的资源实现。真正强化供应链和供应链带来的溢价能力是机构化的电商以及直播带货公司的薄弱环节，目前该头部直播带货公司正在尝试供应链自建，从溯源产业带的方向去进一步布局。该公司的抖音直播间由著名互联网创业人员 IP 机构化运营后，转成为机构矩阵式账号运营模式，带货种类多元。在主播方面，建立流量壁垒，形成一个 IP 矩阵，除了著名互联网创业人员 IP，还有其他头部艺人及脱口秀主播。伴随着行业的变化，包括平台规则的变化相对较快，该公司进行人才画像的搭建，根据公司的战略目标和现有人才池子，建立起人才的梯队管理，提升整体公司人才的质量，加大高端人才的储备。公司建立了完善的激励措施，除人才晋升，公司也为骨干人才配备期权，员工也能享受到业绩的分红。通过建立电商直播基地，一方面通过带货实践培养人才，另一方面也赋能社会直播带货企业。

○ **成效**

市场份额进一步扩大，公司人才形成初步的标准化。目前，该公司的海外业务增速非常快，单月收入环比增长达到 50%~70%，个别月份达到 100% 的增速；达人营销业务比重占该公司总出海业务 70%，CPS（商品推广解决方案）分销带货占 10%，代运营则占 20% 左右。伴随国内电商市场竞争白热化，不少互联网巨头将目光投向国外，除 TikTok 之外，拼多多跨境电商平台 Temu 也正式在海外上线，海外市场有望成为该公司的第二增长曲线。在公司人才的建设方面，通过公司人才的初步盘点，公司整体员工的学历水平也有所提升，专业方面的能力增强，进一步助力海外市场的拓展和该公司未来在资本市场的上市策略。该公司通过校园招聘、外包、校企合作等方式，人才来源渠道进一步扩充。完善的激励方式也减少公司员工的流动性，提升员工的忠诚度。

5. 游戏行业及人才策略

游戏行业作为各种新技术率先实施应用的试验田，无疑积极推动了数字经济的发展，同时在赋能传统产业数字化转型的过程中也发挥了作用，在发展文化旅游、智慧城市、影视创作等产业方面具有独特优势。较传统行业，游戏行业打破了既定边界，与其他产业实现多维互动，进而促进新业态、新场景发展，为数字经济的发展提供新动能。

5.1 产业方向和应用场景、产业链

随着游戏行业的深入发展，游戏细分领域已经初具雏形。游戏产业链可分为下列几个主要环节：内容提供方、内容分发方、硬件厂商、电子竞技联盟和赛事，以及支撑衍生服务（见图2-147）。

- **游戏研发发行（内容提供方）：**按游戏类型分为 TV/主机游戏、客户端游戏、移动游戏和网页游戏；底层技术包括游戏引擎和技术外包。
- **游戏分发渠道（内容分发方）：**各游戏类型对应相应的分发渠道，即 TV 游戏平台、手游和网游。
- **支撑及衍生服务：**主要为电竞活动、市场推广、用户支付和技术支持等服务。这些产业链的企业同时也服务游戏以外的行业，人才岗位多为通用岗位，故不作为本节的重点研究对象。

图 2-147　游戏产业链图谱

产业链环节	企业类型					
游戏研发	游戏引擎	客户端游戏	技术外包	网页游戏	TV/主机游戏	移动游戏
游戏发行和分发	网游联运平台		手游分发渠道		TV游戏平台	
游戏硬件	TV/主机游戏硬件			VR游戏硬件		
电子竞技	电竞俱乐部	俱乐部联盟	电竞赛事	节目制作	游戏直播	
支撑服务	广告平台	支付平台	游戏媒体	云计算	数据监测	
衍生服务	游戏视频		游戏交易		游戏周边	

来源｜基于公开资料，德勤研究整理

5.1.1　精品化、研运一体化是行业发展的主要方向

市场趋于饱和、版号审批的不确定性促使国内游戏行业增速放缓。进入存量竞争时代，受总量调控及版号申请等行业政策影响，游戏市场前景不乐观。2022 年中国游戏市场实际销售收入 2658.8 亿元，同比减少 306 亿元，下降 10.32%；游戏用户规模 6.64 亿人，同比下降 0.33%；[①] 自主研发游戏国内市场收入和海外市场收入分别同比下降了 13.07% 和 3.70%。每月游戏版号审批具有较高的不确定性，比如 2018 年 3 月至 12 月、2021 年 7 月至 2022 年 3 月，游戏版号都暂停获批。虽然 2022 年 4 月版号审批恢复，未来监管趋严的趋势不会变，预计发放的版号总量将受到限制。

行业竞争加剧倒逼企业加强自主研发能力，推动精品化和研运一体化。国内游戏行业长期以来一直是渠道为王，而当下的竞争局势迫使企业越来越重视产品的研发。伽马数据提出，买断制付费模式的消费群体逐渐扩大，低成本、轻商业、重玩法的独立游戏和单机游戏得到了较快发展。[②] 头部游戏公司通过自研引擎来提高开发的自主权和展示效果，比如腾讯、网易、哔哩哔哩，基本都拥有自研自发的一体化布局。非头部公司则通过掌握更多的技术实现手段来建立内容的"护城河"，比如与第三方技术平台建立合作。先进引擎中高精度动作捕捉技术、AIGC 在游戏中的应用（利用人工智能生成内容）等新兴技术将助力实现游戏的定制化、个性化交付，不断优化用户体验，增加用户留存时间，未来将成为拉开头部游戏公司竞争差距的主要因素。

---

① 伽马数据，德勤研究。
② 伽马数据，德勤研究。

5.1.2　出海和云游戏成为新的增长点

海外游戏市场表现亮眼但竞争激烈，本地运营能力成为核心竞争力。 在国内游戏市场增长趋缓与监管趋严的背景下，越来越多的厂商选择出海或者加大出海力度。相较国内市场，海外市场呈现更高的增长率和弹复性。2021年国内自主研发手游海外市场销售收入年同比增长21.7%，增速远高于国内手游市场增速的7.6%。[①]多家游戏上市公司的财报显示，出海业务已经成为公司收入的主要增长点。出海游戏产品的增多使海外用户对游戏质量的要求也变高，如何针对当地用户习惯制定运营策略成为国内游戏出海厂商面临的新挑战。苹果和谷歌用户隐私政策的实施禁止平台提供用户行为数据，也让广告精准投放变得困难，获客成本提升。买量营销（游戏厂家或发行商通过广告投放的形式，在各大渠道集中曝光一款游戏，从而引导玩家下载注册的推广方式），也随着出海厂商的增多水涨船高，推动获客成本猛增。2021年5月以来，全球重度手游广告获客成本暴涨78%。[②]出海企业唯有长期深耕研运，通过精品化产品积累用户，提升本地化运营能力，才能在游戏出海领域中取得优势。

通过收购和在海外建厂布局海外工作室使研发方向更加多元。 在国内大型游戏企业移动游戏出海获得成功的同时，海外工作室已逐渐成为国内游戏企业在3A级PC游戏和主机游戏研发上的生力军。腾讯目前在洛杉矶、西雅图、波士顿、蒙特利尔、新加坡等地均设立了海外工作室或办事处，其中仅2021年就新增了3个海外工作室。网易在设立蒙特利尔工作室和樱花工作室后，于2022年1月又在日本设立了第三家海外工作室——名越工作室，名越稔洋、佐藤大辅等《如龙》系列知名制作人加入该工作室。米哈游作为国内新兴游戏企业，在2021年也在蒙特利尔建立了游戏研发团队，旨在研发开放世界3A射击新游。

云游戏拓展了游戏分发渠道，优化用户体验。 云游戏指以云计算为基础，所有游戏在服务器上运行，将游戏画面经过视频压缩后，串流显示到用户的客户端设备，包括PC、手机、平板电脑、游戏机、电视盒子、AR/VR等互联网接入设备进行游戏操作的方式。玩家可以在任何设备或屏幕体验游戏，无须等待下载，并且每次访问到的都是最新版本的游戏。对游戏厂商来说，云游戏为游戏分发拓展了新的渠道，优化用户体验，开辟更多用户和收入来源。2021年中国云游戏市场规模达到34亿元，同比增长54.4%。云游戏平均月活用户规模达到7000万，同比增长32.7%。[③]同时，云游戏的发展将推动云游戏应用于更多的服务场景，与直播、VR、广告营销进行融合，推动其他行业新形态的发展。

作为智力与创意型的游戏行业，专业人才一直是行业发展的重中之重。为了以优质的游戏产品巩固国内市场份额，加速开拓全球市场，中国游戏厂商纷纷积极增加研发支出，重视相关专业人才的培养，提升薪资和福利，抢夺优质人才。

[①] 伽马数据，德勤研究。
[②] Sensor Tower，德勤研究。
[③] 艾瑞咨询，德勤研究。

5.2 行业人才现状、挑战及策略

游戏研发环节的重要性不断凸显，游戏公司的人才策略也随之调整，内容制作成为企业激烈争夺人才的环节。

5.2.1 人才现状：整体供需平衡，长期存在结构性缺口

随着游戏行业增速放缓，企业的整体招聘需求呈下降趋势。根据伽马数据发布的《2021~2022中国游戏企业研发竞争力报告》，2021年下半年游戏研发人员的社会招聘需求同比下降了23%，与国内市场收入趋势相符。在运营、程序、策划和美术4个岗位类型中，策划的招聘需求下降幅度最大，程序的下降幅度最小。

我们的调研发现（图2-148），六成左右的公司认为目前公司员工供求平衡，但未来三年存在一定人才缺口。其中（图2-149），四成左右的公司认为未来三年公司的人才缺口在公司总体人才的

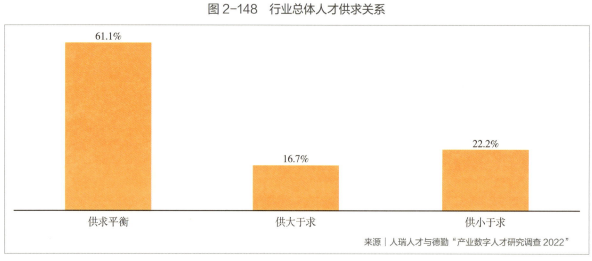

图2-148 行业总体人才供求关系

来源｜人瑞人才与德勤"产业数字人才研究调查2022"

图2-149 未来三年公司整体人才缺口占总体员工人数的比例

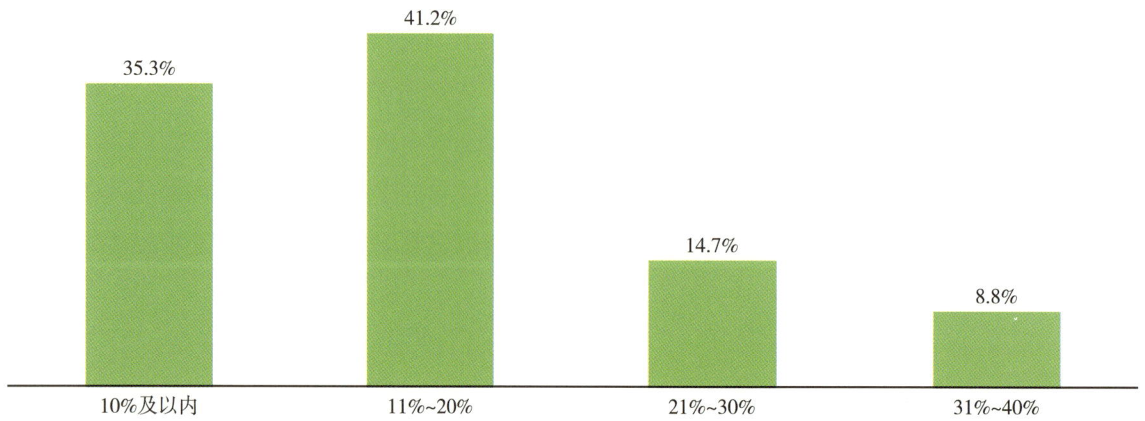

来源｜人瑞人才与德勤"产业数字人才研究调查2022"

11%~20%，超过三分之一的公司认为人才缺口在公司总体人才的 10% 及以内，14.7% 的公司认为公司人才缺口在公司总体人才的 21%~30%。

○ **资深游戏研发人员招聘需求最大**

自主研发能力是决定一款网络游戏能否成功的核心要素，通常国内游戏企业研发人员占企业员工总数的 50% 以上，研发费用占到收入的 15% 以上。游戏精品化趋势使得企业对研发人才的要求越来越复合。技术美术（Technical Artist，简称 TA），懂程序的美术等也是伴随着行业游戏精品化趋势的不断加强、研发团队更加精细化分工的人才要求趋势形成的热门岗位。在精品化游戏方面，普遍因为需要创新玩法，对核心成员的要求较高，对普通职位几乎没有特别需求，即使有普通岗位需求也希望在半饱和市场的情况下寻找到其他公司的高级人才。2021 年在程序、策划和美术三类职位中，3~5 年工作经验的高级研发人员招聘需求最高，需求缺口较大。在游戏精品化的压力下，游戏企业将更注重高级 / 资深游戏研发人员的储备和培养。[①]

○ **拥有成功出海项目经验人才的需求增多**

Sensor Tower 数据显示，2018~2021 年，腾讯游戏出海收入 CAGR（复合年均增长率）为 106%，而米哈游为 156%，三七互娱为 126%，莉莉丝为 125%。在国产游戏出海的背景下，拥有海外运营经验，操盘过知名项目、差异化产品的主策和制作人还是市场上热招的人才。优秀的出海游研发团队是几乎所有游戏大厂追逐的"香饽饽"。头部公司主要通过外延式并购快速扩充海外人才库，如 2021 年字节跳动密集投资了七家与出海相关的游戏公司。

5.2.2　人才挑战：岗位错配、队伍年轻化、中层骨干缺失加剧人才流动

○ **游戏行业同时与其他创意性数字行业争抢人才，包括电影、动画、元宇宙**

在人才争夺中，游戏行业面临其他行业的直接竞争。游戏凭借本身的数字虚拟场景，非常接近元宇宙的形态，游戏行业积累的经验可以直接应用到元宇宙应用软件的开发中，游戏人才也是元宇宙行业人才的主要来源。在当前互联网企业服务行业中，也有大量游戏行业人才流入，物联网应用层中智慧城市的 3D 沉浸式展厅开发、智慧教育的 3D 沉浸式开发和游戏化教学设置，智慧医疗、智慧矿山，以及智慧能源等行业的数字孪生呈现都不同程度借助了游戏技术手段让现实世界在虚拟建模的场景中更加逼真。技术美术所使用的即时渲染图像技术还将服务于电影、特效、动画、游戏，以及沉浸式媒体等整个文娱行业。

○ **核心骨干人才的获取是困扰企业的主要难题，人才断层较显著**

随着行业工业化标准提升，核心骨干人才的获取是游戏企业的主要难题。我们的调研发现（图 2-150），44.8% 的企业认为缺少有行业经验的技术人才，40.6% 的企业认为人才的技能与岗位的匹配度低，33.3% 的企业认为人才总体基数小。目前总体挖角成本高且团队不稳定，新进人才实战经验缺

---

① 伽马数据，德勤研究。

乏会一定程度上影响游戏的品质。游戏因为是创意密集型行业，人才结构呈现倒三角形，中间层和骨干较基层员工多一些。网络游戏行业人群偏年轻化，这也限制了人才池规模，人才队伍断层也更突出。

图 2-150　公司人才招聘挑战

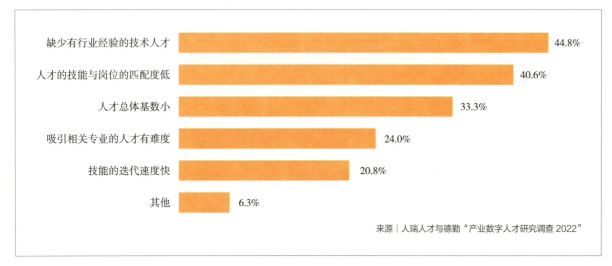

来源｜人瑞人才与德勤"产业数字人才研究调查 2022"

○　**岗位匹配度低、项目周期较短促进了人才的频繁流动**

缺乏岗位盘点，人才留任挑战是游戏企业发展的一大制约因素。我们的调研发现（图 2-151），41.7% 的公司认为需要明确人才类型，39.6% 的公司认为需要思考如何长期留住人才满足人才对于企业的诉求，36.5% 的企业认为需要衡量人才培养的投入产出比。由于高校无对口专业，人才都是跨行而来，人才技能与岗位的匹配度还需要进一步提升。游戏行业的人才处于一个较高的流动频率。《2021 年中国网络游戏行业人才发展报告》也显示，游戏行业的人才流动率为 1.92，人才流动频率较高。网络游戏头部企业及资本针对人才争夺激烈，愿意高薪挖角，促使人才流动频繁。同时，游戏的项目周期根据游戏类型从 3~6 个月到 1~3 年不等，不足以培养人才，使得行业成熟人才始终处于紧缺状态。尽管一些高校开设了游戏设计等相关课程，游戏公司内部也通过项目的方式加大了游戏人才的培育，但是短期内有经验人才紧缺的状况还将持续。

○　**年轻的人才队伍带来更大的代际管理挑战**

游戏行业人才年轻化（图 2-152）需要建立相应的管理措施适应人才的发展需求。我们的调研发现（图 2-153），42.7% 的企业认为人才岗位、职责、流程需要相应地调整，35.4% 的企业认为企业文化需要支持兼收并蓄，培养不同背景人才的团队合作，34.4% 的企业认为需要调整相关的绩效考核标准、允许试错和失败，26.0% 的企业认为企业内部技术人员和业务人员的协同缺乏，26.0% 的企业认为代际管理差异比较明显。大部分游戏工作室未建立人才盘点、人才管理、工作流程等机

制。游戏作为创新型行业，企业需要鼓励多元的文化背景，加强团队协作，允许内部成员试错和
失败。

图 2-151　公司人才培养挑战

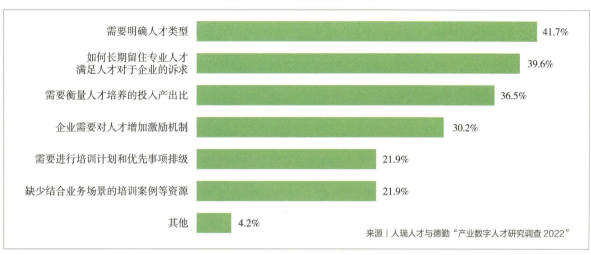

来源｜人瑞人才与德勤"产业数字人才研究调查 2022"

图 2-152　游戏行业年龄分布

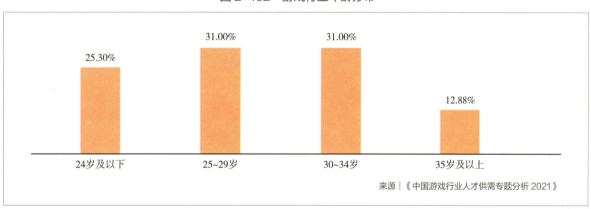

来源｜《中国游戏行业人才供需专题分析 2021》

图 2-153　公司人才管理挑战

来源｜人瑞人才与德勤"产业数字人才研究调查 2022"

○ **高校培养与企业实际工作需求脱节严重**

高校培养与企业实际工作需求脱节问题严重。我们的调研发现（图 2-154），TA 技术美术作为一种新型复合岗位，是应近几年行业呈现精品化趋势出现的游戏岗位，没有出现在教师和学生认为的游戏企业人才缺口中，学校的行业岗位研究中有一定的滞后性。游戏制作人作为游戏团队的核心人物，是游戏公司热招的岗位，对人才的综合能力要求较高，高校教师在培养设置上对于该岗位的重视程度还需要进一步提升。

图 2-154　企业最需要的岗位

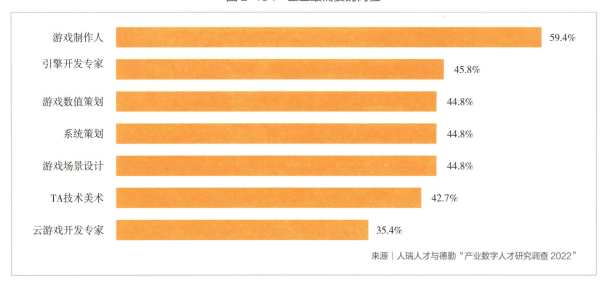

来源 | 人瑞人才与德勤 "产业数字人才研究调查 2022"

游戏企业主要通过校园招聘和游戏项目自行培育所需要的人才，但因第三方教育机构在现有教育体系下运作，教学内容与现有市场需求脱节，导致学员实际操作能力较弱，大多仍然需依赖企业内部培养。建立人才生态链，加强产学研相结合，整合社会企业需求和高校的人才培养方案，将能有效推进游戏行业的持续发展。

5.2.3　人才策略：完善招聘渠道与管理，通过游戏工业化提效率

游戏的精品化趋势驱动游戏内容制作的工业化，涉及研发环节的审美、专业技术、项目管理能力和相关中台的建设（图 2-155）。游戏工业化是通过标准化的生产、管理以及对游戏内容的精确定位实现高效稳定的产出。专业化的分工、标准的管线搭建、高效的团队管理同样在游戏研发、运营等环节中非常重要。游戏中台的建设和人才外包是游戏制作环节的常用策略。

○ **通过游戏中台改变人才组织结构，提升通用产品的复用性**

中台是基于企业资源整合的需要，通过运营模式变革、组织架构调整、IT 架构重构等方式形成的企业级服务复用能力。公司将游戏开发过程中公共和通用的游戏素材和算法整合起来，并结合研发工具和框架体系来构建中台（图 2-156）。当前的大型游戏公司基本都拥有自己的中台，中台可以

提高人效，积累沉淀项目经验和核心技术，打破开发流程及工具的技术壁垒，避免重复建设，从而降低企业经营成本，缩短研发周期。

图 2-155　游戏研发流程分工

来源 | 德勤研究

图 2-156　核心中台部门

引擎部门	技术美术部门	程序框架部门	工程效率部门	AI部门	安全部门
渲染框架，物理算法，动画优化，引擎底层的架构优化	性能预算的执行，美术方向及效果的尝试，美术的培训及一些工作流及工具的制定	实现公用的一些组件，工具及相关SDK，如服务端框架、技能框架	提升研发效率，解决研发流程，CI/CD的搭建与实现，版本控制工具的二次开发，自动化相关的测试与开发	游戏内容生产，自动化测试，游戏AI，AI图形效果提升，AI游戏运维与运营	通用加密，加壳软件的开发，外挂的防护及开展游戏安全相关培训

来源 | 德勤研究

中台岗位有技术、美术、UI/UX、项目管理、IP 文案、音频音效等。企业通过复用中台自研的程序、材质扫描、动作捕捉、场景过程化生成等研发工具，降低人力成本，制定可工业化生产的资产规格标准。这对中台岗位的研发能力、技术专精提出了更高的要求。

○ **游戏工业化趋势推动了人才来源渠道的拓宽和外包等用工模式**

在游戏工业化驱动游戏品质提升的过程中，可以采用多种用工模式。我们的调研发现，招聘网站或猎头是约七成企业的主要招聘媒介，核心技术骨干的招聘相较基层员工更依赖于跨行业挖掘或熟人推荐。在招募渠道上，普遍使用的是传统渠道，还需要根据公司的岗位特征扩充用工模式。通过 AIGC 的方式革新某些工作环节，通过使用外包高效完成精品化内容的输出，例如游戏UI、原画等工作。在游戏爆发时期，通过外包或开源渠道快速地完成整个项目，配合公司的市场推广进度。建立生态合作伙伴，通过合作伙伴来拓展整体的研发团队，提升产出质量，降低人员投入成本。

在游戏工业化驱动游戏品质提升的背景下，选择专业的外包公司无疑是最好的选择。依靠自身行业积累，很多优秀的外包公司形成了一定的技术壁垒，并通过专业的人员管理，可以用更高性价比产出高质量的资源效果。在企业外包的岗位中（图 2-157），程序员、运营、设计师、开发工程师，以及产品经理是企业最常外包的岗位。17.9% 的企业全年在使用外包，一年几次、半年或者 3个月一次的企业均有 6%，4.8% 的企业一个月使用几次。在游戏工业化的推动下，人才外包作为高效拓宽行业人才来源的方式已经成为行业用工的趋势。

图 2-157　企业外包岗位及周期情况

来源 | 人瑞人才与德勤"产业数字人才研究调查 2022"

○ **深化现有校企合作机制，探索更加持续稳定、贴近企业真实需求的合作模式**

现有的校企合作模式还比较传统，我们的调研发现（图 2-158），71.7% 的学校通过实验室、实训基地，70% 的学校通过联合定向委培、开设特定班，66.7% 的学校通过比赛选拔等，51.7% 的学校通过学生到企业实习，43.3% 的学校通过在校招聘会等方式与企业进行校企合作。在现有的合作模式下，校企之间还需要建立长期稳定的多元化合作机制，如企业部分项目以教学的方式与学校师生合作，并且进行相应的指导。行业资深的从业人员定期在高校举办讲座、进行授课，加强学生对于实践能力的培养。校企通过赛事合作，进一步提升学生对于行业的研究热情与实践技能。

图 2-158　校企合作机制

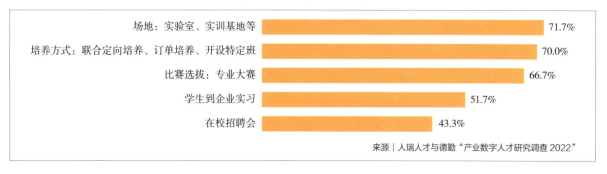

场地：实验室、实训基地等	71.7%
培养方式：联合定向培养、订单培养、开设特定班	70.0%
比赛选拔：专业大赛	66.7%
学生到企业实习	51.7%
在校招聘会	43.3%

来源｜人瑞人才与德勤"产业数字人才研究调查2022"

　　尽管游戏行业的人才处于半饱和状态，但行业对于高端人才、拥有成功海外自研和成功运营经验的人才需求增多，整体行业还处于向长发展的趋势。游戏行业的人才也不仅仅只能选择游戏行业的工作，物联网、元宇宙、电影等行业的人才需求也比较旺盛。在整体行业人才问题的解决方案中，形成一定的策略。针对游戏工业化的诉求，在业务流程专业化和分工精细化后，游戏行业也通过工具化、中台化和外包等多种用工方式来赋能游戏制作流程，催生了人才需求结构的变化，尤其提高了上游游戏研发环节的人才门槛。

5.3　产业链对应企业目标人员结构特点

　　游戏行业基于工业化的行业研发趋势，行业整体的人才需求也随着行业的趋势发生了转变。基于游戏整体行业标准化需求，根据研发、发行及分发、硬件厂商等分别进行目标人员结构（图2-159）的分析和目标人员特点的提炼总结。

图 2-159　产业链对应目标人员结构特点

产业链环节	岗位类型	常见岗位	供需情况
研发	程序	引擎开发工程师、前端开发工程师、后端开发工程师、全栈开发工程师、数据分析师、算法工程师、UE4、U3D、COCOS2D	引擎开发、云游戏、UE4次时代开发（3D游戏）为行业主要增长点，人才紧缺较突出
	美术	3D建模师、3D动画师、TA技术美术、UI/界面设计师、特效设计师、原画师	游戏精品化催生对既懂技术又懂美术人才的需求，而人才供给主要来源于传统设计类人才转型，缺口显著
	策划	游戏制作人、数值策划、系统策划	出海本地化趋势使得拥有海外项目经验、海外投放的人才扩充需求增加
发行及分发	渠道	市场推广、渠道对接	通用型岗位，人才供给来源于互联网平台，未存在明显缺口
	运营	用户运营、活动运营、内容运营、客服	
硬件厂商	产品	硬件工程师、硬件测试、产品经理	随着元宇宙的爆发，有经验的VR/AR硬件工程师非常抢手

来源｜德勤研究

5.3.1 研发：行业整体招聘门槛不高，部分岗位要求具有一定工作经验

研发包括程序、美术、策划等人才，是游戏行业决定内容产出质量的重要岗位人才。行业整体对学历、工作经验要求相对较低，区域分布较平均（图2-160）。

- **学历要求：** 大专及本科学历为主，大专学历占比 39.02%，本科占比 25.87%。
- **工作经验：** 要求相对较低，工作经验不限占比 45.1%，1~3 年占比 32.9%，3~5 年占比 16.9%。
- **专业背景：** 以计算机、软件工程、通信、电子等为主。
- **需求城市：** 一线与新一线城市分布较平均，北京、苏州、深圳、杭州等地占比较高。

图 2-160　研发环节人员结构特点

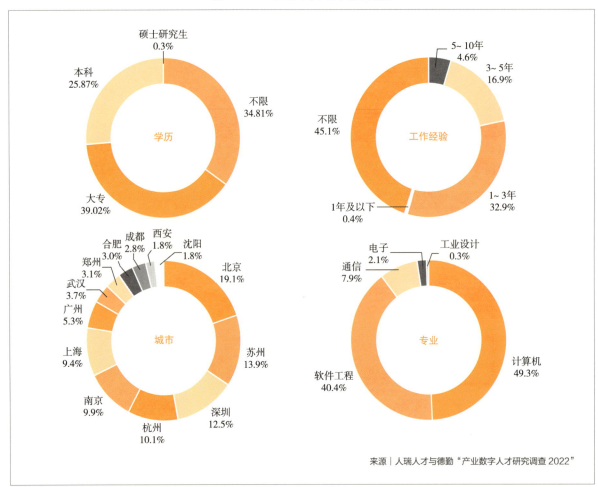

来源｜人瑞人才与德勤"产业数字人才研究调查 2022"

在游戏的核心岗位中（图2-161），程序、策划、美术对工作经验有一定要求，约三分之一的受访企业要求 3~5 年工作经验；对于游戏运营有 1~3 年工作经验的需求占比 26%，且经验不限和 1 年以下（包括无经验）的占比也比较高，岗位门槛更低一些。

图 2-161　2022 年 6~12 月核心游戏岗位招聘经验要求分布情况

来源｜人瑞人才与德勤"产业数字人才研究调查 2022"

5.3.2　发行分发：招聘门槛较低，新一线城市招聘需求旺盛

发行和分发包括渠道、运营等人才，是游戏公司面向用户的人才窗口，对接研发的功能设计和用户需求（图 2-162）。

● **学历要求：** 学历要求较低，65.54% 的岗位无学历要求，大专占比 16.6%，本科占比 9.09%。

● **工作经验：** 要求较低，80.59% 的岗位无工作经验要求，13.16% 的岗位为 1~3 年经验要求。

● **专业背景：** 要求较低，73.7% 不限专业，软件工程占比 16.8%。

● **需求城市：** 以新一线城市为主，成都、武汉、广州、长沙、郑州等城市需求旺盛。

5.3.3　硬件厂商：八成要求本科学历，区域主要集中在制造业基地

硬件厂商是为了提升游戏速度和体验，为游戏在硬件上提升优化的厂商，硬件工程师等相关的岗位类型是硬件厂商的主要需求人才（图 2-163）。

● **学历要求：** 学历要求较高，78.9% 为本科学历，大专占比 18.09%，硕士研究生占比 2.31%。

● **工作经验：** 要求相对较高，3~5 年占比 26.2%，5~10 年占比 28.6%，1~3 年占比 23.9%。

● **专业背景：** 以电子、自动化、软件工程、通信专业为主，电子专业基本接近一半。

● **需求城市：** 苏州、深圳合计占比过半，苏州占比 35.9%，深圳占比 32.5%。

以上可见，在研发环节，企业注重人才的专业技能，对于学历、工作经验等要求较高。在发行

图 2-162　发行环节人员结构特点

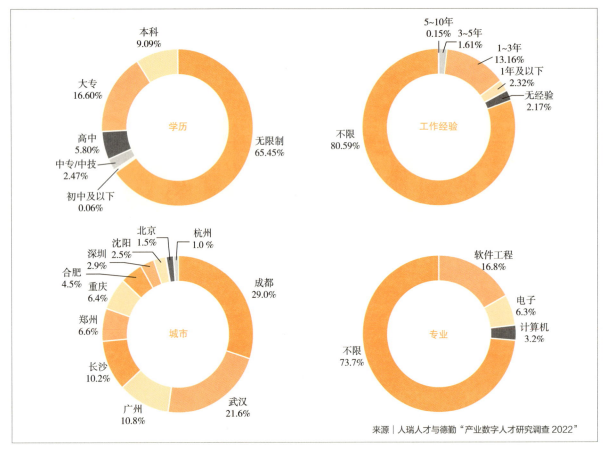

来源 | 人瑞人才与德勤"产业数字人才研究调查 2022"

及分发环节，人才的专业、工作经验、学历要求较低，需求集中在新一线城市。在硬件厂商环节，人才的学历、工作经验要求相对较高，专业要求高。根据行业目标人员的人才特点，我们在下节将进一步分析人才的供需状况，明确急需人才。

5.4　行业紧缺人才的供需状态

游戏作为创意型产业，策划、开发、美术三个岗位为业务核心岗位，决定了游戏的制作效率和分发。能够打破行业天花板，拥有综合业务能力的人才是企业急需的。我们将从区域、公司规模、岗位、技能、薪酬等维度来进一步分析行业紧缺人才的供需状态。

5.4.1　区域：北上广需求最高，薪资水平显著高于其他地区

我们的调研发现（图 2-164），一线城市北京、上海、广州、深圳是主要的人才分布地，北京占比 15%，上海占比 14.5%，广州占比 12.4%，深圳占比 7.3%，薪资也相对较高。成都、佛山、武汉、长沙、合肥等城市人才需求也较为旺盛，佛山、杭州、宁波的薪资较高。

图 2-163 硬件厂商人员结构特点

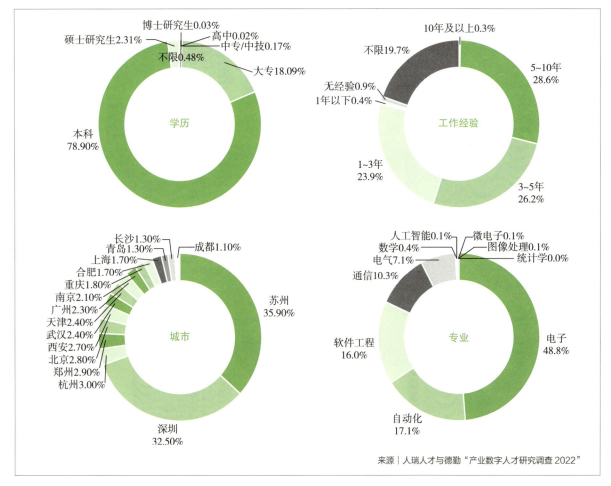

来源｜人瑞人才与德勤"产业数字人才研究调查 2022"

图 2-164 2022 年 6~12 月城市招聘人数和薪资分布

来源｜人瑞人才与德勤"产业数字人才研究调查 2022"

5.4.2　公司规模：游戏工作室为企业主要运营模式，中小规模公司是招聘的主力军

我们的调研发现（图 2-165），公司规模在 20~99 人的招聘需求占比为 31.7%，公司规模在 100~299 人的招聘需求为 21.1%，公司规模在 500~999 人的招聘需求占比为 11.7%。因为游戏公司主要采用工作室模式，公司规模在 20~99 人的招聘需求最多。此外，游戏是创新型行业，行业人才要求在于精度，中小规模的公司占据大多数。

图 2-165　2022 年 6~12 月公司规模对应招聘需求比例

来源｜人瑞人才与德勤"产业数字人才研究调查 2022"

5.4.3　岗位：原画师、游戏推广等岗位热招，游戏精品化催生新型岗位

总体岗位：原画师、游戏推广、游戏运营、Android 开发、3D 设计师岗位热招

我们通过调研发现（图 2-166），原画师、游戏推广、游戏运营、Android 开发、3D 设计师皆为游戏行业的热门岗位。原画师和 U3D 是 3D 游戏常见设计与开发智能。总体游戏行业版号紧缩，用户进入存量时期，游戏推广也是各个公司热招的岗位。随着国产手机的流行和海外 IOS 端买量费用的高涨，Android 开发成了游戏公司精进发力的方向。随着游戏工业化要求标准的提高，游戏的成本投入也越来越大，小游戏可以以更轻量级的方式、更低的成本进行方向尝试，小游戏开发成了 TOP 20 岗位之一。

新型岗位：TA 技术美术、引擎开发专家、UE4 开发专家、云游戏开发专家等岗位紧缺

我们通过调研发现，TA 技术美术、引擎开发专家、UE4 开发专家、云游戏开发专家等新型岗位是游戏行业热门的紧缺岗位类型。面对游戏精品化带来的压力，游戏公司需要尝试新技术并利用技术升级推进产品革新。UE4 引擎开发的移动游戏可以增加产品的竞争力，即使用 PBR 等技术大幅提升游戏画面效果的同时，也可以针对中低端设备进行多方面适配，在产品端做到扬长避短。目前，网络游戏已出现多端融合的趋势，跨平台的内容制作开发将成为现阶段游戏产品生产的一种重要方

式，云游戏的时代已经到来。云原生游戏业务，需要游戏工业化的人才具备虚幻引擎的使用能力，引擎开发专家、云游戏开发专家成为热招职位类型。在游戏制作方面，精品化趋势使得技术人员也需要同时具有较好的审美能力。

图 2-166　游戏行业 TOP 10 热招岗位

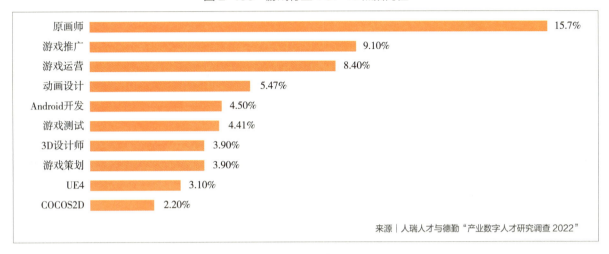

5.4.4　技能：基本计算机语言技能为 Java、C++、C 语言

我们通过调研发现（图 2-167），游戏开发类职位，对于 Java、C++、C 语言、Linux 的语言要求较高，游戏设计类职位对于 PhotoShop、手绘、3DMax、AI、UI 系统的掌握度要求较高，未来学校教育培训及求职者在职业准备阶段可以多扎实相关的技能。

图 2-167　游戏设计、开发类职位 TOP 8 任职技能

	设计类职位	开发类职位
1	PhotoShop	Java
2	手绘	C++
3	3DMax	C语言
4	AI	Linux命令
5	UI系统	MySQL
6	Maya	HTTP
7	Flash	JS
8	3DSMax	HTML

来源｜德勤研究

143

游戏开发除了需要精通 Java、C++、C 语言等基本技能语言，还需要根据不同的业务场景掌握不同类型游戏所对应的技能要求，如 3D 手游还需要掌握 U3D、UE4 等开发技能。游戏美术也需要拓宽自己的美术技能来适应游戏公司不同类型游戏的设计尝试。伴随着游戏精品化的需求，从业人员需要不断加强技能的学习。

5.4.5 薪资：平均薪酬水平远超互联网，1~3 年行业经验薪酬提升幅度最快

我们通过调研发现（图 2-168），一年以下（包括无经验）和经验不限的岗位类型薪资偏低，薪酬水平在要求 1~3 年工作经验方面有较大提升。同时，与互联网行业不同年限的平均薪酬（图 2-169）进行对比，游戏行业不同年限的平均薪资水平远远超过互联网行业的平均薪酬水平。

图 2-168 2022 年 6~12 月游戏行业不同年限的平均薪酬（单位：元 / 月）

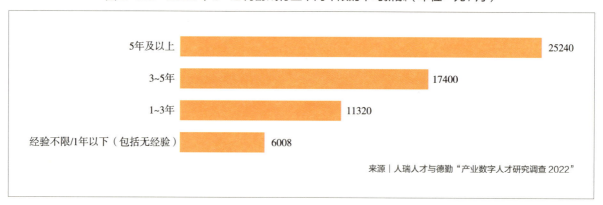

来源｜人瑞人才与德勤"产业数字人才研究调查 2022"

图 2-169 2022 年 6~12 月互联网行业不同年限的平均薪酬（单位：元 / 月）

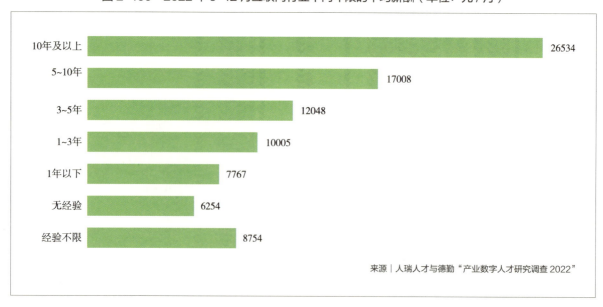

来源｜人瑞人才与德勤"产业数字人才研究调查 2022"

在行业的人才供需中，一线城市占据主要来源，新一线城市的需求也在崛起。因为游戏行业大多以工作室的运营模式为主，中小微企业的需求更为旺盛。原画师、游戏推广等岗位较热，随着游戏精品化的趋势，TA 技术美术、引擎开发专家等也有不小的需求。游戏开发需要精通 Java、C++、C 语言，游戏设计需要精通 Photoshop、手绘、3DMax。整体薪酬远超互联网行业，1~3 年工作经验的薪酬提升幅度最快。根据人才的供需情况，以下进一步搭建模型，分析关键人才的胜任力模型。

5.5　关键数字人才及其胜任力模型

综合考虑企业当前招聘岗位的数量分布、薪酬水平，以及不同类型岗位人才紧缺度、行业特征等多重因素，本节选取游戏原画师、TA 技术美术、引擎开发、UE4，以及 COCOS2D 五类关键岗位，基于调研数据凝练其能力指标，搭建胜任力模型。

图 2-170　行业热招岗位与缺口岗位对比

来源 | 人瑞人才与德勤"产业数字人才研究调查 2022"

5.5.1　游戏原画师

相关岗位： 原画角色设计师、原画场景设计师、美术概念设计师、美术宣传插画师。

岗位职责： 游戏原画师根据游戏策划进行游戏设计，包括游戏里面的人物、怪物、建筑物、服装、道具、环境、关卡等。

图 2-171 游戏原画师关键特征

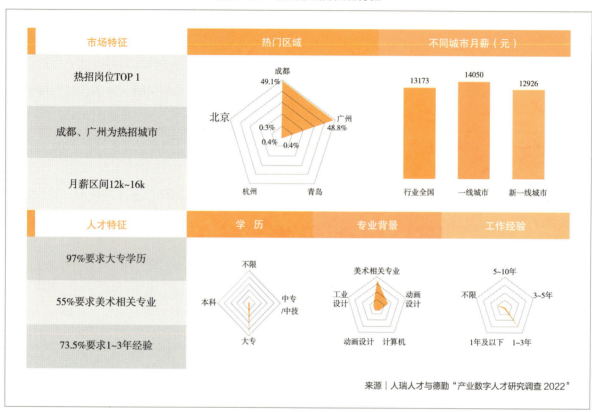

图 2-172 游戏原画师胜任力模型

5.5.2 游戏 TA 技术美术

相关岗位： TA、技术美术、TA 技术美术专家。

岗位职责： 负责美术与程序之间的沟通，配合实现美术效果，解决艺术蓝图设计与实际技术执行的问题，提高画面整体表现力。

图 2-173 游戏 TA 技术美术关键特征

来源｜人瑞人才与德勤"产业数字人才研究调查 2022"

图 2-174 游戏 TA 技术美术胜任力模型

来源｜人瑞人才与德勤研究

5.5.3　游戏引擎开发

相关岗位： 游戏引擎开发、游戏引擎工程师、游戏引擎高级工程师、游戏引擎专家。

岗位职责： 对游戏引擎进行开发，或者基于现有引擎，对现有引擎功能进行扩展开发。

图 2-175　游戏引擎开发关键特征

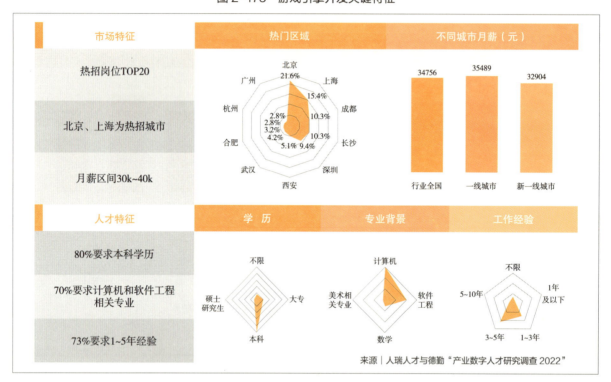

图 2-176　游戏引擎开发胜任力模型

5.5.4　游戏 UE4

相关岗位： UE4 开发、UE4 工程师、UE4 高级开发工程师、UE4 技术专家。

岗位职责： 利用 Unreal Engine 软件，在游戏、影视、舞台设计、建筑设计、城市规划、情景模拟等领域进行设计可视化内容开发与维护。

图 2-177　游戏 UE4 关键特征

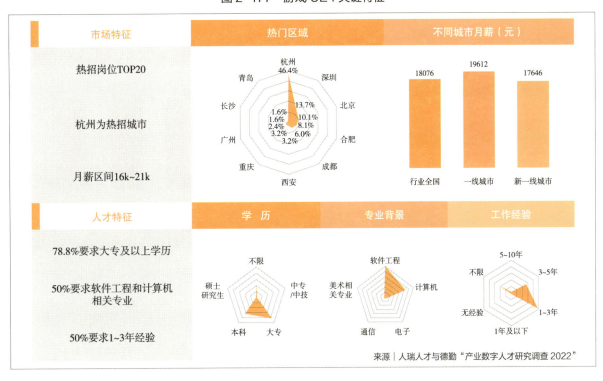

图 2-178　游戏 UE4 设计师胜任力模型

5.5.5 游戏 COCOS2D

相关岗位： COCOS2D 游戏开发、COCOS2D、COCOS2D 开发工程师、COCOS2D 高级开发工程师、COCOS2D 专家。

岗位职责： 基于 COCOS 引擎，进行 2D 游戏的开发、游戏界面的详细设计和游戏实现。

图 2-179 游戏 COCOS2D 关键特征

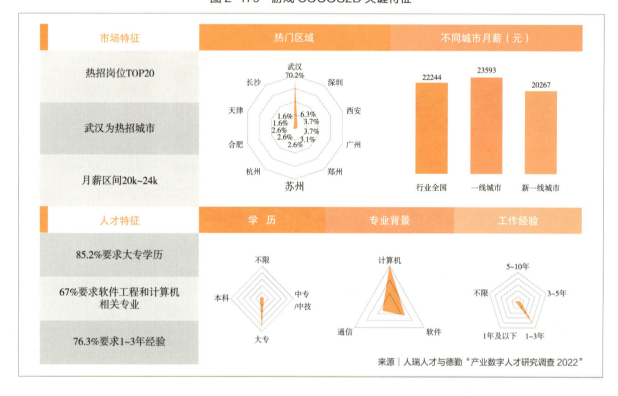

图 2-180 游戏 COCOS2D 胜任力模型

在游戏关键人才的胜任力模型中，人才学历以本科及专科为主，Unity、C 等数字技能是关键人才的必备技能。设计类岗位普遍要求美术相关专业，开发岗位要求计算机、软件工程等相关专业。软性技能中，沟通能力、跨部门协作能力及学习能力则为必备技能。在游戏行业关键人才的岗位需求中，绝大部分的设置条件为大专及以上学历。学历并不是游戏行业企业招聘的必要门槛设置条件，其更看重人才的专业实践能力。

5.6　最佳实践案例解析

创新是游戏企业的核心竞争力，人才又是创新的主体。创新是研发的难点，一方面成本较高，风险较大；另一方面创新的方向需要与用户需求高度吻合，不易把握，但拥有人才就有了创新的制高地。我们选取了某成熟型游戏公司的产品布局及人才策略、某新势力国产精品化游戏公司的公司战略及人才策略，以及某创业型游戏公司的出海布局及人才策略来进一步展示不同阶段的企业在整体市场环境下的人才策略。

5.6.1　某成熟型游戏公司的产品布局及人才策略

○　**企业背景：代表国产 3D 游戏的领先水平**

某成熟型游戏公司一直将自研作为鲜明标识，位于 A 股游戏厂商中研发投入第一梯队，在很长一段时间内代表着国产 3D 游戏的领先水平。

○　**痛点：市场收缩、版号冻结，业绩下滑**

伴随着市场收紧、版号冻结，某成熟型游戏公司没有非常强势的热门产品，2021 上半年出现其成立历史上最差的半年报。在"内容为王、技术驱动"的核心理念下，该公司根据游戏研发趋势，围绕游戏研发的多个领域进行了布局，同时，该公司积极优化海外业务，调整海外布局，从业务端和人才端发力，实现了逆势增长。

○　**举措：构建全新的 IP 生态，优化人员配置**

亮点 1：增加研发费用，构建全新 IP 生态体系

该公司将研发费用同比增加 25% 用于持续鼓励创新、推动精品化，积累了大量精品在研项目。在题材、玩法和技术中不断创新，令多款 IP 持续焕发活力，更好地满足用户对游戏品质越来越高的要求。游戏类型布局开启了全新篇章，涵盖 MMO、二次元、卡牌、JRPG、叙事解谜等多种游戏类型，覆盖了目前市场上大部分的主流赛道，从深耕 MMO 到多元化布局。公司旗下奇幻、魔幻、仙侠、武侠四大旗舰 IP 产品矩阵再添新成员，持续拓展全球市场。在玩法设计中，加入元素系统、法宝系统等使其玩法更为丰富，并在市场回合制 RPG 品类中保持较强的竞争力。在新游的开发中，通过 PBR2.0 及 HDR 高动态范围自发光技术，使得整体画质及光影效果得到显著提升。同时，该公司采用虚幻引擎 4 打造的两款技术型创新产品，即体现技术实力新高度的端游和开启云原生游戏时代的手游，效果大超业界预期。

亮点 2：优化人员配置，制定新的人才储备、培养、招聘和管理策略

公司基于整体的市场环境，将研发团队主力集中在两个相对大的方向上：相对传统的 MMO 和 "MMO+" 方向及偏向年轻用户的多人开放世界和卡牌类型。为了保证公司后期沿着现有战略快速发展，公司制定了最新的人才储备、培养、招聘和管理战略。在人才储备方面，该公司根据未来趋势，布局以年轻化人才、技术型人才、海外型人才为主。在手游和主机平台游戏上，该公司继续选用业内精尖人才，做长周期、精品化的研发，保证质量，同时坚持游戏商公认的方向：追逐新技术——主要是招聘 5G、云计算、VR 等专业的人才来提高用户体验、改变产业各环节现有模式，创造出新的红利。在人才培养方面，该公司形成了较成熟的产学研一体模式，由业内资深从业者教学，学生在实际项目中学习、成长，既可直接养成最贴合当下产业的业务能力，也能用最新的案例经验做学术研究。在人才管理方面，该公司采用 "项目中心 + 工作室" 的团队架构，既实现了 "端转手" MMORPG 游戏研发优势的持续深化，又保证了新品类研发的灵活性，给公司带来了研发产量和质量的双重优势。同时，该公司重新梳理了海外游戏业务，优化人员结构，出售部分欧美子公司，在竞争中发挥出了人才和资源的集中优势。

○ **成效：在游戏行业整体下行的情况下实现逆势增长**

该成熟型游戏公司通过持续提升游戏研发和运营能力，从而盈利能力获得提升，在游戏行业整体下行的情况下，实现逆势增长。财报显示，该公司 2022 年前三季度实现营收同比增长 80.26%，增长超行业水平。该公司聚焦创意内容打造和体验提升，2022 年推出了某颇受好评的 2.0 版本手游，被行业认为设定了一个品质标准，该手游一经推出吸引了大量玩家回归，流水逆势上涨，最高取得国内 iOS 游戏畅销榜第四名的好成绩。该公司上线的另一款手游，以扎实的产品力及开拓性的运营思路，获得国内 iOS 游戏畅销榜第六名，在近 30 个国家和地区拿下 iOS 游戏畅销榜 TOP10。该公司不仅在研发端验证了潮流化与多元化赛道的开拓能力，而且在出海方面也验证了公司具备真正产出全球化产品的能力。

5.6.2 某新势力国产精品化游戏公司的公司战略及人才策略

○ **企业背景：拿到天使投资后，年营收超过 1 亿元**

某新势力国产精品化游戏公司成立于 2011 年，公司拿到天使投资后开发出了某一款 ACG 类型的末日丧尸题材的萌系横版射击游戏，该产品被国内大量二次元玩家熟知与喜爱，也让该公司在 2014 年年营业收入超过 1 亿元。

○ **痛点：在大厂林立的竞争环境中，提升工业化能力突围**

在游戏运营平台方面，行业中腾讯、网易、完美世界、游族、蓝港互娱、搜狐畅游等游戏平台占据了较大的市场份额，大型平台的竞争优势明显。其作为行业的新进入者，虽然取得了一定成绩，积累了一定的现金流，但如何在大厂林立的市场环境中进行突破是困扰该游戏公司的一个问题。在拥挤的赛道中突围，需要游戏厂商做出更大的创新与差异化，以及对优质内容更好的表达。该公司重视研发能力的投入与提升，进一步提升工业化的研发能力，并设定了标准化、工具化、自动化、平台化、智能化五个阶段目标，试图在游戏流量大厂中凭借精品化游戏突围。

- 举措：重视研发能力的投入和提升，研运一体，成立全球办公室，管理扁平化

亮点1：该公司从战略侧重视研发能力的投入与提升，在招聘方面走"精英"路线，高薪吸引人才

工业化的最终结果是能够大批量稳定生产高质量的游戏产品。先进的技术实力是互联网文化企业发展的根本动力，而技术的发展依托于企业持续的研发投入。公司自成立以来一直重视研发投入，经过多年的发展，研发出大量的移动游戏技术，积累了"PostFX""AnimeFX""3D 动画分层上色技术"，以及"基于 s-expr 的数据驱动逻辑技术"等一系列核心技术，使得公司产品在画面渲染、数据处理速度、系统架构设计上处于行业领先地位。公司在招人方面走"精英"路线，偏好招聘学历较高的专业性人才，同时公司还注重研发人员的工作实践经历——公司研发团队中的骨干人员，大部分具备知名互联网企业的工作经验。公司研发团队除传统程序、美术等研发人才外，还包括 IP 创作人员——主要负责为现有 IP 创作内容，增强现有 IP 的生命力。为招聘到优秀的人才，该公司为头部人才开出的价码处在行业的第一梯队。比如在大厂，对标腾讯 12 级以上员工的薪资会有相当一部分来自股票，且上限要取决于具体项目；而该公司的 Offer 一般是纯现金，且由于产品数量较少，成功项目的比例较高，最后的薪资数字也往往更为可观。目前，该公司有员工 4000 人，大多来自世界顶尖高校和知名科技公司。社招层面，该公司不仅引入国内顶尖游戏人才，也同步高薪引进海外人才。

亮点2：创作精品游戏的研发策略，坚持研运一体的策略

该公司从 ACG 产业视角立项，注重以 IP 构建为核心的研发方式，用强大的内容包装表达能力，打造原创游戏 IP，凭借深度洞察新世代用户需求，通过高水准的工业化研发实力，创新性地开发支持多平台的系列化、具有文化内核的内容型游戏，去撬动全球用户中最大的用户圈层，建立高黏性、高活跃度的 IP 文化生态圈。该公司拥有领先市场的游戏设计理念，新产品立项前需要广泛地进行市场调研，深入了解市场最新的研发动态和目标用户的心理需求，公司在产品设计过程中在技术水平、玩法设计等方面均力求做到领先市场现有的产品，确保产品上线时能在同类产品中保持竞争优势。产品运营层面，公司采用研发运营一体化的游戏经营策略。研发运营一体化是公司一直坚持的游戏产品经营策略，保证公司可以第一时间掌握游戏玩家的需求动向，开发适应市场变化的游戏产品，符合产品精品化的要求，同时降低开发与运营环节间的沟通成本和配合失误的风险。

亮点3：贴近市场的企业文化，管理扁平化注重产品

该公司的核心企业文化为 ACG 文化，从基层员工到高管团队，公司大部分员工既是 ACG 文化的创作者，也是 ACG 文化的消费者。公司重视员工对 ACG 文化的认同感，使得公司团队年轻且富有活力、创造力，更易接纳新鲜事物。公司员工会愿意为自己所热爱的文化倾注更大的热情和精力，在工作中发挥更大的创造力。同时，对 ACG 文化的热爱有助于员工深层次理解用户的感受，创作出更符合 ACG 用户需求的优秀作品。该公司使用扁平化的管理方式，除组长这一相对较高层级的位置之外，其他人属于公司的一线员工，有问题可以直接到别人的工位进行对接，这种直接对接的工作方

式有利于保证工作输出的质量，让员工之间的相处更加平等。随着公司规模的壮大，该公司依然坚持扁平化管理，鼓励一线人员做决定，注重产品能力大于管理能力。

亮点 4：成立全球办公室，让游戏工业化更进一步

为了根据各地用户产品使用习惯，定制不同的游戏内容，以及不同的游戏客户端版本，该公司推行更为深度的本地化出海策略，成立全球办公室，组建深度的本地化团队。该公司已在日本、韩国、加拿大建设了分部，未来将进一步扩充已有分部的团队规模。新加坡办公室将作为全球发行和运营的关键枢纽，整合日本、韩国、加拿大（蒙特利尔）等全球资源为游戏开发提供技术支持，增强该公司对于海外事务的调控、统筹。在新加坡总部可知的招聘岗位涵盖游戏研发、工程师、市场商务、产品、企划、职能、专案管理等方向，这让该公司的游戏工业化道路更进一步。

亮点 5：完善内部培养机制，帮助校招生快速获得能力提升

该公司通过不断完善内部培养机制，为员工提供有竞争力且公平的薪酬体系和培养发展体系，培养员工对公司的认同感，实现公司与员工的共同发展。该公司采用多重激励考核机制以吸引和留住人才，对于有突出贡献的员工，公司会给予激励。根据该公司 2022 年校招生报告，00 后们正在该公司的团队中崭露头角，出生年份为 1990~1994 年的占比为 4.5%，95 后占比为 73.2%，00 后占比为 22.3%。学历方面，本科占比 43.0%，硕士研究生占比 54.2%，博士研究生占比 2.0%，其他占比 0.8%，硕士研究生学历占比最高。该公司为校招生准备了 1 对 1 辅导、定制课程、实践的系统化培训，帮助校招生快速获得专业提升。

○ 成效：营收晋升至行业 TOP3，成为国家文化出口重点企业

该公司旗下的工业化产品上线两周年，全球收入已达到了 260 亿元，也在营收上晋升至行业 TOP3。目前，该公司已成为全球知名的 ACG 文化企业，入围 2021~2022 年度国家文化出口重点企业，荣获中国互联网百强企业、中国游戏企业十强等荣誉，旗下产品入围 2021~2022 年度国家文化出口重点项目。在该公司旗下的工业化产品之前的数年间，国产手游市场虽然不断扩大，但在技术和创新上，却趋向于停滞。一方面，由于行业的马太效应正在加剧，许多小型工作室被大厂并购，人才流向大厂，独立工作室举步维艰；另一方面，大厂在新游戏的立项上更不愿意冒险，会参考某玩法下的老游戏运营情况、预计流水，在投入上也会精打细算。国产厂商也开始从该游戏的成功中惊醒，开始考虑精品化道路，进一步拔高游戏行业的平均线。该游戏也让世界顶级游戏公司看到了中国工业化的品质，目前该公司已经申请韩国游戏产业协会（韩国本土的游戏监管组织，同时也是韩国国际游戏展会 G-Star 的主办单位）的普通会员席位，未来将作为中国文化走出去的代表，以进一步提升我国的文化软实力。

5.6.3　某创业型游戏公司的出海布局及人才策略

○ 企业背景：某出海创业型公司发展稳定，文化出海取得了不错的成绩

某创业型游戏公司成立于 2018 年，研发运营团队总计约 70 人，公司主要是面向海外，在东南亚和中东地区发行休闲社交游戏。前几年公司的发展比较稳定，打造出几款爆款产品，公司的营收也比较稳定，在文化出海方面获取得了不错的成绩。

○ **痛点：出海竞争不断加剧，公司营收和人才构建受到冲击**

受国内新冠肺炎疫情、政策收缩、版号发放受限等因素的影响，除了常规的头部游戏公司加大布局海外业务，中小游戏公司也开始考虑海外市场作为新的增长曲线或产品的爆发点，海外市场的竞争也不断加剧。在细分游戏领域赛道方面，国外出海游戏公司以同类型游戏换皮、强运营等方式切入海外竞争，或者是以质量更佳的精品游戏来入局海外围剿；在本地化人才层面，出海的游戏公司也在抢"具有出海经验的专业人才"，加剧了海外人才的竞争。国内层面，尽管基于前几年的积累营收还比较稳定，但是国内出海竞争的加剧，竞品公司和后续出海公司对于出海人才的争夺也一定程度上影响着该公司整体人才的构建。

○ **举措：人才储备建立产品护城河，规范公司的运作流程**

针对内外部的市场竞争环境，根据公司的战略定位，该公司决定进一步提升游戏的工业化水平，从策划、美术、技术和运营层面提高自己在海外市场的核心竞争力。在产品层面，进一步探索海外用户感兴趣的精品内容游戏方向，通过市场调研，确认研究方向并加大投入。鉴于国内整体游戏行业人才处于半饱和状态，在整体市场环境下也差异化去挖取一些具有垂直领域游戏深耕的策略专家以提升公司的核心竞争力，进行人才梯队的建设，增加产品拓展方向的相关人才，建立产品护城河。在技术及策划层面，该公司根据目前市场行情，引进了一些优秀的中层骨干人才，进一步提升公司整体的研发实力，也为后续产品矩阵进一步拓展做人才储备。在运营层面，该公司规范整体的运营流程，增加相关人员的招聘，以老带新和培训的方式扩大人才的选择范围。在日常的工作中，该公司引入分布式导入和打包，以及自动化测试等工作模式。在日常的协作中，该公司通过项目管理系统来追踪产品的需求清单和任务进度，通过 OKR 管理系统来跟进目标完成度，同时增加项目分红的激励措施，建立创业公司"分享"的企业文化。

○ **成效：团队打造出新的爆款产品，减小竞争对手围剿的压力**

通过一系列措施，该公司在后续创业试错的过程中，引入策略专家与中层骨干团队的整体配合打造出了新的海外爆款游戏，产品在美国、东南亚等市场都有非常好的反馈，初步占领了一定的市场份额。在团队建设方面，该公司因为搭建起相对完整的培养与激励措施，员工的稳定性增强，在海外人才的争夺中后续基本没有核心关键岗位人员的流动。同时，新引入的垂直领域游戏的深耕策略专家和中层骨干也完善了公司整体的工作模式和工作质量规范要求，进一步优化了以前在海外占有市场份额的爆款游戏，整体提升了公司的产品质量和变现能力，减小了竞争对手围剿的压力。

6. 元宇宙行业及人才策略

6.1 产业方向和应用场景、产业链

元宇宙是运用数字技术构建的、由现实世界映射并可与现实世界交互的数字生活空间。随着物

理世界数字化的不断深入，消费元宇宙与产业元宇宙将成为互联网发展的趋势和方向。元宇宙如何赋能实体经济，走出以虚促实的中国路径，成了新一轮科技革命和产业革命的战略要点。目前，元宇宙仍处于基础设施向研究为主的阶段，引擎与算力方面正不断进行技术突破。元宇宙作为未来互联网行业的底层突破性技术行业，必将给产业和数字经济发展做出贡献。

6.1.1 产业现状：中国处于起步阶段，先进底层技术支撑产业链

从发展历程来看，目前元宇宙正处于行业的起步阶段。 德勤认为元宇宙包括萌芽阶段、起步阶段、成熟阶段、终局阶段四个发展阶段（图 2-181）。目前，我国在元宇宙相关领域已经具有一定数字化和虚拟化尝试的基础，不同行业逐渐形成各个独立的元宇宙，可认为是进入了起步阶段，并呈现分散化、单行业、多中心、小生态的阶段特征。此阶段在技术布局上，需要实现平台基础设施与关键连接设备的开发，如 XR 设备；在应用开发上，仍然主要以具体热门行业的应用功能实现为主。

图 2-181　元宇宙发展阶段

先进底层技术是元宇宙实现的基础。 元宇宙在极高的算力基础上通过终端入口与使用者进行连接，进而形成交互体验，最终为消费端、行业端、政府端提供服务。这一完整的流程涉及元宇宙产业链（图 2-182）的基础设施层、核心层，以及应用服务层。其中基础设施层，主要提供算力支持，实现数据实时传输；核心层负责提供虚拟世界入口，实现沉浸式交互体验；应用服务层则用来实现广泛对传统行业赋能。从技术层次来看，基础设施层与核心层贯穿着先进的底层技术。

图 2-182　元宇宙产业链图谱

应用服务层	消费端应用服务		行业端应用服务		政府端应用服务	
	数字人	数字货币	虚拟工厂	虚拟医疗	民事诉讼	公共设施预定
	虚拟社交	虚拟办公	虚拟课堂	数据交易	投资洽谈	市长办公室
	虚拟主播	虚拟游戏	BIM/CIM地图服务		城市规划	急救中心
	非同质化代币（NFT）		沉浸式乐园	……	信访咨询	……
	虚拟地产	……				

核心层	终端入口		时空生成		交互体验	
	芯片	VR/AR/MR/XR终端	操作系统	开发引擎	动作捕捉	眼动追踪
	显示器件		3D建模	实时渲染	语音交互	力反馈
	传感器		数字孪生	导航定位	即时定位与地图构建（SLAM）	
	光学模组	车载/工控/教育/医疗等行业终端	产业平台		脑机接口	空间音频
	手机/PC/电视		游戏平台	社交平台	虚拟社会架构	
	可穿戴设备		办公平台	交易平台	安全体系	信用体系
			融媒体平台		道德伦理	意识形态

基础设施层	通信网络基础设施		算力基础设施		新技术基础设施	
	5G/6G网络	物联网	数据中心	智能计算中心	云计算	区块链
	工业互联网	卫星互联网	边缘计算	分布式储存	人工智能	

来源｜德勤研究

6.1.2　竞争格局：巨头企业全面布局，新创业企业取得局部优势

元宇宙完整的产业链需要掌握先进技术和丰富资源的龙头企业的参与，同时这也为中小企业带来了机遇。从参与者的背景来看，元宇宙的主要参与者（图 2-183）可以分为互联网厂商、硬件技术厂商、软件技术厂商，以及新创业者。

大型互联网和科技企业通过现有技术积累快速布局初级应用，同时通过投资或并购来触及原先未涉及领域。 互联网厂商如 Meta、Google、百度、腾讯、字节跳动等往往已经拥有元宇宙所需的多项技术，同时具备庞大的用户基础。软件技术厂商的代表为 Microsoft，目前已经在元宇宙感知及显示层、应用层、平台层、网络层均有布局，未来将与互联网厂商产生激烈竞争。硬件技术厂商以英伟达为代表，为元宇宙的底层技术提供了有力支持，其推出的模拟和协作平台 Omniverse 为元宇宙的建立提供了基础。投资和并购是这些巨头企业快速布局的常用手段，Meta 收购多家 VR 游戏开发商，布局消费元宇宙；字节跳动收购 VR 厂商 Pico，并投资拥有社交游戏的元宇宙概念公司代码乾坤，增强其硬件和应用层能力。

新创业公司专注细分领域，取得局部市场的先发优势。 如双深科技立足高压缩比的 AI 编解码算法，提供芯片解决方案；影眸科技致力于超写实虚拟形象的生成与应用，能够对人脸进行精密扫描。这些新创业企业为局部场景提供了解决方案，能够对巨头企业的空白领域予以补充。

图 2-183　元宇宙主要玩家类型分布

来源丨德勤白皮书《元宇宙综观——愿景、技术和应对》

6.1.3　趋势展望：将与更多传统行业产生结合点，内容运营型人才的重要性将提升

产业元宇宙、消费元宇宙与传统行业的融合将持续深入。对于产业元宇宙而言，未来能够产生结合点的行业包括能源、农业、地产等行业。在能源行业，元宇宙可以帮助电力工作人员进行沉浸式电力设备巡检，智能前端设备能够显示经过后台计算处理的结果，为现场工作人员的实际操作提供指引，从而大大提高电力抢修效率。在农业领域，元宇宙可以在数字空间中复刻并控制现实世界的生产因素，为农业科研实验提供实验环境，进而完成作物生长状态的高精度模拟。在地产行业，元宇宙提供了数字化展厅，使地产宣传达到更好的效果，让消费者感受到沉浸式购房体验。对于消费元宇宙来说，艺术、文旅都是元宇宙未来能够赋能的领域。在艺术领域，元宇宙使虚拟展览、交互电影成为可能。在文旅行业，元宇宙使游客能够打破时间和空间限制，随时随地游览景点，同时还能带来减少碳排放、减少文物损坏的益处。

元宇宙基础设施成熟后，内容运营型人才的重要性将逐步显现。由于元宇宙目前处于起步阶段，整体行业将会重点围绕基础设施、开发工具两大部分要素实现布局。基础设施奠定了元宇宙生态构建的基本技术框架和关键设备，在实现底层技术和开发者工具的突破后，行业未来将进一步在产品应用和生态运营方面发力，通过优质的内容和创意吸引使用者，以应对愈发激烈的市场竞争。

现阶段，元宇宙是近年来十分热门的新兴产业。一方面，在几家巨头对产业产生显著引领作用的背景下，许多中小企业也试图尽早入局，建立先动者优势，新兴岗位不断涌现，形成巨大的人才需求；另一方面，元宇宙本身是一大批现有技术的集成，对人才的专业能力要求较高，劳动力无法及时转移至这一产业进行补充。因此，我们迫切需要明确元宇宙产业人才应具备的能力，进而给出相应对策。

6.2 行业人才现状、挑战及策略

元宇宙行业目前呈现技术、平台、终端、基础设施共同发展的状态。无论是技术、市场，还是政策，都逐渐形成合力，积极推动元宇宙走向成熟。元宇宙从长远发展来看，最关键的还是人才，人才是最核心要素，只有引进、培养顶尖人才，发挥出人才科研创新能力，才能在元宇宙赛道上不被技术所累。

6.2.1 人才现状：人才缺口较大，创新型复合人才需求量大

○ **行业人才存在供小于求现象，人才缺口较大**

元宇宙作为新兴行业，总体人才缺口相对较大。调研发现（图2-184），46.7%的企业认为目前元宇宙行业的人才供小于求，33.3%的企业认为目前元宇宙行业的人才供大于求，20.0%的企业认为目前元宇宙行业的人才供求平衡。由于元宇宙在起步阶段，相关探索的企业一部分是原互联网大型企业，另一部分是行业新锐创业者。行业应用人才的相当大部分是从其他领域转型从事元宇宙研究，专业对口的人才相对匮乏，市场对于人才的需求迅速提升导致人才供小于求。同时调研显示未来三年元宇宙人才缺口较大，26.7%的企业认为其人才缺口占整体员工数的50%以上。各企业均计划进一步扩展人才，会比较积极地招聘才人。

图2-184 总体人才供求关系

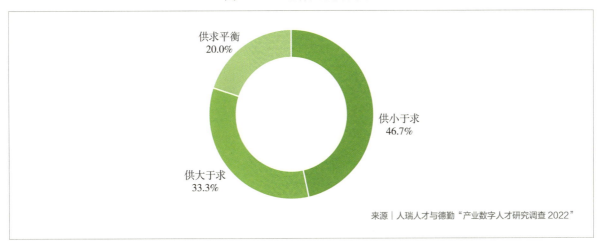

来源｜人瑞人才与德勤"产业数字人才研究调查2022"

○ **行业发展仍需科研突破，创新复合人才需求更多**

从元宇宙产业长期发展来看，整个产业链环节的人才都全面参与并且进行科研突破。根据当前元宇宙行业企业赛道的特点，我们总结出目前行业人才对于关键技术的需求类别较多（图2-185），

包括仿真交互技术、人工智能、创造 / 互动平台、区块链技术、网络及运算技术等，行业人才来源广，创新型复合能力要求高。

图 2-185　元宇宙场景 / 特征对应的技术群

元宇宙特征	关键技术	角色	细分技术		
沉浸体验、高仿真	仿真交互技术	通往元宇宙的路径 虚实界面	XR		全息影像技术
			脑机交互技术		传感技术
实时运营、多维互动	人工智能	算法支持 内容生产	机器学习	计算机视觉	数字孪生
			智能语音	自然语言处理	
高效内容生产	创作/互动平台	最直观呈现方式 虚实界面	游戏引擎		3D引擎
			实时渲染		数字孪生
身份和规则	区块链技术（含NFT）	元宇宙的核心密码 身份和认证机制	分布式存储	共识机制	数据传输及验证机制
			分布式账本	时间戳技术	
保障大规模 用户持续在线	网络及运算技术	基础支持 网络环境+数据处理	5G/6G技术		边缘计算
			云计算		物联网技术

来源 | 德勤研究

元宇宙与其他新型行业一样，在前期探索的过程中行业人才也制约了整个行业的发展，需要解决企业内部的招聘、管理和人才培养的问题以及行业本身发展所存在的问题。

6.2.2　人才挑战：人才招聘、培养、管理存在多重挑战

○ **缺乏具有行业经验的技术人才，技能迭代速度快**

元宇宙作为新兴行业，极度缺乏有行业从业经验的人才。调研发现（图 2-186），近 50% 的企业认为缺少有行业经验的技术人才，36.2% 的企业认为技能的迭代速度快。这反映出作为起步阶段的元宇宙其行业直接经验相关的人才相对偏少，同时在企业进行产品创新的过程中，技能的迭代速度比较快。在整体人才的标准还没有制定的情况下，人才技能与岗位匹配度相对较低。此外，从数字时代跨入元宇宙时代是一个巨大的飞跃，不少相关人才仍在观望行业走势。

○ **相关业务场景结合的商业化落地案例缺乏，需要根据梯队建设全盘考核人才培养投入产出比**

元宇宙行业从业人员新近参与到本行业研究，缺乏成熟的人才培养模式。调研发现（图 2-187），40.4% 的企业认为缺少结合业务场景的培训案例等资源，38.3% 的企业认为需要衡量人才

图 2-186　公司人才招聘挑战

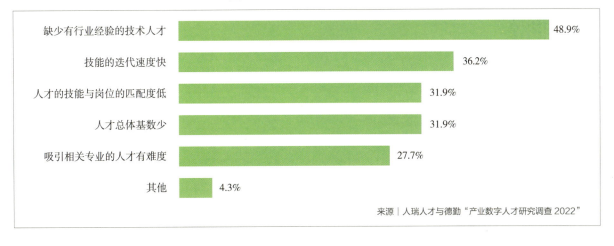

缺少有行业经验的技术人才　48.9%
技能的迭代速度快　36.2%
人才的技能与岗位的匹配度低　31.9%
人才总体基数少　31.9%
吸引相关专业的人才有难度　27.7%
其他　4.3%

来源｜人瑞人才与德勤"产业数字人才研究调查 2022"

培养的投入产出比，可以看到整个行业对于商业化的成功案例项目积累经验还不够丰富，缺少相关的培训案例。另外，对于处在行业探索阶段的企业来说，行业人才标准画像还没有建立，人才类型和岗位的定义还不是非常明确，人才投入产出比也需要考量。行业前瞻性概念的落地需要一个迭代的过程，面对同行或者其他行业高薪的诱惑，如何长期留住人才也是一个主要问题。

图 2-187　公司人才培养挑战

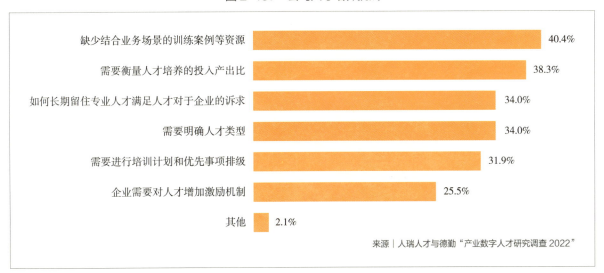

缺少结合业务场景的训练案例等资源　40.4%
需要衡量人才培养的投入产出比　38.3%
如何长期留住专业人才满足人才对于企业的诉求　34.0%
需要明确人才类型　34.0%
需要进行培训计划和优先事项排级　31.9%
企业需要对人才增加激励机制　25.5%
其他　2.1%

来源｜人瑞人才与德勤"产业数字人才研究调查 2022"

○　**企业还未建立多元并包的企业文化、柔性调整绩效考核标准鼓励员工创新试错**

作为新兴行业人才来源背景差异较大，还需加强企业文化建设。调研发现（图 2-188），36.2% 的企业认为代理管理差异明显，需要增加对于 85 后至 00 后等新一代的管理模式；34.0% 的企业认为企业需要具有兼容并蓄的文化，培养不同背景人才的团队合作。企业需要建立包容合作的企业文化，行业的研发突破更要鼓励企业人员进行创新试错，并柔性调整相关的绩效考核标准。

161

图 2-188   公司人才管理挑战

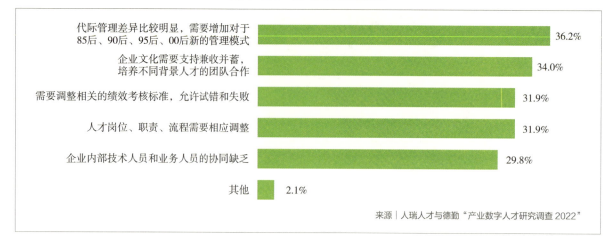

代际管理差异比较明显，需要增加对于
85后、90后、95后、00后新的管理模式   36.2%

企业文化需要支持兼收并蓄，
培养不同背景人才的团队合作   34.0%

需要调整相关的绩效考核标准，允许试错和失败   31.9%

人才岗位、职责、流程需要相应调整   31.9%

企业内部技术人员和业务人员的协同缺乏   29.8%

其他   2.1%

来源｜人瑞人才与德勤"产业数字人才研究调查 2022"

○   **行业探索期人才处于观望状态，转移动力不足**

因元宇宙行业处于探索期，行业对于科技创新型人才的要求比较高，同时匹配人才较少。大多数择业人员其实更倾向量级更大、更稳定的产业，以获得更高的报酬。此外，行业前期还没有成功落地的商业化案例，尽管有一部分探索者进入元宇宙行业进行相关的研究，但是大部分人员还处于观望状态（图 2-189），希望等到行业成熟度更高的时候来加入行业，分享行业带来的红利。

图 2-189   对元宇宙行业的顾虑

感觉技术型人才需求较多，普通人难以入行   70.3%

很多概念虚无缥缈，难以落地   56.4%

发展不稳定，可能出现资金链断裂、发不起工资
等情况   46.2%

比较担心数字资产、数据等安全性   28.6%

头部大厂高薪挖人才，可能会卷走
中小企业中的佼佼者，影响行业整体发展   24.4%

来源｜智联招聘《2022 元宇宙行业人才发展报告》

6.2.3   人才策略：拓宽人才渠道与来源，完善产学研结合

针对元宇宙行业所面临的人才问题，德勤也初步进行了前期的研究，提出了若干关于企业、学校和政府社会共同的努力可以助力行业的长期可持续发展的策略。

○ **游戏等相关职业的迁移，增加激励措施**

相关行业的人才迁移，可以在一定程度上减少人才缺口。调研发现（图 2-190），目前元宇宙人才缺口最多的岗位类型为：元宇宙产品经理、3D 建模师、元宇宙建设工程师、元宇宙捏脸师、技术美术等，这些岗位大部分来源于游戏行业。在骨干人才的招募上，可以从相邻的游戏行业挖掘，增加对于人才的吸引和激励措施。

图 2-190　元宇宙企业技术人才缺口

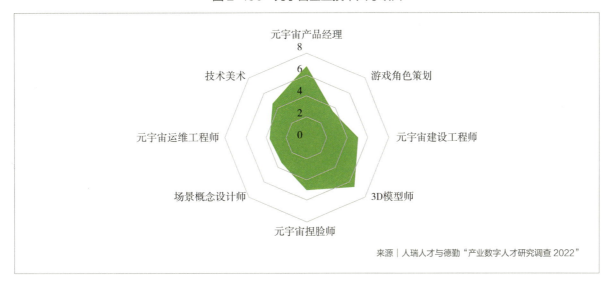

来源｜人瑞人才与德勤"产业数字人才研究调查 2022"

○ **产学研相结合，增加培训教育**

充分贯通企业与高校的人才信息交流，加强培训教育促进产业人才发展。校园招聘对于基层员工招聘来说是一个占比相对较高的渠道，但是目前元宇宙方向的就业生占比较少，因此需要增加企业与学校的联动机制。目前各地政府都在积极布局元宇宙，强调产学研的充分调动，以元宇宙产业园等方式进一步扩充人才的渠道，鼓励地方产业和人才的发展。同时，社会上的培训机构也可以增加元宇宙行业的技能培训，进一步扩宽基层员工的用工来源渠道。

元宇宙行业目前呈现技术、平台、终端、基础设施共同发展的状态。当前，国家与各地均推出了扶持元宇宙产业的举措，加快元宇宙布局与技术融合创新发展，在产业的推动下人才问题将得到进一步缓解。

○ **新型行业的企业需要进一步提升管理能力，并加强人才的复合型能力培养**

新型行业需要进一步完善企业人才管理，并加强人才的复合型能力培养。从调研数据中我们发现（图 2-192），元宇宙行业的企业大多属于新兴企业，针对技术人员提升管理能力的需求更多，并且企业还面临着产品商业化落地的需求，因此企业对人才能力的需求也更加复合，需要技术型人才也懂商务与运营。

图 2-191 公司通过哪些渠道扩充核心技术骨干和通过哪些渠道扩充基层员工

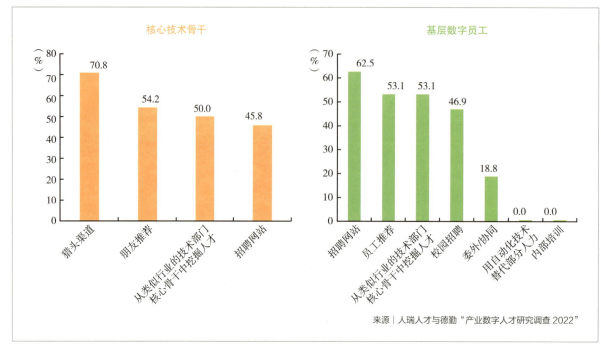

图 2-192 企业对于人才能力培养的看法

○ **建立开放包容的多元企业文化，增加人才盘点**

元宇宙大部分从业企业属于大公司新建部门以从事元宇宙研究或者新型创业公司进行创新。这些企业普遍因为成立不久，还没有建立完整的管理机制，同时，企业人才的背景差异大，存在一定的代际和文化差异，因此需要开拓更加紧密的合作模式，创建开放包容的多元企业文化。同时，这些企业也需要增加人才盘点，进一步明确企业岗位职责和规范工作流程，以更加扁平化的方式增加员工互相协作。

元宇宙作为新型热门行业，总体人才缺口较大，行业长期突破性发展还需要进一步加强人才建设，扩展人才渠道，完善产学研结合联动，增加培训教育，加强人才盘点与企业文化建设；根据人才需求，总结人才结构特点，方便对于行业人才问题进行进一步深化研究。

6.3 产业链对应企业的目标人员结构特点

元宇宙行业的全面突破还需要基础设施层、核心层、应用服务层人才的全面突破（图 2-193）。目前在行业前期的探索阶段，因为行业总体人才缺口较大，人才来源较广，还未建立完备的人才体系，总结企业目标人员结构特点为进一步识别人才提供相关的研究支持。

图 2-193　元宇宙产业链各环节所需人才

产业环节	基础设施层	核心层	应用服务层
组成内容	包括通信网络基础设施、算力基础设施、新技术基础设施等维度	包括终端入口、时空生成、交互体验等维度	包括消费端应用服务、行业段应用服务、政府端应用服务等维度
实现功能	提供算力支持，实现数据实时传输	提供虚拟世界入口，实现沉浸式交互体验	实现广泛对传统行业赋能
所需人才	通信研发工程师、通信技术工程师、无线/射频通信工程师、区块链算法等通信网络人才和基础设施人才	VR/AR工程师、U3D设计师与开发者、游戏建模与架构师传感器研发工程师等行业研发人才和交互体验人才	产品运营、产品营销、公私域管理、售前售后服务等政府、企业和消费者三方向拓展和服务人才

来源｜德勤研究

6.3.1 基础设施层人才结构特点

基础设施层人才以通信网络人才、算力基础设施人才、新技术基础设施人才为主。

○ **基础设施层人才经验要求较低，学历要求集中在本科及大专**

● **学历要求：**集中在本科及大专，本科占比超过 30.2%，大专占比 30%。

● **工作经验：**工作经验要求普遍较低，工作经验不限占比过半，1 年以下经验占比过一成。

● **专业背景：**以计算机、电子、软件工程、信息工程为主。

● **需求城市：**新一线城市更为集中，以东莞、武汉、郑州、成都、深圳为主。

图 2-194　基础设施层人才结构特点

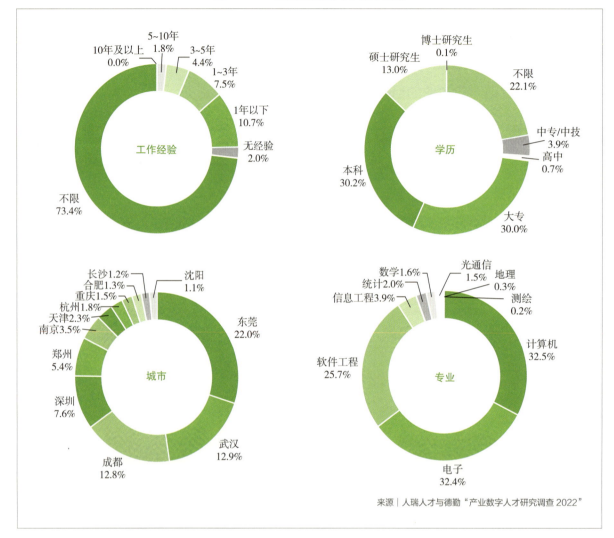

来源｜人瑞人才与德勤"产业数字人才研究调查 2022"

6.3.2　核心层人才结构特点

核心层人才以终端入口向人才、时空生成向人才、产业平台向人才、交互体验向人才和虚拟社会架构人才为主。

- ○ **核心层人才经验、学历要求较高，专业以计算机，电子等为主**
- ● **学历要求：** 学历要求较高，本科学历占比 78.8%，大专占比 18.1%。
- ● **工作经验：** 工作经验要求较高，5~10 年占比 28.5%，3~5 年占比 26.2%，1~3 年占比 23.9%。
- ● **专业背景：** 专业以计算机、电子、自动化及电气为主。
- ● **需求城市：** 深圳与苏州分布占据绝大多数，深圳占比 32.5%，苏州占比 35.9%。

图 2-195 核心层人才结构特点

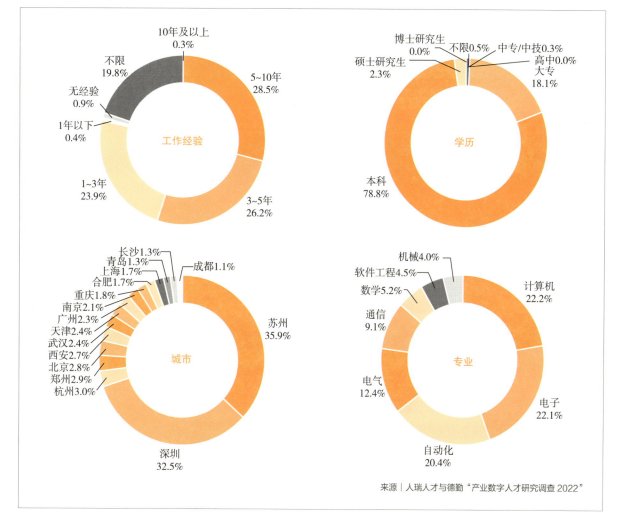

○ **AR/VR 核心层人才招聘需求占比较高，总体岗位大量人才来自游戏行业**

元宇宙行业对 AR/VR 的人才需求旺盛，游戏行业是元宇宙人才最大的来源。调研发现（图 2-196），AR/VR 岗位需求占比为 52.3%，超过总体岗位需求的一半。元宇宙社交、游戏领域作为应用探索，也在资本市场有较高的热点，岗位需求也相对较多。不仅元宇宙游戏中人才的需求比较大，在总体行业的人才缺口中（图 2-197），元宇宙产品经理、3D 建模师、元宇宙捏脸师、元宇宙建设工程师等岗位需求比较旺盛，总体岗位人才来源相当大的比例来自游戏行业。

图 2-196　2022 年 6~12 月国内元宇宙企业细分领域招聘占比

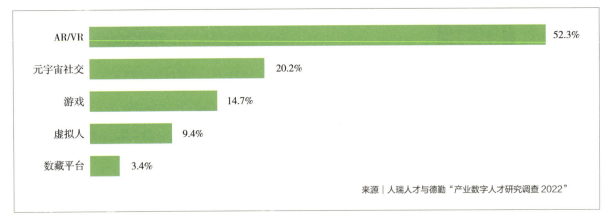

来源 | 人瑞人才与德勤"产业数字人才研究调查 2022"

图 2-197　元宇宙企业人才缺口

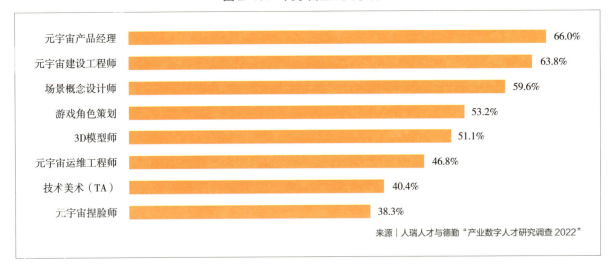

来源 | 人瑞人才与德勤"产业数字人才研究调查 2022"

6.3.3　应用服务层人才结构特点

应用服务层人才以消费端应用人才、行业端应用人才及政府端应用人才为主。

- ○ **应用服务层人才工作经验，学历要求相对较低，一线城市和新一线城市平均分布**
- ● **学历要求：**学历要求相对较低，学历不限占 36.5%，大专占比 38.8%，本科占比 24.4%。
- ● **工作经验：**工作经验要求相对较低，工作经验不限占比 47.2%，1~3 年占比 31.6%，3~5 年占比 16.4%。
- ● **专业背景：**专业以计算机、美术、软件工程、图形学为主。
- ● **需求城市：**一线城市与新一线城市分布平均，苏州占比 16.3%，北京占比 15.3%。

图2-198　应用服务层人才结构特点

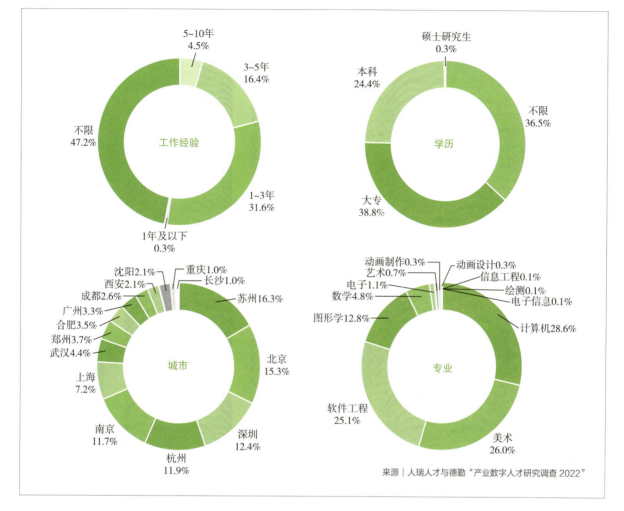

来源｜人瑞人才与德勤"产业数字人才研究调查2022"

6.3.4　行业总体：核心层、应用服务层中行业占比高，企业高薪招聘人才

○ **计算机软件、互联网、通信／网络设备、电子／半导体／集成电路行业领跑当前元宇宙布局**

核心层、应用服务层中行业占比较高，基础层也有一定的布局。调研发现（图2-199），计算机软件行业占比28.2%，互联网占比23.8%，通信／网络设备占比10.6%，电子／半导体／集成电路占比9.2%。进行岗位招聘的元宇宙企业在核心层、应用服务层的需求占比非常高，整体互联网企业还在核心层、应用服务层探索。同时，基础层也有相当高的比例，基础设施向研究的企业已经发力布局元宇宙，相信行业的未来会取得进一步突破。同时，人工智能、运营商／增值服务、计算机硬件、游戏等领域人才需求也非常旺盛，在营销、在校教育，以及工业互联网方面也有一定的人才需求。

图 2-199 2022 年 6~12 月岗位行业分布

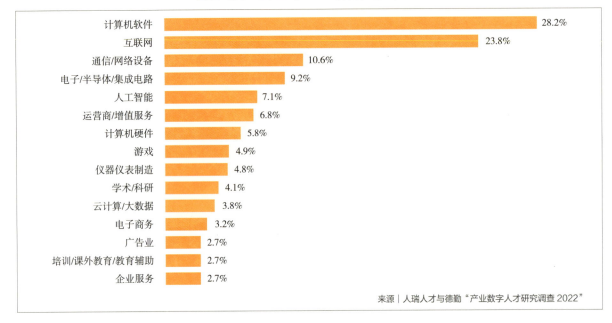

计算机软件 28.2%
互联网 23.8%
通信/网络设备 10.6%
电子/半导体/集成电路 9.2%
人工智能 7.1%
运营商/增值服务 6.8%
计算机硬件 5.8%
游戏 4.9%
仪器仪表制造 4.8%
学术/科研 4.1%
云计算/大数据 3.8%
电子商务 3.2%
广告业 2.7%
培训/课外教育/教育辅助 2.7%
企业服务 2.7%

来源 | 人瑞人才与德勤"产业数字人才研究调查 2022"

○ **元宇宙行业企业类型所对应的平均薪资高于互联网行业，头部企业在招聘中更有优势**

元宇宙行业薪资整体较高，布局企业都在高薪抢人。调研发现（图 2-200），元宇宙整体行业企业类型所对应的平均薪资高于互联网行业的企业类型所对应的平均薪资。头部企业在招聘中具有薪酬优势，更容易吸引到行业人才，同时，中小微企业也在加薪抢人。

图 2-200 2022 年 6~12 月元宇宙不同类型企业平均薪资（单位：元/月）

互联网　元宇宙

中小微企业 12023 / 15994
普通企业 13284 / 18158
头部企业 14815 / 18088

来源 | 人瑞人才与德勤"产业数字人才研究调查 2022"

元宇宙属于互联网行业的下一代颠覆式升级，人才总体上的薪酬远远高于互联网平均水平，头部企业在招聘中更有优势。招聘企业在基础层、核心层、应用服务层都有发力。基础层人才经验要求较低，学历要求集中在本科及大专；核心层人才经验、学历要求较高，专业以计算机、电子等为主；应用服务层人才工作经验、学历要求相对较低，一线和新一线城市平均分布。下一节将根据行业特征，进行人才的供需状况研究，进一步识别行业紧缺人才。

6.4 行业紧缺人才的供需状态

元宇宙作为仍处于起步阶段的新兴行业，数字人才处于多多益善的发展状况。本节内容将从区域分布、岗位类别、岗位供给等方面来进一步研究元宇宙行业紧缺人才的供需状态。

6.4.1 区域分布：新一线城市职位发布数量多

北京、上海、深圳、广州等地职位需求旺盛，同时新一线城市在各个地方政府的引导下积极投入元宇宙研究，人才缺口较大。我们的调研发现（图2-201），西安、杭州、武汉、南宁等新一线城市在政策的指导和推动下对于元宇宙人才的岗位需求相对旺盛。

图 2-201　2022 年 6~12 月城市职位招聘占比

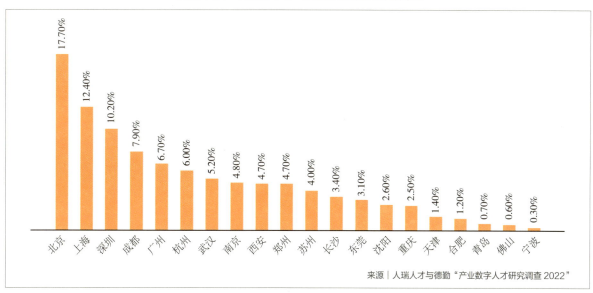

来源｜人瑞人才与德勤"产业数字人才研究调查 2022"

6.4.2 岗位类别：硬件方面通信算法工程师紧缺，设计方面 3D 设计师紧缺

行业人才在硬件方面缺乏算法类人才，在应用设计领域 3D 设计师类缺口较大。调研发现（图2-202），在 TOP20 热招岗位中，通信工程师的占比为 16.2%，反映了社会企业在基础设施层面突破对于人才的需求比较大。VR/AR 相对其他很多岗位来说门槛更高，涉及图形图像、输入算法、交互、光学等尖端领域。算法是 VR/AR 设备感知外界和定位交互的核心技术，因此在 VR/AR 中的算法工程师的需求旺盛。同时，游戏、虚拟人、元宇宙社交领域都对游戏 / 设计人才需求高，如 U3D（游戏开发引擎）、游戏设计开发、3D 设计师等。Java、C++ 等传统技能也排名前列，底层技术的通用性使行业适用性比较强。机器视觉、图像识别等人工智能岗位也在支持元宇宙行业的发展，技术岗对求职者的要求不仅仅限于编程、算法等技能，还需要熟悉更多的开发环境。

图 2-202 2022 年 6~12 月 TOP20 热招岗位

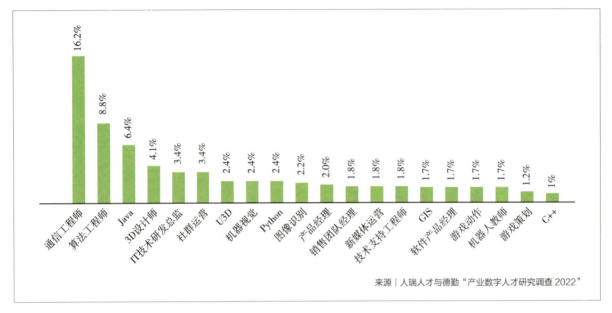

来源｜人瑞人才与德勤"产业数字人才研究调查 2022"

6.4.3 研发类岗位招聘量大，供给相对不足

根据元宇宙相关岗位的人才供需情况（图 2-203），2022 年 1~7 月元宇宙岗位总体竞争指数为 50，即平均每个岗位收到 50 份简历。产品、运营岗位的人才竞争较为激烈，竞争指数分别为 61.7、64.7，人才供给相对充足；研发岗位人才竞争相对比较温和，竞争指数为 23.1，人才供给相对紧缺。可见技术门槛高的岗位人才供给不足，技术门槛低的岗位人才竞争相对激烈。

图 2-203 2022 元宇宙 5 大类岗位人才供需情况

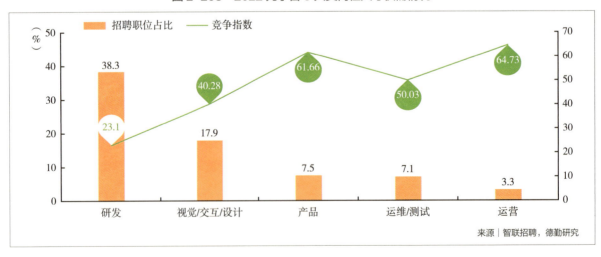

来源｜智联招聘，德勤研究

从区域分布看，新一线城市受到政府支持，人才需求较为旺盛。从岗位类别看，硬件方面算法工程师紧缺，设计方面 3D 设计师也紧缺。从岗位技能来看，C/C++、Unity3D（U3D）是研发岗位

热需技能，3DMax、Maya、UE4 是设计岗位热需技能。根据热门岗位的供需状况，下节我们将提取相关信息搭建关键数字人才胜任力模型。

6.5 关键数字人才及其胜任力模型

综合考虑企业当前招聘岗位的数量分布、薪酬水平以及不同类型岗位人才紧缺度、行业特征等多重因素，本报告选取元宇宙 U3D 设计师、元宇宙 U3D 开发者、GIS 、通信工程师，以及动画设计五类关键岗位（图 2-204），基于调研数据凝练其能力指标，搭建胜任力模型。

图 2-204 关键数字人才及其能力模型关键驱动因素

岗位	建模理由
U3D设计师	热招TOP20岗位，行业总体关键设计岗位
U3D开发者	热招TOP10岗位，行业总体关键开发岗位
GIS	热招TOP20岗位，时空生成关键开发岗位
通信工程师	热招TOP1岗位，基础建设层关键开发岗位
动画设计师	热招TOP20岗位，应用服务层关键开发岗位

来源｜德勤研究

6.5.1 元宇宙 U3D 设计师

相关岗位： U3D 设计师、U3D 高级设计师、U3D 美术设计师、U3D 特效设计师。

岗位职责： 根据策划和设定制作所需的 3D 资源（场景、特效等），在把握整体风格的前提下根据原画设计稿进行 3D 建模，负责模型的贴图绘制和渲染出图，适当地后期处理一些通用场景素材的收集、制作和整理。

图 2-205 元宇宙 U3D 设计师关键特征

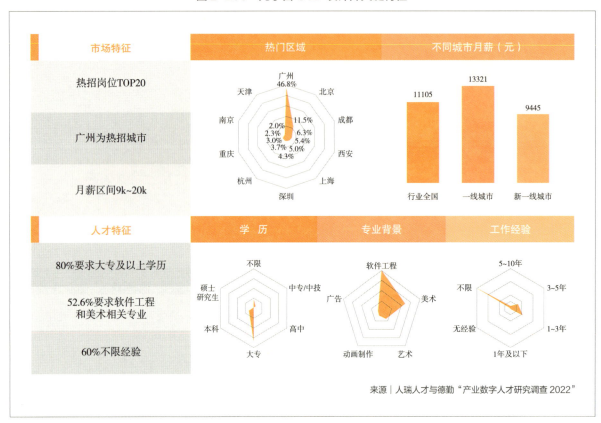

来源｜人瑞人才与德勤"产业数字人才研究调查 2022"

图 2-206 元宇宙 3D 设计师胜任力模型

来源｜人瑞人才与德勤研究

6.5.2 元宇宙 U3D 开发者

相关岗位： U3D 程序开发工程师、U3D 开发、Unity 3D 开发、U3D 软件开发工程师、U3D 游戏开发工程师、Unity 开发工程师。

岗位职责： 使用 Unity3D 引擎开发 Android 或 iOS 平台游戏，根据需求负责游戏中各功能模块的设计及实现，根据需求负责 Unity3D 相关插件、编辑器的开发及扩展。

图 2-207　元宇宙 U3D 开发者关键特征

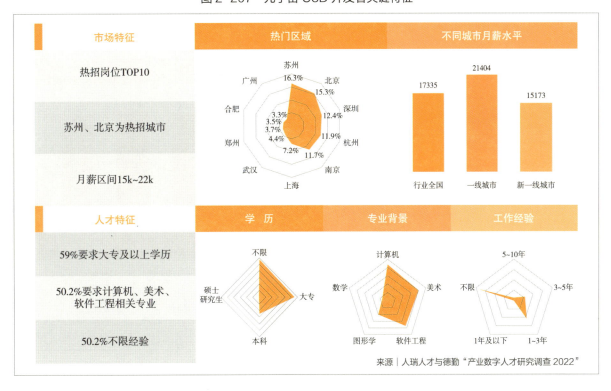

来源｜人瑞人才与德勤"产业数字人才研究调查 2022"

图 2-208　元宇宙 U3D 开发者胜任力模型

来源｜人瑞人才与德勤研究

6.5.3　元宇宙 GIS 岗位

相关岗位： 地图数据工程师、WebGIS 开发、GIS 交付工程师、GIS 工程师、测绘内业工程师、测绘外业工程师、GIS 数据处理工程师。

岗位职责： 通过地图的形式展现空间位置和空间数据。GIS 技术包括数据接入、处理、存储、编辑、制图、分析、出图等流程，但是随着时代的发展和技术的迭代，GIS 在原生技术的基础之上又融合了很多先进技术，如云计算 GIS、大数据 GIS、AI GIS、三维 GIS、AR GIS、区块链 GIS、5G GIS。

图 2-209　元宇宙 GIS 关键能力

图 2-210　元宇宙 GIS 胜任力模型

6.5.4 元宇宙通信工程师

相关岗位： 通信研发工程师、通信工程师、通信技术工程师、无线通信工程师。

岗位职责： 利用通信技术，为用户打造沉浸感、低延迟、随时随地的使用体验；不断完善无线通信网络技术，在高性能通信网络的加持下，提升虚拟空间中的研发、巡检、质检、操作等场景体验。

图 2-211 元宇宙通信工程师关键特征

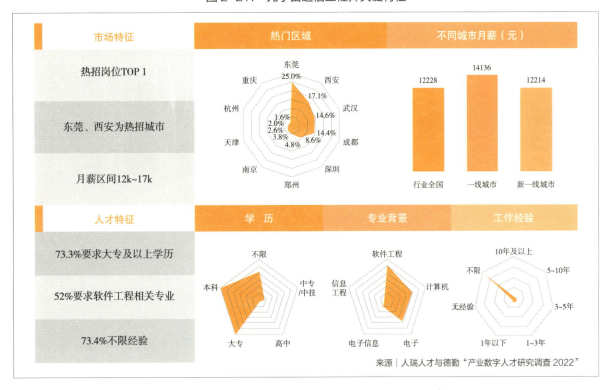

来源 | 人瑞人才与德勤"产业数字人才研究调查 2022"

图 2-212 元宇宙通信工程师胜任力模型

来源 | 人瑞人才与德勤研究

6.5.5 元宇宙动画设计师

相关岗位：动画 3D 设计师、Flash 动画师、影视动画师、角色动画师、次世代游戏动画师、动画模型设计师、游戏动画设计师、二维动画设计师。

岗位职责：熟悉图形/图像制作环境，精通国际流行的图形/图像制作工具，并熟练地运用它们独立地实现创意者的意图，完成所需要图形/图像的制作，以及排版、作品输出等任务。

图 2-213 元宇宙动画设计关键特征

图 2-214 元宇宙动画设计胜任力模型

178

从市场需求来看，元宇宙行业的关键人才需求大，薪资水平高，在每月 1 万 ~2.2 万元的水平。用人方普遍要求大专学历，大多数岗位不限工作经验，专业包容度高，相对较为青睐软件工程专业背景。软性技能方面要求具备良好沟通能力，能够进行内部沟通和跨部门沟通。数字技能方面，要求具备扎实的编程技术，至少掌握 C、Java、C++ 等其中一门语言。

6.6　最佳实践案例解析

6.6.1　某头部游戏公司在元宇宙产业的布局和人才策略

○　**企业背景：国内最早进入游戏行业的公司，希望成为行业颠覆的引领者**

某公司是国内最早进入游戏行业的公司，在自主研发领域和精品化领域具有自己的优势。该公司一方面从游戏工业化入手提升目前的产品质量，另一方面希望通过切入元宇宙赛道，让元宇宙不仅成为公司新的增长点，同时也变为行业颠覆的引领者，带动下一代互联网产业的升级。

○　**痛点：行业竞争的激烈中，寻找新的增长点**

过去几年中，因为智能手机的快速普及，游戏玩家的数量也在飞速增长，有效地带动了游戏市场的销售额。但是随着人口红利的逐渐消失，全球的游戏厂商们，都进入存量战争了，同时新势力国产游戏公司也通过精品化游戏在国内国外与该公司竞争。因为游戏是未来元宇宙最早最成熟的领域，该公司在元宇宙布局方面具备行业内的先天优势，其希望元宇宙成为公司新的增长点。

○　**举措：进行原有人才和管理结构的转化升级，以产业园、投资、合作伙伴等方式扩展影响**

亮点 1：产学研相结合带动行业的发展，双创孵化体系推动人才聚集。该公司在某城市设立总部，建设该城市元宇宙产业基地项目，基地旨在通过与政府、高校合作，推动该地文创产业的发展，打造集互联网技术开发、数字化内容生产、数字化版权运营和数字化产品输出为一体的国际化数字新文创中心。该公司通过发挥双创孵化体系作用，带动上下游关联企业和合作伙伴落地，加速形成产业集聚和规模示范效应，推动文创科技人才集聚，通过人才聚集进一步带动本地元宇宙产业的发展。同时，该公司与高校开展深度合作，成立产业学院，展开人才培养、科研创新、产学融合相关的探索，进一步分享其在智慧教育、公开课、成人教育等方面的人才培养经验，与高校一起基于人的共同发展和提升，深度培养一批元宇宙产业发展中急需的游戏、音乐、视频、AI 等人才，将产业学院打造成具有行业示范意义的标杆样本。

亮点 2：以投资的方式拓宽产业布局，成立新型业务部门高薪招聘人才。在元宇宙产业内容端，该公司投资了 VR 游戏、AR 游戏、互动电影式游戏等领域。在 VR 技术相关的领域，该公司投资了 VR 流媒体直播公司、VR 设备厂商，以及人工智能建模公司。在虚拟人方向，该公司投资了虚拟人生态公司、虚拟形象技术公司、虚拟社交平台、打造虚拟交互式演唱会的美国直播公司、虚拟时尚研发商。同时，该公司成立了区块链部门，目前其业务已覆盖至元宇宙 NFT 平台、区块链＋游戏、数字版权等方向。目前该公司正在以高薪招募相关人才，百万年薪起步。

亮点 3：进行原有人才和管理结构的转化升级，建立合作伙伴生态提升转化效果。 因为该公司本身的人才储备覆盖元宇宙需求的大部分岗位，所以其在元宇宙布局中，一方面直接安排元宇宙相关领域的人才进行专向的研究，另一方面小范围进行非相关领域的投资来引进人才和高薪招聘的方式进而全方位布局推动元宇宙行业发展的人才生态。该公司围绕某 AR 眼镜展开布局，由其人工智能事业部、电商、游戏事业群三大部门共同支撑某 AR 项目。在 AR 项目生态中，人工智能事业部负责能力封装、算法优化及开发者平台建设；电商负责硬件优化、升级及生产销售；游戏事业群则承担整个内容生态链的建设。该公司人工智能实验室是国内专业从事游戏与泛娱乐 AI 研究和应用的顶尖机构。该公司进一步把 AI 技术与产品开放给更多合作伙伴，主要包括虚拟人、AI 反外挂、AI 竞技机器人，力求让人工智能技术惠及更多领域，加速产业的升级与创新。

○ **成效：形成元宇宙产业研究的行业人才示范基地，成为国内元宇宙龙头探索企业**

通过元宇宙业务布局和人才策略的引入，该公司在元宇宙技术上有着非常深厚的布局和积累经验，也成了元宇宙产业研究的行业人才示范基地。在元宇宙研究成果方面，不但在基础设施层拥有了全球网络 AI 计算平台、AR、VR、区块链等核心技术，并最终在游戏、社交、文娱、虚拟主播、全系办公等各个领域进行了实践，成为国内元宇宙龙头探索企业。

6.6.2　某中小创业公司切入职业教育的布局和人才策略

○ **企业背景：某 20 人中小创业公司，垂直方向上主要做教育元宇宙**

某中小创业公司是 2018 年左右在天津成立的，公司目前规模 20 人。公司业务在垂直方向上主要是做教育元宇宙，跟传统的车企合作做成虚拟课件，进行零部件的拆解和组装，通过相关虚拟课程的制作赋能汽车的下游汽修服务。在学校教育方面，主要是建立虚拟仿真实验室赋能于职业教育。通过佩戴 VR 眼镜，学生在汽修的动作实践能力会大大提升，虚拟课件会充分还原分解修车过程中的每个部件的顺序、位置和动作。学生通过虚拟课堂的学习，在沉浸式的课堂感知下，可以尽快消化所学习到的理论知识，提高汽修服务能力。随着市场环境的变化和公司所处的阶段，公司也承接数字孪生的应用，比如智慧城市、智慧园区、智慧能源等相关的应用，通过 3D 可视化的界面进一步让物理实现的呈现更加逼真。

○ **痛点：初创型公司探索汽车元宇宙，业务和人才发展遇到瓶颈**

当前公司的主要问题是业务的发展遇到瓶颈，多年来一直保持在小规模的团队，无法进一步扩大增收。同时，该公司位于天津，招到具有行业经验的人才是相对来说比较困难的，一定程度上也制约了业务的发展。

○ **举措：业务分为自研和外包方式，通过项目培养和高薪招聘人才**

业务层面，该公司把公司团队分为商务外包和技术合作伙伴两条线，进一步拓展公司的人才。在业务层面，需要大量的销售去洽谈商务合作，公司在用工层面与外包公司建立了合作，使用外包进行业务的扩展。一方面，团队成员都是技术型人才，对于商业扩展相对缺乏经验；另一方面通过外包市场的模式，可以使用性价比更高的方式来持续经营公司。在技术层面，公司聘请行业相关的专家一起合作开发项目。因为本身是创业型公司，大批量高薪招人的方式并不使用，在某些项目中的核心技术节点上，通过与领域的专家合作来进行高效的解决。因为公司在成立初期的定位就是做教育元宇宙，基于目前元宇宙发展的阶段，该公司认为随着行业整体技术的完善和研究提高，客户对于品质的要求越来越高。公司目前也在储备高端人才，在市场上面对大公司的人才争夺，人才储备是一个无法有效解决的问题。目前该公司主要是通过项目的方式去进一步培养高端研发人才，通过在项目中进行学习和提升来培养人才对公司的忠实度，减少人才的流动性，同步在 TA 技术美术这一块也在发力招聘。技术美术需要对引擎渲染有一些理解，掌握 GPU 的代码，因而市场上相关的人才总体来说还是比较缺乏。公司也在对其积极进行高薪招聘，一定程度上补足了人才的短板。

○ **成效：公司全年营收增加 1000%，团队稳定维持在 50 人左右**

通过行之有效的人才策略，公司业务层面得到了极大程度的提升，全年营收增加了 1000%；也建立了稳定的专家合作生态，凭借专家参与的高质量项目赢得了部分市场机会，增加了整个创业团队未来的信心。鉴于营收的提升，公司在人才招聘上的竞争力层面也得到进一步的提升，不仅招到了 TA 技术美术这类高端人才，团队的稳定性也得到提升，目前公司总体维持在 50 人左右的团队。未来在教育元宇宙的角逐中，公司储备的人才为其发展增强了信心。

三

产业数字化企业的行业分析与人才策略

1. 智能制造行业数字化及人才策略

1.1 智能制造行业数字化转型程度和未来发展方向

智能制造利用新一代信息技术，通过数据建立学习模型，自动优化生产流程，实现大规模定制化的同时提升产品质量。2022 年中国智能制造行业产值约 3.3 万亿元，预计 2025 年将达 5 万亿元，年均增长率为 15%（图 3-1）。智能制造行业的增长驱动主要来自两方面，一是产数融合下的数字技术发展，如人工智能在制造业应用市场 2020 年到 2025 年的年均复合增长率为 53%；[①] 二是产数融合下的应用场景丰富，如大规模定制、柔性制造、工厂能耗管理、产业链协同等。可以说，数字化转型是智能制造实现增长的必经之路。

图 3-1 中国智能制造行业产值

来源｜前瞻产业研究院、德勤研究

---

① 德勤：《制造业＋人工智能创新应用发展报告》，https://www2.deloitte.com/cn/zh/pages/energy-and-resources/articles/manufacturing-artificial-intelligence-innovation-application-development-report.html。

从智能制造业数字化转型进展来看，在挖掘数据应用价值、追求降本增效、提升企业竞争力的多重驱动下，智能制造企业数字化转型较为普及，但研发、生产、服务关键业务环节的转型程度不及财务、营销等生产制造外围领域，通过数字化转型实现盈利增长的企业占比较小，反映出制造业数字化转型业务场景需求差异大、转型难度大的特点。

1.1.1 智能制造转型步入深水区：数字化转型较普及，但尚不足以推动业务转型

智能制造行业数字化转型已步入深水区，转型重点从 IT 基础设施搭建过渡到以数字技术推动业务转型，以及对数据的治理与应用。未来，制造业数字化转型投资将持续加速，数字技术应用从事后解决"看得见的问题"到提前预防"看不见的问题"，应用场景将更加丰富。随着转型进入深水区，智能制造数字人才重要性凸显。

（一）产业转型特点：产业链上、中、下游转型重点有所差异，下游为主要战场并以挖掘数据应用价值为重点

智能制造产业链上游主要由材料、基础部件和数字技术提供商构成，其数字化转型程度排序大致为数字技术提供商高于基础部件商，后者又高于材料供应商。智能制造产业链中游由通用与专用设备、工业软件、平台和系统服务商构成，这部分企业数字基因强、转型速度较快，其数字化转型主要围绕提升产品功能和用户体验，降低产品成本为目的，从而更容易将产品和服务推广至下游应用企业。智能制造产业链下游可以分为应用行业和应用场景两大维度，这部分企业数字化转型共性少，定制化要求高，转型以挖掘数据价值为重点（图3-2）。

图 3-2 智能制造数字化产业链及对应环节数字化转型特点

智能制造产业链				数字化转型特点
上游	**材料** 金属材料、无机非金属材料、有机材料、复合材料等	**基础部件** 传感器、芯片、减速器、伺服系统、激光器、轴承等	**数字技术** AI、工业大数据、工业互联网等	● 数字化程度排序：数字技术>基础部件>材料 ● 强调技术能力、创新能力
中游	**通用与专用设备** 工业机器人、数控机床、3D打印机、激光设备、检测设备、行业专用设备等	**工业软件** ● 研发设计（CAD/CAE/PLM） ● 生产控制（MES/SCADA/DCS） ● 信息管理（ERP/SCM/CRM） ● 其他（SaaS）等	**平台** ● 数据服务：数据管理、数据模型开发训练、数据安全 ● 资源对接服务：各类API接口 **系统服务** • 顶层设计 • 软硬件一体化 • 系统集成	● 企业数字基因强、转型速度快 ● 产品数字化为重点，提升产品功能、改善用户体验、降低成本为目的 ● 系统服务强调系统集成能力
下游	**应用行业** 汽车、电子、装备制造、化工、医药、钢铁、消费品等应用行业	**应用场景** • 研发（辅助设计/验证、工业模拟/验证） • 生产（设备监测、质量检测、智能排产、生产预测、产品全生命周期管理） • 营销（订单管理、营销获客、需求分析、客户服务） • 后市场服务（预测性维护、产品回收及循环利用） • 供应链（供应商管理、采购计划制定、仓储管理、物流管理） • 财务（预算规划、营收预测） • 人力资源（人才画像、智能招聘、线上培训）等		● 共性少、转型定制化要求高、数字化程度各异 ● 挖掘数据应用价值为重点，降本增效为目的 ● 强调行业知识、业务专精及工程能力

来源｜德勤研究

（二）转型普及度：大部分智能制造企业已经启动数字化转型，转型举措涉及商业模式、运营体系、产品与服务、生产制造、营销、员工管理和组织架构多个领域

中国《"十四五"智能制造发展规划》提出，到2025年，70%规模以上的制造业企业要基本实现数字化网络化，建成500个以上引领行业发展的智能制造示范工厂。中国的制造业未来将会加快数字化转型的步伐，不断推动制造业向高端化、智能化和绿色化发展。在我们调查的近200家智能制造企业中，74%的受访者表示其所在企业已经启动数字化转型。数字化转型举措涉及商业模式、运营体系、产品与服务、生产制造、营销、员工管理和组织架构多个领域。

（三）转型深度：研发、生产、服务等关键环节转型需求迫切，现有数字化水平尚不足以推动业务转型

从数字化转型业务场景来看，在研发、生产制造、供应链与人力资源管理领域开启数字化转型企业较多，显示企业上述应用场景的数字化转型较为迫切；而企业打分显示，研发、制造、服务等关键环节转型仍处于初级阶段，财务、营销、客户运营等生产外围领域的数字化转型程度较深（图3-3）。这符合制造业数字化转型的特征：业务场景需求差异化大、转型难度大、周期长、见效慢。

图3-3　智能制造数字化转型普及度与深度

来源｜人瑞人才与德勤"产业数字人才研究调查2022"

（四）数字化转型成果：较少企业通过数字化实现盈利增加，转型面临来自制度、技术和人才方面挑战

尽管启动数字化转型的企业不在少数，但通过数字化转型实现盈利增加的企业仅占12%（图3-4）。可见，尽管数字化转型已经进行一段时间，但技术、平台、人才的成本较大，能整合这些能力并实现规模化推广的企业仍占少数，智能制造企业数字化转型进入攻坚期。

企业数字化转型的挑战（图3-5）大致来自三个维度：（1）战略和制度维度，如数字化战略不明确，或原有管理制度和流程的制约；（2）技业结合维度，如平台没有互操作性导致上线的数字化平台处于割裂状态，或技术更新迭代速度太快；（3）人力资源维度，如缺少数字人才统领和支持转型，或员工对数字化转型接受度较差。

图 3-4　数字化对受访企业业绩影响

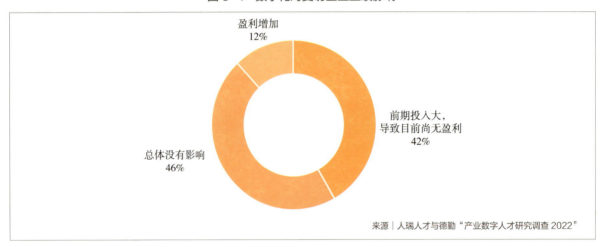

来源｜人瑞人才与德勤"产业数字人才研究调查2022"

图 3-5　智能制造企业数字化转型挑战

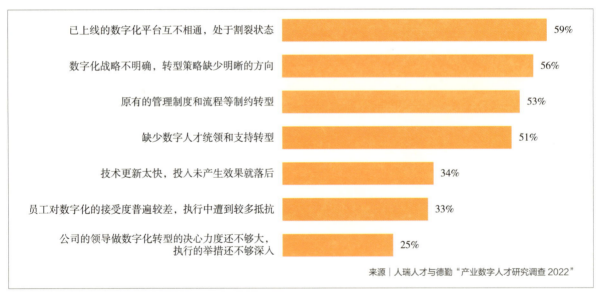

已上线的数字化平台互不相通，处于割裂状态	59%
数字化战略不明确，转型策略缺少明晰的方向	56%
原有的管理制度和流程等制约转型	53%
缺少数字人才统领和支持转型	51%
技术更新太快，投入未产生效果就落后	34%
员工对数字化的接受度普遍较差，执行中遭到较多抵抗	33%
公司的领导做数字化转型的决心力度还不够大，执行的举措还不够深入	25%

来源｜人瑞人才与德勤"产业数字人才研究调查2022"

1.1.2　智能制造数字化转型方向：直击业务痛点，从解决"看得见的问题"到预防"看不见的问题"

（一）数字化投资趋势：智能制造数字化转型持续推进，制造企业数字化投入意愿明显

我们的调查发现（图3-6），63% 的受访者明确表示未来三年将增加数字化投入，25% 受访

者表示不确定，仅有 13% 的受访者表示不会增加数字化投入。投入占营收比例 5%~10% 的企业占比 36%，占营收比例 5% 以下的企业占比 27%，投入占营收比例超过 10% 的企业占比 36%。

图 3-6　受访企业未来数字化投入情况

来源 | 人瑞人才与德勤 "产业数字人才研究调查 2022"

（二）转型方向：数字技术与业务需求结合，挖掘数据应用价值

智能制造数字化转型的终极目标是战略指导下的业务变革，是以数据驱动改善研发、生产、运营和服务，最终实现盈利模式优化和用户体验提升。数据与业务需求结合是转型的必经之路。在数字技术密集爆发的大背景下，工业大数据生态建设加速。工业设备数据接口开放，加快多源异构数据的融合和汇聚，构建完整贯通的高质量数据链，数据应用从解决"看得见的问题"向预防"看不见的问题"拓展。以人工智能应用为例，制造企业可以把生产设备存在的问题、问题产生原因和压力、温度、运行时长、磨损程度等各种参数建模，通过深度学习，在问题尚未发生前预测风险并采取行动，避免问题发生。

企业数字化转型投入增加，以及数据和数字技术应用与业务结合等举措将持续推动智能制造行业数字化转型深度推进，但数字化转型能否达到预期效果还将取决于智能制造领域数字人才的数量和质量。理清行业数字人才现状，了解行业面临的数字人才挑战和当前应对策略是产业数字人才转型的第一步。

1.2　行业人才现状、挑战及策略

智能制造数字人才现状尚不足以匹配产业数字化转型的需求。智能制造数字人才现状呈现供不应求态势，从供应端来看，中高端人才的专业背景偏工程，数字技术专业人才占比较小；从需求端来看，人才吸引力高的城市有强"制造 + 互联网"属性，算法工程师、软件开发工程师等热招职位薪资水平明显高于传统工程师岗位。行业数字化转型面临数字人才缺口和人才能力不足的挑战。尽管企业采取行动引进和培养数字人才，但在人才招聘、管理和培养方面仍有诸多难题。

1.2.1 行业人才现状：人才供应以工程背景居多，人才需求呈现"数字 + 制造"属性

（一）智能制造行业数字人才整体供不应求，中高端人才专业背景以机械制造、自动化、电气工程居多

制造企业在推进智能制造和数字化转型进程中，衍生出大量人才需求，但目前的人才供应无法满足企业需求。我们对近 200 家制造企业的调查发现（图 3-7），50% 的受访者表示智能制造行业数字人才供不应求。

图 3-7　智能制造行业数字人才总体供需

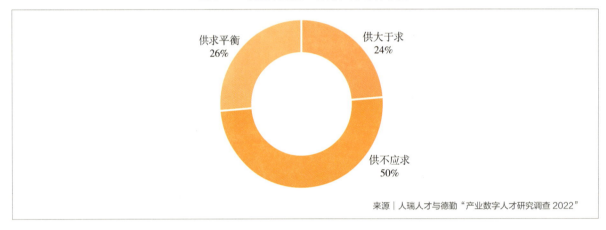

来源｜人瑞人才与德勤"产业数字人才研究调查 2022"

智能制造数字化转型需要具备"数字技术 + 生产制造"专业的人才，目前智能制造中高端人才供应以机械、电气工程人才居多，自动化、计算机科学与技术、电子信息工程背景人才占比较少（图 3-8）。随着智能制造数字化向纵深发展，制造业一方面需要提高业务人员的数字思维，另一方面需要提高行业对数字技术人才的吸引力，吸纳更多来自计算机科学与技术、电子信息工程等专业的人才，为培养复合型人才奠定基础。

图 3-8　智能制造领域中高端人才专业背景分布 TOP10（2021.06~2022.06）

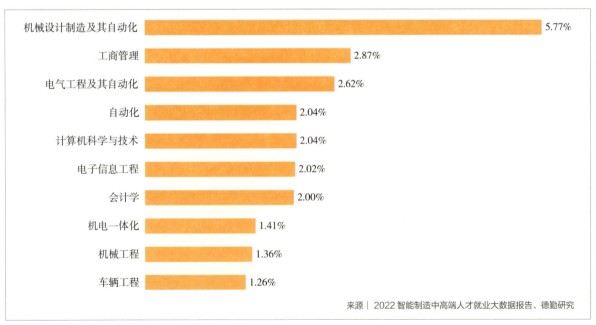

来源｜2022 智能制造中高端人才就业大数据报告、德勤研究

（二）中高端人才聚集的头部城市均有较强"制造业＋互联网"属性

智能制造中高端人才聚集的城市主要分布在一线和新一线城市以及部分热点二线城市，智能制造人才聚集的头部城市集中了制造业和互联网的优势（图3-9）。其中，深圳、北京、上海位居前三，分别占比为14.0%、13.1%、11.8%，苏州、杭州、广州位居第四至第六，分别占比为4.3%、3.9%、3.3%；其他城市均低于3%。

图 3-9　智能制造领域中高端人才城市分布（2021.06~2022.06）

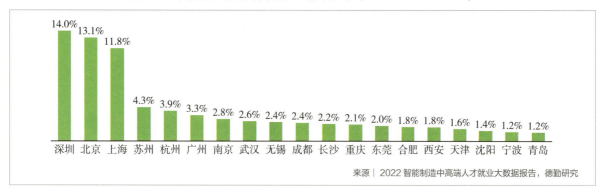

来源｜2022 智能制造中高端人才就业大数据报告，德勤研究

（三）智能制造热招职能薪资 TOP3 为算法工程师、产品经理、嵌入式软件开发

从智能制造热招职能对应的招聘平均年薪来看（图3-10），算法工程师最高，为39.85万元；位居第二、第三的是产品经理、嵌入式软件开发，分别为32.14万元、29.47万元；传统岗位如机械工程师薪资排名第八，为19.94万元；电气工程师薪资排名第十，为17.67万元。

图 3-10　智能制造领域新发职位热招岗位招聘平均年薪（2021.06~2022.06）（单位：万元）

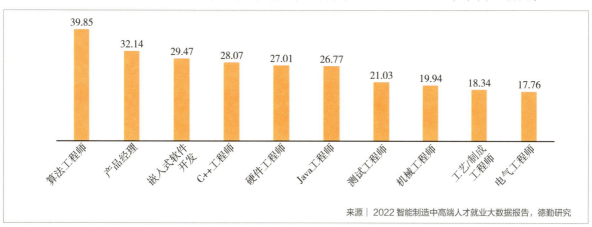

来源｜2022 智能制造中高端人才就业大数据报告，德勤研究

1.2.2　行业人才挑战：人才缺口和能力短板

（一）现有数字人才占比低，未来面临较大人才缺口

我们的调查发现（图3-11），70%左右的受访企业目前数字人才占整体员工比例不足10%，未

来面临数字人才缺口问题。近 30% 的受访者认为企业未来三年将面临 11%~20% 的数字人才缺口，20% 的受访者认为人才缺口或将高达 21%~30%。人才缺口较大的岗位按紧缺程度排序为算法工程师、软件工程师、互联网架构师、系统工程师、研发工程师、前端开发工程师以及数据分析师。

图 3-11 受访智能制造企业数字人才占比及人才缺口

（二）当前数字人才能力水平有待提升，数字与业务结合能力为主要短板

智能制造企业期望中高端技术人才除了具备智能制造通用知识体系，还需要具备知识和技术的融合能力、以数字化手段推动业务发展的前瞻能力，以及能突破原有思维跨界寻求解决方案的创新能力。整体而言，67% 的受访者认为，企业数字人才对业务的赋能仅停留在基础水平；63% 的受访者表示企业人才数字化与产业结合运用能力弱（图 3-12）。HR 主管与技术主管有同样的困扰，占比 73%，HR 主管还对公司和人才的数字化学习颇有困扰。

图 3-12 数字人才能力有待提升

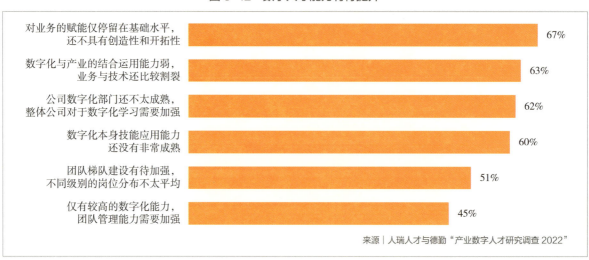

1.2.3 企业人才策略：人才引进、人才培养、人才管理均待提升

（一）人才引进：传统渠道应用较充分，人才生态有待建立

我们的调查结果显示，智能制造企业充分利用各种渠道扩充数字人才（图3-13），如采用猎头、招聘网站、类似行业人才挖掘、推荐等多种渠道。但企业也面临缺少有行业经验的技术人才（67%）、数字人才总体基数小（57%）、人才技能与岗位匹配度低（53%）等难点（图3-14）。

除了上述传统渠道，企业还可考虑通过其他来源补充人才，如合作伙伴、自由职业者、众包人才。以研发领域为例，预计到2025年只有40%~70%由内部人才承担，余下的是众包、自由职业者和合作伙伴。智能制造企业人才生态系统构建的重要性日益增加。

图 3-13　企业扩充数字人才的主要渠道

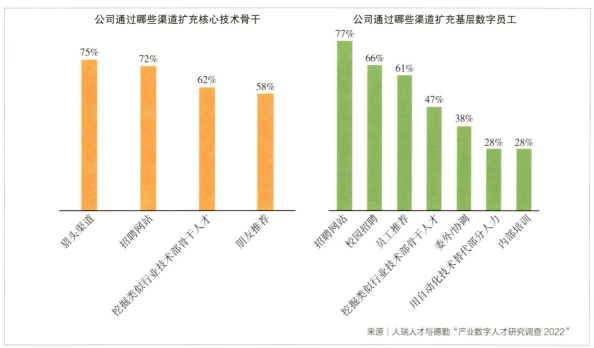

来源 | 人瑞人才与德勤"产业数字人才研究调查 2022"

图 3-14　企业人才招聘挑战

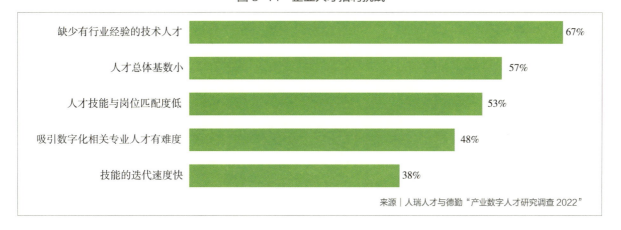

来源 | 人瑞人才与德勤"产业数字人才研究调查 2022"

（二）人才培养：对跨企业培训、共建联合认证等方式重视不够，人才培养面临投入产出不匹配、培训资源缺乏、人才类型定义不清等难点

考虑到外部引进的成本和行业经验知识要求，人才培养依然是智能制造企业扩充人才的主要途径（图 3-15）。例如，大众汽车计划未来 2~3 年组建 4000 人的自动驾驶工程师队伍，其中 20% 靠外部引进，80% 通过内部培养。[①]

受访智能制造企业目前人才培养主要依靠项目导师、以往经验内部分享和报班学习三种方式，占比分别为 61%、56% 和 33%，对跨企业培训、与同侪共建联合认证等方式重视程度不够。企业面临人才培养投入产出不匹配、缺少结合业务场景的案例资源、人才类型定义不清等难点（图 3-16）。其中决策者和 HR 主管更多考虑人才培养的投入产出比，而技术主管则认为缺少结合业务场景的培训资源、案例资源是最大难点。

图 3-15　企业数字人才能力培养方向和技能培养方向

（三）人才管理：数字人才管理面临人才岗位调整、考核标准、团队协同等领域的难点，组织数字化重要性凸显

企业数字人才管理的难点（图 3-17）主要体现在岗位、职责、工作流程的调整，考核标准调整，以及缺乏协同和团队合作。不同管理角色对人才管理的难点看法也不尽相同，如决策者和技术主管认为难点在于调整数字人才岗位、职责和工作流程，而 HR 主管则认为难点主要在于改变企业文化，使之支持兼收并蓄，培养不同背景的数字人才。

[①]　参考自极客邦科技 CEO 霍太稳在 DTDS 全球数字人才发展峰会上的主题演讲《跨越边界的生长》。

图 3-16　企业数字人才培养挑战

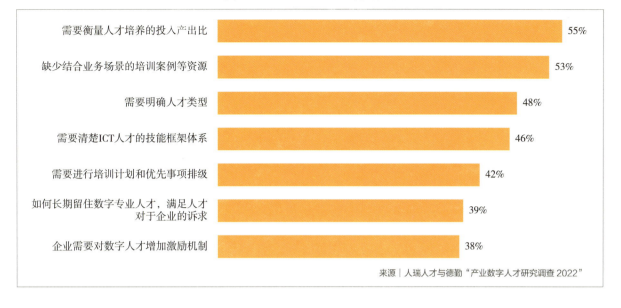

需要衡量人才培养的投入产出比　55%
缺少结合业务场景的培训案例等资源　53%
需要明确人才类型　48%
需要清楚ICT人才的技能框架体系　46%
需要进行培训计划和优先事项排级　42%
如何长期留住数字专业人才，满足人才对于企业的诉求　39%
企业需要对数字人才增加激励机制　38%

来源｜人瑞人才与德勤"产业数字人才研究调查 2022"

人才管理困难往往由于缺乏与数字岗位相适应的数字化组织。如数字化组织结构更加扁平，便于内部沟通协作；数字化组织的考核标准和考核方式更加灵活，甚至无感，更符合数字人才的性格特点。企业需从组织和人才发展的双视角看数字化，重塑人才管理。

图 3-17　企业数字人才管理挑战

数字人才岗位、职责、流程需要相应调整　59%
需要调整数字化相关的绩效考核标准，允许试错和失败　56%
企业内部技术人员和业务人员的协同缺乏　54%
企业文化需要支持兼收并蓄，培养不同背景人才的团队合作　51%
代际管理差异比较明显，需要增加对于85后、90后、95后、00后新的管理模式　47%

来源｜人瑞人才与德勤"产业数字人才研究调查 2022"

综上所述，智能制造行业数字人才供不应求，并且面临人才能力不足问题。企业针对上述挑战，积极进行数字人才扩充，但遇到来自人才招聘、培养和管理的难点。智能制造产业链长，数字化转型场景差异大，产业链各环节数字人才需求各异，因此还需进一步明确智能制造产业链对应的数字人才所需特质，从而有针对性地进行人才招聘和培养。

1.3 产业链对应企业的目标人员结构特点

带着"产业链不同环节需要什么样的人才"这一问题，本小节聚焦纵向产业链所对应的人才结构特点。概括而言，产业链上游，如基础部件和数字技术细分领域上，对数字人才的学历要求较高，侧重开发技能；产业链中游，如机器人领域，对数字人才学历要求次之，侧重数据分析技能；产业链下游，如汽车行业，对数字人才学历要求相对较低，对技能要求则更为复合，包括系统架构、编程、数据分析等多项技能。

1.3.1 产业链上游：技能侧重开发

上游企业主要提供材料、基础部件和数字技术，是智能制造的基础。新材料的研发水平和产业规模决定航空、智能装备、新能源设备等高技术制造业的发展潜力；芯片、传感器等基础部件的自主研发和生产是中国实现智能制造的基石；人工智能、工业大数据、工业互联网等数字技术是智能制造的赋能技术。上游企业通常以强大的研发能力、行业标准的建立、产品快速推出的能力作为企业竞争优势，这样的特点也决定上游企业对数字人才的需求集中在开发类技术人才。以下我们以基础部件中的芯片为代表，分析其人才结构特点。

上游－基础部件－芯片： 中国半导体技术人才数量排序 TOP5 常见职业为软件工程师、工程经理、技术经理、研发经理和应用工程师岗位。从学位要求来看，半导体技术人才硕士研究生及以上占比 69%。从经验来看，工作经验十年以下的半导体技术人才占比为 51%。半导体人才通常掌握 IC 设计相关技能，常见技能 TOP5 为 C++、Python、Linux、嵌入式系统及软件开发（图 3-18）。

图 3-18　中国半导体技术人才结构特点

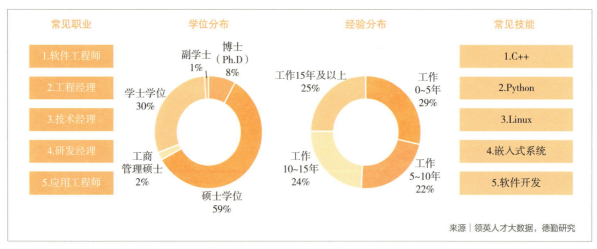

来源｜领英人才大数据，德勤研究

1.3.2　产业链中游：技能侧重数据分析

中游企业为下游用户提供通用与专用设备、工业软件、平台和系统服务，这部分企业数字化转型的重点是提升产品研发设计、生产制造和用户使用的整个过程，数字化流程和数据应用是必不可少的方式。因此中游企业既需要开发类人才，也需要数据管理和应用类人才。以下以工业机器人为代表，分析其人才结构特点。

中游－通用与专用设备－工业机器人： 工业机器人领域（图 3-19）按人才数量排序的 TOP5 常见职业为软件工程师、算法工程师、研发工程师、数据分析师和前端开发工程师岗位。从学位要求来看，硕士研究生及以上占比 56%。从工作经验来看，10 年以下工作经验技术人才占比 68%。工业数据分析是工业机器人技术人才新增最多的技能，可见工业机器人技术人才不仅需要能够操控机器人进行生产作业，还要掌握工业数据分析技能，挖掘数据价值，从而能够及时分析和预测故障，提高生产效率和人员及设备安全性。

图 3-19　工业机器人领域技术人才结构特点

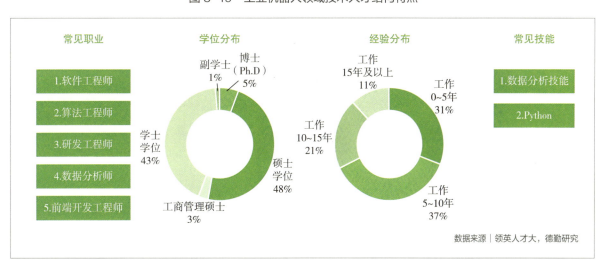

1.3.3　产业链下游：技能要求更为复合

下游企业来自不同的行业，数字化转型以挖掘数据价值为重点，以降本增效、改善盈利模式为目标。但这部分企业数字化转型共性少，数字技术应用场景纷繁复杂，定制化要求高，需要背景多元化的技术类数字人才和应用类数字人才，对人才技能的要求更为复合。

下游－应用行业－智能汽车： 智能联网汽车领域（图 3-20）按常见职业 TOP5 为系统工程师、软件工程师、硬件工程师、算法工程师和测试工程师。从受访企业对相关人才受教育程度要求来看，硕士研究生及以上占比 31%。从企业要求的工作经验来看，十年以下工作经验占比 90%。智能联网汽车架构师需要对整车层级和模块层级的功能需求有所理解，工程师需要具备机械设计、电子电气架构、产品功能和性能的知识与技能，也需要掌握多种类型程序设计语言，由于产品贴近消费者，相关人才需对用户需求充分理解，并强调数据分析技能。

图 3-20　智能汽车领域技术人才结构特点

综上所述，从纵向产业链角度来看，产业链上游基础部件和基础技术领域更需要研发、开发类人才；产业链中游，如设备、工业软件、平台，除了开发类人才，对算法、数据分析类人才需求也较高；产业链下游细分领域众多、应用场景众多，对数字人才要求更为多元，对人才技能要求更加复合。在明确了智能制造产业链不同环节人才结构特点后，我们还需进一步探讨行业最紧缺的是哪些人才，为缩小数字人才供需差提供基础。

1.4　行业紧缺人才供需

承接上一节纵向产业链人才需求，本节将从行业横截面视角，以行业整体数字人才供需，以及分区域、专业背景、业务方向、岗位四个维度，进一步探讨什么样的人才最为紧缺。

结合《制造业人才发展规划指南》，根据人瑞人才与德勤的研究测算，2022 年中国智能制造行业数字人才缺口约 430 万人，人才供应与需求比为 1:2.2。预计到 2025 年，行业数字人才缺口达 550 万人，人才供需比为 1:2.6。智能制造数字人才总体供不应求，人才紧缺程度在某些岗位如嵌入软件开发、硬件工程师、算法工程师等更为明显。

1.4.1 区域：人才需求前三为深圳、北京、上海，深圳或将出现较大缺口

2022 年 7 月到 2022 年 12 月，某领先招聘网站智能制造新发职位数量（图 3-21）以深圳、北京和上海为引领，占比分别为 12%、8.6% 和 8.2%；中西部城市西安、郑州的智能制造数字人才需求开始释放。从 2022 届高校毕业生就业青睐的城市来看（图 3-22），北京、上海、天津、重庆、成都为排名前五城市。北京和上海依然是需求和供给充裕的城市，西部城市的人才需求和毕业生供给趋向匹配。相较之下，深圳人才需求最高，但受到其他城市竞争，人才吸引力有所下降，未来数字人才供需则可能出现缺口。

图 3-21 智能制造新发职位城市分布

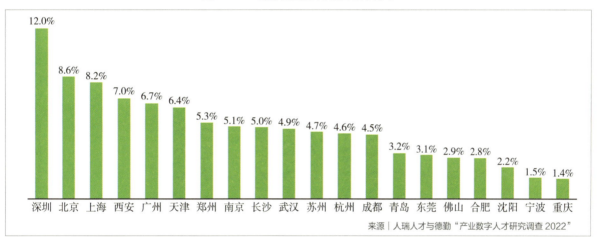

来源 | 人瑞人才与德勤"产业数字人才研究调查 2022"

图 3-22 2022 届高校毕业生就业青睐城市 TOP10

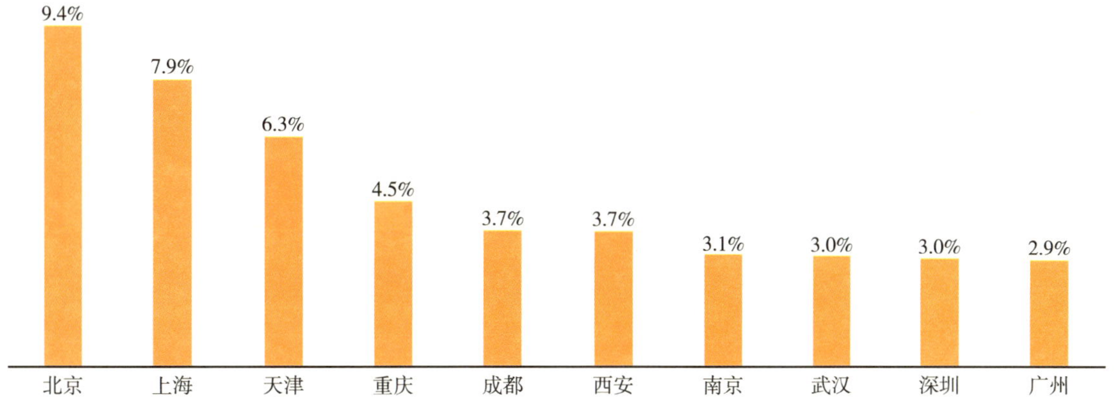

来源 | 智研咨询，德勤研究

197

图 3-23　清华大学毕业生近三年往粤沪就业占比

来源｜清华大学历届毕业生就业报告，德勤研究

1.4.2　专业背景：企业需求与人员专业存在错配，软件工程、自动化、人工智能、信息工程和机器人专业人才紧缺

企业对数字人才的专业需求（图 3-24）依次为软件工程、电子信息工程、自动化、人工智能、信息工程、机器人工程和微电子科学与工程，其中软件工程、自动化、人工智能、信息工程和机器人工程专业人才明显供不应求，电子信息工程供需基本持平。

图 3-24　人才专业要求：企业数字人才专业要求与员工专业

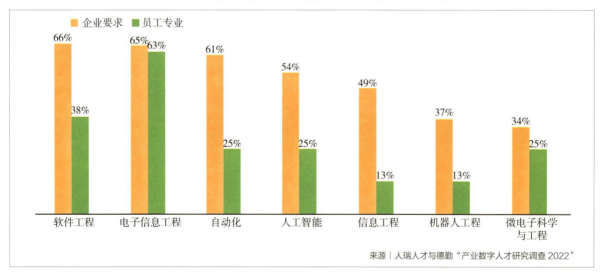

来源｜人瑞人才与德勤"产业数字人才研究调查 2022"

1.4.3　业务方向：企业急需具备数字思维和数字技能的研发类、营销类、生产制造类人才

我们的调查显示（图 3-25），研发类数字人才、营销类数字人才和生产制造类数字人才为企业

最急迫需要的三类业务数字人才，其次为供应链类数字人才和人力资源管理类数字人才。

　　由于智能制造属于技术导向型行业，行业更偏向于通过纵深和长周期研发获得持续且稳定的发展。数字化研发涉及产品数据设定、工艺流程和工艺参数的设定。同理，生产制造往往涉及制造大规模定制化、柔性生产、产品全生命周期追踪，以及现场生产过程中的管理和监控、生产调度执行、物料、设备和人员管理，以及与供应链系统的协同。他们需要具备原有领域的专业能力，同时还需具备数字化的思维，掌握数字工具的使用技能，有生态协同的意识。

图 3-25　受访决策者所在企业急需业务人才类型

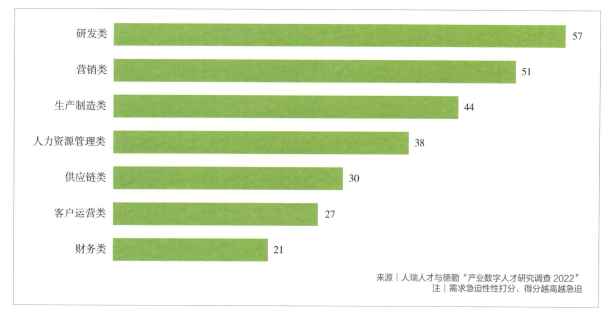

来源｜人瑞人才与德勤"产业数字人才研究调查 2022"
注｜需求急迫性性打分，得分越高越急迫

1.4.4　岗位：软件工程师、技术支持工程师、电气 / 自动化工程师为热招岗位 TOP3，细分领域岗位紧缺度有差异

　　2022 年 7 月至 2022 年 12 月，某领先招聘网站智能制造领域招聘职位约 7900 个，其中热招岗位前三为：软件工程师，主要为嵌入式软件开发，占比 23%；技术支持工程师，包括技术支持、售前支持、售后支持、现场技术支持，占比 15%；电气 / 自动化工程师，占比 14%。企业调研结果显示，算法工程师、软件工程师、工业互联网架构师为紧缺岗位前三（图 3-26）。

　　细分行业数字人才紧缺程度有所差异（图 3-27）：汽车行业加快布局新能源汽车和智能联网汽车，嵌入式软件开发、智能联网工程师、汽车电子工程师紧缺度较高；机械制造行业数字化转型需求拉高电气工程师紧缺度；仪器 / 仪表 / 自动化行业的软件开发、硬件、机械、电气工程师都较为紧缺；专精特新"小巨人"制造业更专注关键核心技术开发和数字技术在工业领域的应用，因此对算法类、工业软件类、工业大数据类高端人才更为渴求。

图 3-26　智能制造领域新发热招岗位以及企业岗位数字人才缺口

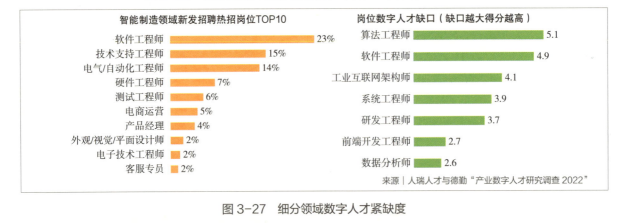

图 3-27　细分领域数字人才紧缺度

汽车/摩托车	人才紧缺指数（TSI）	机械/机电/重工	人才紧缺指数（TSI）	仪器/仪表/自动化	人才紧缺指数（TSI）	专精特新"小巨人"新发博士研究生学历数字技术方向	
嵌入式软件开发	8.35	电气工程师	2.61	嵌入式软件开发	11.6	机器视觉专家	研发团队负责人
智能联网工程师	3.46	销售工程师	2.29	硬件工程师	8.17	人工智能科学家	工业软件研发负责人
汽车电子/电器工程师	3.17	弱电/智能化工程师	1.59	机械工程师	2.35	人工智能研发主管	人工智能算法专家
测试工程师	2.59	GUI/图形界面设计	1.58	电气工程师	2.14	算法研发总监	工业数据算法研究与应用
智能驾驶系统工程师	2.46	IT支持	1.57	工艺/制程工程师	1.98	深度学习	硬件系统

来源｜猎聘大数据研究院，德勤研究

注｜TSI= 有效岗位需求 / 有效求职人数，TSI>1 为供不应求，TSI<1 为供过于求，TSI 值越大则紧缺程度越高

综上所述，智能制造行业数字人才整体供不应求，行业人才缺口预计在 2025 年达到 550 万人。从地域来看，广东可能出现较大缺口；从专业背景来看，具备软件工程、自动化、人工智能、信息工程、机器人工程的人才都属于紧缺类人才；从业务方向来看，研发类、生产制造类、营销类数字人才尤其紧缺；从岗位来看，人才缺口主要体现在软件开发、硬件开发、人工智能算法等数字技术含量高的岗位。

1.5　关键数字人才胜任力模型

通过前面的分析，我们了解到行业最需要什么样的人才。本节将探讨关键岗位数字人才胜任力模型，为解决如何找到对的人以及从哪些维度培养人才提供参考。

本节内容根据智能制造招聘信息反映的数字人才岗位整体需求和企业调研反映的人才紧缺程度两个维度（图 3-28），识别出八个关键岗位，分别是软件工程师、技术支持工程师、电气/自动化工程师、硬件工程师、测试工程师、算法工程师、工业互联网架构师和系统工程师。以人瑞人才的"井"字人才胜任力为模板，分别分析上述八个岗位的人才胜任力模型，并提取企业共性认知占比较高的关键要素。

图 3-28　智能制造关键岗位

1.5.1　软件工程师胜任力模型

相关岗位： Java 开发、C++ 开发、嵌入式软件开发、软件工程师等。

岗位职责： 主要负责软件系统的设计、开发、测试和维护，并根据客户需求和产品功能变化进行改进。

图 3-29　智能制造软件工程师关键特征

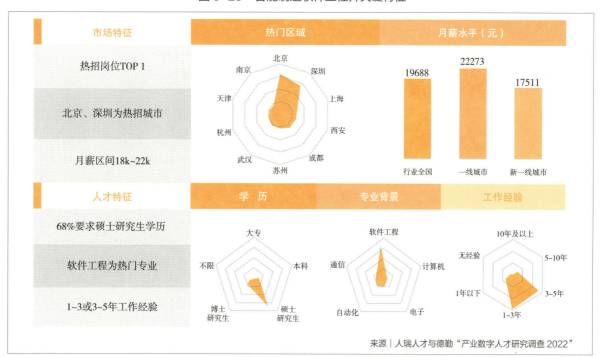

图 3-30 智能制造软件工程师胜任力模型

① 特征细分

热招城市：北京、深圳
薪资水平：18k~22k/月
学历要求：硕士研究生
专业背景：软件工程
工作经验：1~3年或3~5年

② 软性技能

● 分析能力：可将研发、生产、供应链、销售等业务领域需求进行抽象与演绎，能快速定位客户需求并响应
● 沟通能力：可与客户、内部业务人员良好沟通协作
● 学习能力：在没有可借鉴经验情况下快速定位问题并设计方案

③ 业务能力

● 业务理解：理解业务需求，具备业务建模能力
● 系统设计：如应用设计、数据设计、技术设计（分层设计、模块划分、监控体系设计能力等）

④ 数字技能

● 通用技能：了解最新技术趋势
● 编程：掌握C++、Java、Linux、嵌入式软件开发技能；代码编写习惯良好，代码具备可读性和可拓展性
● 加分项：有与硬件设备交互经验、有独立开发经验

来源 | 人瑞人才与德勤研究

1.5.2 技术支持工程师胜任力模型

相关岗位： 技术支持工程师、售前/售后技术支持、运维工程师、现场技术支持等。

岗位职责： 技术支持工程师主要为用户提供技术方案、技术答疑、售后技术支持和技术培训等。

图 3-31 智能制造技术支持工程师关键特征

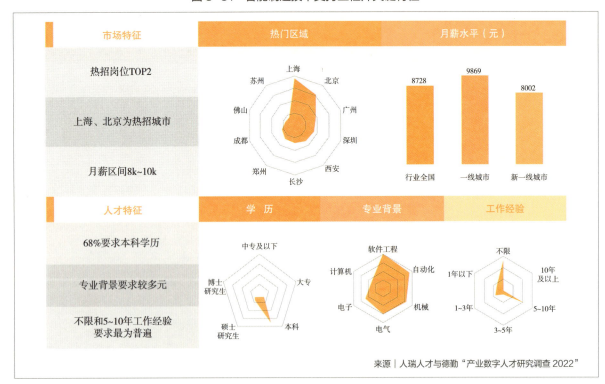

市场特征	热门区域	月薪水平（元）

热招岗位TOP2

上海、北京为热招城市

月薪区间8k~10k

8728 行业全国
9869 一线城市
8002 新一线城市

人才特征	学历	专业背景	工作经验

68%要求本科学历

专业背景要求较多元

不限和5~10年工作经验要求最为普遍

来源 | 人瑞人才与德勤"产业数字人才研究调查 2022"

图 3-32　智能制造技术支持工程师胜任力模型

① 特征细分

热招城市：上海、北京
薪资水平：8k~10k/月
学历要求：本科
专业背景：软件工程、自动化、机械等
工作经验：不限年限或5~10年

② 软性技能

● 客户服务能力：售前理解客户需求，挖掘客户痛点，售后指导客户使用产品并解决问题，适应出差
● 沟通能力：良好的文档撰写、表达、沟通能力
● 团队协作能力：可以支持销售团队，具备销售培训、客户演示经验

③ 业务能力

● 方案支持：基于客户痛点和产品能力，进行技术方案设计、产品选型及深化设计
● 行业洞察：了解行业发展、行业标准；了解产品应用行业及场景；了解竞争对手产品、方案、价格、技术
● 售前支持：了解招投标流程，可制作投标书
● 售后支持：安装、调试、维护

④ 数字技能

● 通用技能：理解通用数字技术及主要应用场景、了解技术标准、了解主流通信协议
● 编程：掌握PLC编程
● 制图：CAD制图

来源｜人瑞人才与德勤研究

1.5.3　电气 / 自动化工程师胜任力模型

相关岗位： 电气工程师、自动化工程师、PLC 工程师等。

岗位职责： 智能制造电气 / 自动化工程师主要负责电气设备自动化控制方案设计与开发、PLC 编程、自动化工程施工、设备维护管理等。

图 3-33　智能制造电气 / 自动化工程师关键特征

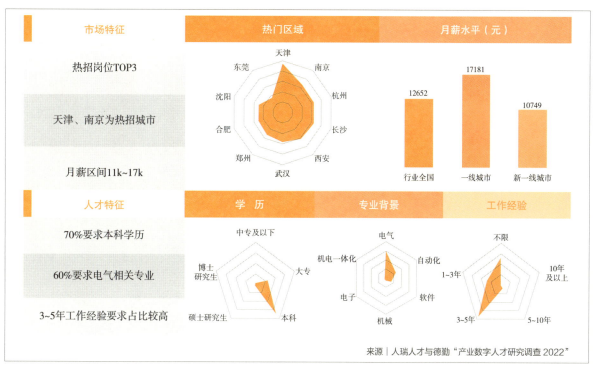

市场特征

热招岗位TOP3

天津、南京为热招城市

月薪区间11k~17k

热门区域

月薪水平（元）

行业全国 12652　一线城市 17181　新一线城市 10749

人才特征

70%要求本科学历

60%要求电气相关专业

3~5年工作经验要求占比较高

学　历

专业背景

工作经验

来源｜人瑞人才与德勤"产业数字人才研究调查2022"

203

图 3-34　智能制造电气 / 自动化工程师胜任力模型

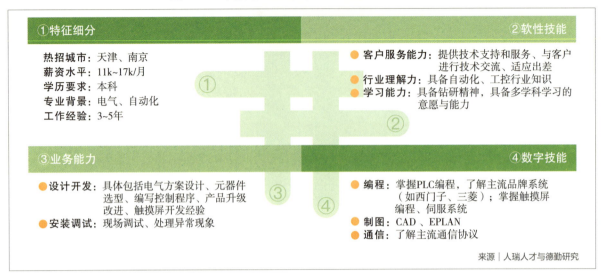

①特征细分

热招城市： 天津、南京
薪资水平： 11k~17k/月
学历要求： 本科
专业背景： 电气、自动化
工作经验： 3~5年

②软性技能

- **客户服务能力：** 提供技术支持和服务、与客户进行技术交流、适应出差
- **行业理解力：** 具备自动化、工控行业知识
- **学习能力：** 具备钻研精神，具备多学科学习的意愿与能力

③业务能力

- **设计开发：** 具体包括电气方案设计、元器件选型、编写控制程序、产品升级改进、触摸屏开发经验
- **安装调试：** 现场调试、处理异常现象

④数字技能

- **编程：** 掌握PLC编程，了解主流品牌系统（如西门子、三菱）；掌握触摸屏编程、伺服系统
- **制图：** CAD 、 EPLAN
- **通信：** 了解主流通信协议

来源｜人瑞人才与德勤研究

1.5.4　硬件工程师胜任力模型

相关岗位： 硬件工程师、嵌入式硬件、硬件技术支持等。

岗位职责： 智能制造硬件工程师从事硬件的设计开发、测试、维护和管理，并负责相关文档的编写、整理、归档和提供相应的技术支持。

图 3-35　智能制造硬件工程师关键特征

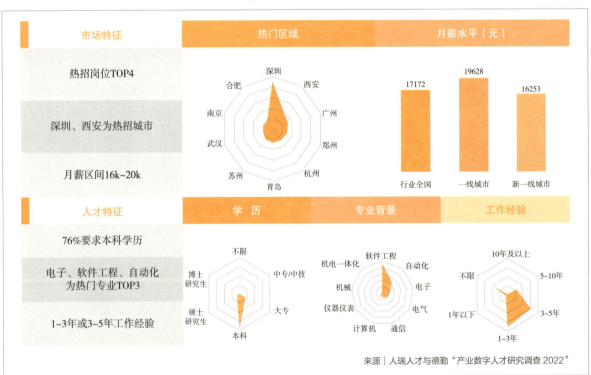

市场特征	热门区域	月薪水平（元）
热招岗位TOP4		
深圳、西安为热招城市		行业全国 17172　一线城市 19628　新一线城市 16253
月薪区间16k~20k		

人才特征	学　历	专业背景	工作经验
76%要求本科学历			
电子、软件工程、自动化为热门专业TOP3			
1~3年或3~5年工作经验			

来源｜人瑞人才与德勤"产业数字人才研究调查 2022"

图 3-36　智能制造硬件工程师胜任力模型

1.5.5　测试工程师胜任力模型

相关岗位： 测试工程师、系统测试、软件测试、硬件测试等。

岗位职责： 测试工程师负责系统或产品的安全，需要按照一定标准，对功能、性能、安全合规等进行测试，并发现问题，改进测试方法和流程。

图 3-37　智能制造测试工程师关键特征

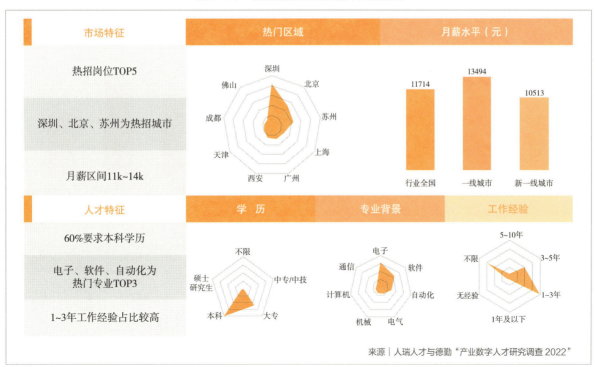

205

图 3-38　智能制造测试工程师胜任力模型

① 特征细分

热招城市： 深圳、北京、苏州
薪资区间： 11k~14k/月
学历要求： 本科
专业背景： 电子、软件工程、自动化
工作经验： 1~3年或不限

② 软性技能

- **学习能力：** 能够根据技术参数快速的独立完成测试
- **分析能力：** 发现问题，对现有产品测试规范、流程、方法、技术进行改进
- **沟通能力：** 协调研发等部门推进产品定型
- **语言能力：** 基本英语听说读写

③ 业务能力

- **设计能力：** 设计测试方案、测试用例、了解测试国际规范和标准
- **执行能力：** 熟悉测试流程、建设测试环境平台、熟练使用测试仪器仪表
- **加分项：** 具备相关行业经验者优先

④ 数字技能

- **软件测试：** 熟悉Linux操作系统、了解C++、Java语言、熟悉性能测试工具LoadRunner、熟悉网络协议
- **硬件测试：** 熟悉LabVIEW、Candence硬件设计软件，可使用测试分析或仿真软件CAN OE、MATLABT，使用测试仪表Avalanche、BPS

来源｜人瑞人才与德勤研究

1.5.6　算法工程师胜任力模型

相关岗位： 算法工程师、自动驾驶算法工程师、机器视觉工程师、算法专家等。

岗位职责： 智能制造算法工程师主要从事机器视觉、机器人在智能制造环境下的设计和开发，构建算法和数据框架，发现数据潜在关系，构建机器学习系统，进行算法模型和原型系统设计。

图 3-39　智能制造算法工程师关键特征

市场特征	热门区域	月薪水平（元）

紧缺岗位TOP1

武汉、郑州为热招城市

月薪区间18k~25k

人才特征	学　历	专业背景	工作经验

64%要求硕士研究生学历

软件工程、计算机、图像处理为热门专业TOP3

不限工作年限或1~3年经验占比较高

来源｜人瑞人才与德勤"产业数字人才研究调查2022"

图 3-40　智能制造算法工程师胜任力模型

①特征细分

热招城市：武汉、郑州
薪资水平：18k~25k/月
学历要求：硕士研究生
专业背景：软件工程、计算机、图像处理、数学
工作经验：1~3年或不限

②软性技能

● 分析能力：定位问题，分析数据，通过研究发现特征
● 沟通能力：技术方案推广
● 语言能力：具备英文文献阅读能力

③业务能力

● 算法实现能力：建模及模型优化、算法工程化
● 机器视觉设计开发：目标检测、图像识别领域算法
● 机器人设计开发：运动控制、路径规划、机器人调试
● 业务理解力：业务需求为导向的技术思维、产品视角

④数字技能

● 编程：C++、Python
● 深度学习：了解深度学习算法或框架，如Tensorflow、Pytorch、Paddle等
● 机器人：ROS系统
● 视觉软件：掌握Halcon、OpenCV

来源｜人瑞人才与德勤研究

1.5.7　工业互联网架构师胜任力模型

相关岗位：架构师、物联网架构师、智能制造架构师等。

岗位职责：架构师主要负责确认和评估系统需求（如工业互联网），制定开发规范，搭建系统实现的核心构架，并明确技术细节，解决主要技术难点。

图 3-41　智能制造架构师关键特征

来源｜人瑞人才与德勤"产业数字人才研究调查2022"

图 3-42　智能制造架构师胜任力模型

① **特征细分**　　　　　　　　　　　　　　　② **软性技能**

热招城市：深圳、长沙
薪资水平：15k~24k/月
学历要求：本科
专业背景：软件工程
工作经验：1~3年或不限

● **沟通能力**：与客户沟通技术需求，推动开发、测试人员紧密合作，联合售前团队整合资源
● **分析能力**：流程梳理、分析故障、判断问题

③ **业务能力**　　　　　　　　　　　　　　　④ **数字技能**

● **设计能力**：架构设计、制定技术框架和路线
● **业务理解力**：将业务需求转化为业务功能、形成开发任务
● **文档编写**：表达架构意图、编写技术文档
　数据库管理：数据仓库架构设计、模型设计、数据治理能力
● **加分项**：物联网行业经验、企业所处行业经验

● **开发语言**：C++、Java、Python
● **数据库**：熟悉数据库应用开发MySQL、Oracle
　平台设计开发：DevOps、物联网
● **微服务**：熟悉开源框架Spring、Spring Cloud、MyBatis
● **大数据工具**：Hadoop、Hbase
　加分项：通过华为云、腾讯云、阿里云技术认证或同等资格认证

来源｜人瑞人才与德勤研究

1.5.8　系统工程师胜任力模型

相关岗位：系统工程师、首席系统工程师、MES 系统工程师、ERP 系统工程师等。

岗位职责：智能制造系统工程师主要负责制造常用信息系统（如 MES、ERP、OA）的需求调研、设计开发、调试定位、运维管理，以及解决关键技术问题。

制造业智能化和数字化转型过程中衍生出大量人才需求，面对激烈的人才竞争，企业既需要积极争取具备开发经验和业务理解能力的技术人才，如软件工程师、算法工程师、架构师等，从而提升自身数字技术竞争力；亦需重视挖掘和培养拥有制造业知识和经验、具备知识与技术融合能力的人才，如技术支持工程师、自动化工程师、硬件工程师等，从而建立贯穿设计、生产、管理、服务全价值链的数字人才队伍。

图 3-43　智能制造系统工程师关键特征

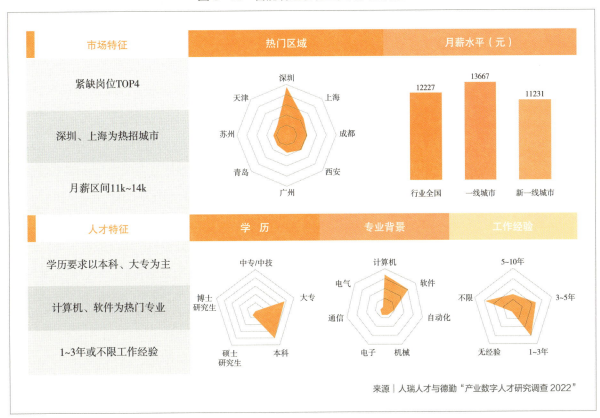

来源 | 人瑞人才与德勤"产业数字人才研究调查 2022"

图 3-44　智能制造系统工程师胜任力模型

来源 | 人瑞人才与德勤研究

1.6 最佳实践案例解析

1.6.1 某领先面板制造商：以人才数据体系、人才画像、高潜人才培养支持企业物联网业务转型

○ **企业背景**

某全球领先面板制造商自 2017 年开始布局物联网，2020 年开始对外赋能，已经形成了以半导体显示事业为核心，Mini LED、传感器及解决方案、智慧物联、智慧医工四个创新事业融合发展的"1+4+N"的航母事业群。该企业的数字化转型经历了导入阶段（2003~2007 年）、扩张阶段（2007~2012 年）、整合阶段（2012~2017 年），以及平台化 1.0 阶段后（2017~2020 年），在 2020 年开启对外赋能的平台阶化 2.0 阶段，打造三大赋能平台、两个解决方案和一个线上服务的"3+2+1"工业互联网系列产品。三大赋能平台包括边缘数采平台、物联网平台和数据智能平台；两大解决方案包括智能工厂解决方案和工业园区解决方案；一个线上服务为其上下游五千多家配套企业搭建的工业互联网平台，赋能中小企业。

○ **痛点**

痛点一：缺乏适应新业务的一体化人才管理体系。企业正以生产制造为主向以物联网为主的业务模式转型，企业急需建立适应新业务的人才发展管理体系。

痛点二：原有人才培养模式周期长、效率低。企业原来的人才培养模式依托产线项目，在产线建设初始，招收大量应届毕业生，在完整的项目建设期内对人才进行比较系统的培养。但是一条产线从项目建设到开始稳定运营一般以三年为一周期，且场景相对固定，人才培养周期长。企业人才培养模式需要做出相应的调整和变化。在关键人才管理方面，企业存在找不准关键人才培养人群，缺乏关键人才成长路径，以及人才在成长过程中的资源不到位问题，关键人才培养效率有待提升。

○ **举措**

亮点一：针对人才管理体系问题，构建完整的人才发展管理数据体系

构建含 HR 信息系统和其他应用系统的底层架构。企业加大 HR 信息系统投入，更换底层系统，并开发其他 HR 应用系统，包括绩效、360 评价、职级系统以及有接口的外围系统等。基于这样的底层架构，企业搭建完整的人才发展体系（图 3-45），提供一体化人才管理方式，包括组织管理、评估标准、人才标准、人岗匹配与任用、人才发展和培养。企业通过 HR 信息系统打造，形成比较完整的人才数据体系，为后续人才发展项目奠定基础。

亮点二：针对人才培养模式问题，构建人才画像，针对性进行青年高潜人才选拔、培养和任用

企业物联网新事业发展过程中，人才扩充主要靠外部引进和内部培养。后者的核心是如何从内部发掘更多具有潜质的核心岗位后备人员，进行系统培养。

图 3-45　企业人才发展体系

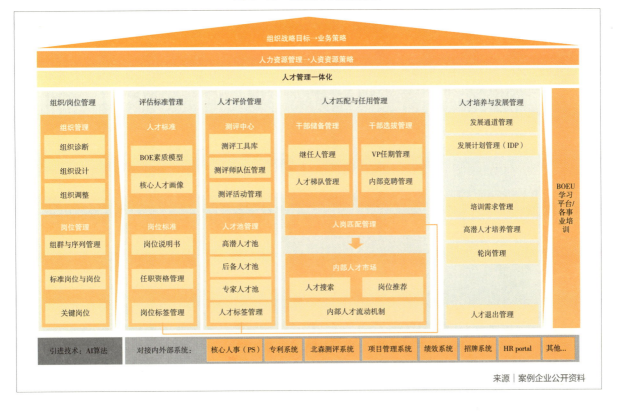

企业结合人才大数据系统的整体应用，包括对人才的评价、人才特质的分析，同时结合岗位和人才画像的要求，进行系统的人才培养方案设计，达到人才培养目的。

（1）通过 4K 人才画像，确定关键岗位人才特质

Key Achievement（关键成就）：关注在当前竞争环境下能否取得预期绩效，具体包括员工的业务绩效、管理绩效、个人成就。

Key Experience（关键历练）：关注如何在物联网转型的细分市场应对新挑战，让过往经验在新环境重新发挥价值，具体包括员工在岗位、业务、管理和创新方面的经验，是否可接受岗位挑战，取得相应成果。

Key Competency（关键特质）：关注哪些能力可以在新的业务环境下有效迁移，基于领导力素质模型，结合物联网应用场景，对业务挑战进行场景化描述，得出应对每个挑战所需关键特质。

Key Growth Path（关键成长路径）：关注关键岗位的关键成长路径，根据高潜员工在逐步成长为 CEO 的过程中所需不同阶段历练，得到赋能关键方向。

（2）针对性进行青年高潜人才选拔、培养和任用（图 3-46）

人才选拔：1）聚焦员工群，以业务战略要求为出发点，应用 4K 人才画像，在业绩优秀、对创新事业有倾向性的 90 后员工中选拔；2）初选引入认知测试和职业性格测试；3）复选引入动机、特质、商业案例分析和商战模拟。

人才培养：1）第一阶段社群学习以系统学习和人才测评为主，通过案例分析、实战模拟等方式，研习物联网转型业务中有挑战性的主题，拓宽业务视野，提升商业洞察能力；2）第二阶段以行动学习和测评矫正为主，采用训战结合模式，通过线下集中进行。

人才任用：培养完成后，企业会把一部分人放到继任者序列，也会根据对管理者后备培养的要求进行跨组织轮岗，另一部分人会放到重点项目中进行岗位上的历练，让不同类别的人群在培养之后可以得到进一步成长和发展的机会。

图 3-46　企业青年高潜人才的选拔、培养和任用

来源｜案例企业公开资料

○ **成效**

企业通过 HR 信息系统打造，形成比较完整的人才数据体系，为后续系统的人才培养规划、人才画像，以及人才池管理奠定良好基础。

以高潜人才系统的培养作为积累，2021 年该企业大学识别并针对领军人、管理者、专业人、产业人不同类型人才累计培训 27166 人。这不仅可以支持事业核心岗位的 CEO，包括 N 层、N-1 层、N-2 层的人员布局和考虑，同时为企业物联网转型业务提供匹配的人才。

1.6.2　某国内领先电器企业：人才招聘全流程数字化，提升数字人才招聘效率

○ **企业背景**

该电器企业自 2010 年启动数字化转型，如今已经实现对智能制造基地全面改造升级，并建成以九天中枢数字平台为"大脑"的未来工厂。未来工厂的建成，一方面减少一线工人需求，以前需要一线工人 300 人两班倒，建成后只需要 14 人；另一方面，未来工厂将许多工作岗位由从体力劳

动变为自动化流程，企业人才需求随之发生变化。

○ **痛点**

痛点一：招聘工作效率不高。需线下手动处理大量工作，如一份简历处理周期最快也要六七个小时，招聘工作效率低、周期长。

痛点二：数字人才识别难度大。招聘岗位从以前的体力工作变成了"运维工程师""设备保养工程师""系统开发工程师"等技术岗位，对招聘团队人才识别提出新要求，而校招在短时间内会进入大批量的简历，HR 需要从中快速、精准地识别出所需要的人才。

○ **举措**

针对上述两个痛点，企业在 2019 年开始部署招聘数字化系统，实现招聘全流程数字化，主要亮点有：

亮点一：针对招聘效率不高问题，部署招聘工作自动化和标准化。部署招聘数字化系统，打破 HR 信息孤岛，从而可以清晰地看到招聘团队每个 HR 的工作过程、结果和各个阶段的转换率等数据，并有针对性地进行优化提升。工作流程方面，将原本需要线下手动处理的工作自动化和标准化，实现整个工作流程的高效。

亮点二：针对数字人才识别难度大问题，建立人才地图推荐候选人。招聘系统积累大量简历，成为人才库的基础。通过智能化招聘管理系统的智能标签功能，基于 AI 算法提取岗位关键需求标签与高潜质人才特征标签，进行精准匹配，过滤掉一部分不符合要求的简历，极大地减少了 HR 筛选简历的难度和时间，使人才与岗位匹配更加精准。例如当一个简历进来，或者针对招聘岗位所需要的数字人才需求，系统可以分析出其存在的人才有哪些共性的特点，然后建立人才地图，进行智能化的分析和引导推荐。

○ **成效**

通过招聘流程的自动化，大幅提升简历的接收和处理速度，以及业务部门间的沟通协作，最终使得招聘效率提升，招聘周期至少缩短 30%。另外，基于数据开展招聘工作，并通过数据实现数字人才智能匹配与推荐，降低成本的同时也使人岗匹配度大大提升。

2. 智能汽车行业数字化及人才策略

目前，中国汽车企业普遍面临产业变革和竞争加剧带来的双重挑战，亟须寻求新的增长点以优化产业结构、提升产业效率。一方面，智能化、网联化等新技术和新应用将进一步重构汽车产业价值链及传统运营模式。另一方面，行业竞争加剧，新造车势力加快技术和商业模式的推陈出新，法规和政策的加速完善为技术的大规模商用奠定了基础，消费者心智和偏好呈现巨大变迁。在供需两侧的共同驱动下，车企在研发端、生产端和营销端均开启了数字化的变革。但是，目前中国汽车产业数字化的成果仍十分有限，如何吸引和培养数字人才，利用数字化工具挖掘数据价值、洞察客户需求、提升运营效率，是目前所有中国车企都需要面对的新课题。

2.1 产业链对应企业的数字化程度和未来发展方向

在国内外宏观环境波动频繁、新一代信息通信技术加速渗透、消费者需求日益个性化等多重因素的综合影响下，汽车企业正处于前所未有的不确定性环境中，包括产品开发、生产制造过程、供应链管理、消费者需求变化的不确定性因素急剧增加，对智能汽车企业的运营管理提出重大挑战。数字化转型作为降本增效、提升企业核心竞争力的重要手段，是汽车企业顺应时代发展的必然趋势。

2.1.1 现状：数字化转型进程明显提速，但转型质量和转型成效不及预期

（一）产业链上下游企业数字化转型进程有所分化

本报告将智能汽车产业链（图 3-47）划分为上游智能软硬件的设计和开发，中游系统集成、测试和装车量产，下游的销售、售后、服务和运营等。上游包含传感器、摄像头、芯片等智能硬件和元器件供应商；中游涉及自动驾驶软硬件系统供应商、Tier1 企业和汽车厂商；下游环节较为分散，除了传统的经销商、汽车维修保养企业、二手车和保险金融公司之外，还新增了用户运营、自动驾驶出行运营、数据服务等环节，目前多由主机厂自身运营。

从产业链企业数字化转型进程看，上游新型智能软硬件企业和下游服务型企业要领先于上游的智能系统和主机厂。营销、售后和客户运营本属于轻资产企业，距离消费者最近，最能感受到竞争环境的变化。近几年受汽车行业全面向"以用户为中心"的转型驱动，营销和销售型企业的数字化转型进度和成熟度要明显领先于中游的制造型和重资产企业。

图 3-47　智能汽车产业链上下游图谱

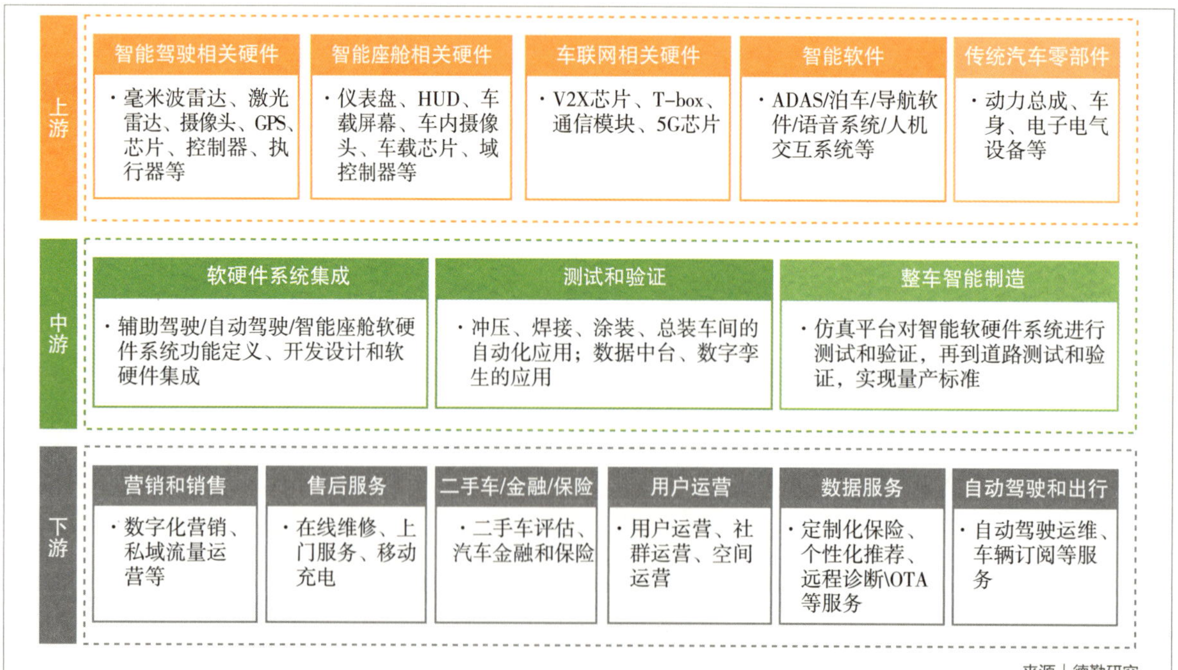

来源 | 德勤研究

（二）数字化转型渗透率：研发、营销明显领先于生产和供应链环节

数字化转型贯穿研发、生产、供应链、营销/销售、服务、经营管理等企业各个业务层面（图3-48）。总体来看，**85%** 的智能汽车企业表示已经开启了数字化转型之旅，其中研发、营销和生产环节的数字化转型进程较快，供应链、服务等环节的数字化转型较为滞后。智能汽车企业率先在研发和营销开展数字化转型，是当前产业向智能化变革、企业零售模式向新零售转型的必然结果。随着行业竞争加剧、消费者行为偏好的改变，汽车企业迫切需要缩短开发时间、加快产品上市周期，同时围绕消费者打造线上线下一体化的用户体验。

图 3-48　各业务部门数字化转型进程

来源｜人瑞人才与德勤"产业数字人才研究调查 2022"

（三）数字化转型成熟度：大多数企业处于数字化发展初期，尚待挖掘数字化潜力

对于已经开展数字化转型的部门，如何客观评价其数字化转型所取得的阶段性成果成为本次报告研究的一个重点。报告通过自评的方式，让企业的决策者、业务部门主管和人力资源总监对各职能部门的数字化程度进行打分。得分显示，智能汽车企业在营销/销售、客户运营方面的数字化成熟度要高于产品开发、生产制造和供应链环节。例如，分别有 6 成的智能汽车企业表示建立了数字化销售渠道，开展同消费者的高频互动并建立自有渠道加强私域流量的运营，通过内容营销、社群运营等新兴模式增强用户的品牌感知。

生产制造数字化成熟较低主要源于车企还未将自动化工厂沉淀的生产数据转化为商业分析和智能决策。例如约 7 成的车企表示企业已经实现了协同式生产，通过数字化系统，使人机料法环等要素紧密高效协同；但在敏捷开发和柔性生产、预测性生产方面的成熟度较低，仅不到三分之一的车企能够利用 AI、大数据等技术，对隐患进行事前管理。

（四）转型成效：尚未带来实际业务回报，决策者对数字化长期投资表现犹豫

智能汽车企业在数字化转型上投入力度大、转型决心强。由图 3-49 可见，45% 的智能汽车企业近两年在数字化方面的投入占公司整体费用的 10% 以上，约 10% 的企业转型投入超过总体开支的 30%。但转型效果并不理想，如仅 8% 的企业表示数字化转型已给企业带来实际回报，近 4 成企业表示数字化转型的投入产出比低，目前尚未对企业利润带去实质性的提振作用。而投入产出比不及预期效果也一定程度影响了企业对数字化的长期投资意愿，调研显示，仅 18% 的企业表示未来三年数字化投入将占到营业收入的 5% 以上。

图 3-49　过去两年公司在数字化上的投入比例（左）和数字化转型对公司业绩的影响（右）

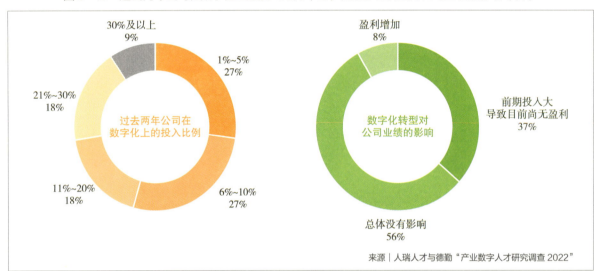

来源｜人瑞人才与德勤"产业数字人才研究调查 2022"

2.1.2　未来方向：构建数字化转型生态圈，打造数字化转型"一把手"工程，组建多层次数字人才梯队

（一）从单体到集成，打破数据孤岛，构建开放、协作的数字化转型生态圈

数字化转型是一项长期且艰巨的系统型工程。目前车企数字化转型中存在几大误区，即追求信息化或自动化而轻视数据化，强调单体系统的应用而忽略不同数字化系统的集成，重视项目示范而忽略了实际业务痛点，造成智能汽车行业企业数字化转型普遍处于成长阶段，即业务实现了在线化，但跨系统和跨部门之间数据无法进行联通。调研显示（图 3-50），57% 的企业表示各部门数字化平台之间呈现数据孤岛，相互数据隔离，无法形成互联和协同效应是数字化转型过程中遇到的最大挑战。

因此，本报告认为下一阶段智能汽车行业数字化转型工作的重点在于建立以数据驱动的大数据平台，对全局数据进行深度洞察和分析，还需要构建开放、协作的数字化转型生态圈，与供应链上下游企业实现数字化转型的联动，实现数据跨组织、跨领域的流转和协同。

图 3-50 数字化转型中碰到的困难

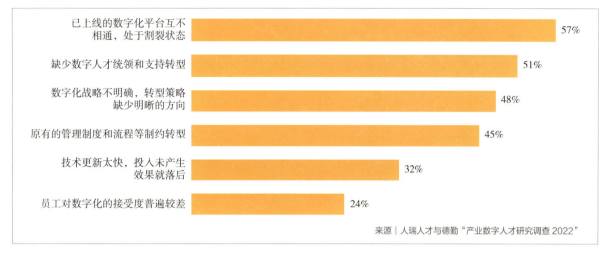

已上线的数字化平台互不
相通，处于割裂状态　　　57%

缺少数字人才统领和支持转型　　51%

数字化战略不明确，转型策略
缺少明晰的方向　　　48%

原有的管理制度和流程等制约转型　45%

技术更新太快，投入未产生
效果就落后　　　32%

员工对数字化的接受度普遍较差　24%

来源｜人瑞人才与德勤"产业数字人才研究调查2022"

（二）建立数字化转型全局意识，打造"一把手"工程

决策者需要将数字化转型提升到战略高度，从领先企业的实践看，数字化转型多为一把手工程，即由管理层直接推动，将数字化融入公司战略，并对转型路径做出明确部署，同时能够推动组织架构、人才、技术等多方配合，促使公司整体转型的落地实施。但从调研看（图 3-51），智能汽车企业数字化转型多以核心骨干牵头在核心部门试点开展为主（32%），缺乏一把手、二把手对数字化部门的直接领导（15%），这也导致企业在数字化转型上缺少明确的方向，正如前述转型碰到的困难显示。未来，智能汽车企业管理者将担起重任，充分理解数字化带来的挑战与机遇，并在集团业务层面全面铺开。

图 3-51 组织架构层面数字化转型举措

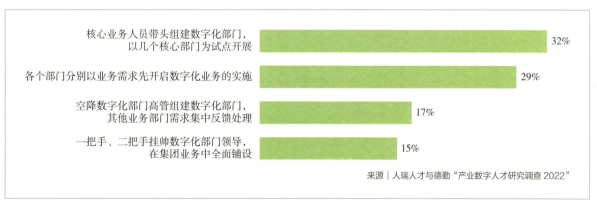

核心业务人员带头组建数字化部门，
以几个核心部门为试点开展　　32%

各个部门分别以业务需求先开启数字化业务的实施　　29%

空降数字化部门高管组建数字化部门，
其他业务部门需求集中反馈处理　17%

一把手、二把手挂帅数字化部门领导，
在集团业务中全面铺设　　15%

来源｜人瑞人才与德勤"产业数字人才研究调查2022"

（三）培养多层次数字人才梯队

除数据孤岛问题之外，企业认为缺乏数字领军人才的统领（51%）也是转型中遇到的重要难

题。数字化竞争的本质便是人才的竞争。智能汽车作为新兴产业，其数字化转型还伴随产业向智能化、网联化深入发展，随着产业边界的不断拓展、多元技术的融合运用，对人才知识结构、思维、专业能力都提出新要求。而现有的数字人才不仅总量不足，人才质量也亟待提升，因此智能汽车的人力资源工作已经发展到了关键时期。

随着数字化转型进入攻坚阶段，吸引和培养新阶段所需要的数字人才、搭建体系性的数字人才团队成为未来智能汽车企业发展的战略重心。下一节将对行业人才现状、面临的挑战和企业当前的人才策略展开讨论。

2.2 行业人才现状、挑战及策略

在新一轮产业技术革命和企业数字化转型的影响下，未来汽车产业的人才定义、能力要求和知识体系都将发生重大改变。当前，汽车制造业人才以汽车相关学科为主，数字人才占比不到10%。除数字人才总量不足之外，智能汽车企业还面临数字人才吸引力不足、内培体系不完善等问题。为缓解数字人才短缺的短期困境，企业亟须重塑人才考核体系和企业文化，加大对新兴数字人才的吸引；但从长期看，企业需要改变组织架构和人才管理机制，建立稳定性的数字人才团队，同时积极探索新兴的校企合作模式、建立体系性的人才培养机制。

2.2.1 现状：整体数字人才占比低、产业变革催生新岗位和新需求

（一）传统技术人才为主，数字人才占比低

智能汽车（含智能驾驶、智能座舱和车联网）兴起10余年，除了保留动力总成、底盘、车身等传统汽车结构之外，新增了智能驾驶、智能座舱和车联网三大技术模块。技术的变革，不仅推动产品形态发生变化，也加快了产业链边界和供应模式的重塑。例如，大批互联网、软件、通信、芯片公司等跨界进入汽车行业，使得智能汽车产业链更加纵深复杂，横跨车辆工程、人工智能、信息技术、通信工程等多个领域，呈现交叉、融合等多重特性。

但行业目前的人才总量和人才结构仍构建于传统汽车制造业的基础上。截至2020年末中国汽车整车制造行业从业人员约550万人，行业人才的数字化和智能化含量低。根据我们的调研显示（图3-52），46%的智能汽车企业表示数字人才占公司整体员工数量不到10%。另外据中国汽车工程学会统计，智能汽车相关研发人才仅占据全行业研发人才的7.3%，[①]表明目前行业人才储备以传统技术为主，在应对数字化转型和智能化发展上面临严重的人才短缺问题。

---

① 中国汽车工程学会：《智能网联汽车产业人才需求预测报告》。

图 3-52　目前的数字人才占整体员工比例

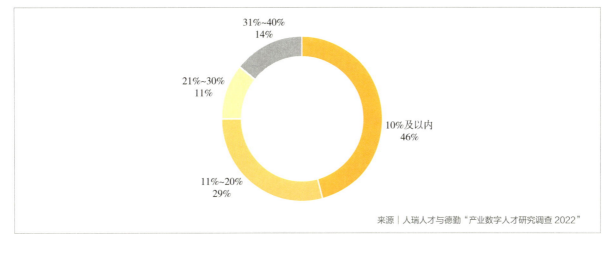

来源｜人瑞人才与德勤"产业数字人才研究调查 2022"

（二）传统岗位趋于饱和，软件、智能硬件开发岗位需求激增

从过去一年智能汽车企业人才招聘需求看，机械开发类、制造工艺以及内燃机系统相关岗位开始出现饱和，行业对数字人才的需求呈现爆发式增长，尤其对智能化和数字化的新兴人才需求急剧增长，包括汽车嵌入式软件、自动驾驶/智能网联、汽车电子/硬件、新能源电池和电控等领域人才需求旺盛。基于某领先招聘网站 2022 年 7 月~12 月期间智能汽车行业企业发布的约 4600 条招聘词条，调研发现（图 3-53）嵌入式软件工程师、汽车硬件工程师、测试工程师、汽车电子电器工程师、自动驾驶算法工程师均在智能汽车企业热招 TOP15 岗位之内，分别占该时间周期企业新发岗位数量的 12%、9%、8%、3% 和 2%。

图 3-53　2022 年智能汽车企业雇主新发布岗位占比

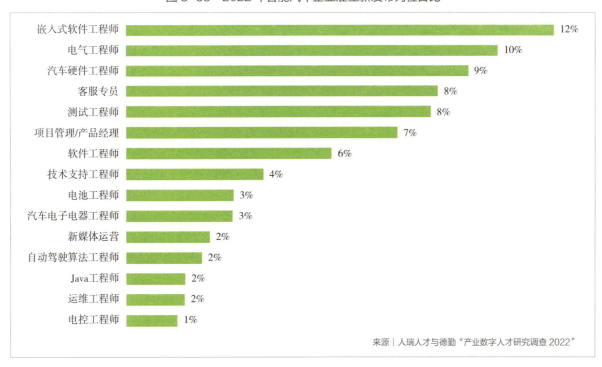

来源｜人瑞人才与德勤"产业数字人才研究调查 2022"

（三）计算机和电子信息取代车辆工程成为数字人才主要专业来源

智能汽车行业是典型的交叉学科，智能化相关功能的实现和数字化转型的推进，使得企业迫切需要跨学科、跨行业的复合型技术人才。例如未来的汽车工程师不仅要掌握传统车辆控制机械、自动化理论，也要和人工智能、集成电路、通信工程等前沿技术复合交叉，才能解决自动驾驶、人机交互等工程问题。对交叉学科人才的培养，一是给车辆专业工程师培训数字能力，二是挖掘当前计算机专业人才再辅以车辆工程相关知识。从当前智能汽车技术研发的从业人员专业背景看，计算机已经取代车辆工程成为研发人才第一大专业来源，车辆工程为第二大专业来源，电子信息类和自动化类专业紧随其后（图 3-54）。

图 3-54 智能汽车研发人员学科（专业）分布

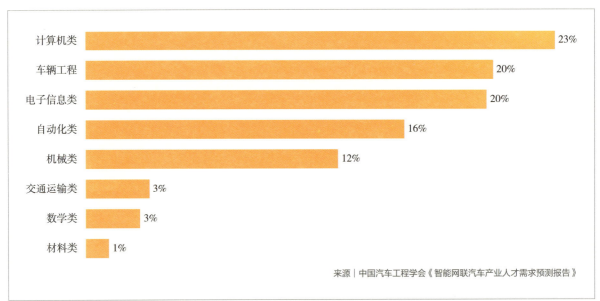

来源｜中国汽车工程学会《智能网联汽车产业人才需求预测报告》

2.2.2 挑战：跨行业人才竞争升级、人才供给偏离行业需求

车企获取关键数字化和智能化人才通过增量和存量两大渠道，前者主要通过高校人才的培育和储备，后者则依靠现有行业人才的挖掘和转化。从企业调研和企业招聘需求看，智能汽车人力资源的矛盾主要体现在跨行业竞争加剧和供需错配，使得企业普遍对数字人才的供给前景感到悲观，预计行业将面临数字人才长期供应短缺的风险。

（一）数字人才总量少、流动性高、智能汽车企业对高质量数字人才吸引力不足

缺少有行业经验的技术人才（64%）是目前智能汽车企业人才招聘的首要难题，企业希望候选人熟悉行业知识和业务流程，招进来就能用，无须对人才开展额外的技能培训。此外，人岗技能不匹配（52%）、数字人才总体基数小（50%）也是数字化转型中智能汽车企业人力资源管理面临的挑战（图 3-55）。

图 3-55 数字人才招聘面临的挑战

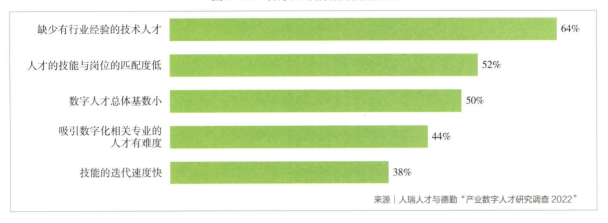

缺少有行业经验的技术人才	64%
人才的技能与岗位的匹配度低	52%
数字人才总体基数小	50%
吸引数字化相关专业的人才有难度	44%
技能的迭代速度快	38%

来源｜人瑞人才与德勤"产业数字人才研究调查 2022"

数字人才不仅总量少，还呈现向 ICT 行业集聚的趋势。互联网和科技公司对年轻优秀的数字人才呈现极强的虹吸效应，使得车企不得不和 ICT 企业竞争技术成熟的数字劳动力。但传统车企由于组织机制缺乏弹性，薪酬竞争力不足，在跨行业人才争夺中处于劣势。

（二）企业组织架构和管理流程未能适配数字人才特性

即便企业高薪招到对口人才，也面临人才流失频繁、离职率高等问题。据统计，2021 年前三季度汽车人才流失率超过了 2020 年全年水平，在智能驾驶、移动互联等热门岗位上，主机厂人才呈现净流出的趋势。[1] 究其原因是车企组织架构转型滞后，汽车企业普遍缺乏数字人才成长所需的文化和环境。人瑞调研显示（图 3-56），56% 的车企表示对数字人才岗位、职责和流程进行调整是其在数字人才管理过程中遇到的最大阻碍。其次，不同背景人才团队缺乏有效的合作机制（56%）、技术和业务部门缺乏协同（52%）都是影响数字员工的工作体验和获得感，造成车企数字人才流失率高等问题的关键因素。

图 3-56 数字人才管理面临的挑战

数字人才岗位、职责、流程需要相应调整	56%
企业文化需要培养不同背景人才的团队合作	56%
企业内部技术人员和业务人员的协同缺乏	52%
需要调整数字化相关的绩效考核标准	52%
代际管理差异比较明显	44%

来源｜人瑞人才与德勤"产业数字人才研究调查 2022"

---

① 中国人才研究会汽车人才专业委员会：《汽车行业招聘经理人指数》。

（三）供需错配：认知错配和能力错配

报告认为目前智能汽车数字人才的供需错配一方面是目标人才对行业及从事岗位的认知错配，另一方面是人才培养方向和企业发展需求的错配。前者是短期矛盾，后者是中长期挑战。人瑞的调研显示（图 3-57 左），智能车企对数字人才招聘的最热门专业是信息工程，其次是电子信息工程和软件工程，占比分别达到了 84%、79% 和 79%。但本报告对上述专业的高校毕业生的就业倾向进行调查发现，电子信息工程毕业生最青睐的企业是人工智能企业，其次是芯片和互联网公司，智能汽车和生物医药、数字金融和物联网企业并列第四位（图 3-57 右）。除了前述提到的智能汽车企业薪酬缺乏竞争力等因素之外，另一大原因在于高校学生对企业的认知偏差。

图 3-57　公司对数字人才的专业要求（左）和电子信息工程毕业生的就业倾向行业（右）

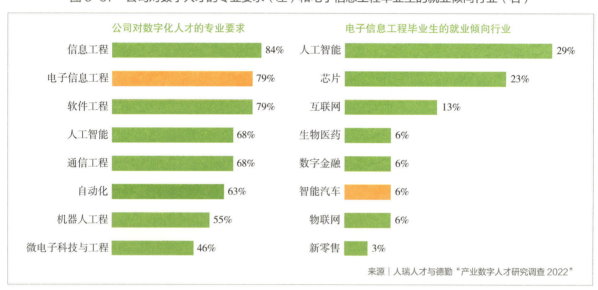

来源｜人瑞人才与德勤"产业数字人才研究调查 2022"

《智能网联汽车行业大学生人才现状研究》报告指出，高校学生对汽车行业仍停留在固有认识，对该行业正在进行的智能化和数字化转型、公司发展前景、所需岗位、晋升空间和职业发展路径等均缺乏清晰认识。这意味着智能汽车企业在增量数字人才吸引上存在可调整和优化的空间。

能力错配则主要表现在企业需求和学校培养方向的脱节。由于人才培养具有一定滞后性，目前高校对汽车相关专业的学生培养和汽车产业发展方向及企业实际需求出现了一定程度的偏离（图 3-58）。以车辆工程专业为例，该专业属于机械工程下面的二级学科，专业课程围绕"机械设计""汽车构造""材料力学"等传统汽车产业所需的技能，但当前智能汽车的研发人员对控制工程、C 语言程序设计、计算机技术、单片机原理的理论知识需求更迫切。相较之下，计算机专业课程设置，包括 C 语言程序设计、操作系统、计算机网络、软件工程、数据结构等知识体系和智能汽车研发岗位所需技能的匹配度更高。

图 3-58　智能汽车相关本科专业课程设置与研发从业人员实际知识需求对比

车辆工程专业	自动化专业	电子信息专业	计算机专业
核心课程	核心课程	核心课程	核心课程
① 机械设计	自动控制原理	信号与系统	C语言程序设计
② 汽车理论	电力电子技术	数字信号处理	数据库原理及应用
③ 汽车设计	模拟电子技术	通信原理	操作系统
④ 汽车构造	过程控制系统	单片机原理	计算机网络
⑤ 材料力学	电机及拖动	模拟电子技术	软件工程
⑥ 机械原理	数字电子技术	数字电子技术	数据结构
⑦ 液压与气压传动	计算机控制技术	C语言程序设计	离散数学
⑧ 发动机原理	单片机原理及其应用	电路分析	计算机组成原理
⑨ 电工电子技术	现代控制理论	嵌入式系统	JAVA程序设计
⑩ 机械制图	C语言程序设计	微机原理	程序设计

来源｜中国汽车工程学会《智能网联汽车产业人才需求预测报告》
注｜绿色表示课程设置匹配实际需求

2.2.3　企人才策略："选、育、用、留"多管齐下

数字化竞争的本质是人才的竞争。对车企而言，找对人、管好人、用对人、留住人将贯穿车企数字化转型的始终。目前，智能汽车企业普遍面临数字人才吸引力不足、数字人才难用难留、缺乏数字人才培养机制和资源等共性问题。针对上述挑战，报告提出智能车企人力资源转型的四大招数：1）提升雇主形象、推动人力资源数字化转型、灵活用工模式多模式并举，缓解数字人才短缺的短期困境；2）改变人才配置，"以人定岗"替代过去"以岗定人"，真正发挥"人尽其用"；3）探索新兴校企合作、建立体系性的人才培养机制；4）建立长期性的人才激励机制，建立稳定性的数字人才团队。

（一）现有人才策略

（1）人才招聘和吸引：以社招和行业挖角为主，尚未充分挖掘校招和内部培训等人才获取渠道的潜力

通过图 3-59 可见，目前社会招聘（含猎头和招聘网站）是智能汽车企业吸引技术骨干人才的最主要渠道。基层数字人才的获取上，招聘网站（89%）和员工推荐（68%）是主要渠道。企业发展初期靠高薪挖角和行业内流转补充技术骨干是企业搭建数字人才团队的重要手段，但前文分析提到，全行业均面临数字人才短缺问题，长期而言，智能汽车企业亟需要建立稳定且长期性的人才获取渠道和人才培养体系。

（2）人才培养：目标人才不清晰、缺乏系统性的人才培养计划和资源

抢人并不是长久之计，而且外聘人才还面临"水土不服"等难题，因此解决人才的长期短缺问题，要善于盘活企业的存量人才，帮助公司内部员工实现数字技能培训和能力再塑，多样化且拓宽员工的技术专长。

图 3-59　技术骨干人才（左）和基层数字人才（右）的招聘渠道

但智能汽车企业在内部数字人才培养上遭遇一些阻力（图 3-60）：包括目标人才和所需技能图谱不明确（43%）、企业未将培训计划置于较高的优先级（43%）、缺乏将项目实战经验转化为培训知识的机制和能力（41%）。而且从企业访谈反馈看，车企现有的内部培训机制仍存在优化空间，大部分员工认为这类数字技能培训与自身业务联系不够紧密。

图 3-60　数字人才培养面临的挑战

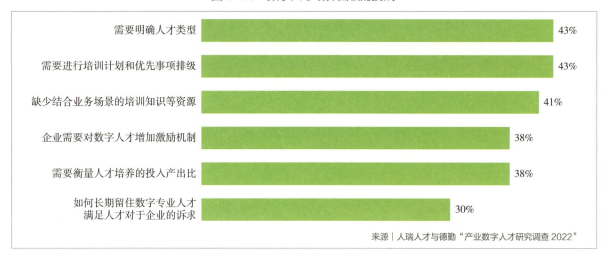

一些领先车企的实践能给行业一些启发。目前主流整车厂均在内部开启了数字人才培养，培养模式总体分为（表 3-1）：借助外部资源，包括开展校企合作或是加强与外部生态伙伴的合作培养专项数字人才，例如一汽与吉林大学共创"吉林大学－红旗学院"、上汽集团与腾讯合作的"数字人才培养项目"。盘活内部资源，建立内部培养体系，包括直接聘请第三方服务机构对企业技能人才进行模块化培养和技能认证，参与技能比赛，邀请重点领域技术专家来做技术交流等，如东风打造的"东风科创学堂"。

表 3-1　主流车企数字人才培养方式

培养方式	典型案例	目标/成果
内部培养体系	东风汽车打造的"东风科创学堂"	目标是在"十四五"期间，为公司培养1000名内生"五化"人才，实现公司科技人才"原地转身"
开展校企合作	一汽与吉林大学共创"吉林大学–红旗学院"	已累计为一汽输送100多位新四化人才
外部合作培养	上汽集团与腾讯合作"数字化人才培养项目"	聚焦数字化运营、产品开发设计、汽车+互联网、信息安全、数据分析挖掘五大板块，培养具有跨界思维的数字化人才，至今已培训内部员工超过3000人

来源｜基于公开资料，德勤研究整理

展望未来（图 3-61），近 7 成的智能汽车企业表示未来数字人才缺口将占到公司员工总量 10% 以上，对数字人才前景表示担忧；约 43% 的企业判断未来数字才缺口将超过 20%，足以显示数字人才已经成为影响智能汽车产业长足发展的核心挑战。

图 3-61　未来三年数字人才缺口占公司整体员工比重

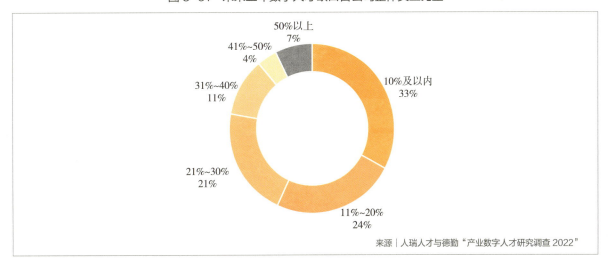

来源｜人瑞人才与德勤"产业数字人才研究调查 2022"

（二）未来人才策略

数字人才的获取和管理俨然成为当前智能汽车行业数字化转型的关键瓶颈，针对上述人才挑战，本报告针对人才的选、育、用和留四个环节提出以下几方面建议（图 3-62）。

- **提升雇主形象、推动人力资源数字化转型、灵活用工模式多模式并举，缓解数字人才短缺的短期困境。** 例如针对数字人才难招问题，车企可以充分挖掘校招渠道，积极提升企业智能化和数字化的雇主形象，改变高校毕业生过往对汽车行业的固有印象；其次企业的人力资源部也需要加强数字化转型，例如建立大数据统计建立模型识别可转化的传统硬件人才和软件人才，再根据人才的能力来决定岗位匹配。

- **建立体系性的人才培养机制：** 人才培养分为两个层面，一是企业内部人员的数字化培训，二是开展校企合作，通过与智能汽车和数字技能相关专业的高校、院系、教师、学生，以及就业指导中心建立长期深度的绑定。例如某造车新势力会依托创业 / 实习 / 研究项目锁定关键人才，通过了解核心类人才的目标院校、科技项目和专长领域，通过和高校在项目共建、实习基地和课程试制上建立长期合作。

- **"以人定岗"代替"以岗定人"。** 传统汽车企业多采取以岗位职责来招募目标人才，但在智能化和数字化转型的推动下，业务模式加速创新，产品开发周期大幅缩短，岗位边界变得模糊。过去以编制管人的模式弊端开始显现，车企的人力资源管理需要从以岗位为中心，向以人才为中心转变，管理模式也是从重到轻，组织架构也要更富弹性和灵活性。

- **建立长期性的激励机制：** 车企在长期激励制度的设计上没有达到预期效果，主要在于当前的激励体系缺乏连续性和吸引力，且缺少衡量机制，员工获得感较低。对于车企来说，人才是核心杠杆，未来对于数字人才长期激励要进行稳定的常态化运作，参考互联网行业经验，让员工知悉并且相信企业的长期激励机制，进一步增加人员的稳定性。

图 3-62　智能车企数字人才管理体系提升建议

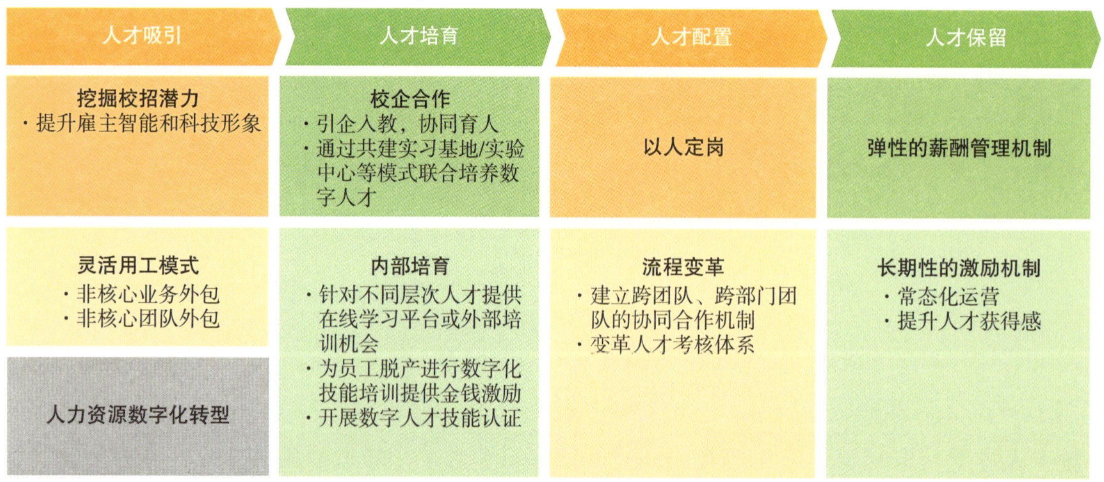

明确了当前行业整体的数字人才现状和挑战后，本报告将深入产业链内部，分析不同环节企业的目标人才需求和特点，并以此描述智能汽车产业链上下游的人才轮廓，为下文的人才供需状况提供进一步的分析支撑。

2.3　产业链对应企业的目标人员结构特点

智能汽车产业链上中下游在人才需求上各有侧重（图 3-63）。上游主要从事关键零部件 / 元器件和智能软件的设计和开发，因此对研发岗需求集中，且侧重人才的软硬件复合能力。中游涉及软硬件系统集成、测试和整车制造等环节，因此对研发和制造序列岗位存在需求，强调人才的集成和工程化能力。下游涉及整车销售、售后、客户运营和增值服务等，岗位序列更为多元和分散，用人方普遍看重目标人才的软性技能。此外，无论企业处于上中下游哪一环节，均对数字技能（软件、大数据、云计算等）存在较强需求。因此诸如大数据平台架构师、数据挖掘工程师等底层技术人才需求将贯穿产业链始末。

图 3-63　智能汽车产业链上下游典型企业和常见岗位

2.3.1　产业链上游：偏好"软硬技能兼具"的复合型人才

智能汽车产业链上游分为汽车电子和软件供应企业，包括摄像头、雷达（激光雷达、毫米波雷达、超声波雷达）等传感器、车载控制器、导航电子、车载芯片、通信设备等电子电器企业和高精地图、车载应用等软件供应商。

汽车电子属于研发密集型行业、技术复杂度大、门槛高、验证周期长，目前行业对于传感器等电子硬件的技术评判集中在车规级、可量产、低成本三个维度，考验企业的技术实力和成本控制力。随着行业竞争的加剧，仅提供硬件已无法构成竞争壁垒，软硬一体化成为汽车电子企业的核心竞争力，尤其下游主机厂的软件能力不一，对上游企业在硬件与软件层面的需求非常多元化，要求电子供应商需要积极储备软件和系统级别的供应能力。这也造成上游企业过去一年加大对感知算法、深度学习、嵌入式软件开发人员的招聘力度。

以激光雷达企业为例（图3-64），作为实现自动驾驶不可或缺的智能电子硬件，激光雷达企业对目标人才呈现以下几方面特点。

- **学历要求：** 激光雷达企业普遍对高质量人才需求大，从业人员中硕士研究生学历达到了45%，博士研究生学历人才占比为6%；在学校层次方面，普通高等院校占比最高，比例为49%，985院校占比达到了30%，超过211院校占比。
- **工作经验：** 激光雷达企业重视从业经验，5年以上经验人才占比达到了82%，可见行业更关注人才在所属领域的技术沉淀和经验累积。
- **岗位类型：** 常见岗位包括激光雷达系统设计、光学、光机、硬件、芯片和嵌入式软件等；过去一年增加对计算机视觉算法、嵌入式软件开发的人才需求。
- **专业背景：** 本行业之外，激光雷达企业人才曾经供职于消费电子（11%）、汽车电子（10%）、半导体（9%）、通信（8%）和军工（7.2%）。

图3-64　智能汽车上游企业目标人才特点（激光雷达为例）

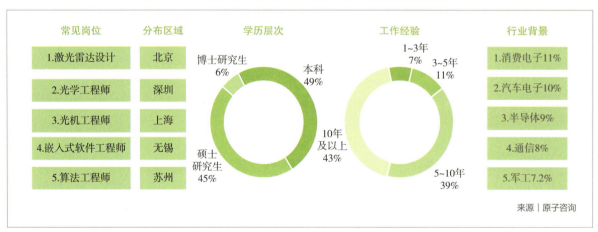

2.3.2　产业链中游：青睐"老将"、强调资历和工程经验

中游集成的工作是把自动驾驶/智能座舱软硬件系统搭载到车辆平台上，并满足车载使用环境的要求，其本质上是系统工程的能力，工作内容涵盖了机械设计、电气工程、热管理、造型设计、空气动力学、主被动安全等诸多方向。核心的技术要点包括智能驾驶等系统的功能定义、软硬件架构的设

计和搭建、工艺流程与生产制造管控，质量追溯与一致性要求等。集成后还需要完成严苛的测试验证，才能保证车辆在上路后的安全性和可靠性。到了量产阶段，需要工程技术人员对智能网联汽车产品进行质量、工艺等的一致性管控。**智能汽车产业链中游主要包括智能座舱系统集成企业、辅助驾驶系统供应商、自动驾驶科技公司，以及负责整车智能制造的主机厂。**

以自动驾驶科技公司为例（图 3-65），自动驾驶创业企业对目标人才呈现以下几方面特点。

- **学历要求：**中游领域对人才的学历要求普遍较高，整体行业从业人员中，硕士研究生及以上学历占比达到了 58%；其中系统工程师和架构工程师尤为重视学历水平，感知和决策算法工程师也强调人才的学习能力，硕士研究生及以上学历人才占比超过 50%。

- **工作经验：**自动驾驶系统供应商对人才的工作经验要求呈现刚性，从行业从业人员学历水平看，76% 的人才工龄在 5 年以上，约一半从业人员工作经验超过 10 年，足以看出自动驾驶更看重人才的职业轨迹和过往从业经验。

- **岗位类型：**从自动驾驶功能实现过程来划分，中游领域的常见岗位包括自动驾驶系统和架构工程师，含感知算法、决策算法和规划控制算法等在内的算法工程师、自动驾驶仿真和测试工程师。

- **专业背景：**主要从计算机科学、电子、软件三个行业进行人才挖掘，并且强调过往在消费电子、软件公司从事产品研发等经验，规划控制算法人才则普遍要求拥有嵌入式硬件、微控制器的开发设计和工程化经验。

图 3-65　智能汽车中游企业目标人才特点（以自动驾驶科技公司为例）

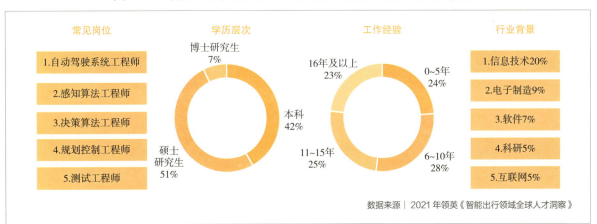

数据来源｜2021 年领英《智能出行领域全球人才洞察》

2.3.3　产业链下游：重视人才"服务型"能力

智能汽车下游岗位较为分散（图 3-66），覆盖汽车产品的营销 / 销售、售后服务、二手车、金融和保险、充电服务运营、用户运营、数据增值、因自动驾驶汽车商业化应运而生的车辆道路测试服务、自动驾驶安全员、智能设备诊断、移动出行服务等。

　　以营销和销售领域为例，近几年传统车企加速向"用户运营型"企业转型，例如蔚来、理想、小鹏等造车新势力是典型的"以客户为中心"的企业。用户型企业的一大特点是将过去市场/营销/销售等职能部门抽离出来，转变为平台型组织，全权负责用户全旅程的交互体验和职能服务。因此，营销/销售领域人才的岗位设置和工作职责也发生了新的变化，例如重新定义了过去门店销售人员的职责和绩效考核方式，同时新增了线上销售人员、交付专员、用户运营、社群运营、充电桩工程师、智能设备诊断维修工程师等新型岗位。

图 3-66　智能汽车产业链下游营销和销售公司岗位分布

新势力企业对营销、售后和用户运营方面的目标人才呈现以下特点（图 3-67）。

- **学历要求：** 下游服务型企业对人才学历背景的宽容度更高，整体行业从业人员中，本科占到 56%，大专人才占据 42%。
- **工作经验：** 对工作经验的要求也更宽松，例如 62% 的岗位对工作经验要求在 5 年以下（不含不限），其中 34% 的岗位接受 1~3 年的职场新人。
- **岗位类型：** 营销、售后类岗位名称从过去的销售专员、售后客服转变为产品专员；新增产品专员、充电桩运营、空间运营、用户运营、智能诊断专家等职位。
- **专业背景：** 专业背景不限，雇主更强调人才软性技能，尤其是用户服务能力，包括服务意识和服务方法；从产品专员、交付专员、用户运营等几个岗位的职责描述中抽取出几个共性关键词，包括用户体验、客户关系、伙伴关系、长周期管理等。

图 3-67 智能汽车营销、销售和售后服务岗位要求

总体来看，智能汽车产业链上游因研发属性强，对产品研发人才需求，尤其软硬件复合型人才的需求强；中游领域侧重系统集成、工程化和量产，更强调人才的资历和经验；下游企业产业链长，涉及流通、营销、售后、金融、通信等多个领域，工种繁多，但因企业"用户型"基因，使其对服务型人才的需求更为集中和迫切。

下两个章节将结合智能汽车产业的发展特征和企业招聘需求，梳理出核心紧缺岗位、岗位对应的人才特征和胜任力模型，为企业制定新的数字人才策略提供数据支持。

2.4 行业紧缺人才的供需状态

智能汽车产业方兴未艾，产业仍处于产品研发到技术应用的初级阶段。这一现状也造成目前数字人才缺口主要集中在产品研发层面，未来随着技术的成熟、走向大规模量产，行业数字人才缺口将从产品研发序列，转向数字战略管理、智能制造、数字化运营、数字化营销、数据分析等职能部门。目前智能汽车行业研发人才缺口最为突出，需求和供给比达到了 2.7:1。未来五年随着智能驾驶走向大规模应用，数字应用人才缺口将开始显现。

2.4.1 研发人才缺口呈扩大趋势

由于智能汽车行业普遍处于产业化初期，企业仍不断加大研发投入，对研发类人才的需求强烈，而当前智能汽车相关的研发人才供给严重短缺。人瑞的调研也印证了上述趋势（图 3-68），60% 以上的智能汽车企业表示研发类数字人才最为紧缺。

图 3-68　行业急需哪个领域的数字人才

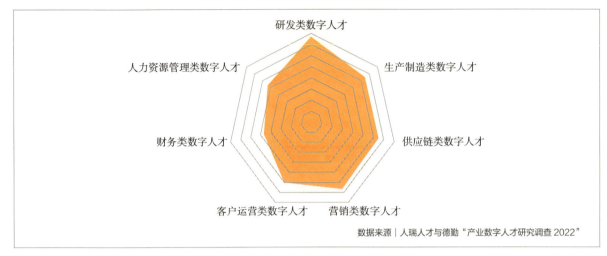

数据来源｜人瑞人才与德勤"产业数字人才研究调查2022"

截至 2019 年底，从事智能网联汽车相关技术研发的人员约为 5.3 万人。据中国汽车人才研究统计，2025 年智能网联研发人员需求规模在 9.2 万~11.6 万（基于产业不同发展情景）。但目前智能汽车行业相关专业每年的毕业生规模约为 89 万人（图 3-69 为热门专业的毕业生规模），流入智能汽车行业的比率却仅为 1%，算上存量研发人才，智能汽车研发人才总供给量为 7.2 万，产生 1.3 万~3.7 万的人才缺口。[①]

图 3-69　2019 年智能网联汽车相关专业高校毕业生规模（单位：万人）

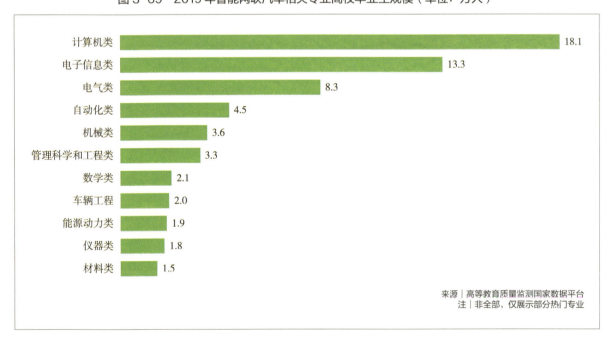

来源｜高等教育质量监测国家数据平台
注｜非全部，仅展示部分热门专业

① 中国汽车工程学会：《智能网联汽车产业人才需求预测报告》。

从具体紧缺岗位看（图 3-70），嵌入式软件开发工程师、智能网联工程师的紧缺程度最高，人才紧缺指数 TSI 在 2021 年分别达到了 8.35 和 3.46；其次是汽车电子电器工程师、测试工程师和智能驾驶系统工程师，TSI 指数分别超过 2，表明人才获取难度大。

图 3-70　2021 年汽车行业 TSI 指数 TOP20 以内的岗位

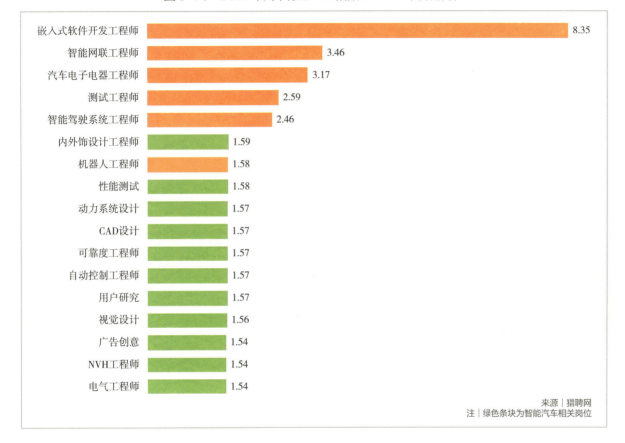

来源｜猎聘网
注｜绿色条块为智能汽车相关岗位

2.4.2　高技能人才缺口不容忽视

随着数字化转型的推进，汽车行业人才结构也将发生重要变化。当前的人才结构呈典型的金字塔结构，上层企业领军人才占据不到 1%，设计研发人才和其他专业人才占据 30%，生产制造人员占据 60%，营销服务人才占据 10%。随着产业数字化进程提速，人才结构将朝橄榄型结构演变，制造端的生产技术人员很大一部分从事重复性和低技术含量的底层工作人才将被机器人所取代，初级技术人才的比例在自动化工厂的背景下逐步缩小，掌握数字技术的中高级技能人才占比将进一步提升，包括从事车间自动化设备维护、智能设备操作、自动化物流、汽车电子硬件设备安装、调试等高技术含量岗位的需求将大幅增加。

目前高技能人才主要从在岗人员转化和职业教育毕业生流入，这两类渠道每年的人才供给为90万~100万。而据中国汽车人才协会预测，2025年智能网联汽车技能类人才需求将达到600万，其中具备数字技术的高技能人才需求约为210万（按35%的高技能人才比例推算），届时高技能人才的需求和供给比例将达到2.1∶1至2.3∶1。

2.5 关键数字人才及其胜任力模型

结合智能汽车产业上下游的热门岗位和紧缺人才岗位（图3-71），报告选取了嵌入式软件工程师、自动驾驶算法工程师、汽车电子电器工程师、自动驾驶测试工程师和智能驾驶系统工程师来呈现雇主对上述岗位目标的人才需求和能力要求，以此来刻画关键岗位的人才轮廓。

图 3-71 智能汽车产业上下游的热门岗位和紧缺人才岗位

来源｜人瑞人才与德勤"产业数字人才研究调查2022"

2.5.1 嵌入式软件工程师胜任力模型

相关岗位：包括嵌入式软件工程师MCU方向、Linux方向等。

岗位职责：主要负责底层软件开发，测试与维护，基于需求说明和设计文档高质量完成软件代码的实现、调试、测试和维护等工作。

图 3-72　嵌入式软件工程师关键特征

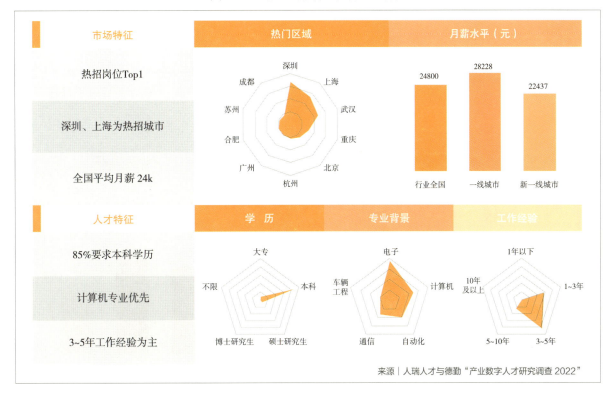

来源｜人瑞人才与德勤"产业数字人才研究调查 2022"

基于上述市场特征和人才特征的分析，嵌入式软件工程师的胜任力模型如下（图 3-73）。

图 3-73　嵌入式软件工程师人才胜任力模型

来源｜人瑞人才与德勤研究

2.5.2 智能驾驶系统工程师胜任力模型

相关岗位： 包括智能驾驶系统架构工程师、智能座舱系统工程师、ADAS 系统工程师等。

岗位职责： 主要负责智能驾驶系统、辅助驾驶系统等的产品规划、方案设计和验证，确保功能与电子电气架构的匹配以及软硬件交互，管理和协调公司内和供应商推进智能驾驶系统的集成开发。

图 3-74　智能驾驶系统工程师关键特征

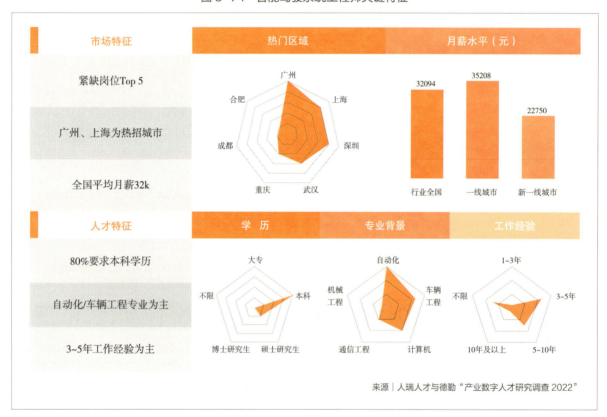

来源｜人瑞人才与德勤"产业数字人才研究调查 2022"

基于上述市场特征和人才特征的分析，智能驾驶系统工程师的胜任力模型如下（图 3-75）。

2.5.3 自动驾驶算法工程师胜任力模型

相关岗位： 包含感知融合算法、机器视觉、决策和路径规划算法、控制算法工程师。

岗位职责： 负责自动驾驶相关算法的设计、开发、训练、模型部署和优化，配合自动驾驶各模块工程师完成集成和调试工作。

图 3-75 智能驾驶系统工程师胜任力模型

① 特征细分

热招城市：广州、上海
薪资水平：全国平均32k/月
学历要求：本科为主
专业背景：自动化、车辆工程专业优先
工作经验：3~5年为主，部分要求5~10年

② 软性技能

● 项目管控能力：拥有全局观意识，能够紧扣整车开发流程，把控项目节点
● 沟通协调能力：能协调部门内或外部资源，推进零部件和智能驾驶集成工作
● 责任心和敬业精神：管理能力强，对软件流程和软件质量有较强的把控意识
● 学习能力：关注前沿技术发展趋势

③ 业务能力

● 架构设计：设计智能驾驶统一软件框架，包括功能方案、模块封装、接口设计等
● 系统集成：管理和协调公司部门及供应商资源，推进智能驾驶集成开发
● 质量把控：编写和评审各开发流程技术文档，把控零部件和系统功能质量

④ 数字技能

● 软件：熟练掌握C++编程，熟练掌握多线程、多进程等相关技术
● 硬件：对自动驾驶软硬件技术栈有较深理解，熟悉助驾驶产品研发、测试流程及整车开发流程
● 加分项：有大型整车厂及/或零部件企业工作经历或自动驾驶系统开发量产经验

来源｜人瑞人才与德勤研究

图 3-76 自动驾驶算法工程师关键特征

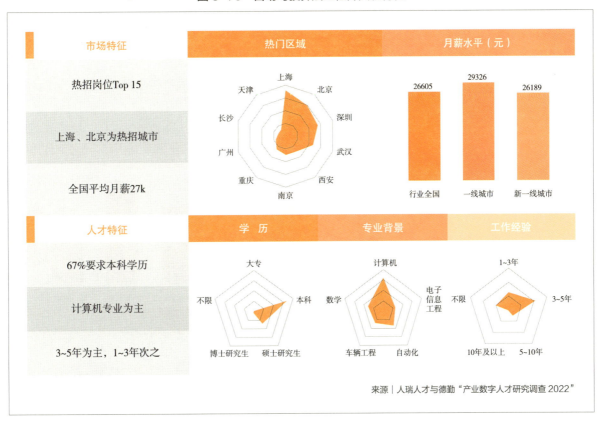

市场特征

热招岗位Top 15

上海、北京为热招城市

全国平均月薪27k

热门区域

上海、北京、深圳、武汉、西安、南京、重庆、广州、长沙、天津

月薪水平（元）

26605 行业全国
29326 一线城市
26189 新一线城市

人才特征

67%要求本科学历

计算机专业为主

3~5年为主，1~3年次之

学历

大专、本科、硕士研究生、博士研究生、不限

专业背景

计算机、电子信息工程、自动化、车辆工程、数学

工作经验

1~3年、3~5年、5~10年、10年及以上、不限

来源｜人瑞人才与德勤"产业数字人才研究调查2022"

基于上述市场特征和人才特征的分析，自动驾驶算法工程师的胜任力模型（图 3-77）。

图 3-77　自动驾驶算法工程师胜任力模型

①特征细分

热招城市：上海、北京
薪资水平：全国平均27k/月
学历要求：本科为主，部分要求
　　　　　硕士
专业背景：计算机专业为主
工作经验：3~5年为主

②软性技能

● 善于沟通和团队合作：与软件开发及其他部门
的团队协作和实施落地
能力
● 自学能力和专研精神：包括运用新的工作方法
解决问题，研究跟踪算
法的发展趋势
● 英文读写能力：查找和阅读英文文献、专利、
技术文档的能力

③业务能力

● 算法开发：负责自动驾驶相关算法的设计、
开发、训练、部署和优化
● 系统集成和测试：配合智能驾驶各模块工程
师完成集成和调试工作
● 技术研究：梳理并研究前沿智能驾驶技术，
修正和完善自动驾驶路线

④数字技能

● 编程：熟练使用Python、C/C++等语言
● 框架：熟练掌握PyTorch、Tensorflow、Caffe
等至少一种深度学习框架开发经验
● 理论：扎实的数理基础，熟悉常用的数据结构
和算法，掌握前沿深度学习模型
● 加分项：在AI领域发表过高水平论文、专利或
在高水平国内外竞赛中获奖者优先

来源｜人瑞人才与德勤研究

2.5.4　汽车电子电器工程师胜任力模型

相关岗位： 包含智能座舱、车载摄像头、雷达、电控硬件等电子硬件工程师。

岗位职责： 主要负责硬件功能模块的需求分析、技术方案设计（含硬件架构设计、电路图和PCB设计）、核心元器件选型，同时负责技术方案的验证评估、评审、实施、调试。

图 3-78　汽车电子电器工程师关键特征

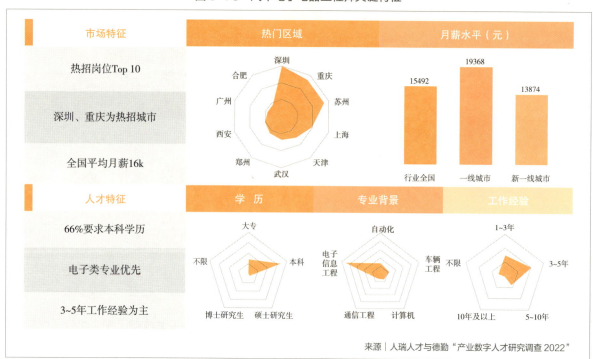

来源｜人瑞人才与德勤"产业数字人才研究调查2022"

基于上述市场特征和人才特征的分析，汽车电子电器工程师的胜任力模型如下（图 3-79）。

图 3-79　汽车电子电器工程师胜任力模型

①特征细分

热招城市： 深圳、重庆、苏州
薪资水平： 全国平均16k/月
学历要求： 本科为主，部分接受大专
专业背景： 电子信息专业优先
工作经验： 3~5年为主，1~3年工作经验次之

②软性技能

● **沟通和合作能力：** 具备良好的内外部沟通技巧，包括与软件人员进行系统总体联调，对接工厂实现产品量产
● **学习和创新能力：** 技术钻研、学习国外先进方案和技术方案创新和突破

③业务能力

● **需求分析：** 硬件功能模块需求分析、设计、仿真、原理图和PCB设计，元器件选型
● **方案设计：** 基于需求分析，进行电子硬件方案设计和总体方案设计
● **测试与验证：** 产品调试及验证，量产导入

④数字技能

● **硬件：** 熟练掌握嵌入式硬件、电子元器件知识，掌握原理图设计及PCB设计方法
● **工具：** 熟练掌握Altium designer、PADS、Allegro等电路设计软件的应用

来源 | 人瑞人才与德勤研究

2.5.5　自动驾驶测试工程师胜任力模型

相关岗位： 包括自动驾驶测试开发工程师和测试工程师。

岗位职责： 测试开发工程师主要制订自动驾驶测试策略和详细的测试方案，负责自动驾驶测试场景库建立和维护以及自动驾驶行车功能的测试标准和测试流程的建立；测试工程师主要根据线路计划完成测试工作并进行基本的测试数据整理和分析。

图 3-80　自动驾驶测试工程师关键特征

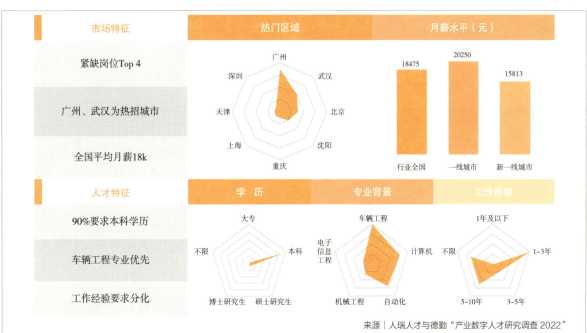

来源 | 人瑞人才与德勤"产业数字人才研究调查 2022"

基于上述市场特征和人才特征的分析，自动驾驶测试工程师的胜任力模型如下（图 3-81）。

图 3-81　自动驾驶测试工程师胜任力模型

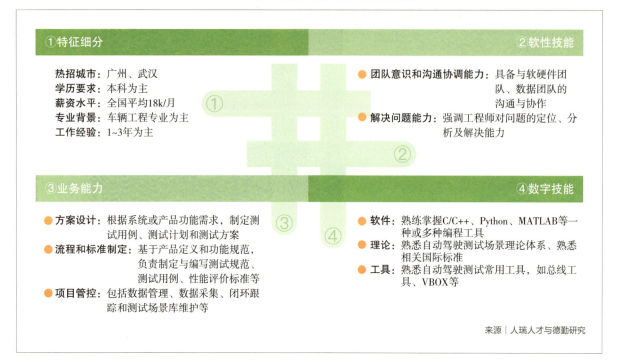

从五大关键岗位的胜任力模型可以发现，智能汽车企业对目标人才拥有较清晰的辨识度和较高的能力要求。学历上整体以本科为主，高竞争力岗位要求硕士研究生及以上学历；专业背景上呈现明显的"复合型"特征，计算机类、电子类专业超过机械工程成为研发岗位首选专业；企业普遍需要能推进项目落地和技术应用的人才，因此对工作经验要求呈现刚性，3~5 年工作经验人才为招聘硬核门槛；此外，企业对跨学科、跨行业背景人才的争夺推高了系统工程师、算法工程师等紧缺岗位的薪酬水平，其中一线城市对人才的需求较集中，各岗位薪酬领跑全国。

2.6　最佳实践案例解析

上述分析提到，智能汽车企业希望在数字化转型上取得实质性成效和突破，呼唤新的人才战略和培养体系，报告选取了在数字人才转型工作上取得阶段性成效的企业作为最佳实践案例分析，以供数字化转型跟随型企业借鉴和参考。

2.6.1　某造车新势力：多元人才计划、职业发展体系和目标管理体系抢占年轻数字人才

○　**企业背景**

某造车新势力在成立之初便以为消费者提供极致的体验为宗旨，希望将互联网领域的便捷、高

效、纯粹的用户体验迁移到汽车行业，改变过去汽车厂商以 4S 店为中间介质服务消费者的模式，将用户运营和服务能力回收，建立自有渠道，为消费者从购车、用车、社交，到售后等全旅程提供数字化服务。这就意味着企业涉及的业务链很长，需要有效的分工协作机制，需要组织的敏捷性和弹性，最核心是需要源源不断的数字创新人才帮助企业愿景的落地。但由于没有先例可遵循，该企业经历了大量试错过程。

○　**痛点**

尽管相较传统主机厂没有历史遗留问题，但作为造车新势力，该公司成立后在数字化建设上也面临一些痛点和难点：

数字人才短缺问题： 由于该企业的业务经验范围广，涉及生产制造、算法数据、人工智能、用户运营等，其面临的数字人才缺口问题更加突出。

人才管理和激励： 由于公司的产业链触角长、涉及工种属性复杂，企业缺乏一套统一的目标管理体系和考核体系。

○　**举措**

为了建立稳定的数字人才梯队，创造软硬协同的合作环境，激发全员的创新活力和自驱力，提升组织运营效率，该公司采取了以下创新举措：

举措一： 青年人才培养计划。该公司推出三大校招项目，分别针对应届毕业生、大专职业院校同学和实习生开展人才培养，以满足人才多样化需求。针对校招毕业生，该企业制订了三年的人才培养计划：第一年培训通用能力，然后在 1~2 年内根据不同潜力、不同阶段、不同业务的各自情况，进行定制化培养和专家传教。培养之外，企业还辅以短平快的晋升机制作为激励举措，通过小步快跑的方式，希望员工在多元的业务场景中历练能力。

举措二： 基于能力水平的职业发展体系。在职业道路成长上，该公司采用了管理和专业双重职业发展通道，专业通道根据工作职责，能力要求的差异进一步划分为 100 多个专业职位。企业员工既可以在同一个职位通道中纵深发展，也可以在管理通道、专业通道的不同职位横向发展。该体系打破了传统职级体系中基于岗位价值来界定职级区间的做法，对所有工种平等提供了基于能力水平的职级成长台阶。

举措三： 新兴人才管理方式，既考核"结果"也关注"过程"：重新设计人才管理模式，摆脱"阶段式"的管理方法，从过去的年度计划、预算和审查，转向以季度、月度为周期的动态式管理模式，并采取目标和关键结果（OKR）体系。该公司将 OKR 进一步调整为 VAU 体系，对公司、部门、人才的整体目标划分为年度和季度予以回顾，并且确保目标在各部门之间拉齐统一。审核目标后，明确行动方案来支持目标实现。同时 VAU 体系不和员工绩效奖惩进行挂钩，使得该公司的绩效考评体系既重视"结果"，也关注"过程"，确保员工的努力不因为短期没有成效而被组织忽略。

○　**成效**

通过多元化的人才招揽、系统性的人才培养和创新的人才管理机制，该公司从事数字和软件相关的研发人员数量已经接近公司员工总数的 40%，而且该公司成为全国青年数字人才最受欢迎公司的第三位。

2.6.2 某国际零部件企业：打造学习型组织，激发员工学习内驱力

○ **企业背景**

随着汽车朝电气化、自动化和网联化的方向加速转型，软件密集型的电子系统和智能化软件的价值将超过传统硬件，成为汽车产品的核心差异点。主机厂已开展智能化和数字化转型进程，建立专门的业务实体招聘大量数字人才，并希望将过去大量外包给供应商的软件开发工作"内化"，掌握软件时代的主动权。

○ **痛点**

作为传统内燃机行业的零部件巨头，该企业面临巨大的转型压力：

其一，产品中软件份额的提高对企业现有业务造成巨大压力，企业急需大量软件专家和数字人才；而该公司作为以硬件实力闻名的汽车零部件企业，在招聘软件和数字人才方面并没太多经验可循。

其二，全行业面临数字人才短缺难题，只靠从外部引入远远无法满足需求，但企业自身数字人才发展体系的建设又面临诸多挑战，包括缺乏清晰的数字人才画像，员工缺乏数字技能学习的内驱力和学习资源，学习效率低，转化成果差等。

○ **举措**

为提升学习效率，创造终身学习的环境和氛围，促进企业员工在浓厚的学习氛围下主动提升数字化能力，该公司采取了以下举措：

举措一：为主动学习并获得组织需要的数字技能员工提供金钱和非金钱的激励。该公司已承诺在未来五年投入 10 亿欧元，在人工智能、工业 4.0 和汽车电气化等技术领域对员工进行再培训。目前该公司在海外市场推出了多项数字技能培训计划，包括面向动力总成工程师教授人工智能项目和物联网学徒制项目等。

举措二：构建个性化、沉浸化的数字学习体验。该公司在中国建立了梯级化的数字人才培训体系，针对全员、专家以及应用和管理人才三个类别设置定制化的学习资源和推陈出新的学习内容。例如针对全员，通过移动端和 PC 端慕课提供普适性的学习平台；针对数字化专业人才，该公司通过与外部平台合作的方式提供人工智能、数据技术等方面的线上课程，员工可以按照技术胜任力中所规划的内容学习，例如从一个初级数据分析师一路朝着专家型的职业发展路线进化。在学习方式上，采用线上学习与线下工作坊交流的形式，提高学习成果产出和实践。

举措三：建立数字人才测评机制，确保学习效果和人才转化。针对个人、团队和事业部均设置了数字化测评机制。例如个人层面，强制高级经理以上人员必须学完有关人工智能的线上课程，并且需要通过考试确保学习的有效性。

举措四：建立学习激励机制和学习生态。该公司还构建了去中心化的一个学习生态，激发员工

自驱动学习，包括以社群学习的方式发展胜任力，此方式以 10~20 天、每天线上 1~2 小时为学习周期，促进成员学习的落地和习惯的养成。此外，该公司还举办数字化转型先锋奖、黑客马拉松等活动，鼓励全员数字化。

○ **成效**

通过数字人才培训计划，该公司在内部识别并招募超过 1800 名数字人才。其移动学习平台的成员数超过 24000 人，成员活跃度超过 10%。

3. 金融行业数字化及人才策略

3.1 金融行业数字化程度和未来发展方向

数字经济时代，金融脱媒、利率市场化改革迫使传统金融行业加快转型。数字化转型是提升金融机构服务质效、补齐传统业务短板、推动新旧动能转换的迫切需要，也是增强金融服务实体经济能力、支持普惠金融发展、防范化解金融风险的重要抓手。

同时，疫情加速了金融行业数字化进程。疫情防控迫使金融机构纷纷推出线上"非接触"金融服务。随着数字经济和产业数字化加速度进一步提升，产业数字金融的渗透率将逐步提升。金融业内人士预计 2025 年产业数字金融规模将突破 400 万亿元，产业数字金融需求将愈加旺盛。

当前，金融行业数字化转型总体处于初级阶段，以银行业为代表的金融机构和监管机构通过成立金融科技子公司，或与互联网、科技公司合作开启数字化转型（图 3-82）。

3.1.1 顶层规划完善，金融各领域转型路径

在中国大中型传统金融机构，信息技术已由支撑业务向引领业务方向发展，推动着借贷、支付、投资、融资等领域变革创新（图 3-83）。

在金融科技领域，央行先后出台两份顶层规划。一是《金融科技（Fintech）发展规划（2019~2021 年）》首提金融科技，明确了金融科技的基本定义是"技术驱动的金融创新"；二是《金融科技发展规划（2022~2025 年）》将"数字驱动"作为基本原则之首，并将"金融业数字化转型更深化"作为首项发展目标。在金融细分行业领域，2022 年 1 月银保监会发布《银行业保险业数字化转型的指导意见》，受众包括商业银行、金融资产管理公司、理财公司、保险公司及养老金管理公司等，目标是到 2025 年银行业保险业数字化转型取得明显成效。目前金融行业各领域数字化转型的具体举措详见图 3-84。

图 3-82 传统金融机构 + 监管机构数字化转型应用层图谱

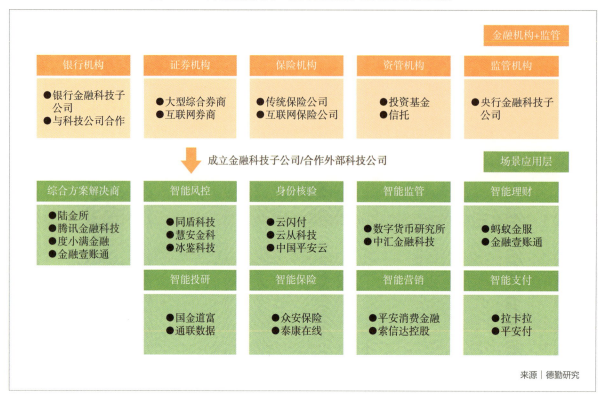

来源 | 德勤研究

图 3-83 金融业数字化转型是金融服务与科技应用各要素的深度融合

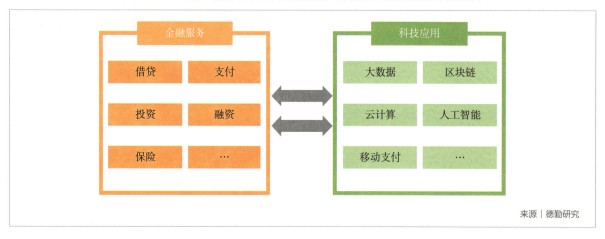

来源 | 德勤研究

3.1.2 银行业数字化升级为核心推动力

中国金融行业数字化转型是以银行业的数字化升级作为核心推动力。银行业金融机构总资产占中国金融行业总资产的 90% 以上，银行业代表着金融产业数字化转型的最高水平。据公开统计，2021 年，披露年报的 30 家银行金融科技资金投入合计 1764.16 亿元，保险业和证券业的 IT 投入分别为 354.8 亿元和 303.55 亿元，前者约为后两者总和的 3 倍。

图 3-84 金融行业各领域数字化转型举措

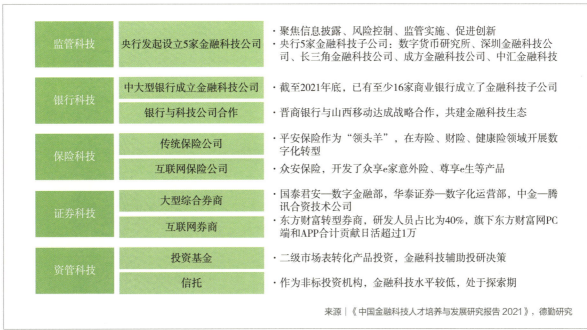

来源|《中国金融科技人才培养与发展研究报告 2021》，德勤研究

在科技投入方面，平安银行、招商银行科技投入比重最高，占营收比重超 4%，平安银行金融科技投入占营业收入比例达 4.36%，交通银行投入增速高达 50% 以上；在科技人才方面，招商银行、工商银行科技人员比例最高，招行和工行的科技人员占比均超过 8%（表 3-2）。

表 3-2 2021 年商业银行金融科技领域的投入和人才结构

银行	金融科技投入（亿元）	增速	营收占比	金融科技人员（人；占比）
工商银行	259.87	9.10%	2.76%	35000；8.1%
农业银行	205.32	12.20%	2.85%	9059；2.0%
中国银行	186.18	11.44%	3.07%	12873；4.2%
建设银行	235.76	6.64%	2.86%	15121；4.03%
交通银行	87.50	52.87%	3.25%	4539；5.03%
邮储银行	100.30	11.11%	3.15%	5300；-
招商银行	132.91	11.58%	4.01%	10043；9.7%
兴业银行	63.64	30.89%	2.88%	-；6.45%
平安银行	73.83	2.40%	4.36%	9000；-
中信银行	75.37	8.82%	3.68%	4286；7.73%

来源|2021 年上市银行年报，德勤研究

3.1.3 行业整体处于数字化转型初期

技术、运营部门引领转型之路

调查显示，绝大部分金融企业从个别部门开启了数字化转型。技术引领产品、营销的数字化创新，再慢慢全面带动整体组织架构转型（图 3-85）。高管和技术主管都认同研发转型在数字化战略中的优先地位，HR 认为人才数字化应当引领转型。

图 3-85　技术、运营引领转型

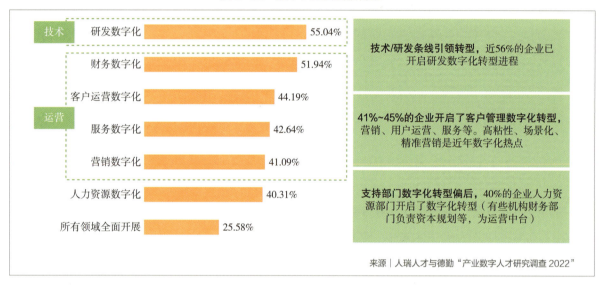

来源 | 人瑞人才与德勤"产业数字人才研究调查 2022"

转型带来的盈利提升尚未显露，金融行业整体仍处于数字化转型初级阶段

从投入力度和盈利转化角度来看（图 3-86），90% 的受访企业前期投入较大，尚未收回成本或盈利，与高科技企业前期研发投入大、盈利难情况相符。企业管理层、技术主管与 HR 均表示只有约 10% 的企业能够有所盈利。

图 3-86　九成企业表示转型盈利尚未显露

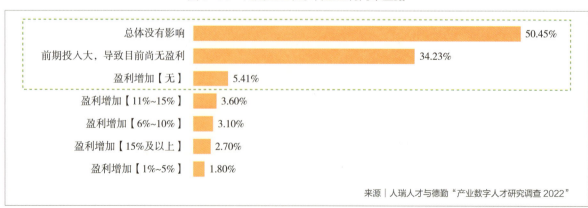

来源 | 人瑞人才与德勤"产业数字人才研究调查 2022"

3.1.4 持续释放数据潜能、重塑人才培养

数字化供应链、绿色、ESG、养老等为未来蓝海领域

由图 3-87 可见金融科技企业的热门领域分布情况。

图 3-87 供应链金融、绿色金融和 ESG 投资、三农、养老为热门领域

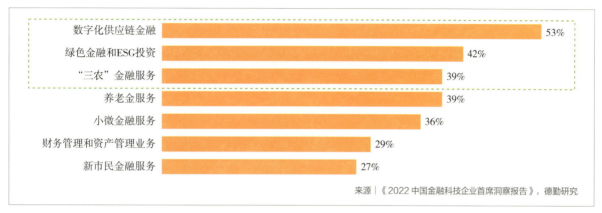

来源丨《2022 中国金融科技企业首席洞察报告》，德勤研究

数字化转型思路方向：战略、机制、风险治理、数据、科技、人才组织保障

银保监会 2022 年 1 月发布的《银行业保险业数字化转型的指导意见》提出了金融机构数字化的原则、整体工作框架与工作标准要求，并详细列出了转型工作中需重点关注事项。未来数字化转型方向下的工作框架如图 3-88 所示。

图 3-88 未来数字化转型方向——数字化转型工作整体框架

来源丨德勤《区域性银行数字化经营能力提升》

金融企业自身：应突破转型困难，释放数据潜能、重塑人才培养

在企业高管视角下，金融企业在数字化转型中面临的五大困难（图 3-89）：数字化平台割裂、缺乏人才统领和支持转型、转型战略不明、技术更新太快，以及原有制度流程制约。企业未来应在数据融合运用、数字人才画像、数字化战略、数字化制度流程方面持续发力（图 3-90）。

由图 3-87 可见金融科技企业的热门领域分布情况。

图 3-89　未来着力解决数字化转型中的困难 / 痛点

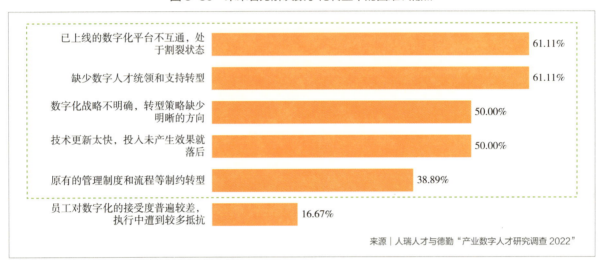

来源｜人瑞人才与德勤"产业数字人才研究调查 2022"

图 3-90　未来金融企业突破转型的四大方向

来源｜德勤研究

金融企业未来数字化投入会持续增加

总量层面持续提高数字化投入水平是必然趋势。通过图 3-91 可见，超过 80% 的企业决策者表示会继续增加数字化投入，约占企业营收的 15%~20% 为最多选择。

图 3-91　数字化投入意愿情况

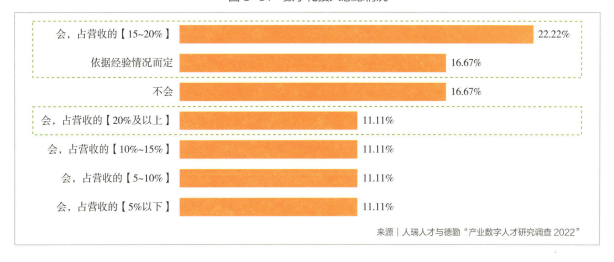

来源 | 人瑞人才与德勤"产业数字人才研究调查 2022"

数字经济时代，产业数字金融需求愈加旺盛。头部金融机构数字化程度显著提升，但整个金融行业仍处在数字化转型初期。未来，金融企业将持续加大数字化投入力度，充分释放数据潜能。赢得未来的数字化转型对传统金融从业人员提出了更高要求，数字金融人才是核心竞争力，金融机构需要发展和完善数字金融人才体系，积极应对未来。

3.2　行业人才现状、挑战及策略

近年来，头部金融机构的技术人员比重不断攀升，但目前从行业整体来看，总量层面人才缺口问题仍然十分明显。相比纯技术背景人员，理解金融知识、并能结合业务场景的"金融＋技术"复合型经验型人才尤为短缺。

3.2.1　现状：普遍存在人才缺口、成熟人才难觅、薪酬领跑行业

（一）总量缺口：头部机构科技队伍壮大，但总体人才缺口仍突出

2018 年起，银行、保险、证券等行业头部机构的科技人员人数呈现爆发性增长，如工商银行的科技人员比重从 2018 年的 4% 翻倍至 2019 年的 8%（图 3-92）。

九成以上机构存在人才缺口，技术背景及业务场景人员占比普遍较低

银行业协会、金融科技 50 人论坛连续两年发布《中国金融科技人才培养与发展研究报告》，揭示近年中国金融科技人才现状。2021 年技术人员队伍增大（图 3-93），但 97% 的机构仍存在人才缺口。

图 3-92　银行、保险、证券行业头部金融机构的科技人员比重持续增加

图 3-93　2021 年机构技术人员占比情况

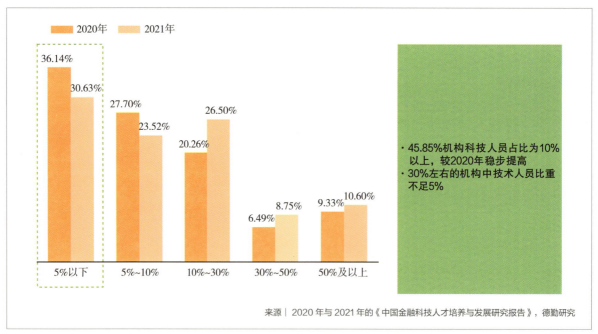

业务场景技术人员普遍稀缺

大力引进信息技术人员的同时，对业务场景技术人员的引进和培育力度不足，60.7% 的机构业务场景技术人员占比不足 5%（图 3-94）。

图 3-94　较之信息技术人员，业务场景技术人员培育不足

来源｜《中国金融科技人才培养与发展研究报告 2021》，德勤研究

数字人才能力提升方向：战略、营销、数据分析、产品开发、数字化运营

企业技术主管和 HR 均认为顶层数字战略规划和落实能力最为重要，其次为数字化精准营销能力，直接关系到企业的营收，其后依次为支撑部门的数字技术及数字化运营能力的提升（图 3-95）。

图 3-95　最需要提升的数字化能力方向

来源｜人瑞人才与德勤"产业数字人才研究调查 2022"

（二）招聘渠道：校招为主，几乎无企业仅依靠社招

公开调查显示，近 80% 的金融机构以校招为主要招聘渠道。例如 2022 年春招中交通银行金融科技部门校园招聘合计多达 900 人。

（三）学历经验：高学历人才易得，成熟人才难觅

本科及以上学历是标配，仅 16% 的企业偏好零基础毕业生

由图 3-96 可见，超 90% 的企业都希望数字人才拥有本科及以上的学历，超 30% 的企业倾向硕

士研究生。84% 的受访企业希望招募到相关经验至少 3 年以上，只有 16% 的企业愿意接受零基础的毕业生或 3 年以下经验的人才。

以校招为主的方式使得人才实操经验缺乏，拥有丰富行业经验的人才成为最大缺口之一

数字金融技术日新月异，拥有多年经验的高质量复合型人才较少，擅长数据科学、计算机等技术的人才多集中于在校生和刚毕业学生。相比 HR，企业技术主管对经验丰富人才需求尤盛，15% 的技术主管偏好深耕行业 10 年以上的成熟人才。提高金融数字人才融合业务和技术的能力，不能仅依靠外部招募，而须从企业内传统业务员工和毕业生出发在工作中培养人才，使业务人员更懂数据、技术人员更懂业务。

图 3-96　90% 的机构要求本科 / 硕士研究生，一半机构要求 3~5 年经验

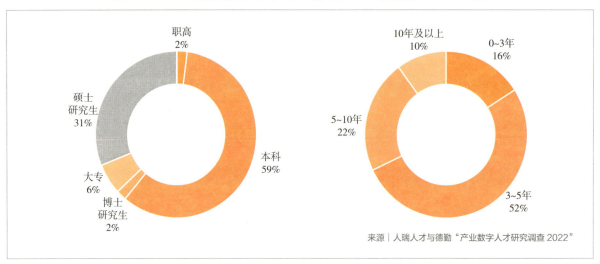

来源 | 人瑞人才与德勤"产业数字人才研究调查 2022"

（四）薪酬范围：校招平均月薪资为 8000~15000 元左右

应届生薪资位于行业前列，近一半毕业生月薪达 10000 元以上，仅 3% 的应届毕业生月薪低于 5000 元。36% 的应届毕业生月薪在 8000~10000 元，是最集中的薪酬区间（图 3-97）。

图 3-97　校招金融科技岗月薪分布情况

来源 |《中国金融科技人才培养与发展研究报告 2021》，德勤研究

图 3-98　金融科技人员薪资范围

不同维度	薪资情况
外资金融机构整体薪资水平较高	● 某外资行"系统架构设计师"招聘要求应聘者拥有金融、系统架构设计和开发人员工作经验，年薪达70万元
行业平均薪酬	● 金融科技企业初级岗位月薪酬5000元左右 ● 大多数岗位平均月薪酬10000元左右
上海金融科技人才薪酬最高	● 一二线城市月薪酬普遍15000~30000元，主要集中在北京、上海、广州、深圳、成都、重庆 ● 上海金融科技人才平均月薪酬最高，普遍15000元以上
区域机构薪资较低	● 城市商业银行金融科技人员平均月薪酬最低，不足5000元

来源｜《中国金融科技人才培养与发展研究报告 2021》，德勤研究

3.2.2　挑战：快速技术更新使得经验型人才缺乏

金融企业在人才流通过程的三个环节——招聘、管理和培养中面临着不同的挑战。

（一）人才招聘：技能迭代速度快是最大挑战，经验型人才缺乏

高校教授的专业知识一定程度上与实践脱节。近年来技术快速迭代，计算机、信息专业成为热门，但决策者认为如何更好地衔接高校培养体系与职业能力需求仍是目前突破数字人才招聘难点的关键。HR 和技术主管则认为招聘的难点主要在于缺少有行业经验的技术人才。

图 3-99　人才招聘挑战主要在于应届生技术能力与实际脱节

来源｜人瑞人才与德勤"产业数字人才研究调查 2022"

（二）人才管理：探索如何建立崭新完整的人才管理架构

通过图 3-100 可见，站在 HR 角度，企业内部技术人员和业务人员缺乏协同并存在技术隔阂是最大管理挑战，反映产业数字化进程中技术部门仍处于从支持性部门向核心业务部门转型的初步阶段。文化因素也是常被忽略的重点挑战之一，新进数字人才与传统金融员工之间的文化隔阂可能会阻碍企业上下对数字化转型达成共识。

图 3-100　人才管理挑战：组织架构、文化兼容、技术＆业务协同

数字人才岗位、职责、流程需要相应调整　58.14%
企业内部技术人员和业务人员的协同缺乏　52.71%
需要调整数字化相关的绩效考试标准　47.29%
代际管理差异比较明显　45.74%

来源｜人瑞人才与德勤"产业数字人才研究调查 2022"

（三）人才培养：金融企业外部培养资源方面投入较少

通过调研可知，90% 以上的公司已形成独立的数字人才培养体系。由图 3-101 可见，60% 以上的企业表示已采用了 Mentor-mentee 项目导师制模式，企业数字人才培养方式以内部学习为主。企业应考虑借助外部专业资源，行业内也有待建立较为统一有效的数字人才培养体系。

图 3-101　人才培养方式：项目导师制为主，内部分享为辅

项目导师制　60.47%
以往经验的案例内部分享　50.39%
企业到外部报班学习　41.86%
没有体系　7.75%

来源｜人瑞人才与德勤"产业数字人才研究调查 2022"

HR 认为如何量化评估、管理人才培养的投入产出比是人才培养体系的主要挑战（图 3-102）。企业决策者认为明确区分管理型、技术型和应用型人才，也是人才培养的重要要求。另外，数字人才对业务场景缺乏敏感度和熟练度，以及企业对数字人才激励机制不够的问题也是比较大的挑战。

图 3-102　人才培养挑战：培养投入产出评价、结合业务场景、区分人才类型

难以衡量人才培养的投入产出比　50.39%
缺乏结合业务场景的培训资源　45.74%
难以明确人才类型　43.41%
难以衡量ICT人才的技能框架体系　42.64%
企业需要对数字人才的激励机制不够　40.31%
无法长期留住数字专业人才　34.11%

来源｜人瑞人才与德勤"产业数字人才研究调查 2022"

金融机构及员工最感兴趣的技术为人工智能、大数据、云计算、区块链（图3-103）。

图 3-103　培训需求：关注金融科技实践案例（场景应用）相关知识

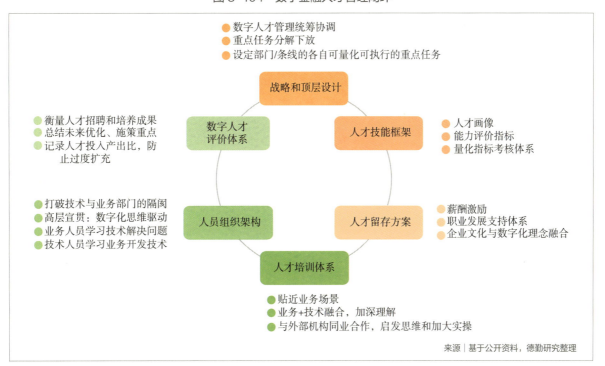

来源｜《中国金融科技人才培养与发展研究报告 2021》，德勤研究

3.2.3　策略：数字金融人才管理闭环

能够招聘、培养并留住具备技术技能的员工对于金融机构的数字化转型能力十分重要。对此，美国某大型银行的首席数字官在德勤全球数字化金融调查中表示：招聘技术人才不是问题，但如何使他们融入公司业务却非易事。为对应挑战，我们总结了数字金融人才管理闭环（图3-104）。

图 3-104　数字金融人才管理闭环

- 数字人才管理统筹协调
- 重点任务分解下放
- 设定部门/条线的各自可量化可执行的重点任务

战略和顶层设计

- 衡量人才招聘和培养成果
- 总结未来优化、施策重点
- 记录人才投入产出比，防止过度扩充

数字人才评价体系　　**人才技能框架**

- 人才画像
- 能力评价指标
- 量化指标考核体系

- 打破技术与业务部门的隔阂
- 高层宣贯：数字化思维驱动
- 业务人员学习技术解决问题
- 技术人员学习业务开发技术

人员组织架构　　**人才留存方案**

- 薪酬激励
- 职业发展支持体系
- 企业文化与数字化理念融合

人才培训体系

- 贴近业务场景
- 业务+技术融合，加深理解
- 与外部机构同业合作，启发思维和加大实操

来源｜基于公开资料，德勤研究整理

快速掌握技能并赋能金融服务场景，是每一个金融企业面临的挑战，更是企业培养、发展和管理数字人才时考虑的焦点。金融企业需要构建符合自身资源禀赋的数字金融人才管理闭环，并充分运用至人才队伍培育中，使传统金融从业人员理解科技赋能的新型数字文化，这对传统金融从业人员都提出了新的要求。金融企业各部门人员需要更新知识体系，了解业务运营系统，掌握数字化技能。

3.3　产业链对应企业的目标人员结构特点

银保监会对管理、运营和技术型三类数字金融人才提出了明确的要求。对于未来人才培养，中银协首席信息官高峰表示，赋能数字化转型，数字金融人才应具备四类特征：知识和能力复合、数据驱动结合金融场景应用、科技推动业务创新、了解国际化前沿技术（图 3-105）。

图 3-105　监管、行业协会对数字金融人才的相应要求

成熟的数字化转型始于金融机构数字化战略，覆盖金融企业全条线业务部门，落实到各类金融业务场景及监管要求，需要前中后台全员掌握相应的数字化技能。

金融企业岗位一般按照前台、中台、后台部门设置和管理。金融风险管理"三道防线"即为贯穿前台、中台、后台的全面风险管理体系。

- **前台—业务部门**：接触客户、直接创造利润。
- **中台—监督部门**：不直接接触客户，对业务部门进行监督形成制衡。
- **后台—支持部门**：全面支持公司运作。

3.3.1 前台业务人员

前台—业务人员： 接触客户、直接创造利润。

图 3-106 前台—业务人员

能力特征	代表岗位	工作职能	数字化人才技能
●营销技能 ●钢牙能力强 ●业务指标导向 ●充分理解业务/产品	柜员/客服 客户经理 投资研究/投资决策 股票交易/经纪 投资者关系 理财规划 基金销售 渠道销售	●卖方：客户服务、市场销售等 ●买方：投资决策、研究等	●理解数字化金融产品、业务等 ●数字化、精准营销 ●营销数据分析 ●基于用户、流量数据制定线上营销方案

来源｜德勤研究

3.3.2 中台监督人员

中台—监督人员： 不直接接触客户，但接触前台业务人员，对其进行监督形成制衡。

图 3-107 中台—监督人员

能力特征	代表岗位	工作职能	数字化人才技能
●金融领域知识（风控、合规、产品、精算等） ●抗压能适度 ●无明显业务指标 ●注重经验	风控 合规 产品 信贷审核 信贷/贷后管理 资本规划/财会 投后管理 企划督导 精算	●对接前台业务 ●根据风险管理、合规要求进行监督 ●信贷审核、管理及审阅 ●投资审核及跟踪 ●产品规划、开发设计	●理解竟然领域知识 ●理解监管科技 ●理解中台系统及原型 ●业务场景、用户流量分析 ●风控模型调试、Bi报表及可视化生成

来源｜德勤研究

3.3.3 后台支持人员

后台—支持人员：作为支撑体系，全面支持金融企业运作。

图 3-108 后台—支持人员

能力特征	代表岗位	工作职能	数字化人才技能
●金融领域知识 ●金融专业技能（技术为主） ●抗压能力适度 ●注重经验	IT技术 人力 财务 法务 稽核/内审 清算 托管 战略	●系统和技术支持 ●人力资源管理 ●财务会计处理 ●资金交割清算 ●战略规划（管理层）	●理解金融领域知识 ●理解监管科技 ●公司核心系统开发、测试、运维等 ●会计数字化、智能化 ●人才数字化管理 ●数字化战略研究规划

来源｜德勤研究

总之，随着金融数字化全面覆盖金融企业全条线业务部门，银行、证券/基金/资管、保险等金融子行业的前中后台人员都需要掌握相应数字化技能。这在当前数字化程度较高的头部成熟金融机构已经有所体现，包括前台精准营销、数字化获客、智能投顾；中台数字化风控、数字化运营、产品研发；后台核心系统开发、数据整合分析、数据仓库构建等。

具备过硬的专业知识、业务能力、丰富经验的复合型数字金融人才是企业赢得未来的关键所在。当前各行业数字化转型全面铺开，市场各类行业企业对成熟数字人才的争夺战愈加激烈，成为数字金融人才短缺的主要矛盾。

3.4 行业紧缺人才的供需状态

结合调研及近期招聘信息汇总分析，我们研究市场上的人才供需、分析数字金融人才短缺问题的具体情况，以期为金融企业数字人才招聘提供有价值的参考。

金融机构以传统批量校招为主要渠道，而高校信息科技相关行业毕业生更多流向数字化产业化行业。预计 2021 年至未来 5 年，金融科技人才需求总量超过 115 万人。金融机构对复合型人才需求连年激增，技术研究类岗位亦受限于成熟经验型人才不足而最为紧缺。

3.4.1 供需状态：数字金融人才整体供给不足

数字金融人才总体供给不足，近 50% 的企业面临供不应求矛盾；只有约 22% 左右的企业达到了人才供求平衡；32% 左右的企业人才过剩，此种情况或因其对人才的衡量标准更为严格（图 3-109）。

图 3-109　数字金融人才供给情况

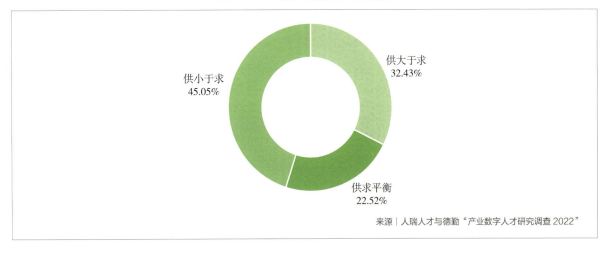

来源｜人瑞人才与德勤"产业数字人才研究调查 2022"

3.4.2　供给渠道：高校加快培养金融科技复合型人才

高校传统单学科的培养模式难以培育交叉型复合人才。目前，各大院校正陆续新设金融科技学科和课程。2017 年，上海立信会计学院首设金融科技专业。中国教育在线网站显示，截至 2022 年5 月，全国 77 所院校开设金融科技专业，数量较上年翻番。

受访的 110 位高校学生中，只有 13.64% 的学生将数字金融列为倾向的就业行业（图 3-110）。受访学生中，67% 的学生本科毕业于计算机类专业，10% 的学生毕业于电子信息类专业，因此毕业生们自然会将招聘量更大、专业更对口的数字产业化行业列为就业首选，如互联网、人工智能、游戏、芯片行业等。

图 3-110　毕业生就业倾向情况

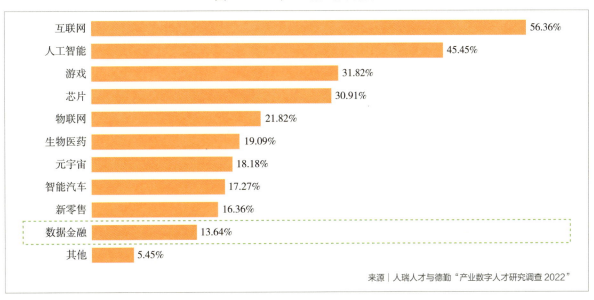

来源｜人瑞人才与德勤"产业数字人才研究调查 2022"

近50%的高校中，数字金融相关专业学生就业排名行业前五。总体仅次于互联网、人工智能和物联网，在所有产业数字化行业中位于前列，超过了新零售、生物医药和智能汽车。

虽然计算机类、信息类毕业生更偏好就业于数字产业化行业，但从实际签约结果看数字金融行业仍具极高吸引力，成功吸纳了近一半的该专业毕业生。

图 3-111　实际就业情况

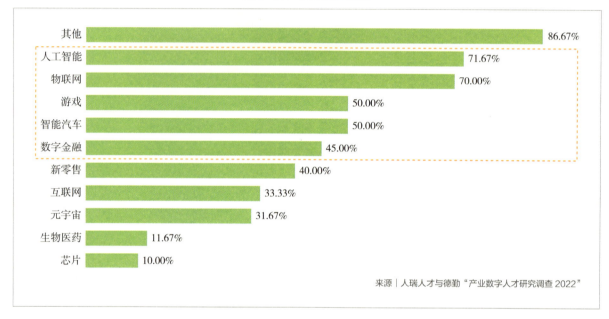

来源｜人瑞人才与德勤"产业数字人才研究调查2022"

3.4.3　总量需求：金融科技人才需求总量超过 115 万

《金融科技人才需求与发展报告（2021 年）》[①]根据国有大行、股份制银行、农商行、保险业、证券公司、期货、创投企业、小贷公司、担保公司、保理公司、金融科技企业等发布的招聘需求统计分析，预计未来 5 年每年人才需求约为 23 万人，人才需求总量超过 115 万人。

3.4.4　人才需求：复合型数字金融人才需求激增

代表性的金融机构 2021~2022 年校园招聘时格外加强了对金融与科技复合型应届生的关注，向复合型人才提供更高待遇、塑造更强吸引力（图 3-112）。

---

① 该报告由信息技术新工科产学研联盟主导，累计调研金融企业、机构等 300 余家，采集公开数据六万多条（招聘网站）。

图 3-112　四家代表性金融机构校园招聘计划情况

金融机构	近期招聘计划
中信证券	金融科技专场招聘，面向境内及境外院校2022年毕业的本科或研究生，涵盖计算机、软件工程、自动化、电子通信、数学、物理、数据科学、人工智能、金融工程等专业
建信金融科技	2022年计划招聘600人从事数据研发类、创新研发类、测试及项目管理类、软件开发类、技术运维类、数据分析类、业务及产品类等工作，以计算机类、软件工程类、数据统计类等理工类专业学生为主要对象
交通银行	2022年向电子信息类、计算机类、经济与金融类等专业学习背景的毕业生招聘900人，岗位包括软件开发工程师、业务分析师等
农银金融科技	2022年设置技术管理、软件研发以及市场运营三类共计22个岗位，面向符合报名条件的用户常年开放报名

来源｜基于公开资料，德勤研究整理

3.4.5　岗位需求：数据、产品、风控、运营类紧缺亦是关键

分析近半年招聘网站信息，全国范围总体需求 TOP20 热门职能中，运营型岗位（平台 / 用户 / 社群运营、风控）需求量最大，其次是技术（数据分析、架构师）类。

需求最热岗位为客服专员：工作经验几乎零要求，月薪资也相对较低，约 8000 元。

薪资最高岗位为架构师、测试工程师等中高级技术类职位：占据 TOP20 岗位大部分，薪资约 24000~45000 元 / 月。高技术人才虽然需求总量不高，但在人才格局中具有核心重要性，也是行业企业抢夺的焦点，合适人才难觅，导致紧缺。

剔除初级客服，紧缺岗位 TOP5 依次为数字化运营、数据分析、开发测试、风控及产品岗位。初级客服人员普遍需求量大，因其无职业门槛要求，也与新冠肺炎疫情发生以来线上客户服务需求显著增加有一定关系。将零门槛要求的客服除外，紧缺岗位 TOP5 依次为数字化运营、数据分析、开发测试等技术研发型岗位，其次是风控、产品等技术应用型岗位（图 3-113）。

图 3-113　热招岗位类型

来源｜人瑞人才与德勤"产业数字人才研究调查 2022"

数字金融人才整体月薪酬范围 24000~46000 元，平均月薪酬 11000 元左右。技术、产品、运营类岗占据 TOP20（图 3-114）。

图 3-114　技术、产品、运营类薪资情况（单位：元 / 月）

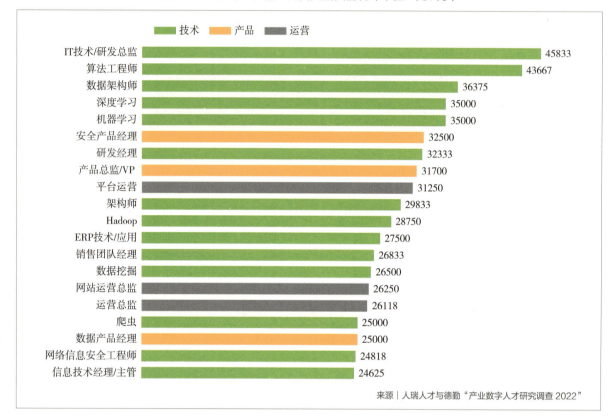

数字金融人才区域分布以一线城市为轴心散开，上海、北京、深圳岗位需求量最大。新一线城市如苏州、成都、武汉、西安也能吸收很多数字人才（图 3-115）。

整体来看，各大金融机构逐年加强对于金融科技专场招聘的重视程度。金融科技人才争夺十分激烈，金融工程、数据科学、人工智能、云计算复合背景应届生颇受市场青睐。

在招聘中，金融机构面向最重要也最紧缺的技术类岗位给出了最高薪酬待遇，凸显其追逐技术人才的决心。运营、产品及营销岗仍是数量较大的招聘对象群体，是金融企业前台链接客户创造收入、中后台运营支持的支柱。

图 3-115 岗位区域分布情况

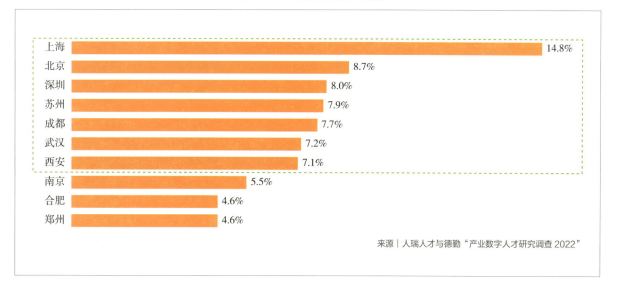

上海	14.8%
北京	8.7%
深圳	8.0%
苏州	7.9%
成都	7.7%
武汉	7.2%
西安	7.1%
南京	5.5%
合肥	4.6%
郑州	4.6%

来源 | 人瑞人才与德勤"产业数字人才研究调查 2022"

3.5 关键数字人才及其胜任力模型

综合考量招聘市场岗位需求热度、薪资水平，并结合金融业数字化转型的现状情况和实际需求，不考虑零门槛的初级前台客服人员，我们首先归纳五类关键数字金融岗位（图 3-116）：数据分析、数据建模 / 开发、产品管理、风险控制、数字化运营。

图 3-116 关键数字金融人才职能 / 岗位

	数字金融技术性（专业型）		数字金融运营型（应用型）		
职能	数据分析	数据建模/开发	产品管理	风险控制	数字化运营
相关数字化技能特征	编程语言Java、Python、C++、BI报表	了解数据库SQL、MySQL、Oracel、EPR、DBA、ELT	产品数据分析、流量分析、竞品分析	风控模型理解与构建，部分要求具备FRM资格	数字化运营技能，理解场景与技术的结合应用
关键岗位	数据分析师	架构师	产品经理	金融风控	平台运营
	金融数据分析师	软件测试	产品总监	风控算法研究	社区运营
	商业数据分析师	测试工程师	产品助理	风控指标设计	用户运营
	Java	算法工程师	产品专员	业务流程风控	运营助理
	Python	数据库开发岗	数据产品经理		运营专员
	C++	Web前后端开发	产品总监		电商运营岗
			产品运营岗		

基于公开资料，德勤研究整理

3.5.1 数据分析岗胜任力模型

相关岗位： 数据分析岗、金融数据分析岗、商业数据分析岗、Java 岗、C++ 岗、Python 岗（实际招聘中以数字技能命名）。

岗位职责： 运用数据统计分析方法，基于日常运维数据进行数据清洗、挖掘和分析；生成 BI 报表、进行可视化操作；进行数据质量管理和评估；提出优化解决方案，结合业务场景进行技术和应用创新。兼具程序开发能力、数据分析能力是人才标准的加分项。

图 3-117　数据分析岗特征提取

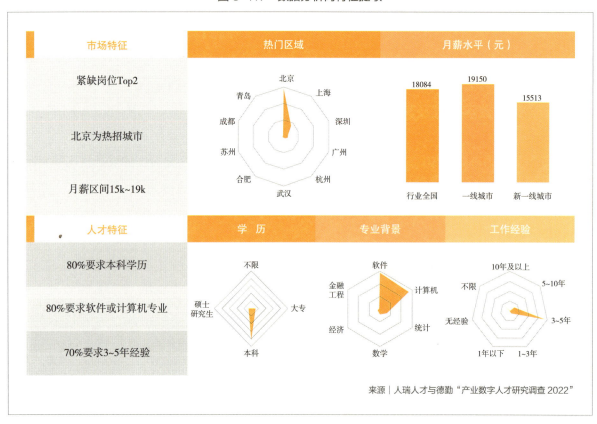

来源｜人瑞人才与德勤"产业数字人才研究调查 2022"

3.5.2 数据建模 / 开发岗胜任力模型

相关岗位： 数据开发岗、算法工程师岗、数据库开发岗、数据架构岗、Web 前端开发等。

岗位职责： 研究并开发数据挖掘 / 机器学习 / 智能合约算法及常用框架；开发基于云平台的金融信息系统；开发常见的微服务系统框架；设计共识机制 / 推荐系统 / 大数据分析系统；基于各类业务数据建立数据模型 / 数据库，解决业务问题。能够包揽程序开发、运营、维护全流程是人才能力的加分项。

图 3-118 数据分析岗胜任力模型

①特征细分

供需情况：紧缺岗位Top2
热招城市：北京
薪资水平：15k~19k/月
学历要求：本科
专业背景：软件工程或计算机专业优先
工作经验：3~5年工作经验优先

②软性技能

● 团队协作能力：以提升业务团队绩效为核心目标
● 沟通能力：协调各大部门落实业绩提升方案
● 学习能力：在没有可借鉴的方式下快速从数据中定位问题、提出解决方案

③业务能力

● 设计能力：设计业绩提升解决方案、协调跨部门执行规划
● 数据分析能力：精通数据分析工具（Excel、SQL、Python）
● 需求分析能力：理解业务、分析业绩变化原因及市场需求、

④数字技能

● 编程语言：
  · Java语言
● 专业软件：
  · SQL数据库
  · MySQL数据库
  · Oracle数据库

来源｜人瑞人才与德勤研究

图 3-119 数据建模/开发岗特征提取

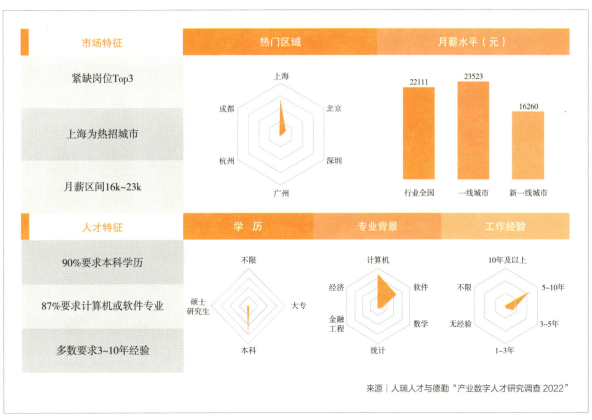

来源｜人瑞人才与德勤"产业数字人才研究调查2022"

图 3-120　数据建模 / 开发岗胜任力模型

3.5.3　产品经理岗胜任力模型

相关岗位： 产品经理、产品助理、产品专员、数据产品经理、产品总监 /VP、产品运营岗。

岗位职责： 结合客户市场需求进行产品规划、功能设计，输出产品需求文档；参与用户数据分析，进行流量细分、定向转化、用户分层；基于数据分析推动产品改进优化；监测竞品动态与行业情况，定期出具分析报告。

图 3-121　产品经理岗特征提取

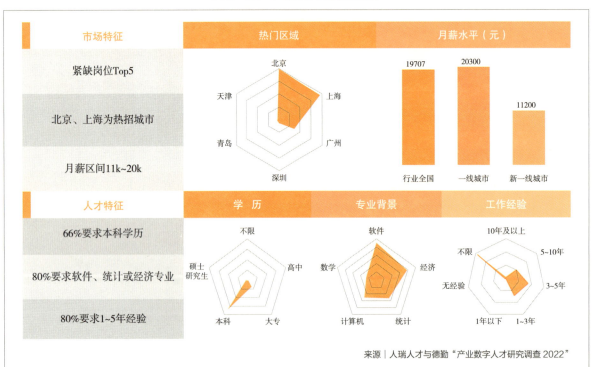

图 3-122　产品经理岗胜任力模型

①特征细分

供需情况：紧缺岗位Top5
热招城市：北京、上海
薪资水平：11k~20k/月
学历要求：本科
专业背景：软件工程、统计或经济专业优先
工作经验：3~5年工作经验优先

②软性技能

● 沟通能力：深度沟通客户需求、协调业务团队与技术研发团队
● 创新能力：设计具有创意和功能突破性的产品
● 逻辑思维：严谨分析市场需求、产品销售空间

③业务能力

● 需求分析能力：充分理解够用户需求、运营需求、市场需求
● 产品评估能力：基于深度数据分析评估产品表现，推动产品改进优化
● 产品优化能力：把控需求实施，跟踪实施进度，参与功能验收

④数字技能

● 通用技能：
 ·基本数据分析能力
 ·基础数据维护能力
 ·基础统计软件使用能力
● 特殊技能：
 ·用户研究方法论
 ·产品质量评估方法

来源｜人瑞人才与德勤研究

3.5.4　风险控制岗胜任力模型

相关岗位：风控算法研究岗、风控指标设计岗、业务流程风控岗、金融反洗钱/反欺诈岗。

岗位职责：审核借款金融业务的真实性与安全性，为系统开发工程师提供基础数据；根据国家和企业风险管理要求对金融业务的真实情况进行核实；针对业务流程、工作流程出发提出最小化风险的合理化建议。

图 3-123　风险控制岗特征提取

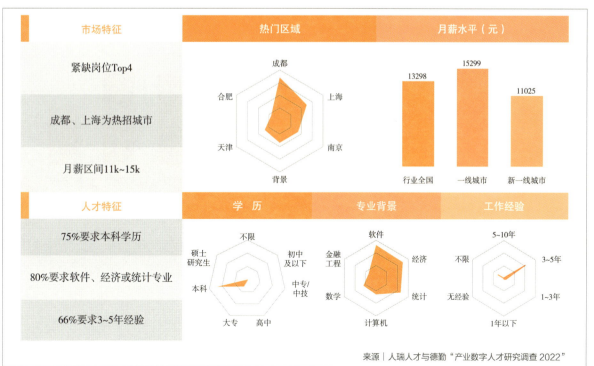

市场特征	热门区域	月薪水平（元）
紧缺岗位Top4		13298　15299　11025
成都、上海为热招城市		行业全国　一线城市　新一线城市
月薪区间11k~15k		

人才特征	学历	专业背景	工作经验
75%要求本科学历			
80%要求软件、经济或统计专业			
66%要求3~5年经验			

来源｜人瑞人才与德勤"产业数字人才研究调查 2022"

图 3-124　风险控制岗胜任力模型

①特征细分

供需情况：紧缺岗位Top4
热招城市：苏州
薪资水平：11k~15k/月
学历要求：本科
专业背景：软件工程、统计或经济专业优先
工作经验：3~5年工作经验优先

②软性技能

● 沟通能力：向业务团队对提出最小化风险的合理化建议
● 合规意识：切实履行反洗钱义务、规避金融违法风险
● 学习能力：快速学习全新的金融监管政策、风险管理政策

③业务能力

● 风险管理能力：了解金融业务规则、金融风险的类别及风险管理政策
● 业务风险分析能力：分析业务流程的潜在风险，提出合理性意见

④数字技能

● 通用技能：
· 基本数据分析能力
· 基础统计软件
● 特殊技能：
· 风控模型开发
· 风控模型维护
· 业务风险评估方法

来源｜人瑞人才与德勤研究

3.5.5　数字化运营岗胜任力模型

相关岗位：运营助理/专员、社群运营岗、用户运营岗、平台运营岗、电商运营岗。

岗位职责：负责业务交割、对接客户、用户与市场；从用户数据出发，发现新的用户增长点，并提出切实可行的产品方案支持业务决策；负责核心功能的策略优化，配合产品经理进行产品功能设计的迭代。

图 3-125　数字化运营岗特征提取

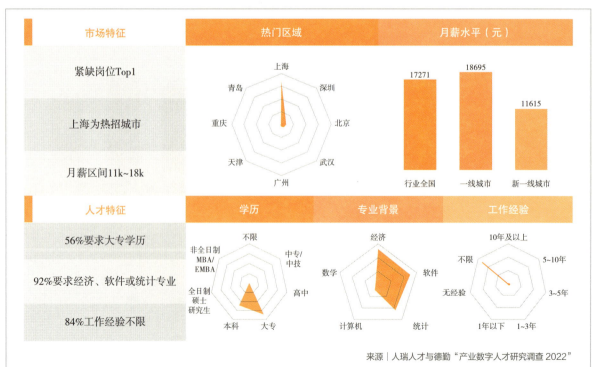

来源｜人瑞人才与德勤"产业数字人才研究调查 2022"

图 3-126　数字化运营岗胜任力模型

①特征细分

供需情况：紧缺岗位Top1
热招城市：上海
薪资水平：11k~18k/月
学历要求：大专
专业背景：软件工程、统计或经济专业优先
工作经验：经验不限为主

②软性技能

● 团队协作能力：负责业务交割、对接客户、用户与市场
● 学习能力：从用户数据出发，发现新的用户增长点
● 逻辑思维：运营方案切实可行、符合流量趋势

③业务能力

● 需求分析能力：运用数据分析能力洞察用户需求变化、驱动产品优化
● 产品推广能力：设计营销方案吸引客户
● 流程优化能力：优化业务流程、实现关键业务快速增长

④数字技能

● 通用技能：
　·基本数据分析能力
● 特殊技能：
　·用户运营话术
　·用户系统维护能力
　·业绩评估方法
　·产品质量评估方法

来源｜人瑞人才与德勤研究

实践中，前台客服／客户经理更要求销售才能、抗压能力或者良好的关系维护能力，对数字化专业技能的要求相对低一些。本节归纳的五类关键数字金融岗位涵盖了目前金融行业数字人才队伍的重点角色，主要包括数字化运营中台和技术支持后台部门。

当前，金融全方位开放，资管理财领域加快发展，对金融产品研发创新、用户／社区运营及流量分析等数字化要求更高；相应地，金融创新和业务变革程度加大了中台风控的难度；最后，未来数字金融是以数据驱动、融合应用为支柱，数据沉淀、积累，数据质量管控、数据仓库构建是各类金融持续发展的基础支撑。

3.6　最佳实践案例解析

由于银行业在中国金融体系中的特殊地位，大量客户、交易数据等多年沉淀和积累，这使银行业自然成为引领金融业数字化转型升级的驱动力。各类金融机构很早就提出"科技引领业务发展"，通过自建研发团队、科技赋能业务和人才，上线了各类项目对核心系统升级，更新打造各自引以为傲的系统。在此过程中，各金融机构也纷纷针对自身人才培养和发展需求打造独特的人才培育体系。

3.6.1 某国有大行整体数字化转型中的科技菁英人才培育计划

○ **企业背景**

2018年起，某国有银行**开始将加快数字化转型作为重要的发展战略**，在关键技术自主创新、业务与科技融合创新、组织架构改革等方面发力。在银行业数字化转型中，金融科技创新人才正成为各家银行比拼实力的关键性因素，决定银行的竞争力。

○ **痛点**

转型前该银行面临**金融科技人才人员不足、人数占比低的问题**，2017~2018年，金融科技人才（1.5万人）仅占总员工人数的4%。人才招不来、留不下主要源于两大痛点。

痛点一：该银行薪酬现状和发展空间有限。相比传统金融机构，互联网机构、创业企业、科研机构向毕业生开出的薪酬待遇与未来培养承诺更优厚，吸引了大多数信息科技毕业生。

痛点二：该银行职业发展天花板较低。银行的传统优势集中于信贷部门，纯金融业务人才升职与发展的可能性更大，对科技人才而言职业发展天花板限于信息部门，导致人才外流。

○ **举措**

2018年起，该行迅速加强金融科技专业人才队伍建设。一方面积极引入金融、科技、数据复合型人才，加强与高校合作的方式，培养符合数字化转型发展需要的科技和金融复合型人才；另一方面通过薪酬等激励措施强化人才并留才。

亮点一：践行"选才、育才、用才、留才"的全流程人才策略（图3-127），建立完整的数字人才建设体系

（1）**招聘选拔环节**，该行在校招时加强与高校、学术组织、竞赛组织等学术机构的合作，在社招时开辟数字人才招聘专场。

（2）**人才培养与使用环节**，该行推出"入职引导＋专业进阶＋项目实战"的科技菁英专属培养体系。入职时为新员工分配青年导师；定期为员工制订培训计划、记录成长档案、实现积分制管理；鼓励人才交叉轮岗，融合科技与业务经验。

（3）**人才保留环节**，该行提高科技人员总体薪酬；针对科技骨干给予特殊激励；以科研项目为单位提供专项奖励。

亮点二：定义人才分类方法、总体框架体系

该行将目标的数字人才定义为研发经理和产品经理两大方向，复合型、创新型、实战型三种类型。

研发经理主要从事新技术研究、应用研发、系统开发、信息安全、数据挖掘等工作。

产品经理主要从事建模分析、产品设计、项目管理及互联网金融营销支持等工作。

研发经理和产品经理都要求具有复合型背景，兼通金融知识与科技素养。而研发经理更偏好创新型人才，需要人才的差异性思维和探索式方案；产品经理则偏好实战型人才，需要人才更能理解和预测金融市场变化、需求波动。

图 3-127　"选才、育才、用才、留才" 数字人才转型解决方案

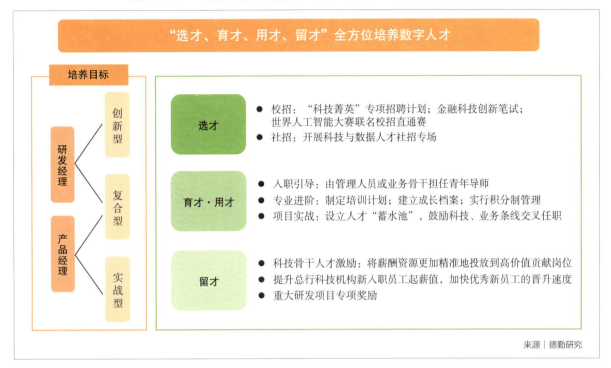

○　**成效**

银行总体员工中，截至 2021 年底金融科技人才总数已达 3.5 万人，占全行员工的比例从 2018 年的 4% 升至 8.1%，位居各大银行之首。

银行总分行新招聘的员工中，理工及 IT 专业背景的占比达 40%。

银行一级分行的管理层中，配备科技背景领导的分行占比达 40%。

3.6.2　某综合性金融服务集团自研平台＋赋能内外部企业

○　**企业背景**

2018 年起，某金融集团开启数字化转型进程，其科技投入开始大幅增长至 25.75 亿元，同比增长 82%。2019 年，IT 资本性支出与科技人力继续分别以同比 35.8% 和 34% 的规模高速增长，科技人员（含外包）超过 7500 人。虽总体人数激增，但集团人才培养尚不成熟。

○　**痛点**

痛点一：数字人才战略落地难。 针对不同部门的不同人才要求，人才培养体系无法直接复制迁移，每次落地时需要重新设计方案，因此落地成本较大。

痛点二：培训内容与业务场景脱节。 学习发展人员所处情境远离业务场景；学习策略和内容设计方面的指导性和实操性有限；学习资源教科书模板化。

痛点三：对数字化员工个人成长晋升的关注不足，培训成果缺乏量化评估指标和监控手段。 在

培训过程结束后缺乏对人员提升成果、后续表现的跟踪和评价，无法激励员工或改善培训系统。

○ **举措**

该集团基于内部专业培育经验和科技技术积累，自研教育创新人工智能平台（图 3-128），意图为企业数字人才培养提供"战略＋业务＋个人"一体的一站式解决方案，并向个人提供终身学习服务。

亮点一：该平台对内建立人才培养体系，助力提升人才归属感和收获感。平台智能陪练功能使培训内容与业务场景深度融合，通过高频训练加速销售行为转化，助力产能提升；系列课程为保险、银行、投资等业务条线人员夯实基础知识；科技认证功能助力员工个人成长记录留存，为评估、激励保存数据基础，缓解了培训项目运营人力投入成本。

亮点二：该平台对外赋能"平台＋内容＋运营"一站式数字人才智能培训解决方案

该平台直接服务外部金融机构，例如，为南洋商业银行提供学习地图功能，针对客户对公、运营、个金、风控等核心业务板块核心业务设计搭建学习路径、分层次提升客户人员能力、把控员工升职制度。

同时，还与其他金融机构自研平台合作。例如，联合中天国富证券共建学习平台，结合双方投研资源和市场资源，以扩大公司业务产品影响力，满足了提高新业务培训速度的需求。

图 3-128　"自研平台＋赋能内外部企业"人才培养解决方案

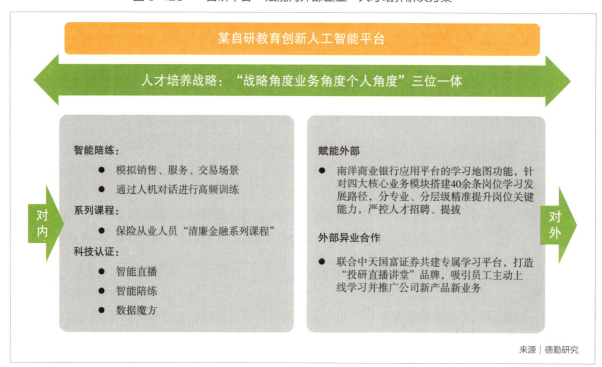

○ **成效**

对内人才培养效果显现。截至 2021 年底，该集团科技人员已超过 9000 人，同比增长 5.88%，

占员工总数占的 **22.32%**，领先各大金融集团。平台三大功能得以实施，例如系列课程实现了深圳地区 **100** 万保险从业人员快速贯彻。

在此基础上，平台通过知识传递对外赋能，服务外部客户，并获互联网周刊职业教育 APP 排行榜第一位、《哈佛商业评论》拉姆·查兰管理实践奖、央视网年度"影响力 AI 智能教育品牌"等诸多荣誉奖项。

4. 生物医药行业数字化及人才策略

4.1 生物医药产业数字化转型程度和未来发展方向

随着国家政策的鼓励、数字化技术应用场景的发展及企业自身管理优化需求提高的趋势下，生物医药行业的数字化转型逐步加速。根据中国医药信息化健康联盟，2021 年生物医药企业数字化转型侧重的领域分别是：1）信息安全相关建设；2）业务流程重塑；3）营销管理创新；4）基础架构优化。整体建设仍处在较为初步的阶段，主要还是以业务层面的应用为主。另外，生产相关应用、智能制造和供应链优化上升趋势显著，体现了生物医药企业数字化中智能制造的发展潜力。根据沙利文的统计预测，目前我国的数字医疗和数字医药零售市场规模达 2340 亿元，并预计在 2030 年实现 11400 亿元的市场规模，生物医药产业的数字化发展潜力可观。

4.1.1 政策支持力度持续加大，推动医药产业的数字标准化发展

在《中华人民共和国国民经济和社会发展第十四个五年规划和 2035 年远景目标纲要》中，智慧医疗的发展获得进一步加持，同时强调重点培育人工智能、大数据、区块链、云计算、网络安全等新兴数字产业。

近五年各部门陆续发布多项医药产业数字转型支持性政策和指导意见（图 3-129），强调跨界融合发展和深度合作来实现创新技术的突破和应用落地。同时为医疗医药数据的利用、存储、统计和可追溯性建立相关准则和规范，推动医药产业的数字化转型的标准化发展。

4.1.2 数字技术应用场景日渐丰富，跨越生物医药产业链

数字技术对于医药产业链的赋能影响深远，创造多个新的应用场景（图 3-130），中国医药行业的数字化发展自 2010 年起发展至今已初具规模，药企应发挥引领作用来推动数字医疗生态发展，科技企业提供信息技术和端到端数据整合支持，打造以患者为中心的数字大健康生态体系，聚焦在五大利用场景。

○ **数字化业态：商业重构，新商业模式的构建**

数字科技从根本上颠覆了医药企业的商业模式。透过数字科技的全面利用，药企重新构建了商业模式。例如与人工智能企业达成深度合作，利用人工智能技术加速研发进程和突破研发瓶颈。

图 3-129　近五年生物医药数字化转型重点支持政策

日期	政策	发布机构	要点
2018/04	《全国医院信息化建设标准与规范（试行）》	卫健委	● 人工智能助力医疗诊断，实现医学影像辅助诊断、临床辅助医疗、智能健康管理、医院智能管理等
2019/03	《关于促进人工智能和实体经济深度融合的指导意见》	深改委	● 推动医疗数据的整合和开放 ● 支持人工智能企业合作以开发多元人工智能应用
2020/07	《国家新一代人工智能标准体系建设指南》	中央信办等部门	● 明确到2023年初步建立人工智能标准体系。重点开发数据、算法、系统、服务等的发展标准，并在包含医疗健康等重点领域中率先开展应用
2021/05	《关于全面加强药品监管能力建设的实施意见》	国务院	● 要求完善医药品和医疗设备的信息化追溯体系
2021/10	《"十四五"国家临床专科能力建设规划》	卫健委	● 推动智慧医疗体系建设，加强人工智能、传感技术在医疗行业的探索实践 ● 推广"互联网+"医疗服务新模式
2021/11	《"十四五"大数据产业发展规划》	工信部等部门	● 完善电子病历和处方等数据库，加快医疗卫生机构数据共享
2021/12	《"十四五"机器人产业发展规划》	工信部等部门	● 加速在医疗健康领域的机器人准入标准制定，推广医疗机器人的应用标准化发展
2021/12	《"十四五"医疗装备产业发展规划》	工信部等部门	● 强调推进"5G+医疗健康"的发展，实现远程医疗、移动医疗、智慧医疗等领域的开发
2022/01	《"十四五"医药工业发展规划》	工信部等部门	● 加速跨界融合发展、大数据和人工智能深度融入医药全产业链，实现数字转型变革
2022/05	《"十四五"生物经济发展规划》	发改委	● 强调人工智能和数字技术与生物医药行业的融合创新发展，推动产业化数字转型

来源｜基于公开资料，德勤研究整理

○ **数字化营销：新消费者和客户交互模式**

数字技术提供了药企新的营销渠道和手段，像是透过社交媒体建立患者社区，为患者提供更好的医疗解决方案；打造面向医疗人员的一站式门户，整合资源并加强医疗事务的推广和宣介；通过数字营销活动来打破距离限制，提高医疗人员和患者的黏性；对医疗人员提供数字化支持，第一时间提供医药品相关的解决方案给到医护人员；帮助医院进行数字化升级，提供医疗数字解决方案。

○ **数字化医疗：实现智能、传感操作，数字赋能医疗**

数字技术不单为治疗提供了便利性，同时也开发了基于数字技术的新治疗手段，诸如数字疗法、数字诊断工具、疾病整体解决方案和数字数据生成等。透过数字技术提供新的治疗办法和提高治疗效率。

○ **数字化渠道拓展：实现市场扩张，激活数字化渠道**

数字渠道的利用创造了新商务营销模式，活用线上线下双渠道打破地理限制，助力药企和药代的远程营销活动，诸如数字药代、远程会议、数字零售和分销，以及互联网医疗推广。

○ **数字化运营：实现数字优化，数字化内部运营模式的利用**

药企将数字科技引入日常运营中，活用数字技术优化内部运营模式，提高生产效率和流程自动化，加快企业数据分析和赋能数字化人力资源。

图 3-130　生物医药产业链各环节的数字技术应用

从问卷调研来看，目前已有 61% 的调研企业表示已经开展数字化转型，而剩余 39% 的未开展数字化转型的企业也认为有转型必要，与生物医药产业的数字化趋势相呼应。然而，由于生物医药产业的数字化转型仍处于初期阶段，生物医药企业尚未从数字化转型中直接获得业绩增长效益。根据调研

（图 3-131），约三分之一的企业表示由于前期投入大导致目前尚无盈利，过半企业则表示数字化目前对其业绩总体未造成影响，仅 7.2% 的企业表示盈利有所增加。产业数字化发展主要来自提高对外部环境变化的适应力和内部提质增效两个主要推动力。外部环节包含宏观环境和竞争格局的变化。

图 3-131　数字化转型对生物医药企业业绩的影响

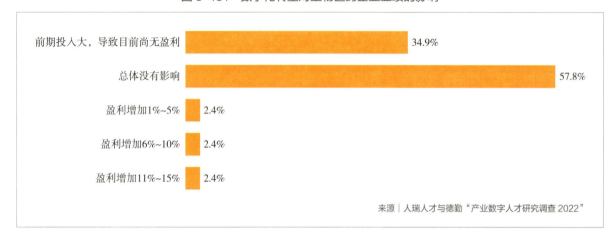

前期投入大，导致目前尚无盈利　34.9%
总体没有影响　57.8%
盈利增加1%~5%　2.4%
盈利增加6%~10%　2.4%
盈利增加11%~15%　2.4%

来源｜人瑞人才与德勤"产业数字人才研究调查 2022"

4.1.3　产业数字化正处于发展初期，未来跨行业合作有望加强并加速产业数字化转型

目前，医药产业数字化发展主要依托医药企业和科技企业的合作，医药企业应发挥引领作用来推动数字医疗生态发展，科技企业提供信息技术和端到端的数据整合支持。近年来，越来越多的科技企业与国内外药企构建深度合作关系，推动全产业链的数字化转型。在 2022 年初，德勤对中国市场的内外资医药企业进行问卷调研，75% 的受访企业表示增加对数字渠道的投资，投资方向则是倾向建立内部团队和与第三方合作并重。

数字技术的融合为中国的医疗保健生态系统带来更加独特的特点，整体有利于对创新想法的迅速测试和创新解决方案的开发（图 3-132）。在整个生态系统中，各个利益相关者都能受惠于数字科技带来的创新解决方案，同时彼此间的关系链接也能进一步夯实。

- **医药公司：**政府对创新药物研发的大力支持和激励贯穿从上市到报销的全价值链。同时，特定的生物研发资源带来覆盖面更广的疾病谱系和更大的患者基群，利于临床试验的推动和真实世界证据的收集。

- **科技公司：**拥有丰富技术人才的科技巨头们正在加速医疗生态系统的建立，加深跨行业的合作。此外，5G 前沿发展和应用强化了不同利益相关者的互联互通，成为数字健康的基础。

- **数据供应商：**相比欧盟和美国，中国在医疗和非医疗领域的个人数据搜集和使用的规定仍较为宽松，有利于前期的数据应用发展提速和建立更大规模的卫生信息系统。

- **患者与客户：**民众的渗透式数字思维和数字偏好能够加速数字解决方案的部署，如线上医

疗咨询和远程医疗。同时，民众也更加愿意与第三方共享健康数据。

- **支付人 / 保险人：**支付行业数字化转型盛行，行业领先者们在生态圈树立医疗支付的新标杆。
- **药房：**发展 O2O 解决方案，活用零售业的跨行业经验来加速医药零售行业的数字化转型。
- **临床机构：**国内的临床机构正在经历充满各种机遇的重大数字变革。例如，智慧医院建设，与生态系统其他主体建立伙伴关系。随着数字变革的持续，临床机构的双渠道应用将能更好地提高医疗可及性。
- **卫生保健专业人员：**医院和企业正在积极地培育和发展数字卫生保健专业人才，并鼓励卫生保健专业人员主要通过数字渠道（例如安全的网络环境或移动应用程序）获取专业信息。

图 3-132　数字化转型下的医药生态体系

来源｜人瑞人才研究院

新冠肺炎疫情和中美贸易争端大幅度影响了在华生物医药企业的运营和发展，数字技术则带来了新的突破口。根据国家卫健委公布，截至 2021 年 6 月，全国已建立 1600 多家互联网医院，远超 2018 年 12 月的 100 多家。新冠肺炎疫情的发生大幅加速了生物医药企业的数字化转型和数字医疗的发展，提升了产业对于"医药 + 数字"复合型人才的需求。同时，数字技术的导入应用为生物医药企业提供了内部研发生产的提质增效的效果，助力企业在有效降低研发成本的同时为药企提供创新推广销售渠道，生物医药产业人才开始学习数字技能和活用数字工具来强化业务和运营能力。

生物医药企业对数字人才的需求将随着数字化转型的深化而进一步提升。对生物医药企业来说，厘清符合产业需求的数字人才是未来数字化转型发展的关键。

4.2 生物医药产业数字人才现状、挑战及策略

目前生物医药产业的数字人才资源存在短缺的情况，对产业整体的数字化转型的推进形成了挑战。由于生物医药产业本身属于高新技术产业之一，对于从制药工艺、生物技术到临床医学等专业知识的要求极高，人才的培育本身就是一项行业发展的重点挑战之一。同时，数字技术作为另一个高新技术产业之一，对于专业知识也存在高要求的情况，包含自动化控制、计算机运用、人工智能和智能制造等。由此，两个高新技术产业的融合带来了极大的人才缺口，需要既懂技术又懂业务的"复合型人才"。然而，目前我国的"生物医药 + 数字"的复合型人才储备仍有较大发展空间，同时与之匹配的生物医药数字管理能力也有待提升，以满足未来对于技术人才的管理和绩效考核需求。我们的调研也从侧面印证了此现象的存在。根据人瑞人才与德勤的调研，生物医药行业对于整体数字人才供需关系普遍认为"供小于求"，尤其是从身处招聘一线的 HR 的角度来看，比例高达 65%。

4.2.1 现状：双高新技术背景人才的不足引发高校和企业加大了培育和发展投入

在人才稀缺的情况下，现有的医药数字人才的待遇相对较高。根据智联招聘统计，医美、牙科和数字化岗位的平均薪酬比其他岗位来的高。[1] 平均薪酬排名前 20 名的岗位中（图 3-133），数字化相关的岗位占据了将近一半，包含架构师、算法工程师、图像识别、FPGA 开发、C++ 开发工程师、嵌入式软件开发、数据开发、系统集成和激光 / 光电子技术岗位。

图 3-133 2022 年生物医药 / 医疗月薪酬排名 TOP20 岗位（单位：元）

来源 | 智联招聘《生物医药 / 医疗人才需求与发展环境报告》，德勤研究

---

[1] 智联招聘：《2022 生物医药 / 医疗人才需求与发展环境报告》。

而在发展初期的医药数字转型的阶段，医药数字人才的主力主要为中青年的本科生，凸显整体医药数字人才仍偏向年轻和基础学历，较缺乏经验成熟和高等学历的人才类型。同时也显示人才存量不足的问题。在薪酬方面的预期，越高学历和越高年龄段的人才在薪酬涨幅上存在较大预期（图3-134）。[①]

图 3-134　医药医疗数字人才画像

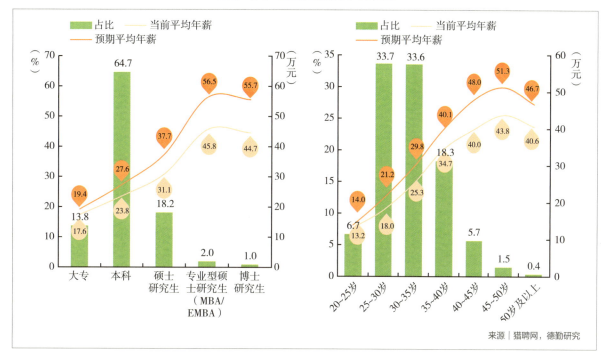

来源｜猎聘网，德勤研究

○ 当前学校教育的医药数字人才培育现状

由于生物医药产业的高技术水平要求，目前国内还未有生物医药直接相关的数字化专业，数字人才主要还是来自数字专业人才的跨行业就业。2020年9月，国务院发布《关于加快医学教育创新发展的指导意见》，其中明确要加快高层次复合型人才培养，推动"医学+"的多学科背景的创新型和复合型人才培养，其中包含"医学+互联网"和"医学+数字"人才。在此次调研中，我们分别对数字技术相关专业的110名高校学生和60名高校教师进行了调研，了解了目前在学校教育方面对于生物医药数字人才培育的现状。

从调研结果来看（图3-135），生物医药就业的数字人才仍是少数，仅有19.1%的高校生倾向毕业后进入生物医药行业，在众多行业中排第6位；从高校教师的角度来看，数字专业学生毕业后进入的行业中，生物医药行业排第9位（31.7%）。

---

① 猎聘网:《2021数字化转型下医疗领域人才招聘趋势》。

图 3-135　数字化专业学生就业行业选择统计

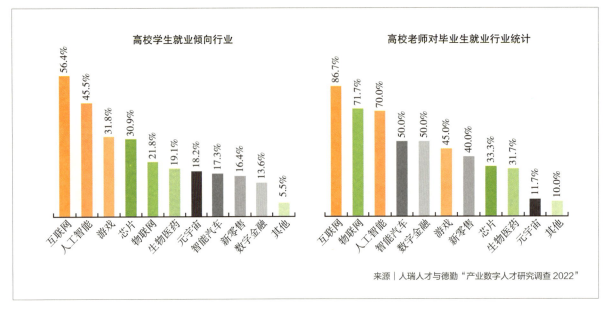

从专业技能缺口来看，高校学生和教师一致认为生物医药产业的数字化转型中最大的两个数字技能缺口为人工智能和大数据，其中高校学生认为互联网技能也是目前生物医药产业数字化所继续的技能类型之一。人工智能和大数据也是目前政策重点支持的数字开发技能类型，聚焦智能发展和医疗大数据的互联互通等方面。

（1）在人工智能细分领域中，算法工程师、架构师和训练师是三个最热门的细分赛道，但在学生和教师之间则有不同的偏好和认知。对学生而言，最大的缺口落在算法工程师（95.0%），其影响因素可能来自对于薪酬福利的重视，与先前观察到的月薪酬排名岗位相匹配；对教师而言，最大的缺口落在训练师（92.3%），较重视提高数据的价值和利用率等人工智能长期发展需求带来的缺口。

（2）在大数据细分领域中，平台设计和架构、数据设计和采集工具的配置与使用是三个最大的缺口，同样在学生与教师之间存在不同的偏好。学生比较倾向于数据设计和数据采集工具的使用；而教师则是一致认为大数据平台设计、架构与部署最为重要，两者在大数据职能的缺口认知主要受对于单点运作和整合集成的不同所影响。

○　**当前社会企业的医药数字人才发展现状**

先前提到，生物医药数字化转型需要"生物医药＋数字"的复合型人才，同时具备生物科技和数字科技双重专业知识的人才仍稀缺。从调研中我们发现（图 3-136），目前生物医药企业数字人才在员工总数中占比普遍不足 10%，占比超过 30% 的仅有 6.8% 的生物医药企业。展望未来三年，受访企业认为数字人才缺口占整体员工数量的比例将提升到约为 20%，增长幅度较大，生物医药产业的数字人才需求与存量的供需不匹配问题将持续扩大。

图 3-136　目前和未来三年的数字人才占整体员工比例

来源｜人瑞人才与德勤"产业数字人才研究调查 2022"

　　顺应国家政策以及行业数字化发展趋势，生物医药企业陆续开始企业内部的数字化转型，但不同职能在数字化转型节奏方面的侧重则有所不同。整体来说，"组织结构数字化"最为迫切，以企业为单位的数字化发展最为重要。对决策者来说，最急迫的是"组织结构数字化"，其次是"产品数字化"，凸显对于数字科技利用所带来的工作效率优化和盈利增长的重视。HR 在数字化节奏的重视差异较小，与决策者基本一致，同时还较关注"人才数字化"，可能是受到职能的影响形成对人才发展方面有较多的重视。相反，技术主管则与前两者有较大的发展优先级差异，重视末位为"人才数字化"，较重视外部驱动的数字化转型（环境及支持模式的数字化匹配）。

　　个别部门的数字化开展重视在不同职能方面也有所差异。整体来说，对全部门同时开展数字化的重视呈现一致，仅约 25% 的受访企业全部门同时开展数字化转型。目前，医药企业的数字化转型实施聚焦于产业链后端，尤其在客户运营和服务的数字化，这些部门对人才的数字技能要求相对较低。在人力资源数字化则是有较大差异，HR 受访者的企业对于人力资源数字化的投入最低，而技术主管受访者的企业则是在人力资源数字化投入较大，仅次于研发数字化。未来布局方面，企业决策者最为重视的为研发数字化（87.5%），对财务（12.5%）和营销（12.5%）的数字转型重视相对较低，凸显企业决策者在数字化方面相比运营效率方面的优化更加重视对于研发创新的支持，回归生物医药发展的支柱本质。

4.2.2　挑战：数字人才供需不匹配和产业链环节的数字系统平台互联互通成为主要挑战

　　在生物医药产业数字化转型中（图 3-137），数字人才的供需问题一直是亟待解决的问题，尤其是具备领导力的管理型人才。此外，数字平台如何互联互通和数字化转型战略的发展不明确也是生物医药产业数字化转型进度较其他产业发展较慢的主要原因之一。数字技术和生物医药技术同为高新技术，"医药＋数字"的发展需要全新的绩效考核指标和管理模式来形成自上而下的全面数字化转型，但由于生物医药是全新的领域，产业整体仍在摸索阶段，而管理型人才又恰巧是需要时间和经验的积累方能形成，目前生物医药产业整体在构建内部的数字团队仍有较大困难，需要更多的依赖与外部科技企业合作来推动数字化转型。这点从问卷调研中也可窥见一二（图 3-138），目前数字技术仅作为赋能工具来助力现有业务开展，仍未能彰显创造性和开拓性，进而影响了数字产业和生物医药产业的融合发展速度。

图 3-137　生物医药企业数字化转型中遇到的挑战难

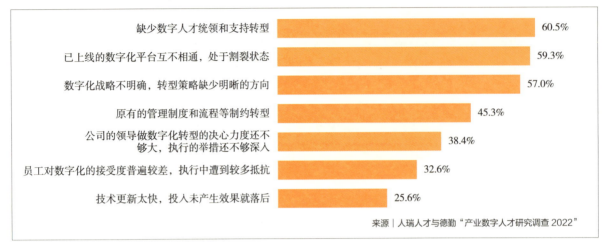

缺少数字人才统领和支持转型　60.5%
已上线的数字化平台互不相通，处于割裂状态　59.3%
数字化战略不明确，转型策略缺少明晰的方向　57.0%
原有的管理制度和流程等制约转型　45.3%
公司的领导做数字化转型的决心力度还不够大，执行的举措还不够深入　38.4%
员工对数字化的接受度普遍较差，执行中遭到较多抵抗　32.6%
技术更新太快，投入未产生效果就落后　25.6%

来源 | 人瑞人才与德勤"产业数字人才研究调查 2022"

图 3-138　现有数字人才的能力不足之处

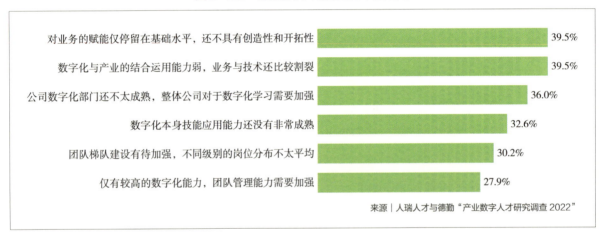

对业务的赋能仅停留在基础水平，还不具有创造性和开拓性　39.5%
数字化与产业的结合运用能力弱，业务与技术还比较割裂　39.5%
公司数字化部门还不太成熟，整体公司对于数字化学习需要加强　36.0%
数字化本身技能应用能力还没有非常成熟　32.6%
团队梯队建设有待加强，不同级别的岗位分布不太平均　30.2%
仅有较高的数字化能力，团队管理能力需要加强　27.9%

来源 | 人瑞人才与德勤"产业数字人才研究调查 2022"

4.2.3　策略：从培养、招聘和管理外包三个层面来逐步推动人才发展大计

○ **数字人才的培养挑战**

如前面所述，生物医药产业的数字化发展目前还在初期阶段，产业的数字化应用案例较少，能够借鉴和利用在人才培养中的培训案例资源有限，各家企业需要从 0 到 1，摸索构建符合生物医药产业需求的数字人才培养体系。同时，从无到有也意味着企业的投入风险较大，对于人才培育的投入产出比的评估是各生物医药企业在数字人才培养发展路上的另一个重点难题（图 3-139）。

图 3-139　生物医药产业数字人才的培养挑战

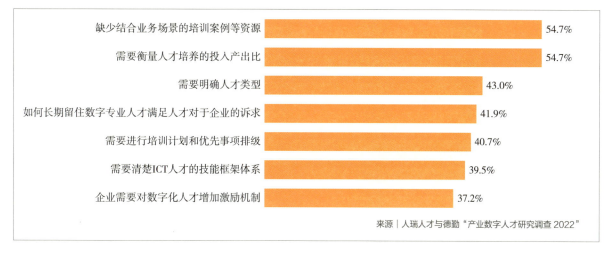

缺少结合业务场景的培训案例等资源	54.7%
需要衡量人才培养的投入产出比	54.7%
需要明确人才类型	43.0%
如何长期留住数字专业人才满足人才对于企业的诉求	41.9%
需要进行培训计划和优先事项排级	40.7%
需要清楚ICT人才的技能框架体系	39.5%
企业需要对数字化人才增加激励机制	37.2%

来源｜人瑞人才与德勤"产业数字人才研究调查2022"

○　**生物医药产业的数字人才培养策略**

对生物医药企业来说，目前数字应用的最重要目的在于提高生产效率（75.6%）和提升员工效率（74.4%），而对于生态体系的构建（43.0%）和数据资产变现（26.7%）则非当前的数字发展重点。短期内，生物医药企业的数字化转型重心不变，但在覆盖层面将有所扩大，从员工个体上升至整体运营的数字化转型，同时通过提高对数据和智能的利用来实现更深层次的商业分析和产品研发布局，这些趋势在顶层决策群体更加明显（图 3-140）。在具体技能方面（图 3-141），超过半数的受访者皆认为"数字营销"为首选，其次为"敏捷工作方式"，对数字技能的培养仍是以数字赋能为主，而基于数字技术的创造力方面则获得较低的关注。

图 3-140　未来 3 年准备进行数字人才培养方向

整体　决策者

	整体	决策者
数字化运营	70.9%	87.5%
大数据分析、商业智能等深度分析	62.8%	75.0%
产品数字化研发	52.3%	62.5%
数字营销	48.8%	37.5%
先进制造方向	45.3%	37.5%
数字战略管理	34.9%	25.0%

来源｜人瑞人才与德勤"产业数字人才研究调查2022"

283

图 3-141　数字技能培养方向

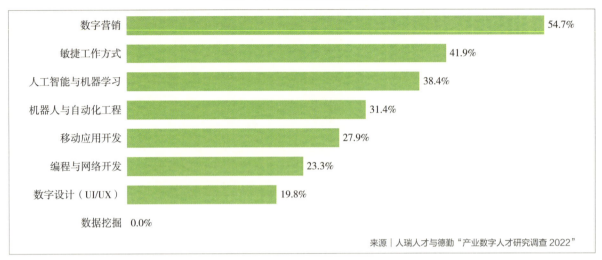

数字营销	54.7%
敏捷工作方式	41.9%
人工智能与机器学习	38.4%
机器人与自动化工程	31.4%
移动应用开发	27.9%
编程与网络开发	23.3%
数字设计（UI/UX）	19.8%
数据挖掘	0.0%

来源｜人瑞人才与德勤"产业数字人才研究调查 2022"

○ **数字人才的招聘挑战**

复合型人才的缺乏为最大的痛点，双高新技术产业的融合导致对于生物医药产业数字人才有更高的专业要求，进而形成人才的数量较少的问题（图 3-142）。

图 3-142　生物医药产业数字人才的招聘挑战

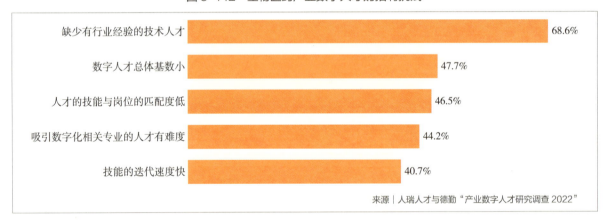

缺少有行业经验的技术人才	68.6%
数字人才总体基数小	47.7%
人才的技能与岗位的匹配度低	46.5%
吸引数字化相关专业的人才有难度	44.2%
技能的迭代速度快	40.7%

来源｜人瑞人才与德勤"产业数字人才研究调查 2022"

○ **生物医药产业的数字人才招聘策略**

在对数字人才的招聘方面，企业的策略仍是以从社招获取具备一定数字技能和经验的人才为主。学历目前主要集中在本科（37.2%）和硕士研究生（39.7%）；经验则是以社招为主，工作年限落在 3 至 10 年（80.8%）；专业方面则是落在人工智能（68.6%）、信息工程（64.7%）和软件工程（56.9%）。由于"生物医药＋数字"复合型人才的稀缺，目前企业对核心技术骨干人才的获取仍以猎头为优先（91.5%），其次是招聘网站（81.4%）；基层员工则是以外部人才流入为主，主要是来自招聘网站（76.9%），选择通过内部培训来扩充基层数字技术人才的受访企业仅有 21.8%。

○ **数字人才的管理挑战**

由于现有的数字人才存在对于生物医药产业的专业知识的空白，对于数字人才管理方面有较多的困难需要克服（图 3-143），包括产业人才和数字人才的协作协调，或是对数字人才的胜任力指标和考核标准等，生物医药企业需要有针对性地部署长线的"医药 + 数字"复合型人才培育计划。

图 3-143 生物医药产业数字人才的管理挑战

来源 | 人瑞人才与德勤"产业数字人才研究调查 2022"

○ **生物医药产业的数字人才管理策略**

由于目前生物医药企业存在复合型人才存量不足的问题，企业在数字人才管理方面主要偏好通过外包的方式来进行人才管理。根据问卷调研，仅有 15.1% 的受访企业表示在数字化转型方面不做委外或外包协作，66.3% 则是偏好利用已有的数字化系统平台来进行转型。人才模型方面则是以自有员工结合外包和项目招标等多管齐下的模式为主（40.7%），考量因素主要有三：提高效率（59.3%）、弥补自身短板（57.0%）和性价比（54.7%）。决策者尤其重视企业自身短板（75.0%）和性价比（75.0%）两个因素；HR 则是关注转型效率问题（70.6%）。

综上所述，生物医药产业的数字人才处于短缺的情况，生物医药企业需要根据自身的业务内容和发展方向以进一步锁定和招募相匹配的数字人才，从产业链的上中下游的发展需求来分别辨识出各环节所需的数字人才的特征。

4.3 产业链对应企业的目标人员结构特点

在数字化转型的持续推动下，数字技术在生物医药产业链中创造了多元丰富的应用场景（图 3-144）。如物联网、云计算、大数据、数字孪生、5G 等新一代信息技术正加速与生物医药产业深度融合，数字化技术已深入渗透到医药产业链的各个环节，带来诸多新技术、新产品、新服务、新业态。

图 3-144　生物医药产业上中下游企业的数字化转型示意

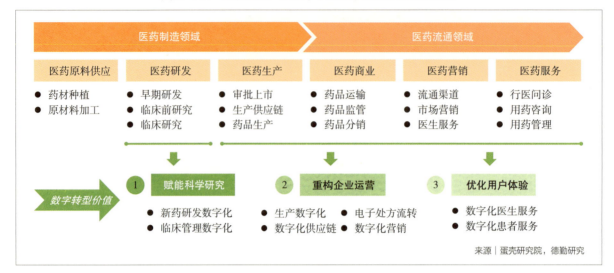

4.3.1　产业链上游：偏好"生物技术＋数字"的复合型人才

生物医药产业链上游主要是研发环节。生物医药企业最为核心的竞争力来自研发能力，在研发环节的数字人才需要同时具备高度专业的生物医学和生物技术知识，且同时具备运用数字智能平台的能力，生物医药企业普遍偏好"生物技术＋数字"的复合型人才。但由于生物医药产业的数字化转型仍在起步阶段，产业整体复合型人才尚处于稀缺状态，目前主要仰赖与外部科技企业或智能平台企业的合作来实施研发环节的数字化转型。

4.3.2　产业链中游：青睐具备"智能制造"技术的人才

在中游的工作主要是进行生物制品的批次生产，通过数字技术的搭载和应用来实现提质增效的生产供应链升级，包含生产设备自动化、智能排产与维护等。在生物医药智能制造中常见的应用系统包含生产制造执行系统（MES）、质量管理系统（QMS）、生产过程控制系统（DCS）等。在此环节，不论生产外包与否，生物医药企业和外包企业皆需要熟悉智能制造技术的经验人才，来进行全生产供应链的系统集成和升级。

4.3.3　产业链下游：新渠道营运能力最为重视

生物医药产业链下游主要是药品的流通和管理，数字渠道和平台的利用和运营是在下游环节最受重视的能力，目的在于优化用户的体验和提高参与度及黏性。在药品流通方面，常见的数字应用包含跨平台的数字运营，如电子商务平台、新零售平台、药品质量追溯等。在药品终端管理方面，ERP 系统、CRM 系统等大数据方面的系统最为受到青睐，同时数字化营销应运而生的数字应用人才需求也在提升。

图 3-145 生物医药产业链中游数字人才类型

常见职业
1 硬件工程师
2 电气工程师
3 自动化工程师
4 PLC工程师
5 硬件测试

学历分布
不限 3%
硕士研究生 31%
本科 2%
大专及以下 64%

经验分布
不限 17%
工作10年及以上 2%
工作5~10年 15%
工作0~5年 67%

常见技能
1 PCB
2 系统安装技能
3 系统技术支持
4 ARM
5 CI

来源 | 人瑞人才与德勤 "产业数字人才研究调查 2022"

图 3-146 生物医药产业链下游数字人才类型

常见职业
1 电商运营
2 新媒体运营
3 售前/售后技术支持
4 运维工程师
5 直播运营

学历分布
硕士研究生 7%
不限 1%
本科 37%
大专及以下 56%

经验分布
不限 21%
工作10年及以上 1%
工作5~10年 8%
工作0~5年 70%

常见技能
1 运营数据分析
2 技术支持能力
3 CI
4 ERP
5 Linux

来源 | 人瑞人才与德勤 "产业数字人才研究调查 2022"

以上我们从产业链上中下游分别分析了生物医药产业的数字人才结构特点（中游下游情况见图 3-145、3-146）。从中可以发现，在上游目前仍是处于人才高度缺乏的情况，对数字人才的专业能力要求极高；中游则是偏向智能制造人才的挪用，部分企业甚至进行智能制造外包；下游则是侧重在数字应用层面，对于现有人才进行数字能力升级和培训来实现人才转型。产业链各环节的数字人才需求逐一浮现，下节我们将从生物医药产业数字人才供需总体情况进行产业紧缺人才现状分析。

4.4 行业紧缺人才的供需状态

目前，生物医药产业整体的人才需求仍主要在生物医药技术人才，数字化转型发展因为还在初期阶段，故大多数生物医药企业尚未投入较多精力在"生物医药＋数字"人才的培育和发展。此外，生物医药产业仍存在生物医药研发人员不足的情况，导致不论是高校还是企业的人才发展重心仍聚焦在行业技术人才上，对于人才的复合能力培育的重视仍不高。根据智联招聘发布的《中国医药产业人才供需白皮书（2022 年）》，仅医药研发人才供需比长年低于 1，存在研发人才短缺的情况。由于生物医药产业本身是高技术产业之一，研发实力为生物医药企业的核心价值与竞争力来源，在生物医药研发人才供需仍未平衡的当下，生物医药产业数字人才的发展侧重仍较弱。

4.4.1 需求端：数字岗位热度持续上升，需求集中在数字化专业人才与数字化应用人才

从近半年发布的职位来看，生物医药产业的数字人才需求集中在年轻人才，本科学历和工作年限 1~5 年，平均薪资与学历和工作年限呈正相关，符合复合型"生物医药 + 数字"的高技术背景人才特征。

从近半年的招募信息来看（图 3-147），北京不论是在招聘岗位数量还是平均月薪都是排名第一，与其作为中国互联网企业聚集高地存在一定的正向影响作用。排名前五的基本为一线城市，反映一线城市的生物医药企业普遍更加重视数字人才的网罗和发展。

图 3-147　生物医药产业数字岗位招聘热门地区和平均月薪

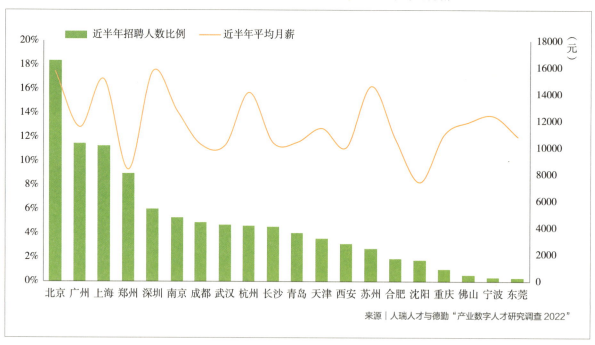

来源｜人瑞人才与德勤"产业数字人才研究调查 2022"

同时，生物医药的数字人才岗位横跨多个领域，数字岗位排名前十的约半数还是要求具备生物医药相关专业背景（图 3-148），这无形中加大了数字人才进入生物医药产业的门槛和难度。

图 3-148　近半年生物医药产业数字岗位前十名专业背景要求

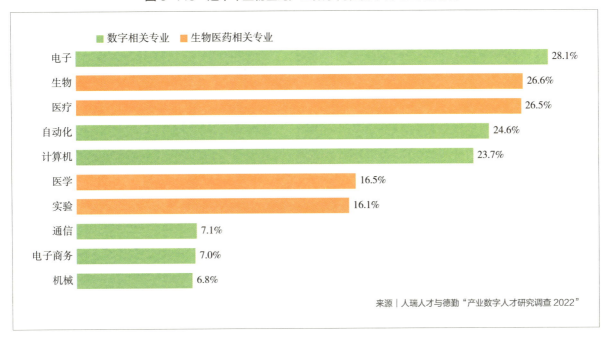

生物医药产业对于数字人才的需求主要集中在数字化应用人才，首先是数字化运营，其次是数字化专业人才。这显示目前的生物医药产业的数字化转型仍主要聚焦在数字营销和制造，创新数字产品和深度分析的数字应用还处于较初期的阶段，与整体行业的研发人才短缺情况相呼应。另外，数字化领导者的需求较低的原因有二，一方面是因为目前复合型管理型人才本就稀缺，企业难以透过公开的招募渠道来网罗；另一方面则是由企业的既有的数字部门管理者兼任，无须另外外部招募。

4.4.2　供给端：供不应求的情况严重，跨专业人才的培养需要时间沉淀

在与多家生物医药人力资源负责人的访谈中，人力资源负责人普遍表示目前的产业数字人才是处于供不应求的状况，与我们的问卷调研情况一致，主要的原因有以下两点。

- **高校数字人才的就业仍倾向数字产业：** 从对生物医药企业的访谈中，主要的产业数字人才供应不足的原因之一是高校数字人才仍旧倾向于毕业后投身于薪酬相对较高的互联网行业，选择跨专业就业的人仅有少数。根据对 60 位不同的高校教师的调研，仅 5% 表示未来 3~5 年其高校有跨学科培养的计划，凸显目前高校对跨学科人才培养的重视仍有待提升。

- **缺乏长期有效的数字化相关校企合作项目：** 尽管在近十年生物医药产业的产学研合作加深，多项校企合作项目陆续启动，但主要仍以创新研发为主，少有跨学科的人才培养校企合作项目，这无形中对生物医药产业的数字人才培育形成了阻碍。目前，国内可参考的"生物

医药＋数字"的校企合作案例有上海交通大学在 2021 年成立的"数字医学研究院"，聚焦数字医疗、数字公卫、数字医药、数字医学转化和监管科学五大领域，打造"跨学科融合"的创新人才基因。[①]

根据教育部统计，2022 年高校应届生数达 1076 万人，其中科技信息相关专业毕业生占比约为 10%。结合此次报告的高校调研结果，目前生物医药产业每年数字专业高校毕业生的人才供给量约为 20.4 万人。因此，我们建议生物医药企业应进行有针对性的数字高校人才招聘。从德勤和人瑞人才的《产业数字人才研究调查 2022》中发现，有意向毕业后进入生物医药产业的高校数字人才中 55% 来自计算机类专业，20% 来自软件工程专业，这两类专业是未来生物医药企业能深耕部署数字人才校招的专业。此外，从对有跨生物医药产业就业经验的高校的教师的调研中，42% 的数字专业高校教师表示每年能培育出 1000 人以上的数字化专业人才，对生物医药企业来说存在较大的跨产业数字人才的培育和招聘发展空间。

总的来说，生物医药产业的数字人才供需状态极度倾斜，人才供不应求的问题严重，导致生物医药企业的人力资源管理者在招募数字人才时难以进行比对和有效筛选。因此，接下来我们将从生物医药企业所发布的数字人才招募信息进行胜任力模型分析，帮助人力资源管理者更好地辨别相关岗位所对应的数字人才需求。

4.5 生物医药数字人才胜任力模型

根据前面对于生物医药产业的数字人才供需状态的分析，综合考量生物医药数字岗位职能和要求等，结合人瑞数字人才能力"井字模型"，得出以下关键词（图 3-149）。

- **特征细分：**最多被提及的为本科，显示目前生物医药产业的数字人才的学历要求还没有那么高，反而更多重视学历，如电子、生物、医疗、自动化和计算机等特定技能学科。
- **软性技能：**运营能力最为被重视，与生物医药产业目前主流数字化应用人才的情况相呼应。此外，当前生物医药企业对于数字人才同时期望具备一定的对外发展能力，包含销售、推广和服务能力等。
- **业务能力：**业务能力的方面，设计能力、开发能力和管理能力是最被企业提及的三个能力，对于数字人才的要求比较全面，需要具备独自开展业务和对内对外的管理能力。
- **数字技能：**由于生物医药产业数字化还在转型初期，数字技能仍以数据分析和技术支持为主，生物医药数字开发能力的要求较少。

[①] 《数字化转型风行，医学迎来"进化期"！上海交大成立"数字医学研究院"》，https://wenhui.whb.cn/zhuzhanapp/yiliao/20211221/440289.html。

图 3-149 生物医药产业数字人才关键字全景

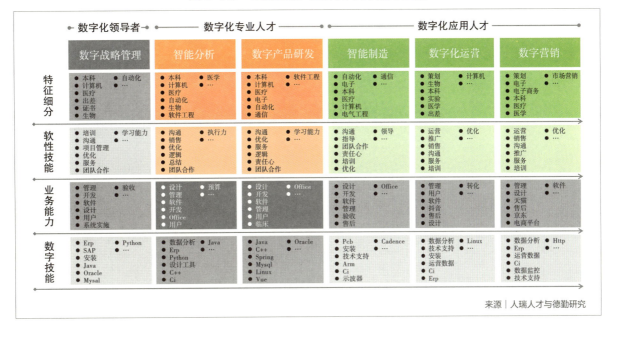

从以上讨论，结合我们的问卷调研得到的人才缺口类型，本节将进一步探讨生物医药企业数字化转型中需要的数字人才胜任力模型。根据热招岗位和调研人才缺口（图 3-150），我们识别出五个关键岗位类型，并结合人瑞人才的"井"字人才胜任力为模板，分别分析这五个岗位的人才胜任力模型。

图 3-150 生物医药企业的数字人才关键岗位

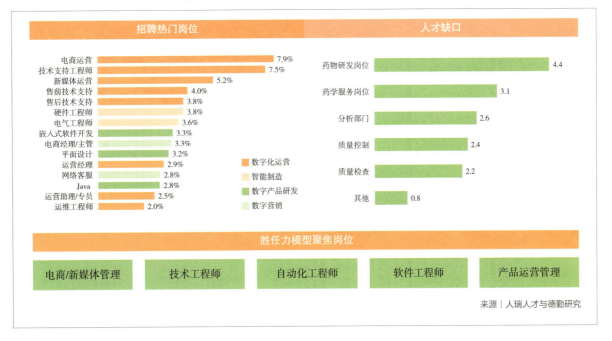

4.5.1 电商／新媒体管理人才胜任力模型

相关岗位： 电商运营、新媒体运营、电商经理／主管、直播运营、短视频运营、社群运营等。

岗位职责： 根据业务线上渠道的需求来进行对各类电商平台、线上渠道和新媒体的运营、管理和营销推广方案落地。

图 3-151　电商／新媒体管理人才特征提取

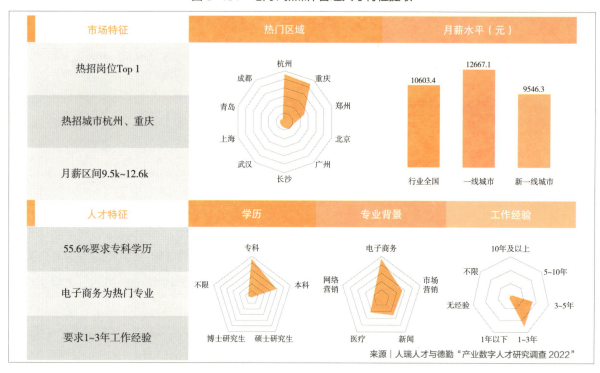

图 3-152　电商／新媒体管理人才胜任力模型

4.5.2　技术工程师胜任力模型

相关岗位： 技术支持工程师、售前技术支持、售后技术支持、IT 技术支持等。

岗位职责： 对公司内部的相关系统和技术设施进行技术评估及相应的支持，同时进行日常的维护和管理。

图 3-153　技术工程师特征提取

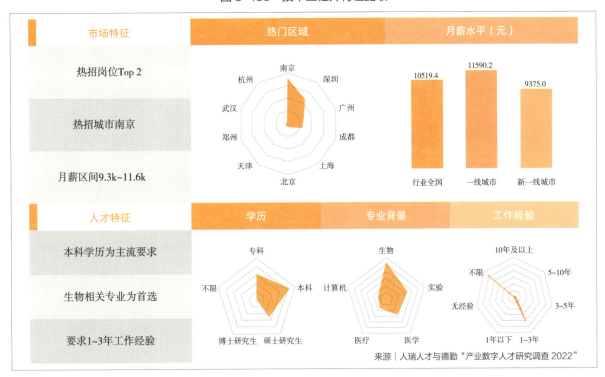

图 3-154　技术工程师胜任力模型

4.5.3 自动化工程师胜任力模型

相关岗位： 硬件工程师、电气工程师、自动化工程师、硬件测试、自动化设计工程师等。

岗位职责： 负责公司的自动化动作，参与项目研究技术开发；参与系统设计和测试，并对工作人员进行现场培训和指导。

图 3-155 自动化工程师特征提取

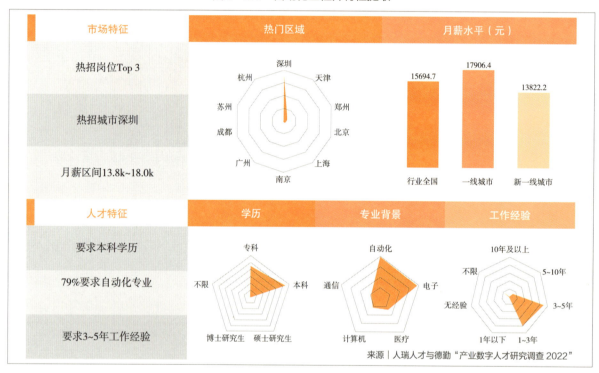

图 3-156 自动化工程师胜任力模型

4.5.4　软件工程师胜任力模型

相关岗位： 嵌入式软件开发、Java 编程、C++ 编程、FPGA 开发、.NET 开发、ARM 开发等。

岗位职责： 负责数据库管理，能够独立进行编程开发和测试，并对已有系统进行优化；部分企业要求参与自动化的软件设计和测试工作。

图 3-157　软件工程师特征提取

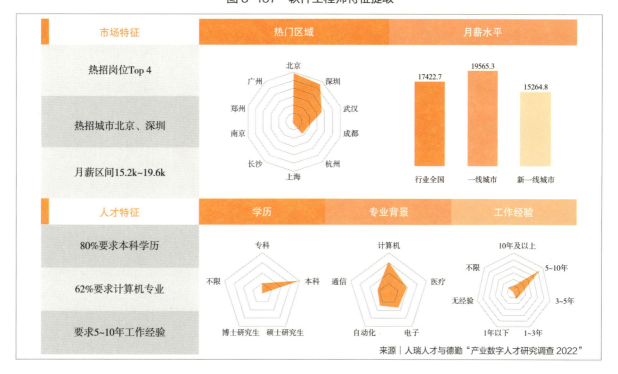

来源｜人瑞人才与德勤"产业数字人才研究调查 2022"

图 3-158　软件工程师胜任力模型

来源｜人瑞人才与德勤研究

4.5.5 产品运营管理胜任力模型

相关岗位： 运营经理、运营助理／专员、产品经理等。

岗位职责： 负责数字产品的市场定位分析、研发、测试和管理；对于数字产品用户进行维护和管理，同时与医学部等其他部门进行产品开发合作。

图 3-159 产品运营管理人才特征提取

来源｜人瑞人才与德勤"产业数字人才研究调查 2022"

图 3-160 产品运营管理人才胜任力模型

① 特征细分

热招城市：北京、深圳、上海
薪资水平：13.5k~15.7k/月
学历要求：本科及以上
专业背景：医疗、市场营销
工作经验：不限

② 软性技能

● **销售推广能力：** 数字产品的营销推广和销售策划
● **优化能力：** 数字产品和团队表现优化
● **团队合作能力：** 富有团队合作精神，跨部门沟通和有责任心

③ 业务能力

● **设计开发能力：** 独立开发数字产品/平台，如自主研发的数字平台等
● **用户管理能力：** 对数字产品/平台的用户进行需求分析和细化
● **运营能力：** 数字产品/平台的运营

④ 数字技能

● **数据分析：** 对数字产品/平台的数据进行统整和分析，并提取有效数据来进一步优化其表现
● **数字技能：** 熟悉ERP、Oracle、Mysql等系统和数据库的使用

来源｜人瑞人才与德勤研究

296

当前生物医药产业的数字发展仍在初期，人才的需求尚有待进一步明确。对企业而言，目前需要先明确与企业自身发展需求匹配的数字人才类型，以此来更快速地锁定和招聘相应的人才，尤其在当前"生物医药＋数字"复合型人才稀缺的情势下。同时，随着生物医药产业数字生态的逐步完善，数字人才需求类型将会进一步的细化，培育能满足全生命周期管理的复合型人才也是企业需要去考量的投资重点之一。

4.6　最佳实践案例解析

4.6.1　数字化管理转型

○　**企业背景**

某跨国药企成立了全球数字化团队并对数字化转型进行战略性调整。此跨国药企在全球从事医药研发、制造和销售数十载，发展至全球数一数二规模的跨国药企，在全球的胰岛素产品和疫苗产品方面有显著的成就。在产业数字化转型下，其庞大的组织架构出现水土不服和转型困难的情况，缺乏有效的推动力来帮助其完成数字发展。

○　**痛点**

1）业务和战略的推进受阻，需要赋能部门推进数字技术，并创造新的解决方案。

2）组织架构和人才策略的固化，需要调整企业架构和内部管理模式，建立数字化组织。

○　**举措**

举措一： 针对数字化转型战略和业务推进受阻，组建全球和地方数字化团队。数字人才团队专业的数字人才组成并直接汇报给全球和各地 CEO，数字化团队会定期对有数字化成效的业务和项目进行跟进，聚焦具有数字影响力的项目来观察其交付所带来的价值增长，并且辨识出未来数字化发展新方向。

举措二： 针对组织架构和人才策略固化问题，企业首先对组织架构进行数字化转型做相应的调整。全球数字化团队直接汇报给全球 CEO，实现在战略高度推动数字化转型。在中国也维持与全球一致的架构，数字化团队直接汇报给其大中华区总裁。其次，重新评估和制定数字人才的定位和发展目标。数字化转型的人才管理及人才策略对企业来说都是全新的挑战，需要在数字化转型之下对人才所需具备的能力进行明确定义。此跨国药企自 2017 年开始利用统一的数据库和数字平台来管理人才和识别具有高潜能的人才。

○　**成效**

1）通过数字化工具有效赋能员工效率提升和组织架构优化。 2020 年 2 月初新冠肺炎疫情发生初期在企业内部落实企业微信的应用，实现让大部分员工在疫情隔离期间仍能有效进行远程办公，同时让员工理解数字化转型的紧迫性和重要性，为数字化转型的进程提供了加速作用。

2）人才招聘的数字化和智能化。透过活用数字技术和大数据实现了外部招聘和内部转岗的良好结合。目前此跨国药企在中国仅有 30% 的管理层岗位来自外部招聘，51% 则来自内部转岗或晋升，企业内部的人才流动性和多样性有了明显提升。此外，通过利用人工智能算法，此跨国药企成功在 2020 年至 2021 年筛选了超过一万名候选人，提高了招聘准确率和节约了招聘时间。

4.6.2　数字技术助力组织结构优化和升级

○　**企业背景**

某跨国药企曾开发出多款全球畅销的药物，一度成为世界最大药企，在化学药和生物药方面有较多知名产品。此跨国药企通过数字技术实现组织架构的优化和人力资源管理体系的升级。组织架构僵化和员工培训体系流程固化导致整个企业管理困难和员工效率难以有效提升。

○　**痛点**

1）原有组织架构不适应数字化转型发展，缺乏数字化转型引领，组织决策执行困难和运营效率低下。

2）缺乏数字人才培养平台，现有人才的数字技能提升办法有限。

3）数字人才识别与招聘效率低，无法有效满足企业管理的数字化转型需求。

○　**举措**

举措一：针对数字转型的推动，设立首席数字官来统筹引领。通过引入人工智能、大数据、知识图谱等数字技术来助力企业智慧决策和提升运营效率。

举措二：针对员工的数字技能培养，建立智能学习平台。通过 AR 和人工智能等技术打造智能学习平台，建立定制化培训来满足员工个别的培训需求，最终实现员工效能的有效提高。

举措三：针对人才招聘流程优化，发展招聘智能化。通过数字技术优化人才招聘流程，提升求职者的整体应聘流程体验和回馈搜集，全方位助力企业人才发展。

○　**成效**

在首席数字官和其团队的带领下企业的数字化转型成功推进，组织结构顺利优化和升级。同时，员工的技能培训和人才的招聘在数字技术的赋能下有了显著的效率提升，企业整体运营效率和人才发展获得了提升。

5. 新零售行业数字化及人才策略

5.1　新零售行业数字化转型程度和未来发展方向

新零售是以互联网为依托，通过运用大数据、人工智能等先进技术手段，对商品的生产、流通与销售过程进行升级改造,进而重塑业态结构与生态圈,并对线上服务、线下体验以及现代物流进行深度融合的零售新模式。[①]随着数字化对消费领域的快速渗透,零售和消费品企业加快对商业模式的升级改造,并逐步转型为新零售企业。因此,新零售行业的组成不仅包括依托线上渠道快速崛起的新消费品牌和各类新兴的电商企业,传统消费品企业和线下零售业态通过产品端、供应链、营销端和零售终端的数字化转型升级也逐渐成为新零售行业不可或缺的组成部分。

5.1.1 新零售多场景发展,数字化助力行业突破发展瓶颈

消费市场竞争激烈,各项成本高企,传统零售和消费品企业发展受限。行业面临来自在产品、供应链、客流和营销方面的痛点。在以上背景下,消费品和零售企业亟须借助新技术突破瓶颈,寻找新的增长点。对于零售企业来说,有效地运用数字技术、推动数字化转型可以降低各个环节的运营成本,也有利于企业创新商业模式,增强未来的市场竞争优势。新零售模式的快速发展为零售市场带来了新增量。在数字化推动下,线上线下融合的新零售产业的发展潜力巨大。为了更好地了解企业数字化转型的现状,人瑞人才和德勤围绕企业的数字化转型对新零售企业进行专题调研,洞察新零售企业的数字化进程。

从新零售企业转型步调来看(图 3-161),企业在数字化转型的步骤上仍然相对谨慎。有 41% 的企业表示,有计划有步骤地先从小范围开始,仍有 35% 的企业总体属于起步和规划研究阶段。

图 3-161　公司决策人在数字化转型的投入力度

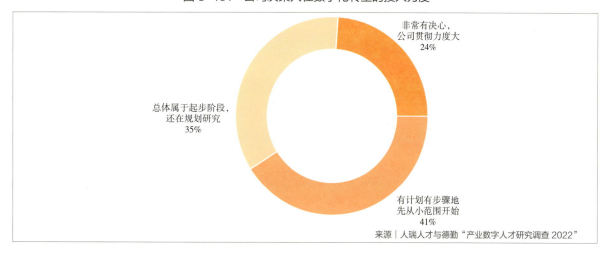

非常有决心,
公司贯彻力度大
24%

总体属于起步阶段,
还在规划研究
35%

有计划有步骤地
先从小范围开始
41%

来源 | 人瑞人才与德勤"产业数字人才研究调查 2022"

从新零售企业转型部门的部署来看,调研数据显示(图 3-162),新零售企业的营销数字化、供应链数字化和客户运营数字化是其优先考虑开展数字化转型的业务板块。这主要源于三年疫情致使

[①]　定义来自中国连锁经营协会《零售数字化术语》T/CCFAGS 028-2021,该标准自 2021 年 12 月 7 日起实施。

线下零售遭受重创，此前传统零售业遵循"以产品为中心"的模式，在进入新零售时代后，转变为"以消费者为中心"进行商业布局。

图 3-162　已开展数字化转型的部门

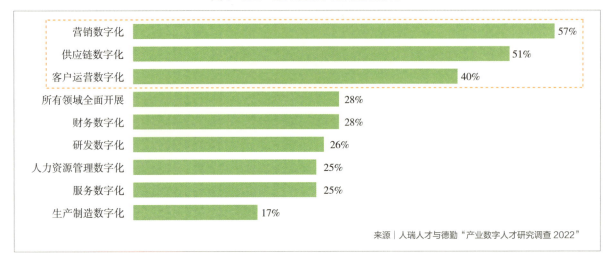

来源 | 人瑞人才与德勤"产业数字人才研究调查 2022"

5.1.2　数字赋能提升产业链空间

我们将从零售业务数字化转型的关键要素探讨数字化为新零售行业带来的发展机遇（图 3-163）。从业务层面来看，在以消费者为中心的新型商业模式下，消费品和零售企业对于多元化、个性化、动态的消费者需求的数字化洞察能力、数字渠道的运营能力，以及围绕消费者需求变化进行的品类创新、品牌升级和产品研发能力，都将是推动企业数字化快速发展的关键因素。

- **数字化赋能下的产品创新帮助企业更好地满足消费者日趋升级的消费需求。**通过数字化管理产品生命周期，成为零售和消费品企业持续洞悉市场和消费者偏好变化的关键能力。在数字化产品生命周期管理下，企业可以直观地通过数据洞察获悉产品生命周期的发展趋势，并结合当前现状对产品进行调整和升级。围绕产品生命周期管理的人才需求包括产品数据分析、消费者行为数据洞察等。

- **数字化推动下的供应链转型加快零售效率提升。**在数字化赋能下，零售企业供应链管理能力已经逐渐向实时化的存货和配货，感知、预测和供应链风险，端到端的供应商合作，自动化可预见的运营，动态、可预测的物流优化等多个领域发展。围绕数字化供应链的人才需求包括供应链运营、品控管理等。

- **数字营销助力企业更加高效的触达客户。**企业正在加快选择数字营销，高效并精准增加线上触达消费者的触点，有效助力线上营销转化率。例如，实体零售业态应该开拓线上流量入口，通过电商等公域营销平台，以及短视频、微信社群等私域流量相结合持续触达消费者。围绕数字营销的人才需求包括社媒运营、兴趣内容运营等。

- **围绕消费者全生命周期的用户运营有效提升客户忠诚度和复购。**新零售模式下，消费品牌和零售业态的客户关系管理模式已从传统媒体、短信、实体会员卡向数字媒体、社交媒体、小程序，以及消费者 24 小时的全域触点关联。围绕客户关系管理的人才需求包括社群运营、客户数据管理、客户体验设计等。

图 3-163　新零售产业链与数字化转型关键要素

随着数字化在零售和消费品行业的渗透率持续提升，企业把数字化转型的范畴从初期的技术层面提升到运营模式层面，甚至是组织架构和企业战略层面。尽管企业可以通过数字技术的相关服务快速地实现业务数字化，但是数字化不仅是简单的通过线上化运营提升业务数字化能力，还应该从自身战略、组织架构、人才等多方面出发，实现整体的数字化转型，并获得长效收益。

不论是企业针对业务的数字化转型还是内部运营的数字化转型，都离不开相关数字人才的推动和实施。从根本上说，人才是推动企业顶层策略制定、数字化转型和商业创新的第一要素。

5.2　新零售行业数字人才现状、挑战及策略

随着数字化在零售行业的渗透率持续提升，零售数字人才的供给已赶不上行业人才需求攀升的速度。行业急需盘活消费者数字资产、提升全域消费者运营能力，对拥有数字媒体运营、大数据分析等技能的数字人才的需求急剧增加。

5.2.1 人才现状：新零售人才需求高速增长，企业对数字人才要求进一步提高

在数字化转型背景下，零售传统消费模式、供应链结构和渠道策略加速转变。随着线上消费占比的快速提升，零售人才在渠道数字化、供应链优化、流程变革、创意研发、用户运营等方向需求均出现了较快的上升。

（一）行业数字人才占比仍较低，人才数量尚未满足行业数字化发展需求

随着新零售数字化的进程加快，市场对于新零售人才的需求快速增加，高校正加快零售数字人才的培养。据了解，自2000年以来，教育部批准设立电子商务类本科，目前我国已有632所本科院校开设电子商务专业本科。其中涉及信息科学、经济学、管理学等多门交叉学科，并授予管理学、经济学及工学学位。此外，还通过建设电商专业实验室、实训和实践基地，借助项目实训、企业实习、创业大赛等形式，加大高校与企业、机构的产学研用的合作。尽管如此，目前我国高校电商人才培养仍存在很大缺口。[①]

从企业侧来看，人才数量尚未满足行业发展需求。本次的调研显示（图3-164），55%的新零售企业表示数字人才占公司整体员工的比例在10%以下。而从整体新零售行业业务层面来看，行业总体的线上销售额占社会消费品零售总额比重已经在2022年底达到了27.2%。因此，总体来看，帮助新零售企业快速适应业务和组织数字化转型的数字人才规模仍然落后于数字化对于新零售行业业务渗透的进程。

图 3-164　目前的数字人才占整体员工比例

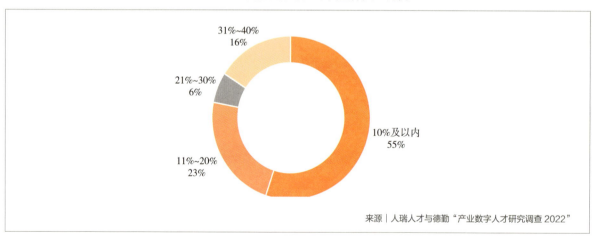

来源 | 人瑞人才与德勤"产业数字人才研究调查2022"

同时，通过调查我们发现，企业对于未来三年人才缺口的预测中（图3-165），超过80%的新零售企业表示数字人才缺口将超过10%。其中，近46%的受访者认为企业将面临11%~20%的数字人才缺口，16%的受访者认为人才缺口或将高达21%~30%。

---

① 《2021年中国电子商务报告》。

图 3-165　未来三年数字人才缺口占公司整体员工比重

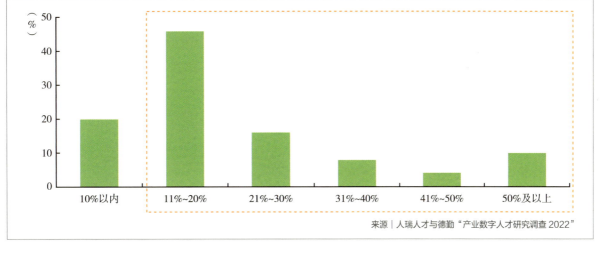

来源｜人瑞人才与德勤"产业数字人才研究调查 2022"

（二）新零售企业门槛普遍提高，行业经验积累尤为关键

新业态、新模式的不断涌现，岗位职能随着业务的变化持续更新，企业对人才能力和素质的要求也更高，同时业务岗位的要求也更细分更精准。调研显示（图 3-166），本科、3~5 年工作经验，以及技术专业背景正在成为新零售企业对数字人才的要求。由于此前零售行业大部分从业者主要聚集到业务前端消费流通环节的服务和履约阶段，企业以往对于求职者的学历要求更多聚集在本科以下。但进入数字化转型阶段，零售消费品行业在数字技术的推动下，围绕"人货场"三大关键要素的业务模式发生变化，企业除了有能够快速适应渠道数字化的业务运营类人才，还需要研发创新和底层技术方面的开发、运维人员。因此，新零售企业对于数字人才总体学历要求出现较大程度提升。

图 3-166　新零售企业对数字人才的要求

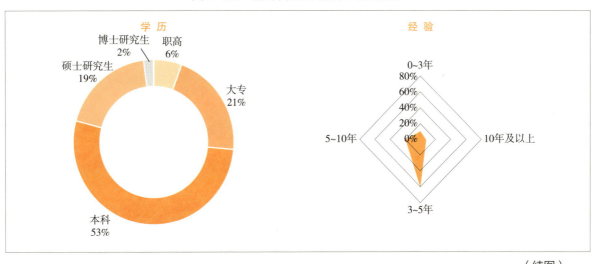

（续图）

（续图）

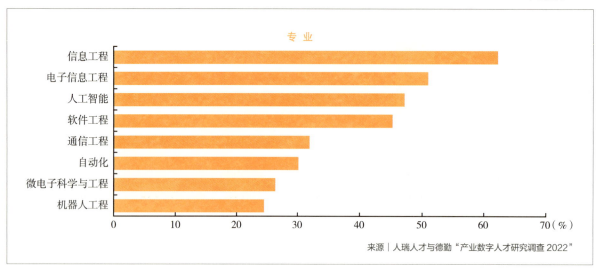

（三）数字化运营和数据分析是新零售企业最希望数字人才具备的能力

随着新零售数字化的深入，数据应用能力在新零售企业人才能力体系中的作用越来越大，大量新增岗位也正围绕全面数字化为核心展开。从企业的长期效益来看，技术和运营人才梯队需要同步推进。调研显示（图3-167），75%的新零售企业希望数字人才提升数字化运营能力，其次是大数据分析、商业智能等深度分析的能力。

图 3-167　企业希望提升数字人才的能力

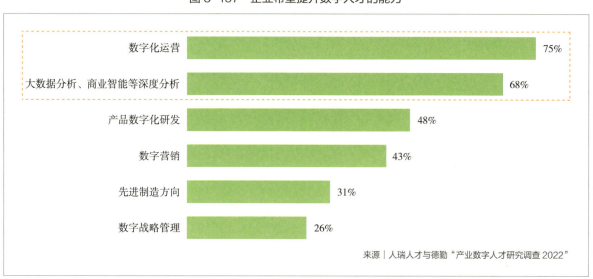

5.2.2 人才挑战：企业数字化面临来自人才获取、培养和管理方面的诸多挑战

（一）人才获取和挖掘：兼具技术和行业经验的新零售人才的招聘难度较大

数字经济推动新零售模式和业态加速迭代，在新岗位涌现的当下，创新型和复合性的新零售人才需求快速增加，高校侧对于新需求下的人才培养相对滞后，而新模式下社会招聘中零售行业对于在新零售数字化中需要的软件工程师、数据分析师等岗位，零售行业的吸引力不及高新技术行业，进而无法完全匹配到既有较高技术背景且具有业务能力的复合型人才。调研数据显示（图 3-168），61% 的新零售企业表示，招聘中缺少有行业经验的技术人才；51% 的企业认为技能的迭代速度快加大了招聘的难度。

图 3-168　企业人才招聘的挑战

来源｜人瑞人才与德勤"产业数字人才研究调查 2022"

（二）人才培养：数字化转型中的人才类型、投入产出比和数字框架的不明确正在影响企业内部的人才培养

中国是线上消费最活跃的国家之一，日趋激烈的竞争格局使新零售企业间的人才争夺呈现白热化状态。除了招聘、外包等快捷的方式获得数字人才，通过升级企业自身的人才培养机制，对于企业人才和组织的数字化转型具有长期效益。然而，由于新零售行业在数字化的推动下，新增职位和技能的需求变化加快，企业的人才培养机制并未赶上企业业务数字化的步调。调研数据显示（图 3-169），现在企业人才培养的难点主要聚焦在培养人才类型不明确（55%）、衡量人才培养的投入产出比不明确（52%）、ICT 人才的数字技能框架不清晰（49%）等问题上。

图 3-169　企业人才培养的挑战

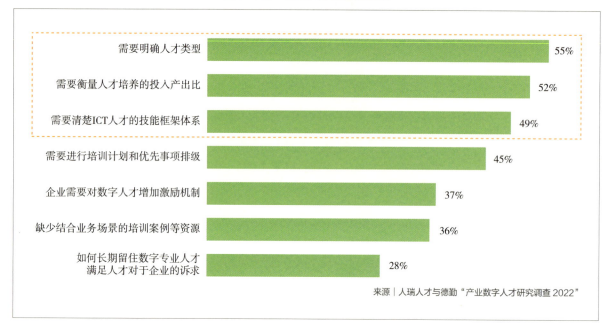

（三）人才管理：人才岗位错配、职能绩效和业务技术缺乏协同加大企业数字人才管理的难度

在企业通过数字化转型升级原有业务或开展新业务后，包括岗位职责、业务流程、绩效考核等原有的人力管理系统也需要进行重新调整，但这往往需要花费巨大的时间和人力成本，并加大了企业人才管理的难度。调研显示（图 3-170），新零售企业认为人才管理的难点主要集中在数字人才岗位、职责、流程的不合理（64%）、数字化绩效调整难度较高（52%）、企业内部技术和业务人员缺乏协同（51%）。

图 3-170　数字人才管理面临的挑战

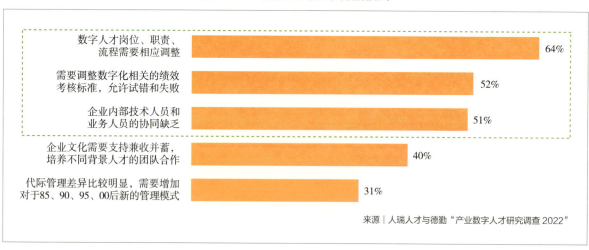

5.2.3 人才策略：内外兼修，加快集人才获取、培养、管理和留存多位一体的人才策略

当前新零售产业针对人才和组织的数字化转型从顶层战略到落地措施均不太清晰。不仅要通过校招和社招引进外部数字人才，更需要企业加大数字人才培养力度，并搭建适应企业业务发展趋势的数字人才梯队及数字化运营和管理框架。

- 在人才获取方面，新零售企业可以分别从企业业务和内部运营需求等多个方面考量，提前做好年度和长期人才规划。一方面，可以通过数字人才资源平台密切的关注新业态新模式发展下产生的新岗位，提前做好新型人才的获取和追踪。同时针对数字化管理和运营的高端人才，加快与深耕新零售行业的猎头公司和高校硕博数字人才资源的沟通，通过定期的见面会和线下沟通组建自身人才招聘矩阵。

- 加强与高校产学研用协同人才培养，扩大人才蓄水池。新零售行业对技术＋行业专业知识的复合型人才的需求随着数字化水平的提高将进一步增加。高校作为人才培养的第一站和人才资源池，是企业获取人才和挖掘人才的关键阵地。此外，企业可以借助政府、院校、协会力量加快建立产教融合机制，搭建以政府、高校、社会、企业多方联动的新零售人才的培养体系。

- 对于企业的人才管理和留存，企业需要加强企业员工的归属感和主人翁意识，还可以推进企业在数字化下的扁平化管理。例如，推行员工合伙人化和组织平台化，通过员工持股来吸引和留住人才，通过组织平台化将内部部门转变成合作又相互独立的团队。

综上所述，新零售行业面临数字人才供不应求、技术和行业经验兼具的复合型数字人才招聘难，以及企业人才数字化转型思路不清晰等问题。由于零售和消费品产业链条长，数字化转型场景差异大，产业链各环节数字人才需求各异，还需进一步明确产业链对应数字人才所需特质，从而有针对性地进行人才招聘和培养。

5.3 产业链对应企业的目标人员结构特点

零售行业产业链条长（图 3-171），上游主要是各个品类消费品制造端的工厂和代工企业。在其产业链上游的数字化转型主要集中在生产软件和硬件的数字化升级改造。产业链中游主要是各类消费品牌的所有者品牌商。品牌商的数字化转型主要集中在通过数字化手段提升品牌或进行新品营销和管理。值得一提的是，在流量红利见顶，获客成本高企的当下，越来越多的品牌商开始跳过经销商和零售商，通过私域运营和线上线下融合的 DTC 直营模式直接触达消费者。产业链下游主要由各种业态的零售商组成。数字化推动下，传统零售业态加快与新业态、新模式融合，并借助数字化技术快速进行线上线下店铺渠道、物流、客户关系等多维度的数字化转型。

图 3-171　新零售产业链

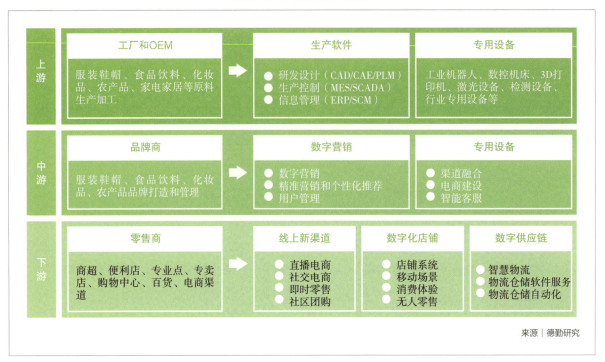

5.3.1　产业链上游：注重智能技术在生产端的应用

上游－消费品生产加工－制造工厂：新零售的上游主要是主导产品加工和生产的制造行业。通过对新零售企业的调研发现（图 3-172），其生产制造端对于运用大数据、人工智能进行的敏捷开发、协同式生产、柔性式生产的需求日益提升。

图 3-172　新零售企业生产制造方面的数字化举措

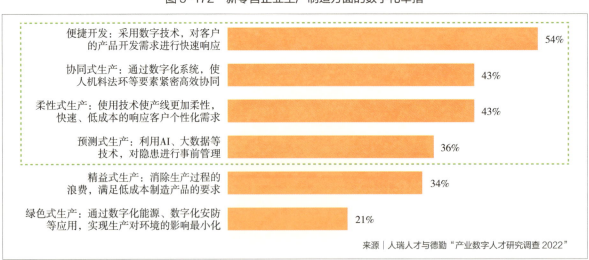

结合近期头部消费品制造企业新发职位的特征研究（图3-173），本报告列举了具有代表性的数字化生产端的岗位，如算法工程师、产品工艺工程师等适应制造端软硬件智能化的职位。其相关的常见技能包括精通 SQL 语句、MES 数字化系统、云计算平台机构研发、精通相关编程语言等。

图 3-173　中国消费品上游制造端数字人才结构特点

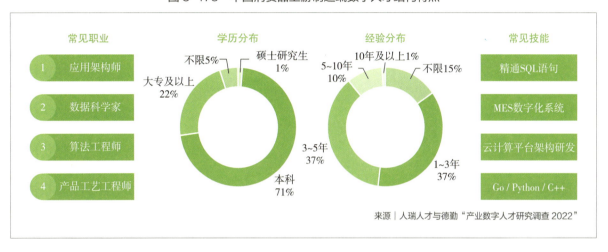

5.3.2　产业链中游：围绕产品、营销、用户的数字化运营

中游－消费品牌：新零售的中游主要是各类消费品类的品牌商，他们主要负责产品开发、品牌建设和管理。调研显示，在产品和服务数字化转型中（图3-174），企业对于通过数字化实时响应市场需求，定制个性化的产品和服务的需求快速提升。在数字营销方面（图3-175），新零售企业秉承"以消费者为中心"的数字化营销思路，基于大数据分析结果创建用户关注的内容，与用户创建联系，开展精准营销。

图 3-174　新零售企业产品和服务方面的数字化举措

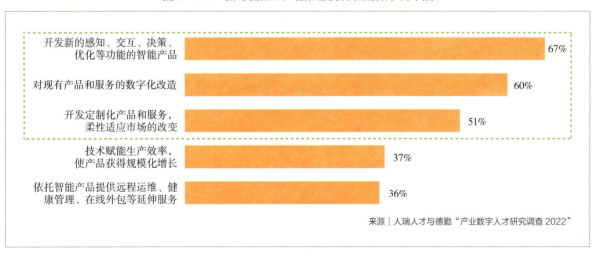

图 3-175　新零售企业营销方面的数字化举措

开展精准营销、O2O营销	63%
基于数据分析的用户体验提升	60%
通过高频营销、知识营销，增强用户品牌认知	52%
通过高频互动，实现价值共创和流量变现	49%
在用户行为数据、消费数据、关系数据等全流程实现数字化	43%

来源｜人瑞人才与德勤"产业数字人才研究调查2022"

通过对各消费品类已经开始数字化转型的头部企业新发岗位的特征研究（图 3-176），本报告列举了具有代表性的包括产品经理、新媒体运营、社群会员运营、销售数据分析等品牌商发展全渠道运营的岗位。相关的常见技能包括 BI、Cognos、DB；熟悉新媒体和数字营销方式、会员重点分析模型搭建、互联网产品设计等。

图 3-176　新零售中游数字人才结构特点

来源｜人瑞人才与德勤"产业数字人才研究调查2022"

5.5.3　产业链下游：青睐线上渠道运营人才，快速适应新模式

下游－线上线下融合的零售企业：新零售的下游是推动商品流通的各种零售业态。针对新零售企业的数字化转型主要围绕"人货场"的商业模式展开，并推动线上线下渠道加速融合。调研显示（图 3-177），销售渠道数字化是下游零售业态最关键的数字化转型。

图 3-177　新零售企业商业模式方面的数字化举措

本报告对已经开始数字化转型的线下零售、新零售企业，以及物流供应链等支撑产业头部企业新发岗位的特征进行了研究（图 3-178），列举了具有代表性的岗位：品类运营、电商运营、直播运营、供应链专员等。其相关常见技能包括电商运营、短视频及直播运营、ERP 系统操作、大数据分析等。

图 3-178　新零售下游数字人才结构特点

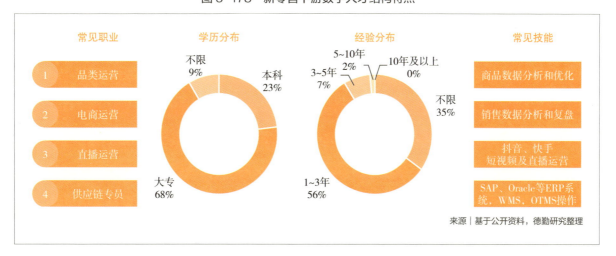

以上我们分别从产业链和企业业务层面分析了新零售人员的结构特点。可以看到，产业链上游更需要支持智能制造的人才；产业链中游对产品运营、数字营销、用户关系管理类人才需求较高；产业链下游则更加注重线上渠道运营，对数字人才技能要求更加复合和多元。产业链上中下游相关企业各个环节对于商业数据应用和数据工具使用能力的需求逐渐显现。

5.4 行业紧缺人才的供需状态

新零售产业规模的不断扩大、新业态新模式的蓬勃发展，带动新零售人才需求的变化。到2025年，新零售人才新增需求量预计将达到270万人。并且，随着传统数字化转型服务商和电商巨头加快渗透传统零售业，基于社交媒体的内容运营类人才需求将大幅提升。

5.4.1 新业态新模式蓬勃发展带动新零售人才需求高速增长

（一）到2025年，新零售人才新增需求量预计将达到270万人

电商作为基于数字技术建立起来的零售渠道模式，是现今新零售行业获取数字人才主要的资源池。随着消费品和零售企业数字化转型的深入，越来越多的电商人才正在流向这些企业的运营管理、消费者数据分析和洞察、数字营销、用户运营等相关岗位。从目前市面上头部消费品和零售企业数字人才招聘的任职要求中可以看到，主流电商平台及其相关产业工作经验已经成为社招岗位的基本要求。根据"十四五"电子商务发展主要目标，2025年电商相关从业人员总规模预计达到7000万。据中国电子商务报告2021年数据显示，截至2022年3月，电商相关从业人数达到6727.8万人。由此估算，到2025年，新零售及其相关行业仍然存在270万左右的人才需求，年均需求量为135万人。

（二）院校侧人才供给每年约为66万人，人才缺口约为69万人

根据教育部公布的数据，截至2022年末，全国本科工学、理学的在校学生数，以及高职（专科）电子信息大类和财经商贸大类的在校学生的数量为762.6万人，预估毕业生的工作与专业相关度约为65%，一年内的平均离职率约为40%，[①]人才供给乐观估计每年为66万人。因此，新零售行业每年人才缺口约为69万人。

5.4.2 杭州、广州等具有零售和消费品产业集群效应的城市新零售岗位需求高

调研数据显示（图3-179），杭州、广州、北京、深圳四座城市的岗位数量占比均超过10%。由此可见，除了传统的北上广深一线城市，电商和新兴消费品牌产业集群效应大，发展水平较高的杭州、宁波等东部沿海城市的岗位需求排名靠前。根据全国网络零售额的占比来看，广东、浙江、北京、上海等东部城市的线上消费能力排名全国前列，这些地区也是全国线上零售业务活动最活跃的地区，由此对应的支撑当地网络消费的相关新零售人才数量和岗位需求也排在全国前列。

---

① 《2021年中国大学生就业报告》。

图 3-179 岗位数量区域分布

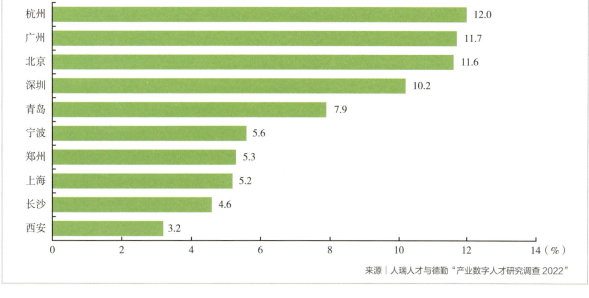

来源 | 人瑞人才与德勤"产业数字人才研究调查 2022"

5.4.3 电商运营类人才需求高，基于社交媒体的内容运营类人才紧缺

随着传统数字化转型服务商和电商巨头加快渗透传统零售业，零售企业转型数字化的技术门槛正在逐步降低。且由于目前大部分传统企业的数字化步调主要处于线上线下渠道融合的阶段，新零售企业的岗位需求主要集中在线上渠道运营岗位。新零售企业新发热招岗位前十统计显示（图 3-180），涉及电商运营、产品经理、品类运营的岗位占比超过 50%。同时，调研数据显示，内容运营、平台型电商运营都是新零售企业紧缺人才类型。此外，中国连锁经营协会数据同样显示，包括私域运营、直播人才的招聘需求自 2020 年直播电商和私域运营等新兴零售模式形成以来大幅提升。

图 3-180 新零售新发热招岗位以及企业岗位人才缺口

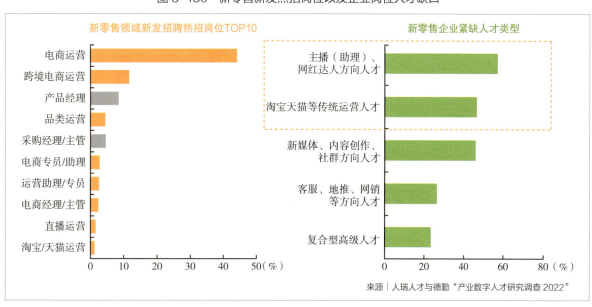

来源 | 人瑞人才与德勤"产业数字人才研究调查 2022"

综上所述，新零售数字人才整体供不应求，预计在 2025 年前行业人才缺口每年约为 69 万人。从地域来看，以杭州和广州为代表的东南沿海地区可能出现较大缺口；从岗位来看，人才缺口主要体现在电商运营、产品经理、品类运营的岗位。

5.5 数字人才胜任力模型

综合考虑企业当前招聘岗位的数量分布、薪酬水平，以及不同类型岗位人才紧缺度、行业特征等多重因素，选取新零售企业产品、供应链、渠道三个维度的五类关键岗位（图 3-181）：电商运营、产品经理、品类运营、采购经理 / 主管、直播运营。基于调研数据凝练其能力指标，以人瑞人才的"井"字人才胜任力为模板，分别分析上述五个岗位的人才胜任力模型。

图 3-181　新零售关键岗位

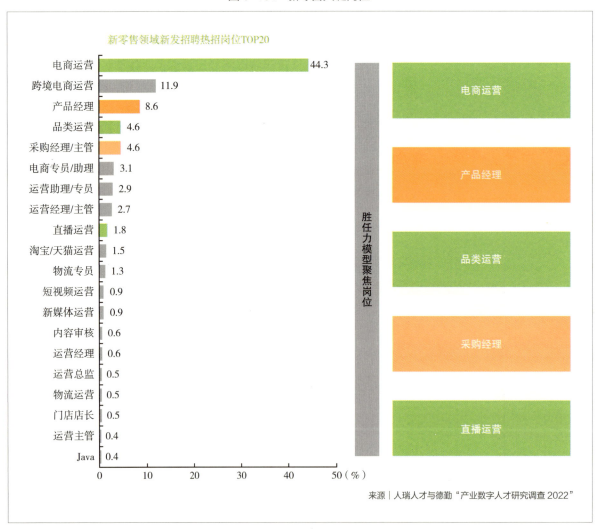

来源 | 人瑞人才与德勤"产业数字人才研究调查 2022"

5.5.1 电商运营人才能力模型

相关岗位：电商运营专员、电商运营经理、电商运营总监、跨境电商运营、电商平台运营专家。

岗位职责：维护线上店铺日常运营；根据电商平台年度、季度、月度营销进行规划；协助电商平台的整体运营策略的执行落地；店铺基础数据信息的收集、整理、总结和复盘，部分企业还要求电商运营人员能使用 AI、PS 等图片处理软件，善于图片后期处理。

图 3-182　电商运营人才特征提取

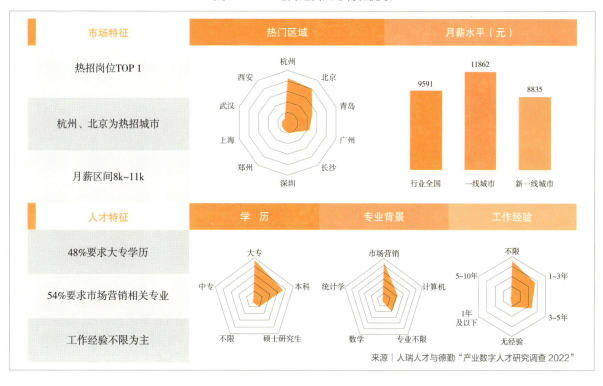

来源｜人瑞人才与德勤"产业数字人才研究调查 2022"

图 3-183　电商运营人才胜任力模型

来源｜人瑞人才与德勤研究

5.5.2 新零售产品经理人才能力模型

相关岗位： 产品经理、产品运营专员、产品孵化经理、产品总监。

岗位职责： 分析市场趋势、进行竞品调研，洞察消费者需求及市场机会；组织产品内外测，根据反馈调整和优化新品产品原型，或完成老品迭代升级；密切跟进线上线下销售渠道需求、渠道销售情况及意见反馈，及时获取信息并给到产品侧支持；协助线下渠道进行铺市与推品、下市老品的动作。需要对产品生命周期进行数字化管理和追踪。除此之外，部分企业对于产品经理的要求还涉及产品孵化和用户需求研究及复盘等多方面的能力。

图 3-184　产品经理人才特征提取

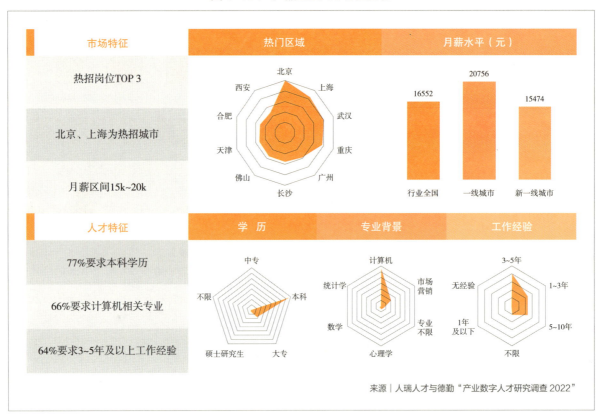

来源｜人瑞人才与德勤"产业数字人才研究调查2022"

图 3-185　产品经理人才胜任力模型

① 特征细分

热招城市： 北京、上海、武汉
薪资水平： 15k~20k/月
学历要求： 本科
专业背景： 计算机专业优先
工作经验： 3~5年工作经验优先

② 软性技能

● **创新能力：** 具备推动产品优化和创新的思维
● **沟通能力：** 具有与研发、营销、技术等团队合作精神并建立有效沟通
● **抗压能力：** 能够适应产品迭代更新短周期交付的压力

③ 业务能力

● **产品管理：** 产品上线排期、销信数据追踪
● **需求分析：** 市场趋势和用户需求分析
● **竞品分析：** 学握行业整体品类竞争格局，对标产品调研分析

④ 数字技能

● **通用技能：** Office
● **专业软件：** Axure、Visio、Hadoop
● **编程语言：** Python、SQL精通数据分析、数据采集、SHELL
● **加分项：** 具有数据中台、大数据平台产品经验

来源｜人瑞人才与德勤研究

5.5.3　新零售品类运营人才能力模型

相关岗位： 品类运营经理、品类运营专家、品类运营专员、品类运营主管、电商选品经理。

岗位职责： 负责品牌品类运营，包括品类策略规划、爆款打造、新品上市策略，以及行业、商品数据分析和优化；追踪及分析行业数据，结合产品销售及市场分析，梳理产品梯队，挖掘产品卖点，通过市场洞察捕捉品类机会点，输出整体品类策略。

图 3-186　品类运营人才特征提取

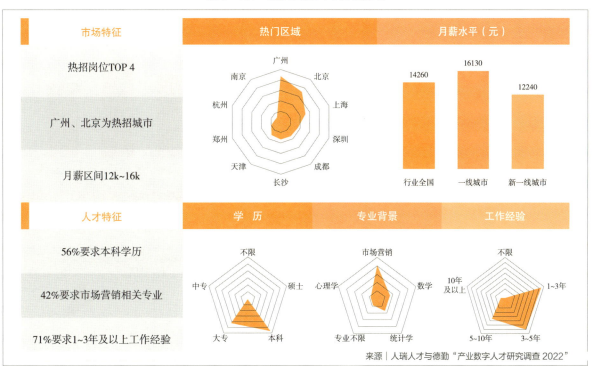

市场特征

热招岗位TOP 4

广州、北京为热招城市

月薪区间12k~16k

人才特征

56%要求本科学历

42%要求市场营销相关专业

71%要求1~3年及以上工作经验

热门区域

月薪水平（元）

14260　16130　12240

行业全国　一线城市　新一线城市

学 历　专业背景　工作经验

来源｜人瑞人才与德勤"产业数字人才研究调查2022"

317

图 3-187　品类运营人才胜任力模型

① 特征细分

热招城市： 广州、北京、上海
薪资水平： 12k~16k/月
学历要求： 大专
专业背景： 市场营销专业优先
工作经验： 1~3年工作经验优先

② 软性技能

● **沟通能力：** 具有与研发、营销、技术等团队合作精神并建立有效沟通
● **团队协调能力：** 具备与技术、产品、供应链、营销团队协作能力
● **抗压能力：** 确保平台推广、渠道整合的方案按计划执行

③ 业务能力

● **选品管理：** 选品组货、单品数据分析、尾货处理
● **平台数据分析：** 通过数据分析经营复盘
● **需求分析：** 全品类消费趋势洞察
● **加分项：** 平台类品类运营经验

④ 数字技能

● **通用技能：** Office
● **编程语言：** Python、SQL

来源｜人瑞人才与德勤研究

5.5.4　新零售采购经理人才能力模型

相关岗位：采购经理、采购主管、采购专员、供应链经理、供应链主管。

岗位职责：调研开发新产品及供应商；独立完成产品开发的全部流程，开发的产品热销率高；定期分析销售、库存等数据，协助运营提高动销率、产品销售业绩与库存周转率；以提高渠道门店销售毛利为目标，进行合理的商品汰换，制订供价谈判计划。

图 3-188　新零售采购经理人才特征提取

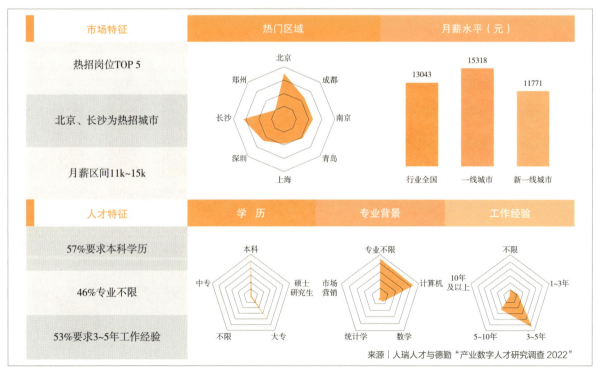

市场特征	热门区域	月薪水平（元）
热招岗位TOP 5		
北京、长沙为热招城市		行业全国 13043　一线城市 15318　新一线城市 11771
月薪区间11k~15k		

人才特征	学历	专业背景	工作经验
57%要求本科学历			
46%专业不限			
53%要求3~5年工作经验			

来源｜人瑞人才与德勤"产业数字人才研究调查2022"

图 3-189　新零售采购经理人才胜任力模型

5.5.5　直播运营人才胜任力模型

相关岗位： 直播运营专家、直播运营经理、直播场控、直播运营专员、直播中控。

岗位职责： 负责直播策划、跟播、直播间管理，以及直播产品销售数据分析；负责店铺直播平台的内容建设；对直播平台运营直播投放、优化视频；负责电商直播业务各环节运营，根据电商节点、品牌新品上市进行规划。

图 3-190　直播运营人才特征提取

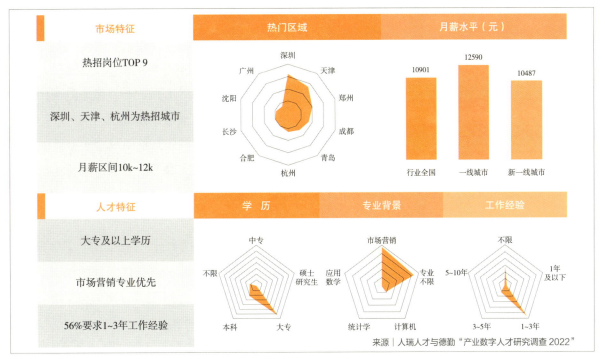

图 3-191　直播运营人才胜任力模型

①特征细分

热招城市：深圳、杭州
薪资水平：10k~12k/月
学历要求：大专
专业背景：市场营销专业优先
工作经验：1~3年工作经验优先

②软性技能

- 沟通协调能力：与主播、内容脚本、选品团队进行协作
- 执行能力：推进直播带货各流程正常运行的执行
- 抗压能力：具备对短期临时项目的承接能力和抗压能力

③业务能力

- 直播控场：直播环节把控
- 数据分析：分析复盘直播数据
- 内容策划：抖音、快手短视频内容创意制作
- 选品支持：协助选品团队与品牌商沟通
- 加分项：有直播机构运营经验

④数字技能

- 通用技能：Office
- 加分项：Photoshop, Dreamweaver

来源｜人瑞人才与德勤研究

据以上分析可知，数字化推动新零售行业各个环节的分工逐渐走向融合，行业对于人才复合能力的需求日益明显。

5.6　最佳实践案例解析

5.6.1　数字化助力传统零售企业人力管理升级

○　**企业背景**

在线上线下业态持续融合的新零售态势下，某传统商超集团呈现集零售贸易、电子商务、互联网/物联网科技等多业态迅猛发展，其组织结构和人员规模随之剧变。在致力于以全面数字化推进新零售的同时，该商超集团也同样意识到内部人力资源支持对数字化转型的重要性。

2020年新冠肺炎疫情肆虐，为了应对市场的不确定性，该商超集团加快布局企业整体的数字化转型，并从组织结构和人才发展出发，发展特色的 HR 数字化策略和体系，以实现敏捷组织、优化 HR 业务效率、驱动全员参与和高效协同。

○　**痛点**

企业主要面临的痛点主要体现在组织架构、人员信息、薪酬计算和考勤分析四类问题。具体来看：

痛点一：组织架构。零售行业的组织架构比较特殊，不但有像 HR、财务、IT 等职能部门，还有营运部门，层级也较其他行业更复杂，分大区、小区，最终到店铺等。组织管理上可能出现跨门店及跨区域的管理情况，组织架构的复杂性可能会出现矩阵式及多线汇报的情况。

痛点二：人员信息。 零售行业的人员数量多，入离职的频率非常高，在职员工还会经常发生调店、支援的情况。

痛点三：薪酬计算。 分布城市广，考勤发薪日期不同，薪资规则有差异，社保公积金政策不同。

痛点四：考勤分析。 排班工作量极大，很难有效管理规则，店铺人员层次不齐导致会遇到很多功能使用上的问题，代打卡情况得不到控制，异常数据更新不及时并过分依赖 HR 的后期调整。

○ **举措**

基于以上问题，企业首先从数字化平台重构优化入手，然后对集团其他业态公司平台上线，最后进行人力 BI 分析对人力数字化进行了探索。

举措一： 针对组织架构，为减少人工操作成本，通过数字化实现组织架构灵活调整，人员信息和汇报关系联动变化。

举措二： 针对人员数字化，进行入转调离流程化管理，HR 与 IT 业务高度协同。

举措三： 针对薪酬计算，通过数字化工具对不同地区薪资设定企业规则和地区规则，灵活地调整计算规则以适用企业的发展变化，支持多个地区几万人的同时算薪。

举措四： 针对考勤分析，实现多种考勤方式灵活应用和多种考勤数据统一聚集，如对各门店实际设备情况、地理位置等进行分析，实行打卡机打卡、扫二维码打卡等。

○ **成效**

经过以上举措，企业实现了编制集团化管控与释放，联动入离职，检核店铺编制考核，员工情况 PC 和 APP 透明化，薪酬闭环计算，对接业务数据参与绩效奖金计算，内部人员盘点人力报表数据化、可视化。同时，企业 HR 管理和服务效率亦有显著改进，如企业人才库共享节约招聘简历下载费用约 15%；入转调离流程审批效率提升约 35%；一键完成人员信息获取、个税获取和薪酬处理，薪税计算工作平均提速 1~2 天。

5.6.2　精细化人力数字升级，加快为业务赋能

○ **企业背景**

随着新零售时代的到来，某服装上市企业加入数字化转型的行列。但企业认识到数字化转型不只是纯技术转型与变革，而是组织形态、管理模式、影响力等全方位变革与升级，需要技术与服务的生态集成。企业想要运用数字化作为核心手段达成业务变革。一是提升人效，二是用数据推动业务，三是通过数据为决策人员提供依据。经过"为什么要数字化"以及"要让数字化带来怎样的价值"的思考，企业于 2019 年决定正式启动人力资源数字化体系建设。

○ **痛点**

企业内部及上下游人才数字化培养机制不清晰，缺乏针对管理层和基层员工数字化能力培养的有效内容和工具。

同时，随着企业业务由批发为主转变为批发零售，由国内运营转变为国内经营和国际化经营模式，使销售终端店员远程管理在成本控制和效率合规方面都面临巨大挑战。

○ **举措**

结合以上痛点，企业搭建了数字化学习平台，新晋升的和新引进的管理者通过学习平台学习各种课程，根据管理者的学习、行动、考核等各项任务的进度，及时予以提醒。通过关键数据的抓取打造爆款课程，赋能上下游利益相关者。针对基层员工，企业运用网格化管理方式赋能一线，支持每一个门店每一名员工的转型，推动全员营销，主力发展新零售。

此外，借助数字化管理平台提升效率，企业通过数字服务平台实现对终端员工的管理，包括所有员工的入职基础资料的收集、劳动合同的在线签订、社保缴纳信息资料的收集。

○ **成效**

经过以上系列人力数字转型，实现了包括线上业务培训平台、员工自助服务平台等；同时，推出全线上化远程入职流平台、终端店长的智能排班平台、门店店员的移动考勤管理平台。达成了清晰的人才培养课程体系，并实现人力数据准确、流程清晰、信息畅通、合法合规、智能便捷的转型目标。

四
企业数字化转型及人才管理策略

◆◆◆

1. 用 BLM 制定企业数字化转型战略

1.1 BLM 业务领先模型

BLM（Business Leadership Model），中文通常翻译为"业务领导力模型"或者"业务领先模型"，是 IBM 在 2003 年推出的一套连接企业战略制定与执行的战略管理方法，这套方法论从差距分析开始，经过顶层业务设计，再到执行落地，是一套非常好用的战略规划工具。

很多企业，各部门的业务战略规划往往在讨论后就被束之高阁，具体如何落实的部署安排往往是缺失的。而且，在制定战略时，人力资源通常不被邀请，只是在业务战略里需要补充几页纸的人力资源规划时，才请人力资源来"填个空"。战略规划所需的人力资源提升或转型需求被忽略。**BLM 正好可以弥补业务部门战略落地的缺失，促进业务和人力资源战略的有效连接（图 4-1）。**

图 4-1　BLM 业务领先模型全景

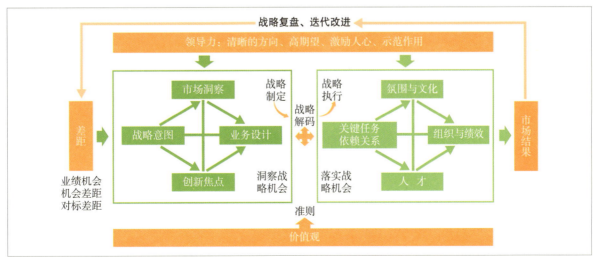

323

BLM 的核心包含：市场结果（差距）、领导力、价值观、战略与执行。

最上面是领导力，公司的数字化转型首先需要由企业的领导力来驱动，领导力是根本。最下面是价值观，主要是企业从上到下共同遵守的一些行为准则，这构成了企业文化的重要部分，价值观是基础。这也是 BLM 优于其他战略模型的地方，它充分考虑了领导力和价值观对战略规划与落地的作用。

BLM 的另外两大部分分别是战略和执行。战略是带领团队对商业机会评估，评估后落实到高效的业务设计上，以捕捉机会；另一个是执行，根据战略意图和业务设计，建构组织能力确保执行，最终带来期待的市场结果。"战略"是找到对的事情，"执行"是把事情做对。

BLM 认为企业战略的制定和执行部分包括八个方面，分别是战略意图、市场洞察、创新焦点、业务设计、关键任务、氛围与文化、人才和正式组织。

BLM 核心在于战略制定后要通过组织、人才、氛围与文化来支撑战略的成功（图 4-2）。要保证战略执行，就要考虑组织架构是否有效匹配战略，人才的数量和质量是否匹配战略需求，文化氛围方面是否支撑战略，激励是否能有效促进战略的实施。

图 4-2　战略意图规划

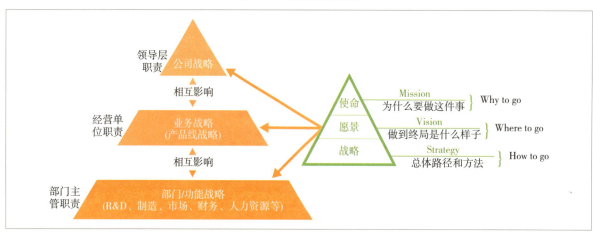

1.2　数字化转型的关键要素与组织变革

企业在数字化转型过程中容易将数字化转型的视角局限在简单的技术升级，缺乏从员工转型、组织重塑等维度深层次、系统性地思考和实践。组织变革是企业在技术升级基础上的重要转型任务，也是企业数字化转型的必经之路（图 4-3）。

1.2.1　数字化转型的关键要素

数字化转型是企业**战略、业务、组织、技术**四大关键要素的全面转型，**自下而上需要技术的支撑，自上而下则需要"人才"落地保障实施**。企业需要打破技术专业壁垒，**发展战略**由"静"

到"动"、**业务转型**由"分工"到"生态"、**组织体系**由"层级"到"扁平"、**数字技术**由"技"到"数",开辟价值发展新空间,以转型的系统性应对环境的不确定性(图4-4)。

图4-3　数字化转型内容框架

图4-4　数字化转型的关键要素

（一）转战略：发展战略重塑

面对日益复杂多变的内外部环境,企业必须增强竞争优势的可持续性和战略的柔性,重塑价值主张。在数字化转型过程中，从战略视角看，企业应加快由过去基于技术壁垒、构建封闭价值体系的静态竞争战略，转向依托数字技术深度应用、共创共享开放价值生态的动态竞合战略。

战略转什么？

一是"转"竞争合作关系。 逐步从过去的仅关注竞争转向构建多重竞合关系，将竞争合作层次从单一技术产品的竞争合作升维到智能技术产品（服务）群的竞争合作，从资源要素的竞争合作升维到新型能力体系的竞争合作，从组织之间的竞争合作升维到供应链、产业链和生态圈之间的竞争合作。

二是"转"业务场景。 打破传统的基于技术专业化职能分工形成的垂直业务体系，以用户日益动态和个性化的需求为牵引，构建基于能力赋能的新型业务架构，根据竞争合作优势和业务架构设计端到端的业务场景。

三是"转"价值模式。 改变传统工业化时期基于技术创新的长周期性获得稳定预期市场收益的价值模式，构建基于资源共享和能力赋能实现业务快速迭代和协同发展的开放价值生态模式。

（二）转业务：业务创新转型

未来产业的竞争，大多是在存量市场中的竞争。从存量中开辟可持续发展的价值新空间，**从多元到聚焦、从广泛到垂直细分**，企业需要持续推进业务创新转型。可从"业务数字化、数字业务化"两个层面入手，推进传统业务创新转型升级，实现价值获取。由基于技术专业化分工的垂直业务体系转向需求牵引、能力赋能的开放式业务生态。

业务转什么？

以**业务数字化、业务集成融合、业务模式创新、数字业务培育**，加快转变过去基于技术专业化分工的垂直业务体系，建立需求牵引、能力赋能的开放式业务生态。

业务数字化： 以提升单项应用水平为重点，开展业务单元（部门）内业务数据获取、开发和利用，在研发、生产、经营、服务等业务环节部署应用工具级数字化设备设施和技术系统，提升单项业务数字化水平，以获取增效、降本、提质等价值效益。

业务集成融合： 以提升综合集成水平为重点，开展跨部门、跨业务环节的数据获取、开发和利用，依托支撑业务集成协同的流程级能力，推动企业纵向管控集成、横向产供销集成，以及面向产品全生命周期的端到端集成，以获取降本、提质，以及新技术/新产品、服务延伸与增值、主营业务增长等价值效益。

业务模式创新： 以实现全面数字化为重点，开展全企业、全价值链、产品全生命周期的数据获取、开发和利用，依托支持企业全局优化的网络级能力，逐步构建数字企业，发展延伸业务，实现产品/服务创新以获取新技术/新产品、服务延伸与增值、主营业务增长等网络化价值效益。

数字业务培育： 以构建价值生态为重点，开展覆盖企业全局以及合作伙伴的生态圈级数据的获取、开发和利用，依托价值开放共创的生态级能力，培育和发展以数据为核心的新模式、新业态，以获取带来的用户/生态合作伙伴连接与赋能、数字新业务、绿色可持续发展等生态化价值效益。

（三）转组织：治理体系变革

数字化转型过程中，从管理保障视角看，为更好地提升应对变化的反应速度，企业需要充分激发员工的主观能动性，加强价值的管理支持，由封闭式的自上而下管控转向开放式的动态柔性治理。

管理转什么？

统筹推进**管理方式变革、组织结构调整和组织文化创新**。以适宜的治理体系为数字化转型提供管理保障。

管理方式： 从职能驱动的科层制管理，向流程驱动的矩阵式管理、数据驱动的网络型管理、智能驱动的价值生态共生管理转变。

组织结构： 从科层制管理的"刚性"组织，向流程化、网络化、生态化的"柔性"组织转变。企业必须打造动态灵活的组织结构，以支持企业（组织）快速、敏捷地满足用户个性化需求，创造和开拓新的市场领域，适应当前数字经济时代的商业竞争环境。

组织文化： 把组织的数字化转型战略愿景转变为员工主动创新的自觉行动。企业要树立开放创新、共生共赢的价值观，培育和深化数字文化、变革文化、敏捷文化、开放文化和创新文化。

（四）转技术：解决方案升级

为改变推进数字化转型"治标不治本"的现象，企业需要坚持系统观念，协同推进技术创新和管理变革，加强价值的技术支持。由技术要素为主的解决方案转向数据要素为核心的系统性解决方案。

技术转什么？

策划实施涵盖数据、技术、流程、组织四要素的系统性解决方案，并通过四要素互动创新和协同优化，推动数字能力的持续运行和不断改进。

数据要素： 完善数据的采集范围和手段，推进数据的集成与共享，强化数据建模与应用，深入挖掘数据要素价值。

流程要素： 开展跨部门、层级、业务领域、跨企业的端到端的业务流程优化设计，应用数字化手段开展业务流程的运行状态跟踪、过程管控和动态优化等。

技术要素： 开展设备设施数字化改造升级，部署适宜的 IT 架构，提高 IT、OT 网络和互联网的互联互通水平；构建平台，推动基础资源和能力的模块化、数字化、平台化。

组织要素： 根据业务流程优化要求确立业务流程职责，匹配调整有关的合作伙伴关系、部门职责、岗位职责等。

1.2.2　数字化转型的组织变革

数字化转型已成为未来企业发展的普遍趋势，影响和决定企业未来在领域内的核心竞争优势。众多企业进行数字化组织转型历程或尝试，过于关注组织的"表面数字化"，局限于期望利用数字化技术、应用数字化工具、移动终端解决所有问题，而忽视了转型过程中的数字化内核承接，忽视了组织层面对于数字化的适配性变革，以及数字人才培养的价值。而试图用组织设计出数字化，仅仅告知员工要更加敏捷互动、单纯购买数字化能力而不培训现有员工、开展文化转型，同样无法实现组织的升级。**一个有效数字化组织需要基于科学的数字化工具，构建新的包含新业务模式、与之匹配的管理机制、人员能力、企业文化、技术支撑的整合、全面的组织体系，才能有效支撑企业数字化转型战略的达成。**

　　企业要想摆脱转型误区并在数字化时代脱颖而出，关键在于组织变革！我们认为，组织变革不仅能在"数字化"层面确保企业战略达成，更重要的是能在"转型"层面推动企业员工从高绩效员工成长为数字化员工。

　　本报告所强调的组织变革，即企业从运营模式、决策模式、管理模式到企业文化的系统性转变，从而进化为创新型和学习型组织（图4-5）。

图4-5　企业数字化转型过程中组织变革概览

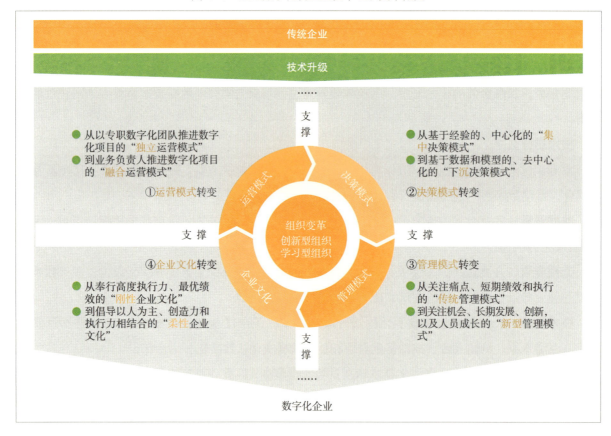

　　运营模式转变。从"独立运营模式"到"融合运营模式"。其中，独立运营模式下的团队往往更关注项目落地而非运营目标的实现；融合运营模式下的项目团队，每个人都兼具多重角色，既是业务负责人也是数字化项目负责人，在业务运营目标的驱动下，不仅关注项目落地，更关注数字化对业务产生的新价值。

决策模式转变。从基于经验的、中心化的"集中决策模式",到基于数据和模型的、去中心化的"下沉决策模式"。其中,决策模式的转变涉及决策主体的变化,在集中决策模式下,决策主要由部门主管或领导者做出;而在下沉决策模式下,决策主要由一线人员结合数据和模型做出,这不仅提升了决策效率,而且优化了决策质量。

管理模式转变。从关注痛点、短期绩效和执行的"传统管理模式",到关注机会、长期发展、创新以及人员成长的"新型管理模式"。其中,管理模式的转变也代表着企业领导力的变革,即企业领导者所具备的关于数字化企业发展的理念和观念,成为推动企业实现真正数字化转型的关键。

企业文化转变。从奉行高度执行力、最优绩效的"刚性企业文化",到倡导以人为主、创造力和执行力相结合的"柔性企业文化"。其中,企业文化的转变将极大程度地助力员工自我价值的实现,不仅让员工主动参与到数字化转型中、能力有所成长,而且让员工更有成就感。

数字化转型的本质是一项系统性创新工程,这项工程不仅涉及多学科、多领域技术的融合,而且涉及数字化创新人才的培养,需要运营模式、决策模式、管理模式以及企业文化等组织层面从外到内的系统性变革。领导者必须改变观念和认知,更多关注战略和机会,从带领者转变为赋能者,以身作则,让每个员工都成为转型的主角。

1.3 中国企业数字化转型中存在的主要问题

数字化转型是一项长期、庞大、复杂的系统性工程,既需要认知理念和思维方式的深刻转变,更需要统筹考虑生产体系、技术能力、财务状况、组织文化等多种因素,在转型主体认知、实施以及服务响应层面存在诸多困难。

1.3.1 认知层面:普遍存在"不想转""不敢转""不会转"难题

转型成效难测与传统增长范式间存在矛盾,导致管理者尚未打消"不想转"的顾虑。部分组织原有商业模式与增长路径尚未面临数字技术的剧烈冲击,对层出不穷的新技术、新概念认知不足,容易对转型产生心理抵触。

技术使能不充分与转型效益不明朗间的矛盾,导致管理者存在"不敢转"的担忧。新一代信息通信技术与传统行业融合发展、落地应用仍处于初级阶段,新要素、新业态、新范式扩散成熟需要长期过程。同时目前数字化转型成功案例较少,缺少"看得见摸得着"的实际效益,因此部分组织对于数字化转型存在疑虑。

转型方法缺失与转型高门槛间的矛盾,导致组织陷入"不会转"的困境。多数存在强烈转型意愿的组织受限于数字化认知缺失、方法论支撑不足、人员数字化能力不强,普遍采用频繁引入新技术的策略，没有从战略的高度进行谋划，存在转型路径迷茫的现象。

1.3.2　实施层面：全流程推进过程中进入多项误区，导致"转不好"难题

数字化转型是对理念、战略、组织、运营等系统性谋划与全方位的变革，从业界实践来看，转型主体在推进过程中容易进入多项误区。

误区 1：未遵循转型规律。转型过程未立足企业现状，采用好高骛远的转型方案导致转型失败。

误区 2：缺乏数字化战略。缺乏对技术、理念、战略、组织、运营等方面的系统性战略设计，片面转型，导致成效不佳。

误区 3：缺乏数字化平台。缺少支撑数字化转型发展基础平台、赋能平台与专业知识平台。

误区 4：数据治理能力不足。数据治理缺乏标准规范与技术体系，存在采集难、质量差、利用低的情况。

误区 5：组织、人才转型滞后。转型过程中组织优化与人才培养与转型战略需求不匹配，转型全局性不足。

误区 6：没有建立生态机制。传统组织转型需要发掘与自身一起共同成长、发展，并提供持续运营和服务的战略伙伴。

1.3.3　供给层面：数字化转型服务市场仍不成熟

当前，依托原有优势领域切入数字化转型服务市场的咨询公司、解决方案提供商、设备厂商、互联网企业等各类"玩家"，囿于既定技术能力和经营模式，业务深入有限、理解相对基础、服务供给模式单一且尚不完善，与转型组织所期望的"咨询＋方案＋产品＋实施"的端到端服务、高质量交付要求存在一定差距。转型服务的系统化、完整性不足，支撑腰部市场、长尾市场的服务模式未形成有效规模。

现实虽有不尽如人意之处，转型愿景依然美好可期。据麦肯锡全球研究院预测，到 2025 年，高度数字化转型将使企业收入和利润增长率较平均水平提升 2.4 倍。数字转型成熟度将稳步提升，乘此东风，中国企业已进入数字化转型分水岭的关键时期。

1.4　数字时代人力资源管理的挑战

在数字化时代，全球百分之六七十的企业都把数字化作为关键且重要的战略。那么，数字化战略、数字化生存能力要落地，归根结底需要人，需要团队和组织机制的保障，企业面临的人力资源管理障碍是什么？

1.4.1　组织变革的挑战：从科层制到扁平化、平台化

传统科层制的组织结构已经不适应互联网的需求。互联网、大数据、智能化等技术完全可以使

组织扁平化，完全可以真正打通传统企业内部的产销环节，实现一体化的运营。组织变革最核心的是要创新部门的协同方式，要基于大数据和云计算进行内部的自动协同。这时候，组织就会产生新的职能部门。依据专家的预测，未来有三个部门将成为企业的核心部门。

第一个是大数据管理部门。现在很多企业都在运用大数据管理，尤其在人力资源方面，很多企业建设了人力资源公共服务平台。人力资源公共服务平台最核心的作用在于通过对大数据进行分析，挖掘人力资源的服务价值，以及依据大数据做人力资源管理决策。

第二个是研发部门。现在很多跨国企业的研发部门更名为研发运营部，这说明，研发不再脱离市场了，而是把 IT、研发、制造要整合起来。

第三个是客户成就管理部。这实际上是要把营销、销售、服务与支持整合到一起。客户越来越重视"体验""结果""质量"，未来强调成就客户才是企业成功的关键。

总的来说，传统产业在互联网转型的过程中要完成组织变革、组织的进化。而这种变革、进化并不是说要把一切都推倒重来，而是要基于互联网的平台、基于大数据、基于云计算，对传统企业内部的职能进行改造，运用互联网思维对传统业务进行整合与经营型组织变革。

1.4.2 组织与人的关系的改变

过去是人依附于组织，现在是组织服务于人；过去关注人现实的能力，未来要关注人发展的潜力；过去叫组织驱动，现在叫自我驱动。要改变过去"人是工具"的状态。

1.4.3 数字人才的培养与管理障碍

一是没有那么多的数字人才，如何找到和培养能够支撑未来数字化战略所需要的人才。

二是如何把人力资源管理的数字化和企业业务的数字化结合在一起。现在所面临的问题是人力资源管理软件并没有与业务、行为数据完全对接。数字化的核心是从信息化到业务活动数字化，再到数字化管理、数字化驱动，依据业务数据进行人与岗位、人与团队之间的精准配置，基于大数据进行决策及人力资源管理的运营。这是一项非常大的挑战，含人力资源管理本身的数字化如何支撑战略、业务数字化及企业的数字化转型，以及人力资源本身、人力资源部、人才的结构方面的挑战。

三是数字化、智能化以后如何处理人机关系问题，将是人力资源管理面临的一大挑战。未来机器替代人力以后，可能越来越需要关注员工的心理管理、员工的工作场景体验，要考虑把员工的工作体验和客户的体验相连接。

1.4.4 新生代员工带来的代际挑战——职业理念差异

新生代员工注重自我感受、追求自我价值，需求层次被打破，需求理念需要重构。他们不是先追求满足生存和物质需求再追求自我价值，而是同时追求两者，而且有部分人由于没有生存之忧而更为注重自我感受。

新生代职业理念的差异将给管理带来新的挑战：**一是认识和思维的转变，要真正建立"员工**

就是客户"的思维——**以人才为中心，人才是客户，经营人才就是经营客户**。要像关心客户一样去关心人才，真正把握人才的需求，甚至超越人才的需求。要从人才的视角思考问题，真正站在人才的角度来看问题。通过这种客户思维，满足不同人才的不同层次的需求，并在管理层面和工作机制设计层面，通过构建一些正向的激励规则，让员工真正地由外而驱动转成内在驱动。**二是要创新管理的机制、方法、工具等**，比如全面认可激励机制，工作的场景化、游戏化、娱乐化等。这要求人力资源管理者要有设计师思维，要构建一个符合"新生代"需求的开放、多维、自由，能够激活人才、让人才感觉如鱼得水的能量场。

1.4.5 知识型员工、高技能人才真正成为企业价值创造的主体

人物、牛人、能人这三种人才将来会成为企业的价值创造主体。组织不能再与其建立单一的雇佣关系，而**应建立合作伙伴关系，相互赋能**。由此，过去以劳动契约为核心的人力资源管理体系，将会**转变为建立在尊重与认同基础上的以心理契约为核心的人力资源管理体系**。企业与人才的合作方式可以多样，认同对方的价值观和事业平台就进行事业合伙——引人、引智。这一方面体现了个体的能量、个体的价值可以放大，另一方面体现了未来平台的价值就是放大个体价值的同时实现企业的发展目标。

企业人力资源管理也将更加强调自动自发、自我驱动和尊重，发展也需要采用生态思维和命运共同体思维：合作共赢，你中有我，我中有你，交互合作，分享利益——企业与企业，企业与人才。这就要求企业所有者、管理者进行认知革命和思维重构，从对人性的认知、对需求的认知、对激励的认知、对人类管理的认知要发生革命性的变化，要改变自己的认知和思维定式，要从连续性思维发展到非连续性的量子思维、共生的生态思维、"生态叠加"思维等新思维。

1.4.6 文化的兼容及与时俱进

未来企业必然面临不同工作方式、不同文化背景的员工的融合。但是文化是企业的根性，是企业生命力的基本底色，即便无法全球化，也一定要有统一的文化价值观。传统企业需要走出自己的文化惯性，重新审视过去的成功文化，不断地给企业文化注入新基因、新活力，增强文化的变通力、兼容性和适应性；告别过去单一、固化的文化状态，形成一种基于主流文化的混合式文化。

2. 数字化时代的产品研发策略与项目管理

2.1 以客户为中心的产品设计理念

企业是一个功利性组织，任何先进的技术、产品和解决方案，只有转化为客户的商业价值，才能给企业自身带来价值。一个不断发展的优秀企业是以客户需求和技术创新双轮驱动的。以客户需求为驱动，围绕客户需求提供解决方案；以技术为驱动，技术的不断升级带来更好的体验、更低的成本。

数字化时代的主要驱动力是从"以产品为中心"向"以客户为中心"转变，在客户全生命周期各个环节下增强产品与用户的联结，提升用户购买、使用、复购过程中的体验，以深度挖掘与创造用户价值。

以产品为中心，企业生产什么，客户就购买什么，客户处于被动接受状态；而以客户为中心，客户需要什么，企业才生产什么，客户参与到产品设计中。数字化时代的产品思维要深刻理解客户需求，要理解客户需求背后的"痛点"。只有真正抓住了客户的"痛点"，才能获得客户的价值认可。客户的需求纷繁复杂，有显性的、明确的需求，也有不确定的、潜在的需求。要理解客户需求，必须要关注客户的现实需求和长远需求，要从发展的观点看需求，要有对市场的灵敏嗅觉和洞察能力，甚至于比客户更懂客户。

按场景来划分需求，有助于理解客户需求。华为把场景化需求洞察工作分成三个阶段（图4-6）：第一阶段，建立场景视图，明确典型业务场景；第二阶段，识别客户"痛点"根因，找到关键需求；第三阶段，构想解决方案，明确竞争力构筑点和商业计划。

图 4-6　场景化需求洞察过程

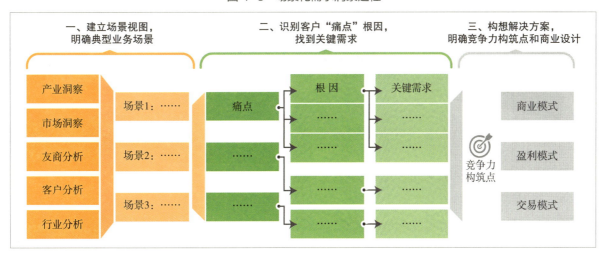

以客户为中心，企业不仅要为用户提供需要的产品，还要在购买、使用整个生命周期中为客户提供优质的服务，这反过来倒逼企业关注从设计、制造、营销到服务的全过程。做产品的过程就是一个看到用户、倾听用户、判断用户、与用户建立连接，并且在与用户的交互反馈中迭代和优化的过程。

数字化转型本质是为客户创造价值，产品设计理念也要进行升级转变，需要摒弃冗余思维、静态思维，走向精准思维、动态思维，洞察客户需求，不断升级打造产品，以满足客户需求。

2.2　产品技术组合与项目管理模式

随着数字化时代的到来，数字化技术正在从源头上深刻影响着产品的研发设计。对于数字化时代的产品革命来说，我们不能够强调某一种数字化技术，单一的技术是不可能独木成林的。它应该是不断集成最新科技成果的产物，其技术领域具备综合性。计算机技术、通信技术、IoT（物联网）、人工智能、区块链、大数据、云计算等新技术必须紧密地结合、集成在一起，才有可能发挥更大的效能和作用，从而满足数字经济的社会需求，满足数字化时代产品的升级与变革。

不同企业的发展阶段不同、规模不同、业务模式不同，因此，产品开发模式和管理能力也有很大的差异。对于一般性的企业，产品开发模式可以分为以下三个阶段（图4-7）。

图4-7　产品开发发展阶段

初级阶段的特点：

● 基本没有产品的市场策略，只关注产品和项目何时交付，基本没有产品成本的概念。

● 不关注产品平台和技术平台，只关注单一的技术和项目。个人单兵作战，员工表现为个体行为，没有规范和标准。

● 有简单的项目管理，项目经理责任和权利与任务没有挂钩。

中级阶段的特点：

● 有初步的产品策略，开始进行客户投资分析、客户问题和痛点识别及需求收集，进行产品路标规划、技术规划和初步的客户规划。

● 有专门的技术管理部门管理共享技术，技术开发与产品开发和平台开发分离，初步完成了技术货架、产品货架的建设。

● 开始进行并发开发，有初步的结构化流程，层次清晰，预研项目与产品项目、集成项目的管理流程分离。

高级阶段的特点：

● 对客户进行分类的排序，对不同的客户群，公司有明确的产品策略。

● 完成以客户为中心、面向产出的组织结构和流程体系，各部门围绕产品线进行协调和配合。

针对不同发展阶段的企业，有适合自己的不同的研发方法，但在众多著名企业实践中已经被证明为有效的方法是集成产品研发（IPD）的思想体系和方法论。IPD 的思想来源于美国 PRTM 公司于 1986 年提出的基于产品及生命周期优化法（Product And Cycle-time Excellence，PACE）。IBM 吸收了 PACE 的很多理论精华，集成到自己的 IPD 流程中，帮助 IBM 公司完成了重大的组织变革，并最终形成了一套 IBM 关于产品研发的方法论体系。

IPD 变革是从流程重整和产品重整两个方面来变革整个产品开发业务和开发模式。华为从 1999 年引进 IPD，请 IBM 管理咨询团队推动 IPD 体系建设，并在 20 多年的实践中不断优化和变革，形成了有华为特色的 IPD 整套方法论和操作体系，使得华为不断成功，并进入世界 100 强。这证明这套产品开发管理方法论体系是有效的。

IPD 结构化流程框架（图 4-8），包括三个最重要的流程：市场管理流程、IPD 流程和需求管理流程。

图 4-8　IPD 结构化流程框架

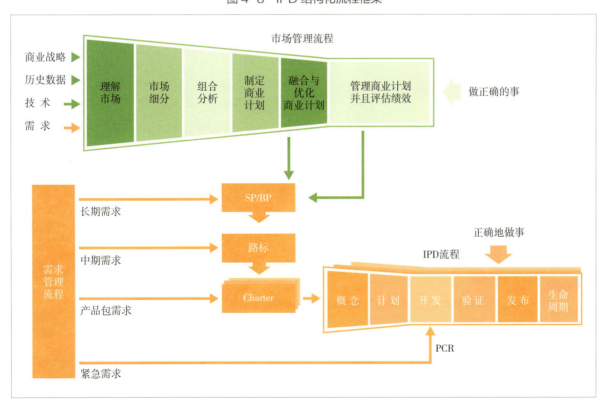

基于产品技术领域的综合性，企业如何做好项目管理？数字技术与项目管理的融合也可以分为三个阶段：辅助、支撑和支配。不同于数字技术与产品融合，在这三个阶段中，辅助的价值是通过信息系统为业务提高工作效率；支撑是信息技术用于项目管理流程中，对项目管理内容部分赋能；而支配是通过数字化平台，使项目管理的开展从物理世界升迁到数字世界，数字世界支配物理世界。

数字技术为项目管理建设信息系统，辅助项目管理的开展，类似于计算机辅助设计，是所有信息的交汇点；建立数字化平台，实现数字化为项目管理赋能，强化项目运行中的管理与控制；项目管理业务与数字化平台进一步融合，项目管理将在数字世界开展，建立整个项目管理网络与外部相关部门的通道，实现项目管理数字化转型。

2.3　在数字化转型时期的研发团队管理

由于外部环境的不可预测性和竞争环境的快速变化，这必然要求一个企业的产品开发必须快速推向市场。这就要求一个企业必须建立一套灵活的产品开发机制，包括企业内共享技术平台的搭建、异步项目管理系统的建立，以及灵活的产品开发团队的组建。只有这样，才能应对外部的快速变化，并获取企业的竞争优势。

企业自身要对技术进行分类，通常可以分为以下四类（图4-9）

图4-9　企业技术分类

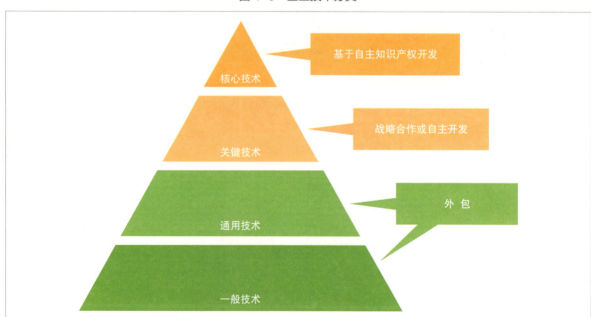

- **核心技术：**企业在一段时间内领先于竞争对手的独有技术，并且在开发过程中占据重要地位的关键技术。

- **关键技术：**在产品开发中占据关键地位，或在关键路径上的技术，它是不可缺少的，但不一定是独有的或领先的。
- **一般技术：**普通技术，有多种替换办法。
- **通用技术：**形成了使用标准的一般技术。

针对不同的技术定位，可以采取不同的人员配置方法。

中国某著名的高科技企业，在 2004 年就开始技术人员的外包，并非常强调外包规划和价值分析的重要性，**针对在外包中出现的问题，提出了一套"精益外包管理"方法。**从整体业务的视角进行公司内外部分析，合理规划人力结构、数量、规模，进行有效管理。

1）2011 年：**完善外包能力平台**，按需外包，完成供应商的聚焦和外包骨干阵型的调整，对应外包人员职级对应关系，降低离职率。

2）2012~2015 年：务实发包规划、资源质量、支撑环境建设、内控与信息安全管理等工作，**建立外包和效率能力基线，效率和效益每年提升 10%；**通过外包队伍对人力结构进行补齐，做好筛选，确定合理的金字塔人力结构模型，保持弹性用工。

3）2016~2017 年：外包管理能力和整体水平达到业绩领先；**结合业务规划，充分利用外界资源，打造价值链，营造双赢外包环境。**

4）2019 年：**对外包模式进行了升级改进，提出了 OD 模式，外包项目或人员与公司的业务建立更加紧密的联系；**与自雇人员拉通规划，更好地把外包员工纳入企业整体的产品研发与人员规划中。

3. 数字化时代的组织模式与人力资源管理策略

根据马斯洛的需求层次理论，线性思维下人的需求认知、结构层次是从下至上，从低层次的物质需求到高层次的精神需求，再到自我实现的需求。这是递增的需求满足。而在生态思维下，人的需求结构是混序的，物质需求与精神需求是交替存在的，是一体化的体验与场景。

在数字化与智能化时代，很多体力劳动、重复性劳动都会由机器人来做，留给人来做的是创新性劳动、智慧性劳动。劳动者与资本之间不再是一种不平等的雇佣关系，而是一种相互交织的纠缠关系、相互雇佣的平等关系。人力资本已成为企业各种生产要素中最重要的要素。资本、生产资料等要素在自由市场竞争中都比较容易获得，而优秀的人才和人力资源却变成最紧缺的资源。从而使得企业的组织管理模式、人力资源管理发生了根本性的改变。

数字化、智能化时代，对人力资源管理提出了新的挑战。数字化、智能化使组织的劳动生产方式发生了深刻变革，人与人之间的协同方式也发生了变化。此外，组织也越来越扁平化，越来越网状化，金字塔式的结构被打破了。

3.1　数字化时代的组织模式

3.1.1　以岗位为中心的组织形态改变为以任务为中心的组织形态

在传统的组织形态中，是以岗位为基础来设计组织形态的。每个岗位有固定的职责，以及上下级关系。一个企业的目标是通过各个层级的组织关系从上而下进行下达的。同样，问题的解决也是从下而上进行汇报的。在这种组织模式中，人的工作是基于岗位的责任、上级的目标要求，以及规定的工作流程规定来进行的。而在数字化时代的新的组织模式中，为了快速抓住外部市场机会，组织中的团队成员可能来自不同的部门，他们分别具备产品开发、产品生产、产品销售等不同技能，他们之间没有明确的管理与被管理的关系，而是基于组织的目标去快速完成各自的任务。从以岗位为中心向以任务为中心的转变，使得企业管理在组织与人的关系上发生了根本性的转变。

企业的组织形态出现了五个特征：去中心化、去权威化、去边界化、去戒律化、去层级化。

去中心化。缩减中间层，降低组织的决策重心与减少管理层级，由垂直科层、单一结构转向扁平网状结构，打造**扁平化、平台化、赋能型组织**。

去权威化。淡化威权领导，倡导赋能领导，打破官本位，开放职业发展通道，尊重专业权威与业务权威，按角色与任务、责任建立汇报沟通关系。

去边界化。打破内外边界，构建生态，使整个组织内外跨界、开放融合，拆除"部门墙"，打破"流程筒"，以客户为中心平行自动协同，形成生态化系统，为客户提供一体化的价值体验。

去戒律化。打破固有秩序与规则，开放包容，鼓励员工创新创业，充分尊重人的自主创新精神，通过事业合伙机制，真正让员工有更多机会参与管理与共治，使员工从被动工作转向自我担责、自我驱动。

去层级化。打破一切以行政领导为中心的垂直指挥命令系统，一切以客户为中心构建多中心平行运行机制，以客户为中心来实现资源的动态配置。

"五去"将使未来的组织变得更轻、更简单，与此同时也将改变组织形态、组织方式和生产组织方式，自然对现在的人力资源管理模式提出了挑战。

首先，劳动组织方式和协同方式的改变，自组织、项目式组织等新组织模式，对传统的以岗位为核心的人力资源管理提出了挑战。过去是以岗位、能力为核心，现在岗位天天在变，有些组织里甚至没有岗位，也不再要求人的单一专业能力，而是需要人的复合、跨界的能力。现在则是以客户为导向，以工作任务为核心进行组织。客户有了需求，产生了工作任务，有了工作任务再产生人才需求（图4-10）。

其次，过去是围绕一个核心构建组织，现在是多中心、分布式，组织走向了"平台化＋分布式"。由此带来的问题是：在这个组织体系中人怎么定位？人与岗位间是什么关系？团队怎么组建？

图 4-10　以岗位为中心到以任务为中心

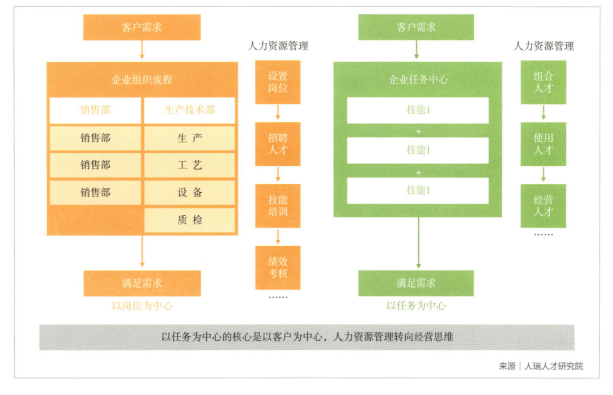

来源 | 人瑞人才研究院

3.1.2　人与组织关系的变化

在传统组织形态下组织大于一切，个人服从组织，个人在组织中是被驱动的。但是数字化时代的新组织中，每一个个体都是有能量的，每一个个体都是有生命的，个体与组织之间存在能量的交互，所以要尊重个体的力量。要激活每个个体的创新，让员工从"要我干"到"我要干""我们一起干"，即人才一定是自驱动的，而不是被驱动的。组织与个人、货币资本与人力资本之间是一种相互雇佣关系（你可以雇用我、我可以雇用你），是一种合作伙伴关系。

图 4-11　人与组织关系的变化

来源 | 人瑞人才研究院

在传统组织下的组织文化是一种零和博弈，每个个体的利益是独立的，首先是利己，然后再是利他。但是数字化时代的组织文化，是共生文化，相互赋能、相互成就，也不再是零和博弈，而是形成共生共赢的生态文化。

3.1.3　未来的企业，最终都要构建生态战略思维

企业与利益相关者，与合作伙伴之间，不再是单一的二元对立关系，是相互创造价值的关系。在过去，企业与员工之间，随着雇佣关系的终结，因为各种各样的原因，可能突然之间形成对立的状态。但是在现在和未来，因为有第三方服务平台的支持，有了使人力资源价值最大化的连接，企业和员工不论是合作还是不合作，均可以各自找到价值最大化的方式，因此，二者之间就不会成为敌人。这种生态化的思维和布局，实际上解决了雇主与雇员之间的矛盾，实现了共生的生态，形成的是利他的趋势。

所谓"利他"，是指生态战略思维既是供给与需求之间的解决方案服务商，同时又构建了一个人才价值最大化和人才配置最优化的生态体系。从战略上看，灵活用工的趋势不再是零和博弈的竞争策略，而是企业、人才和第三方服务商，甚至更多利益相关者的共享、共生、共赢、共创。

3.1.4　组织的扁平化＋网状化

组织的扁平化＋网状化是指未来人力资源管理的组织变革与创新。组织的网状结构与平台化管理是企业实现生态战略的基本模式。其中，网状结构打破了组织界限，实现了彼此的连接，是一种跨界方式。在网状结构下，企业之间的界限被打破，部门之间的"部门墙""流程筒"被拆除，一切围绕客户和生态提供服务。而网状结构必须有平台化管理的支持，其主流的模式在于"组织"。这时，第三方服务商所提供的平台化的服务体系和人才的分布式作业就能够帮助企业实现组织平台化＋分布式，故它毫无疑问是未来的发展趋势。

3.1.5　人才的合伙化思维

通过平台化的第三方服务商，原来停留在派遣层面的人才雇佣上升到了组织和人才之间的相互雇佣，组织和人才之间形成了高度紧密的合作伙伴关系。过去，"劳务派遣"主要针对低技术用工，员工不会因此对企业产生归属感。但是在现在和未来，这种观念需要突破——灵活、自由，人才不隶属于任何组织，有能力就可以服务众多雇主，同时也拥有了更多的选择权，而这种选择权是弥足珍贵的。

所以我们说，在现在和未来，人未必要忠诚于企业，却必须要忠诚于人生的价值追求，忠于自己的专业技能。对于专业人才而言，第一，专业是个人安身立命的"法宝"，专业越强、越稀缺，需求越大，在这个网络当中，他的价值就越高；第二，人才的冗余时间能够被充分利用，他就有更多机会为自身创造价值；第三，人才追求的是多样化发展，需要有更多跨行业的经验。在同一个企

业当中，人才的十项技能往往只能用上两项、三项、五项，久而久之，其他的技能就会因为得不到发挥而受到抑制。但是，人才利用自身的专业能力，在企业之间有序流动时，就能够实现原有能力的持续巩固，同时也能够实现能力的学习和突破，提高自身的综合能力和复合能力。

所以，人才未必要追求归属于某一个企业，而是要忠诚于自己的职业价值取向，忠诚于自身的价值和能力。而当拥有更多的选择权、更加自由的时候，人才的一切工作行为都是自发自愿的，而不像依附于企业的员工，其工作还是休息，并不是自己完全能够决定的。因此，这种用工模式更加彰显人才对自己专业的忠诚。

3.1.6 全球视野的人才整合

现在和未来的社会是开放的系统，人才是高速流动的。那么，对于企业来说，要真正吸纳一批天才人才，包括"人物""牛人""能人"，就要实现全球人才的整合。未来，灵活用工并不限于低端人才的灵活，同时也应该包括"人物"、"牛人"和"能人"的灵活，要拥有从全球整合这类人才的格局和视野。

如人瑞这样的人力资源的第三方服务商，不仅仅从事人才输送和外包，还扮演了"人物"、"牛人"和"能人"的经纪人角色。因此，它未来的业务边界和商业模式不会局限于"外包人力资源服务"，而是带领企业走出人力资源管理误区，带来思维方式和用工模式的改变。

3.2 数字化时代的新领导力

由于外部环境的不确定性，以及跨行业颠覆商业模式现象已经成为一种常态，对一位企业领导人来说，在不确定性中寻找一定范畴内的确定性已经是一种基本的能力。数字时代的六大新领导力如图 4-12。

图 4-12 数字时代的六大新领导力

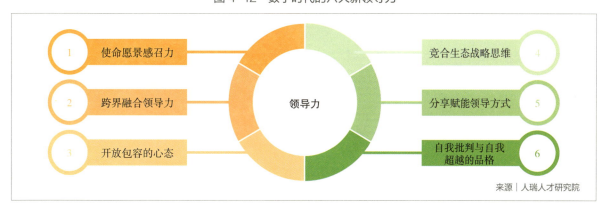

一是使命愿景感召力。 在数字化时代的领导者一定要洞见未来、看清方向，成为企业的一盏明灯，并且能够感召组织中的一大批人去完成共同的使命和任务，使大家相信是能够成功的。过去企业的领导团队只要"埋头种地"就可以了，现在企业的领导团队一定要抬头看方向，一定要认同企业的价值观，认同企业的目标追求。共同的使命愿景，能够牵引企业朝着正确的方向发展。文化和价值观的管理已经成为企业管理最重要的内容。在艰难困苦的奋斗历程中，只有精神的力量是最强大的。把更多人变成志同道合的同路人，把心连接在一起，相信"相信"的力量，才能使得企业在激烈的竞争环境中处于不败之地。

二是跨界融合的领导力。 由于跨行业、跨领域的竞争已经成为一种常态，这要求领导者具备跨界融合的领导力。在跨界、破界的生态思维下，在知识结构、人才结构、技能方面都需要跨界。在某种意义上，企业的领导团队成员要在各种岗位上历练过，"修炼"跨界融合的综合技能。

三是开放包容的心态。 要求企业领导人具有开放包容的心态。只有开放包容，才能让全球人才为我所用，才能吸引比自己更能干的人；只有开放包容，才懂得妥协，容忍别人的缺点，允许别人犯错误，允许创新性的失败。所以，对于一个企业来讲，最重要的是要选拔一批具有开放、包容心态的员工进入高层管理团队。过去企业的思维就是单一的竞争思维，在进入生态战略时代后，企业必须学会与别人合作，既要竞争，又要合作。这种竞合的生态思维，也是企业的领导团队必须具备的。

四是竞合生态战略思维。 数字化时代的领导者还必须具备竞合生态战略思维。"竞合生态"思维是这个时代的企业家及其领导团队必须具备的战略新思维。"竞合生态"战略思维的核心是通过商业模式创新，构建新的商业生态系统，以连接、交互更多的资源，集聚更多的能量，形成战略成长的新势能与发展平台，寻求裂变式与聚变式新增长。

五是分享赋能领导方式。 数字化时代的领导者还需要具备分享赋能领导能力。当人力资本成为价值创造的驱动力时，人才的核心需求是参与剩余价值分享、参与企业经营权力的分享：前一个是权力的分享，后一个是利润的分享。这时候企业必须建立分享赋能的领导方式。领导团队不但要能正确地决策和指挥，更重要的是要能为下属、一线员工提供支持和帮助，即基于价值创造，创造价值，成就他人，为相关利益者赋能，为员工赋能。构建分享赋能的领导方式，一是要求组织构建赋能的平台；二是强调领导的功能就是赋能，领导要去威权化，转型为"愿景型领导""赋能型领导"。

六是自我批判与自我突破的品格。 在不确定时代，还要求企业领导者具有自我批判与自我突破的品格。只有企业家与领导团队实现了自我批判、自我超越，才能真正激发企业的变革与创新精神；只有企业家与领导团队自我批判、自我超越，才能突破企业成长的天花板。善于学习、勇于自我批判，这是企业家最优秀的品质，只有这样，企业家才能不断实现自我超越、自我突破，才能真正不断进行创新，突破企业成长的瓶颈。

3.3 数字人才分类

现代意义上的数字人才，是 ICT 专业技能和 ICT 补充技能的融合，且更倾向 ICT 补充技能的价值实现——拥有数据化思维，有能力对多样化的海量数据进行管理和使用，进而在特定领域转化成为有价值的信息和知识的跨领域专业型人才。实现数字化所需的 ICT 技能如图 4-13 所示。

图 4-13　实现数字化所需 ICT 技能

ICT普通技能

ICT专业技能

ICT补充技能

使用的基础数字技能，如使用计算机打字、使用常见的软件、浏览网页查找信息等技能

开发ICT产品和服务所需要的数字技能，如编程、网页设计、电子商务，以及最新的大数据分析和云计算等技能

利用特定的数字技能或平台辅助解决工作中的一些问题，如处理复杂信息、与合作者和客户沟通、提供方案等

OECD（经济合作与发展组织）将数字经济所需要的ICT技能分为以上三类

来源 | 人瑞人才研究院

从前面的数字化趋势和路径我们可以看出，实现数字化至少需要三个层次维度的相互支撑、共同作用——战略思考规划层、技术工具开发层、技能运用实现层（也就是我们的普通技能、专业技能、补充技能）。它们分别对应所需要的数字人才类型为：**数字化战略领军人才、数字化管理人才、数字化应用人才及数字化专业人才**（图 4-14、4-15）。

企业的数字化转型应该包括战略、业务、组织、技术等在内的全方位管理变革，这些关键要素的变革都离不开人才的配置。根据数字化能力要求差异，应用场景不同，把数字人才分为四类、四个层级：数字化战略领军人才，扮演着技术领导者的角色，需要跟上时代的变化，意识要领先于其他公司来思考问题；数字化管理人才，需要很好地将企业的经营管理体系与数字化结合，形成新的管理模式，构建涉及各个业务领域的全新管理平台；数字化应用人才以及数字化专业人才，将数字化的战略和技术转化为实际行为，实现确实的落地。

图 4-14　企业数字化能力模型

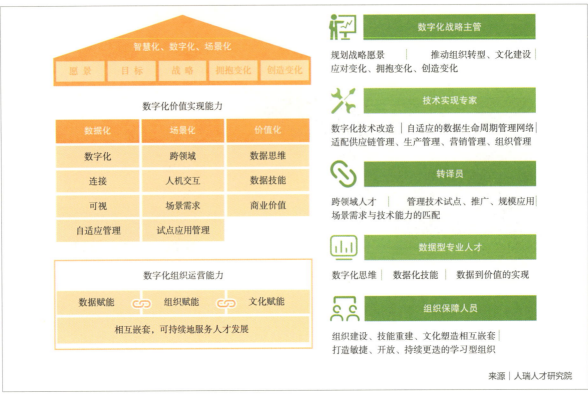

来源｜人瑞人才研究院

图 4-15　数字人才的职能分类分层

来源｜人瑞人才研究院

数字化战略领军人才——数字化转型的直接负责人和关键

数字化战略领军人才（图4-16）是数字化转型的直接负责人（负责团队）和关键，指由董事长或CEO牵头设立的数字化转型小组，以助力企业建立对数字化的整体认知和制定顶层规划。企业数字化转型不仅是指企业业务需要变革，而且还指与企业业务匹配的组织进化与升级，因此需要企业为变革提供足够的资源支持。同时，企业要具备顶层规划和整体思维，不能单纯地期待某个部门局部的变革，而是既要自上而下地推动转型进程，又要自下而上的不断创新，从而获得企业预期的转型收益。由此可知，企业数字化转型需要企业的"一把手"和核心经营管理层共同行动。

图4-16　数字化战略领军人才类型

岗位	数字化能力		
	认知	工具	场景
董事长	数字化战略 数字化商业模式 数字化人才与组织 数字化领导力 数字化营销 信息技术 ……	决策工具	业务+数据的业务创新 运营重构 业务决策
CEO			
企业总裁、总经理、集团公司事业部总经理			
企业信息技术负责人：CTO/CIO等			
企业供应链及物流负责人			
企业人力资源负责人：CHO/CPO/HRVP等			
企业营销负责人：CMO/营销VP等			
企业数据负责人：COO/首席数字官等			
……			

数字化管理人才——数字化转型的中流砥柱

数字化管理人才（图4-17）是企业数字化转型的中流砥柱，是指根据企业业务场景，通过应用新技术助力企业数字化转型的核心骨干人才，如战略、产品、营销、技术、生产、供应链、财务、人力资源等业务负责人。数字化管理人才关注数字化技术与业务模式的融合，其特点是不断为企业创造新价值，助力企业业务新发展。

数字化应用人才——数字化转型落地的群众基础

数字化应用人才（图4-18）是企业数字化转型落地的群众基础，是指在企业各岗位中通过应用数据技术来支持自身工作或业务提升的广泛岗位上的员工。其工作特点如基于自动化办公提升工作效率，以及基于数据分析获得业务决策支持等。

图 4-17　数字化管理人才类型

岗　位	数字化能力		
	认知	工具	场景
市场总监/骨干	数据形态 数据产生 数据价值 ……	数据指标体系 数据决策 数据可视化	**市场渠道类：** 商品最佳销售地分析、选品分析、市场投资分析 **经营类：** 业务与经营分析、风险预测分析、绩效分析 **生产经营类：** 设备预测性分析、生产动态分析、运行优化分析 **客户服务类：** 用户地图和行为分析、营销活动客户来源和细分
产品总监/骨干			
技术总监/骨干			
生产总监/骨干			
财务总监/骨干			
数据总监/骨干			
运营总监/骨干			
供应链总监/骨干			
职能部门总监/骨干			
……			

图 4-18　数字化应用人才类型

岗　位	数字化能力		
	认知	工具	场景
客户经理	数据形态 数据产生 数据价值 数据化转型认知 数据运营 业务流程数字化 收集历史数据的重要性 ……	办公自动化 数据获取 数据处理 数据应用 数据可视化 数据指标	按照模板自动生成报表 Excel表格的批量操作 Word文档的批量修改 海量数据的自动化拆分 增值税错账排查 小目标自动识别与预测 电话营销客户分析 各类业务经营情况分析 还款资金来源的分析报告 信用卡反欺诈风控模型 客户投诉预警分析
服务经理			
商业分析师			
投资经理			
产品经理			
销售运营			
生产经理			
供应链主管			
采购经理			
仓储物流主管			
财务出纳			
人力资源			
……			

数字化专业人才——数字化转型的基座

数字化专业人才（图 4-19）是企业数字化转型的基座，既包括业务架构师、软硬件工程师等通信、IT、软件等专业人才，也包括用户体验设计、大数据开发等技术人才。数字化专业人才聚焦技术专业能力的打造，助力企业建立领先的数字化平台，支撑企业数字化转型的实现。

图4-19 数字化专业人才类型

岗 位	数字化能力		
	认知	工具	场景
前端/后端工程师 安卓/iOS工程师 Java工程师 网络安全工程师 运维工程师 大数据工程师 硬件工程师 嵌入式开发工程师 算法工程师 ……	数据形态 数据产生 数据价值 收集历史数据的重要性 业务链条数据化 细分、交叉、对比 指标、问题、系统性、 结构、逻辑目标思维 ……	数据获取 数据处理 数据分析 数据可视化 数据挖掘 数据应用 数据仓库 数据解读 数据建模 数据指标	APP开发 小程序开发网站 数据大屏预测 智能运营 智能营销 智能生产

　　企业数字化转型，最重要的是建立属于自己的人才库，找到和培养适合组织发展的关键数字人才；精准制定数字人才战略，再根据数字人才战略，定立人才培养方针，匹配高效手段及战术，最终助力数字化组织转型。

3.4　数字化时代的人才标准——井型人才

　　数字化时代，企业与人才供需关系的主要表现特征是"结构性失衡"。造成这种结构性失衡背后的主导因素是"人岗未能精准匹配"——企业往往知道自己想要怎样的人才，但不清楚自己该用怎样的人才；人才往往知道自己想找怎样的工作，但不清楚自己适合怎样的工作岗位。

　　π 型人才：指至少拥有两种专业技能，并能将多门知识融会贯通的高级复合型人才。π 下面的两竖指两种专业技能，上面的一横指能将多门知识融会应用。而有些企业考虑自身所需要的数字人才在自己所处的传统领域能力要求的基础上，还需要建立在数字化领域的能力特长。如果展现在人才能力模型上，则需要在"T"型能力模型基础上，新增一个纵向能力维度：数字化知识和技能，即为"π"模型结构。

　　井型人才：在数字化时代，解决人才不足问题，首先需要考虑如何更有效地解决"精准匹配"

的问题。**人瑞研究院率先提出数字化时代企业构建"井"型人才的理念（图4-20），强调选才"精准"的第一步先从人才与企业对自身需求和实际情况的"科学、客观"认知开始，建立在合理预期的基础上，实现"双向精准匹配"的人才选拔。**打破过往仅有岗位的职责与能力要求，若不能将业务对人才的实际需求与人才的实际能力进行有效、精准的匹配，"人才"在企业数字化过程中能发挥的作用将大打折扣。

图4-20　人瑞数字人才能力模型

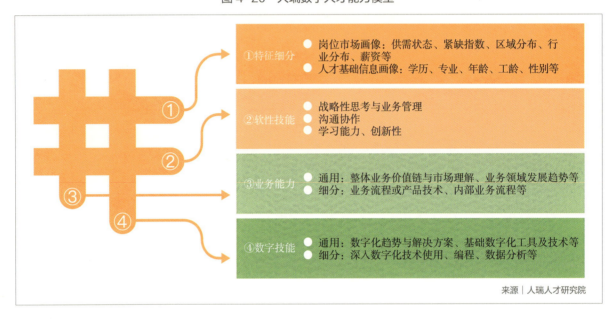

① 特征细分
- 岗位市场画像：供需状态、紧缺指数、区域分布、行业分布、薪资等
- 人才基础信息画像：学历、专业、年龄、工龄、性别等

② 软性技能
- 战略性思考与业务管理
- 沟通协作
- 学习能力、创新性

③ 业务能力
- 通用：整体业务价值链与市场理解、业务领域发展趋势等
- 细分：业务流程或产品技术、内部业务流程等

④ 数字技能
- 通用：数字化趋势与解决方案、基础数字化工具及技术等
- 细分：深入数字化技术使用、编程、数据分析等

来源｜人瑞人才研究院

特征细分：胜任企业本岗位，影响岗位结果产出**必不可缺的基本特征要素。**比如，区域、薪资、学历、专业、年龄、性别等。

软性技能：是贯穿各行业、领域、技能的通用能力，包含领导力、学习力、沟通力、战略思考和分析、灵活度和创新性等。

业务能力：指的是在某些行业、垂直领域、业务流程上的特长，分为两个层次。**第一个层次**是对行业、领域、流程的"广度"认知，比如了解某个行业的基本概况与价值链，能够清晰地总结行业未来的极大趋势和痛点。**第二个层次**是对行业、领域、流程的"深度"积累，有丰富的行业经验与知识储备，可以称得上是行业或流程专家。值得一提的是，这两个层次并不意味着递进。比如，有些岗位需要能够拥有对行业的全局观和大概的了解，而不需要具备深入解决具体问题的能力（如数字化销售）。而另一些岗位则相反，需要能够解决很深入的具体问题，却不需要对行业有整体的认知（如技术研究科学家）。

数字技术： 指的是对数字化技术的知识和技能的掌握，同样分为两个层次。**第一个层次**是对数字化知识和技能掌握的"广度"，如物联网、5G、人工智能的基本概念和理论，或数据分析与可视化工具的使用。**第二个层次**是对某些领域的数字化知识和技能的"深度"掌握，如编程、物联网应用的开发、大数据分析等。

数字人才和我们过去理解的 IT 人才不同，数字人才主要包括以下三方面特征。

具备业务思维。能够根据企业的业务特征，利用先进的技术对企业业务模式进行变革。这也是我们常说的创新能力，在技术能力的基础上，增加对业务的理解能力，从而实现创新。

具备客户思维。能够站在客户角度看到客户的需求，不是你生产什么就卖给客户什么，而是看客户需要什么，你生产什么。生产理念需要发生改变。

具备综合技术能力。并不只局限于某种技术，而是要尽可能地掌握更多的知识，成为"井"型人才，这也是未来数字人才发展的大趋势。

这类的人才在当下的存量并不多，这就需要我们的企业**更加客观、科学、合理地根据企业的实际情况、发展阶段、转型需求，制定与之匹配的阶段性人才匹配策略，合理人才预期，切忌在衡量人才的虚指标上与同行盲目攀比，更加切中解决问题的实际需要，对于人才梯队的结构亦可以分阶段、分层级地合理组合，从而既能满足企业当下转型的业务诉求，又能有效降低企业人才团队配置和管理的难度，为企业赢得转型的先机。**"井"型结构不单单是构建了人才的能力模型，还更加精准地描绘了数字化岗位所需的人才画像和企业的客观需求，能够帮助用人单位进行精准高效的、多层次的、全面的人岗匹配，达到人与岗的统一，让组织团队发挥最大的效能。

4. 数字化时代的人力资源管理模式

4.1 基于人才领先的人力资源战略

人力资源顶层设计包含的内容很多，但首先要思考的是企业的核心竞争优势是什么、靠什么领先。有的企业靠产品领先，有的靠成本领先，还有的靠人才领先，这就是不同的经营理念。如果企业的定位是靠成本领先，那就不需要招一流的人才，而以尽可能低的成本使用人才。如果我们靠产品领先行不行？当然产品领先，暂时可以让企业处于一定的竞争优势，但产品是有生命周期的，在数字经济时代产品推陈出新的速度加快，从而靠产品领先难以成为企业持续保持竞争力的核心优势，而且过于依赖产品的市场机会易导致企业忽视培育持续发展的核心竞争优势。这也是很多企业的存活周期取决于产品的生命周期的原因。

什么才是一个企业真正的领先优势？"华为基本法"中谈到了企业成长的四要素：机会、人才、产品、市场。这四要素之间的关系是：用机会牵引人才，由人才来创造产品，再靠产品获取更大的市场机会，从而形成一个正向循环。华为能够不断在新的商业领域处于市场领先地位，在企业经营理念上首先做到的是人才领先战略。只有拥有一流人才的公司才有可能成为一流企业。一个一流的企业不但要拥有一流人才，更重要的是有一套人才激励机制，即企业有一套明确的价值创造、价值评价和价值分配机制（图 4-21）。谁是价值的创造者，如何对价值大小进行评估，根据价值创造的大小又如何进行有效的分配。只有靠一套有效的机制来吸引人才、评价人才、激励人才的企业才有可能获得持续的成功和发展。

图 4-21 价值链管理

价值创造 → 价值评价 → 价值分配

4.2 人才经营的生态化思维——开放、跨界、共享

从发展的眼光看，现在和未来人力资源管理一定是打破企业的边界，实现资源配置的社会化，站在经营者的角度，在社会范围内经营人才。现在和未来，开放、破界、共享将是实现人与组织价值最大化的最优思维。专业人力资源服务平台人瑞集团以"1＋1＞2"的服务理念，专注于核心业务，以技术驱动服务效率，致力于帮助企业解决新时期的人力资源管理难题。

开放：实现灵活用工的优势，需要中国企业有开放的用工思维

未来，灵活用工在中国具有发展前途，原因有以下几点。第一，**越来越多的企业具有开放思维和创新能力**。如人瑞目前的人才外包业务主要是锁定一些新经济企业或者"独角兽"企业。这类公司的思维、理念活跃，有创新意识，接受新事物的能力快，有着对人瑞服务模式的基本理解和认可。它们这种敢为天下先的精神和其所认同的许多新观念、新事物，都是未来企业学习的方向。而作为人力资源第三方服务平台的领先者，人瑞也因自身的创新能力、思维的开放程度和资源配置能力而成为自身领域的"独角兽"企业。第二，**新经济模式的助推**。人类当前遇到了有史以来最新的一种经济形态——共享经济。共享经济有很多可能性。比如，一些青少年通过在线网络教育实现了低成本的一对一的课业辅导，甚至有的语言还可以实现跨国的培训。这就是共享经济带来的商业模式。同理，滴滴模式也是 PC 时代所无法实现的。第三，**灵活用工同样有赖于技术发展的支撑**。未来，灵活用工方式的比例会增大，很有可能超过美国 10% 的比例。美国这 10% 更多是从企业的经营模式、提高效率的角度来思考的，移动互联网经济对他们产生作用也是近几年的事情。而近年来，技术发展各种因素的组合为中国的灵活用工带来了更大的空间。第四，**中国有独特的市场条件**。中国因市场广阔、人口众多，新的服务模式更容易产生。比如，中国已经进入了移动支付的时代，但美国很多人还处于习惯开支票、刷信用卡的阶段；包括快递、外卖，中国市场也远比美国市场更加发达。这是因为中国城市人口居住集中，劳动力众多带来的新的业务模式。未来，随着技术的不断进步，随着经济运作方式的改变，劳动方式、雇佣方式等会发生更加灵活的改变，在技术的推力下，这应该是一种必然趋势。

破界：灵活用工事实上打破了企业内部的局限性

灵活用工是一种柔性的、面向社会劳动力市场的快速调节方式。它不是简单地从人力资源管理的角度，而更多的是依据人力资源经营的理念去看问题。

一个企业该如何经营人才？首先，它的用人机制要突破组织界限，跳出企业，瞄准整个劳动力市场。其次，对企业人力资源部门来说，它要把人力资源的功能设置社会化，在大的平台上完成这样一个构想，把人力资源的服务职能平移到社会结构当中去。这时，人力资源外包服务公司就应该成为企业的第二人力资源部。但它的运营模式与企业人力资源部的运营模式是完全不同的，它有着非常明确的目标考核体系和 KPI 指标，对每个服务环节都有相应的工作流程和人员配置，从而从组织体系上保证了更高的效率，所以它是一个更加社会化的人力资源部。它搭建了一个平台化的人力资源管理体系，构建了一个人才交易的生态链，以及人才的进入和退出机制，实现了从人才为我所有到人才为我所用的转变。

共享：不求人才为我所有，但求人才为我所用

灵活用工的模式之一，就是"不求人才为我所有"，但求"人才为我所用"，使企业和员工灵活、精准地配置起来，实现双赢。按照公司治理的理论，灵活用工就不再单一追求股东价值的最大化，它要同时追求股东价值的最大化和人力资源价值的最大化。企业通过外包的形式拥有人才——需要时用，不需时交给需要的人去用——解决了企业冗员和工作量不恒定的问题，降低了过去稳定用工的闲时人工成本，使企业能够用最经济、最有效的方式去使用人才，从而实现了企业价值的最大化和人力资本价值的最大化。同时，人才不会被闲置，也就可以实现其价值创造的最大化。

4.3　知识管理与人才管理

企业运行最重要的两个要素：一个是经营客户；一个是经营人才。所有的企业最终都要落实到这两个最核心的问题。那么，企业应当如何经营客户？又如何经营人才呢？

经营客户最核心的逻辑在于经营人。企业为客户所提供的产品与服务的背后是人，是人力资源的效能，是人才的素质与能力。人的背后是企业的人才机制、人才制度、人才系统。从这个角度可以说，在所谓的共享经济和产业互联网时代，人才是客户，客户也是人才，客户也能转换为人才。

比如，现在很多"粉丝"既可以参与企业的产品升级，也可以参与企业的市场推广和品牌推广。这时，客户或粉丝也就变成了企业的人才。从这个意义上来说，客户是企业大的人才体系的一个重要组成部分。

人才经营贯穿于企业运行的始终，主要包括以下三个要素。

4.3.1　知识的经营

我们知道，人才并不是企业固有的财富。在知识经济时代、共享经济时代，人才的流动性越发明显。早在 1997 年，华为就提出了人力资本的增长要优于财务资本的增长，更提出了知识产权领先发展战略。正因如此，人力资源管理领域提出的新理念是，企业所拥有的知识与知识产权才是企业最大的财富。

一个企业要保持行业竞争地位的相对领先，一定要有"杀手级"的专利与知识产权。拥有了一定量的专利与知识产权，就形成了别人拿不走的财富。有了这笔财富，即使人才走了，财富还会留下来，并使竞争对手无法模仿。这就是知识管理。

4.3.2　能力的经营

一个企业的能力建设，除了领导力的建设之外，还包括业务的技术创新能力的建设。这就涉及专业队伍的建设、业务管理队伍的建设、准企业家队伍的建设，也就是企业的能力经营。

能力的经营是指如何使员工的能力跟得上企业发展的要求。需要特别强调两个链条——人才供应链和能力发展链，可以通过这两个链条打造能力系统，满足企业战略和业务快速发展的需要。这与领导力、知识、行动的学习、培训系统的本质是一致的，就是通过行动学习，使企业高层能够跟得上企业战略和业务拓展的要求。

4.3.3　心理资本的经营

心理资本的经营是现代人力资源管理所提出的重要理念，并与企业文化密切相关。

企业如何满足员工的成长和发展需求？如何为人才的成长和发展搭建一个舞台？如何为人才的价值创造提供好的激励措施和薪酬福利政策呢？为什么很多企业给了员工很高的薪酬，但员工还是不满意？也许是因为分配的不公平，也许是因为企业所提供的人力资源产品与服务让员工没有好的感觉、体验。我们把人才视为客户，就要向人才提供好的人力资源产品与服务。换言之，企业的人力资源产品与服务要有产品属性、客户属性，要让人才有价值体验，从而强化人才对企业的心理认同感。

在数字经济时代，企业要进行员工心理资本的经营，就是要形成有驱动力的企业文化，不断优化人力资源生态，让员工进入企业之后能够产生主人翁责任感，能够融入企业文化之中，能够本着高度的责任感和敬业精神，有兴趣、有乐趣地工作，并提高他们的满意度和忠诚度。现在的人才流动很快，但是企业还是要设法留住那些最需要的、最能够创造价值的人才。

知识的经营、能力的经营、心理资本的经营，构成了人才经营的"铁三角"（图 4-22），与文化管理、企业内部的文化氛围密切。

图 4-22 人才经营"铁三角"

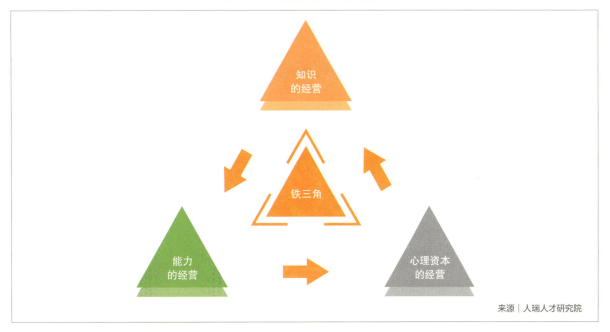

4.3.4 人力资源管理的六化

数字化、智能化时代要求人力资源管理走向"六化"（图 4-23）：专业化、标准化、模块化、插件化、平台化、生态化。这"六化"之间实际上是有逻辑关联的。一定是先实现专业化，才能实现标准化；有了标准，就可以组建标准化的模块及"接口"；每个管理模块能变成插件，根据业务需求、任务特点自由组合，在平台上进行生态化的交互、连接和融合。

企业要在以下十个方面确立人力资源数字化管理新思维，与企业的数字化战略、数字化业务增长相契合，从而为企业数字化转型与变革提供有力的人才支撑。

一是构建数字化的人性与需求思维。 未来，人才特征与人的需求都可以通过数字化来得到精准表达、呈现与画像，人与组织、人与岗位、人与人的协同合作可实现个性化、精准化、敏捷化、动态化的匹配。

二是要确立数字化的人才供应链思维。 整个企业的人力资源管理要和企业的战略和业务去对接。因为企业的战略和业务都与数字化有关，所以，人力资源管理的人才供应链也要契合企业的数字化战略和业务发展需要，建立企业战略、业务数字化与人才数字化的连接和交付。

三是要具备数字化能力发展思维。 管理者要有数字化经营与管理意识，能描绘数字人才能力发展地图，建立数字化知识体系与任职资格、数字化应用与工作技能、数字化沟通与协同能力、人才数字化信用价值与数字化伦理道德约束。

四是要确立数字化领导力。 在数字化时代，企业需要的是愿景与赋能型领导。中层管理者基本消亡，员工在组织内部做什么、达到什么样的要求，不再靠领导来指挥、命令、控制，而是靠数据，因而领导者的职能是愿景牵引与赋能。

图 4-23　人力资源管理的"六化"

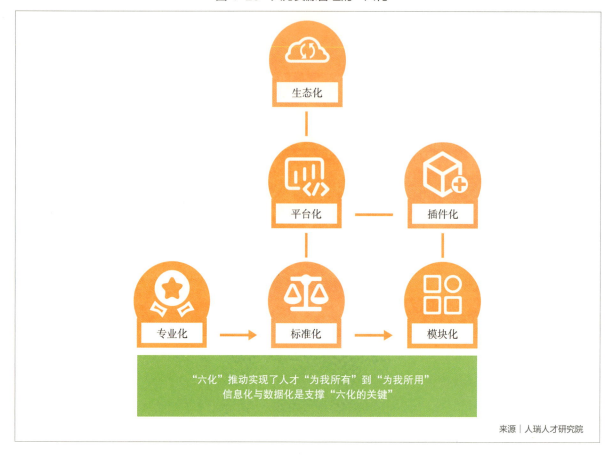

来源｜人瑞人才研究院

五是要打造数字化的人力资源平台与基于大数据的人才决策体系。传统的人力资源管理职能或将消失，通过集成化数据平台，实现分布式精准人才配置；构建基于大数据的人才决策机制与系统。

六是人才价值创造过程与成果全部都数字化衡量、数字化表达、数字化呈现。除少量创新性工作外，大量的工作将被数字化，人的价值创造过程及成果可以精确计算到每一流程节点、每一分钟；人才的协同合作价值可积分，可以虚拟货币交易。

七是数字化工作任务与数字人才团队建设。消费者需求数字化形成工作任务数字化，工作任务数字化形成人才数字化需求与组合，再形成数字化合作团队，于是工作任务管理成为人力资源管理的核心内容。

八是组织与人的关系的数字化。人与岗位间数字化动态匹配，人与人沟通与协同的数字化，组织雇佣关系与合伙关系的数字化连接；半契约与非雇佣合作员工的工作任务数字化连接与交付。

九是构建数字化的工作场景体验与数字化的员工激励。企业的很多激励可能变成了积分，人的价值创造报酬可能变成了一种基于人才区块链的内部虚拟货币与内部任务市场化价值的交换。

十是构建模块化、组合化、插件化的赋能型人力资源专业职能。企业随时依据工作任务的组合、团队的灵活组合，来提供能为员工赋能的专业化职责和服务。

4.4　人力资源管理的数字化平台建设

很多关于人力资源管理创新的理念和方法，之所以能落地，能成为互联网时代人力资源管理的主流，原因在于技术支撑和数字化驱动。

打造数字化的人力资源平台与基于大数据的人才决策体系。传统的人力资源管理职能或将消失，通过集成化数据平台，实现分布式精准人才配置；构建基于大数据的人才决策机制与系统。

比如，绩效考核、价值核算，要实现价值核算，前提是整个业务过程和每个工作行为都有数据，自动进入数据库。专业的人力资源服务公司之所以能快速地为企业匹配人才、管理人才，原因就在于它们有数据库，形成了数据管理。比如，某专业的人力资源服务公司的招聘激励体系中奖金的核算就是依据每个外包员工在给企业提供服务过程中的数据；外包员工的面试、入职、流失补充等过程都有数据的记录。考核也是基于数据，如流失率、目标完成率。比如，某个项目团队某月一共做了 5 个客户，每个客户分别完成率是多少、总的完成率是多少、KPI 的指标是多少、中间的成本是多少等，全部都有记录。

技术驱动人力资源管理，通过技术的平台提高人力资源管理的效能。那么，企业如何建设人力资源数字化管理？

4.4.1　平台管理一体化

整合集团人力资源信息，打造信息共享的数字化管理平台，建立集团人力资源信息数据库，对人员信息进行全方位、深层次、多角度的查询与分析，让集团相关领导随时掌握整个集团的人力资源状况、人力资本分配、使用情况，从而深度挖掘集团人力资源潜力，进行组织机构与人员配置的优化，将合适的人安排到适合的岗位上。

4.4.2　人力资源管理规范化

通过人力资源系统可快速处理员工的薪酬福利、人事异动、绩效考核等业务；相关领导能及时了解员工的整体情况、做出科学的用人决策；可实时查询员工的履历、薪酬、绩效、培训等方面的信息，利用系统对员工进行日常考核评定，及时发现问题；员工通过系统可以在线查询个人相关信息，实时了解公司人力资源政策及流程，提高员工满意度。

4.4.3　人才管理高效化

通过人力资源系统，建立集团关键人才（领导、核心技术人员、高潜人员等）数据库，实现关键人才的多维度查询、分析；实现关键人才选拔、任用、考核、评估的智能化、流程化管理。

4.4.4　人力储备数据化

通过人力资源系统，建立人才储备数据库，相关用人需求可以直接从人才库中寻找合适的人选，提高招聘效率，降低招聘成本；通过与人才招聘网站数据打通，应聘者在网上填报申请，人力资源系统可自动通过系统设置的过滤条件进行人岗匹配，快速锁定符合集团需要的人才。

4.4.5　流程化、制度化

由于流程不明确、地域限制等多种因素，大部分企业会出现流程不畅通现象，这将极大地降低工作效率，增加管理成本。企业在进行人力资源系统建设时要重视制度的规范性及流程的合理性、可执行性，最大限度从管理上节约成本，而不仅是降低人工成本。人力资源管理应从提高流程运行效率，建立健全制度体系入手，为加强人力资本管理创造良好的环境。

5.　数字人才生态链建设

5.1　数字人才紧缺是企业数字化转型的最大障碍

企业数字化转型面临一个残酷的事实：绝大多数企业的数字化转型都是失败的。此前国家工业信息安全发展研究中心推出的《2020 中国企业数字转型指数研究》显示，2020 年我国数字化转型效果显著的企业只有 11%。数字化转型一大挑战是数字人才短缺且断层，供需严重不匹配，具体表现如下。

5.1.1　人才总量相对饱和，数字人才结构性失衡

从高校毕业生来看，我国人才供给处于较为宽松的状态。教育部数据统计，2022 年我国高校毕业生人数达到 1076 万，约有 50% 的毕业生选择单位就业，相对宽松且充足的供给导致近年来毕业生就业压力增大。然而调研显示（图 4-24），近 40% 的企业认为数字人才供小于求，这显示在人才供给宽松的大环境下，不少企业仍感到数字人才短缺，这其中的一部分原因在于数字人才结构性失衡的问题。

图 4-24　企业数字人才供求关系比例

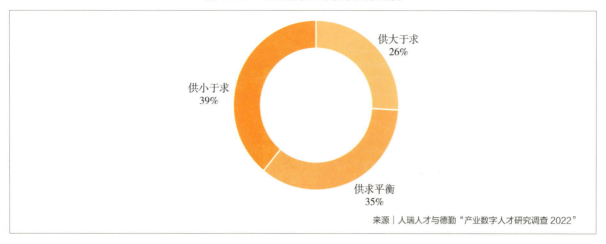

供大于求
26%

供小于求
39%

供求平衡
35%

来源 | 人瑞人才与德勤"产业数字人才研究调查 2022"

5.1.2　战略领军人才及数字化专业人才需求大、存量少

战略领军人才紧缺主要体现在，我国大部分数字人才从事产品研发相关的工作，负责数字战略管理的人才仅占 0.8%。数字化专才紧缺体现在（图 4-25），46% 的调研企业认为缺少有行业经验的技术人才是当前人才发展面临的最大难题，并有 33% 的企业人才总体基数较小，特别是在人工智能、元宇宙等前沿技术的行业表现更为明显。

图 4-25　调研企业人才招聘面临的挑战

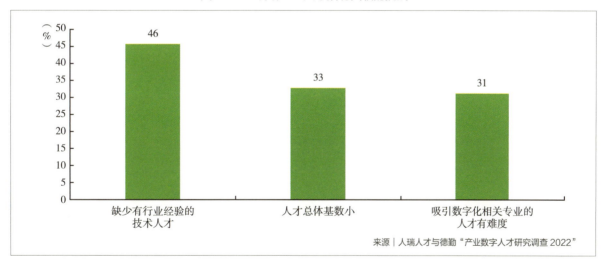

来源 | 人瑞人才与德勤"产业数字人才研究调查 2022"

5.1.3　存量人才能力结构与企业需求差距较大，人才实践运用能力普遍偏弱

在实际调研中发现（图 4-26），相当比例的企业认为现有人才存在能力不匹配、实践能力偏弱的问题。究其原因，这可能是因为企业缺少结合业务场景的培训案例资源（32%），导致员工对业务不够熟练。同时，客观原因也包括技术迭代速度较快（28%），在技术不断迭代的过程中员工对新技术的运用缺乏经验，因此实践运用能力较弱。

图 4-26　调研企业人才培养面临的挑战

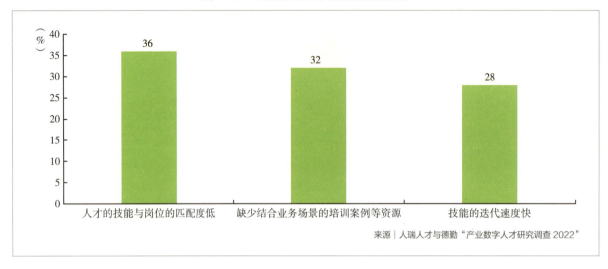

来源｜人瑞人才与德勤"产业数字人才研究调查 2022"

5.1.4　缺乏对人才运用能力的培养体系与机制保障

人才紧缺与人才实践能力偏弱等问题在很大程度上与企业内部人才培养体系不完善紧密相关。通过图 4-27 可见，有 **40%** 的企业认为投入产出比是人才培养的考虑因素，**34%** 的企业认为自身所需的人才类型不够明确，**32%** 的企业认为如何留住专业人才也是难题之一，这清晰地展示了企业在人才培养体系与保障机制的薄弱方面。

图 4-27　调研企业人才培养和管理面临的挑战

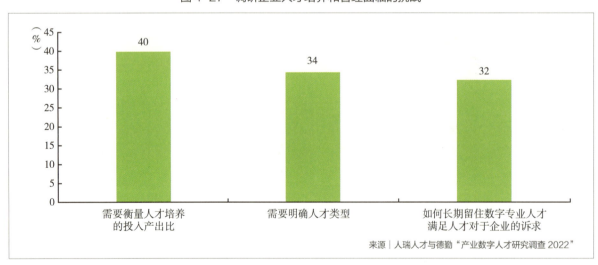

来源｜人瑞人才与德勤"产业数字人才研究调查 2022"

数字化转型是用信息技术全面重塑企业经营管理模式，是企业发展模式的变革创新，企业数字化转型不是简单的新技术的创新应用，是发展理念、组织方式、业务模式、经营手段等全方位的转变，既是战略转型，又是系统工程。我国企业在推进数字化转型的过程中主要存在**战略规划、路径选择、数字技术、业务数据打通、适应变革、信息产品和服务供给能力、人才保障、体制机制保障**八个方面的主要问题，而**人才是企业数字化转型的核心动能，人才保障是转型成败的最大影响因素。**

企业竞争归根结底是人才比拼，企业数字化转型不是简单的信息技术应用，而是需要为企业打造一支能够适应数字时代业务发展的战略军。企业只有拥有了一批具备先进数字理念、数字技能、数字业务能力的人才，企业数字化转型才会有源源不断的动能。

故而，**企业需要突破传统业务模式下的选人、用人理念及模式，以更加开放的思维重构适配数字化转型阶段需求的人才理念、获取模式、培养方式及管理机制，整合一切可以整合的有效资源，共同"培育人才"，从过往单一的"选人、用人"的模式转向"培育、协同生产"人才。**

5.2 以企业实际数字人才技能标准为导向的实训基地建设

从人才市场数字人才紧缺的情况来看，这种供需关系将会持续3~5年的时间，甚至更长。所以，对于一个企业来说，一定要有长远的思考和人才策略。如果只是从外部人才市场去招聘，很难满足企业的实际需要。所以，还需要企业有一套长远的人才培养机制。在数字人才的引进与培养上，要从两个方面来解决：一是具备优秀数字人才的招聘，在人才的选择上，除了能够在简历上看得到的学历、专业、工作经验外，要特别关注简历上看不到的、内在的素质特征。个人的职业素质特征往往决定了其未来的可培养性和发展潜力。二是有一套体系对企业实际需要的数字化专业知识和技能的培训。培训的课程一定是基于企业的实际工作需要，更多地注重实训，而不只是知识的学习。

在数字人才选拔上，更注重的是与未来发展潜力相关的素质考察上，如成就导向、思维能力、学习能力等（图4-28）。

图 4-28 素质与工作业绩的关系

来源｜人瑞人才研究院

要从根本上解决数字人才紧缺问题，必须要从人才培养入手。当下，不少企业已经意识到这一点，并尝试结合企业、院校相互优势建立人才定向培养。这种模式较纯粹的招聘获取人才更具一定的针对性，但依然难以从根本上最大限度地满足企业的人才需求，并可能给企业造成较大的资源、人力及精力成本的投入。

经过深入的调查研究，结合多年人力资源服务的专业经验，**人瑞人才创新提出打造"数字人才实训基地"的人才精准、批量、快速培育模式。该模式充分考量企业、院校、政府、人力资源培训机构和个人在"数字人才实训基地"有效构建中，不可或缺的优势能力组合所能创造的"聚合效应"，能更加有效，且更具针对性、实用性地解决人才培育难、培训慢等问题，并充分释放企业端的成本与精力，是任何一方都难以独立撬动的"共建、共融、共享"新模式。**

为有效解决上述问题，"数字人才实训基地"的定位为：通过"项目实践教学"为行业／企业**"订制化培养紧缺性数字人才"**；整合院校、社会教学及培训资源，**提升人才素质与运用能力水平**；从源头**扩充、保障和培养"基础人才"总量**；争取政府政策资源，**扩大人才吸引力并降低实训及企业引才成本**。

我们将人才生态供应链总结为"一核四环六角色"（图4-29），即以人才实训基地为核心，围绕选、育、用、留四个人力资源环节，由院校、企业、人力资源技能培训机构、社会资源、人才、政府六个关键角色，实现人才供应的精准化、生态化。

图4-29　人才生态供应链：一核四环六角色

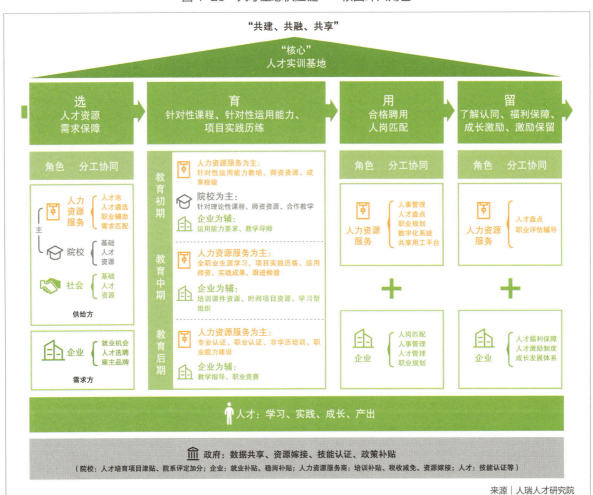

○ **人才遴选**

在人才遴选环节，以人力资源服务商和院校及社会资源为主要参与角色。这是因为人力资源服务商凭借多年的行业深耕，搭建自身的人才库，融合院校与社会各界各层次人才资源，建立了庞大的人才蓄水池，并且对企业的用人需求把握精准，能够将整合的人才资源与需求端进行匹配，帮助企业进行更加精准高效的人才选聘。院校为主要的人才供给方，但这个阶段的人才是偏理论的，缺乏项目实践经验，需要长期的针对性运用能力培养。**企业为用人需求方，提供确实、充足的就业机会，对于实训基地基础人才吸引、筛选、招聘、培养是基本前提保障。**

○ **人才培育**

第三方人力资源服务商和院校在其中扮演关键角色，与企业建立战略关系，开展产学研联合培养。区别于当下"校企合作模式"，实训基地更加强调对对应行业所需岗位必要的**"针对性的理论课程、针对性专业课程、针对性运用技能及实战项目"的协同研发，从根本上解决人岗匹配的"素养与技能"问题。**院校引入人力资源服务商这样的市场优质资源，作为自有教育资源的补充。人力资源服务商、院校和企业三方进行学科资源、专业资源、师资资源的互换与共享，采取联合定向培养、订单培养等方式进行定向、定点的数字化才培养和输出。人力资源服务商和企业可利用资源禀赋不断向高校传递其对新技术、新技能，以及人才的需求，高校将其需求转化为新知识进行人才培养，聚焦行业的前沿发现和问题解决。而企业方只需依据对人才的要求，为实训基地提供必要的专业资源、案例及实践项目机会，可极大地降低企业人才培养的成本、时间、人力投入，聚焦核心业务。

○ **人才聘用**

当基础人才经过实训基地 1~3 个月的针对性强化培养，合格的人员再经由企业和人力资源服务机构共同考察、甄选，企业择优录用。此时被录用的人才对受聘企业基于前期的了解和实训项目的参与已有了比较充分的认同感，其实践运用能力也初步受到企业的认可，既增强了双方的信任感，也提升了人才的岗位匹配性和后续的稳定性。

○ **人才留存**

人才的获得与培养成本是越来越高的，对企业而言，值得重点思考的是，如何能更加持续地用好和留住这些人才？

薪酬已不再是许多人才择业关注的首要因素，越来越多的人才关注自身职业能力的提升与成长，被尊重、被需要、被认同的组织文化，以及多元的发展机会。这就要求企业必须要加快组织内部的选拔、考聘、激励、晋升、发展等机制的体系化建设，确保有科学的选聘方法使得人岗更匹配；有客观的考聘机制能有效地发掘人才的优势，并引导其改善不足，提升自我；有富于挑战和充满吸引的激励机制，能更大限度地激发人才的潜能；有多元的晋升和发展通道，使得人才能不断地为自己锚定新的前进目标。

在这四个环节中，我们可以看到，人力资源服务商的角色贯穿全程，企业只需要参与资源的支持和要求的提出，过程中进行适当的监督和把控，极大地节省了企业的精力、成本等各方面投入。这说明随着数字化转型的进程加快，企业降本增效的目标，很大一部分是通过组织变革、人才使用来达到的。

5.3 构建企业内外相结合的人才供应链体系

在数字化转型的热潮中，数字人才短缺成为企业转型过程中的主要"拦路虎"，除借助外在组织资源强化人才的培养与引进外，企业同时也应逐步构建自身内在的人才造血及培育体系，如此内外结合，使企业发展所需人才得到更充分的持续保障。

○ **打造学习型组织**

学习型组织本质上赋予成员边工作边学习的机会，打造动态的、学习者为主的、面向实践应用的学习体验，并且利用数字化技术来达到学习和产出的最大化。

员工与时俱进和组织的学习氛围挂钩，建立学习型组织成为许多企业管理的当务之急。国内与海外多家大型企业都已将自我学习视为人才发展的重要驱动。技术人才从企业传统培养培训中仅能获得基本工作技能和企业内部的经验与知识，发展其他技能的机会有限。企业传统培养培训方式难以满足提升技术人才数字化技能水平的需求，制约企业进入数字化转型轨道。

为应对数字化转型浪潮下企业技术人员技能升级的需要，我们建议企业加快引入数字化工具进行协同，如增强现实、虚拟现实、数字化学习中心、游戏化技能培训等新工具，为技术人员提供多种知识获取渠道、多样化技能学习方式；建议企业设计激励机制提升技术人才技能，如对学成新技能的员工予以现金奖励、薪资等级提升等，通过奖励办法调动技术人才学习主动性，推动更多技术人才学习掌握新技能。

○ **建设企业大学**

企业大学已经成为整合内外部知识资源、输出企业技术影响力、传播价值观文化的综合型教育平台，大量企业大学已实现独立运营，承担了为全行业培养优质人才的社会职能，目前至少有 70% 的世界 500 强企业都建立了企业大学。

○ **积极打造全球雇主品牌形象，增强对海外人才的吸引力**

在政府的积极鼓励之下，中国企业也应逐步提升在全球范围内的人才吸引能力，塑造具备全球影响力的雇主品牌形象。根据领英 2020 年发布的《中国留学生归国求职洞察报告》显示，仅 43% 的受访留学生表示回国就业会选择中国民营企业，数量仅占外企的一半。

因此，对于国际人才需求较大的中国民营企业，应在未来加强面向留学生群体的雇主品牌传播，结合这一群体的诉求，进行更有效的品牌主张渗透。经济的发展使得薪资福利不再是员工的唯一考量点，人才希望找到与自身价值观契合的企业文化。这也意味着企业需要树立鲜明的组织文化来吸引与保留合适的人才。其中，行业发展前景也是企业雇主品牌宣传中可以充分利用的加分项。比如，向候选人描绘行业未来三至五年的画面、企业的优势、有利政策，以及人才的个人发展如何与企业及行业的发展同步，这些都是企业可在吸引候选人过程中积极传达的信息。

○ **人才自身需加强数字化技能的学习与转化**

在数字化转型背景下，企业中各类人才都需要加强自身数字化技能的学习与转化。管理型人才要了解数字化技术在企业管理中带来的变革，积极构建适应于数字化时代下的企业组织管理模式，如利用数字化技术构建整个数字工作系统，围绕顾客价值去创造、获取、建立一个敏捷的组织。技能型人才更应该关注数字化生产场景，观察新型生产流程对数字技术的需求，在掌握新数字技能的同时，懂得把生产场景需求转化为数字化解决方案。

○ **引入新型人才培养培训模式**

尽快引入新型人才培养培训模式，进入数字化转型轨道。这就需要专业的第三方人力资源培训机构，对员工现有水平进行评估，结合员工的发展诉求，匹配和组合技术、案例、实践等教育培训环节，构建个性化的技能成长体系与路径。通过两者的有机结合和自由资源积累，洞悉未来技能需求，积极尝试技能开发与教育服务模式的创新，人力资源服务商将企业视为未来重要的服务对象之一，研发一系列针对企业的培训服务。这样一来，人力资源服务商可以为企业更为灵活精准地开发和提升员工的技能，并且，可以缓解精细化专业下企业内部培训资源压力。这样可以赋予人才边工作边学习的机会，打造动态的、学习者为主的、面向实践应用的学习体验，并且利用数字化技术来达到学习和产出的最大化。

6. 多元化用工模式与人才解决方案

6.1 国内外著名企业用工模式案例分析

微软、IBM、爱立信等很多著名的科技型企业的产品研发有一个共同的特点，软件和硬件系统越来越庞大、复杂，需要消耗大量的研发人员，带来研发成本快速上升。为了降低成本，提升劳动力弹性，应付资本市场的压力，并充分利用全球的软件资源，这些企业在使用自有雇员的同时，对外包人员的使用作为公司的长期战略。微软公司 2012 年的研发费用为 98 亿美元，其自雇员工大约9 万人，而各种形式的研发外包人员超过 10 万人，外包费用占其研发总费用的 25% 以上。微软一贯的资源战略是，需要时尽量从社会上买资源，不必太多直接雇员。所以，微软一直成功避免了臃肿膨胀，没有患上这种成功企业的常见"富贵病"。也有微软中国高管认为在不远的未来，高端项目将增加到所有微软外包的 30%。此外，据统计，近年来微软外包项目已经从简单手工测试、本地化居多逐步转化为以测试自动化、开发为主。在具体形式上，微软外包也从最初的多为人员派遣过渡到绝大部分为项目外包模式。

从 2006 年开始，IBM 公司在国内数个城市启动了的服务外包人才培养计划。例如，IBM 无锡实训基地就承诺合格学员 100% 推荐工作。自 2007 年 6 月，IBM 公司在江西先锋软件职业技术学院建立了 IBM 南昌实训基地。又如，自 2008 年 2 月 IBM-ETP（无锡）实训基地正式成立以来，已完成十期学员的实训任务，学员将获得部分职业经验和工作实践经历，成为 IT 外包行业"拿来就能用、拿来就好用"的复合型人才。IBM 公司的"软件人才实训基地"是 IBM 公司与高校共建实训基地，由政府牵头，承诺培养一流服务外包人才的又一次创新性的尝试，以提升本地软件服务外包行业的整体竞争力的互惠互利双赢的合作。

爱立信信息部在 2003 年就开始实施外包战略。其信息部门员工大概有 4000 人，为了降低成本，该企业裁减了 1200 名信息部员工，并开始物色信息部门的外包合作，足以见得员工外包战略对企业降本增效的作用之大。

在经济大发展时期，外包成为交付能力的重要补充和来源。经济衰退时期，外包特有的弹性和可伸缩性又成为公司节约成本和弹性用工的不二选择。企业分工合作的专业化和社会化，使得企业企图自给自足的想法变得不切实际和在企业竞争中被动挨打。可以说在全球经济一体化和产业链紧密关联的社会经济环境下，没有一家企业可以独善其身。外包业务迅速渗透和占领了企业的 IT 治理、产品技术开发和业务经营的各个角落。

中国某些著名高科技企业，基于对国际著名高科技企业的学习，以及市场的实际价值需要。在十几年前（2000 年以后）就开始研发项目和研发人员的外包实践，并且逐步建立了一套研发人员的外包模式和管理方法。

按照外包的内容划分，服务外包可以分为信息技术外包（ITO）、业务流程外包（BPO）和知识流程外包（KPO）。在 ITO、BPO、KPO 的具体分类中，价值链的高低各有不同。但整体来讲，ITO 到 BPO，再到 KPO 是一个价值增值的过程。这十几年的中国企业外包合作过程，已经为一些著名头部企业的发展起到了重要的作用。随着中国企业整体结构性转变，更加注重科技创新和产品的技术与专业价值，企业在产品技术开发上投入更大。针对中国未来新制造、智能制造和企业数字化转型的整体需要，以及外部经济环境和竞争环境的不确定性，企业对软件开发、技术服务、产品服务的外包也呈现更大的需求，并且外包方式更加多样化，例如，有 ITO 信息技术外包、HRO 人力服务外包、全项目服务外包、离岸外包、BPO 业务流程外包、设备租赁与服务外包、劳务派遣等。某中国著名企业结合企业实际的外包场景和管理与风险责任，创新性地提出了 OD 模式，更能适应企业自主性产品研发的技术服务外包。

6.2 从"人才为我所有"到"人才为我所用"的用人理念的转变

在数字化、智能化时代，组织和人的关系发生了革命性的变化。组织和人的关系从单一的雇佣关系、人身依附关系，以及剥削与被剥削的关系，转化为相互雇佣的关系或者说合作伙伴关系。这样一个大的背景，为灵活用工方式带来了新的市场空间和广阔的市场前景。

6.2.1　未来的人力资源管理是从人才所有权思维到人才使用权思维的转化

对于企业来说，过去与人才是雇佣关系，是劳动合同关系，人才只能"为我服务"，叫"人才为我所有"。但是在现在和未来，企业更多遵循的是人才使用权思维，不求"人才为我所有"，但求"人才为我所用"。

未来，外部世界的不确定性越来越强烈，组织的不确定性也就越来越明显。而应对这种不确定性的法宝之一，就是人与工作的高效、精准配置。企业根据需要快速地整合外部成熟资源，摆脱"凡事自建、自导，全链条自主的笨重生产模式"，便能助力企业在发展和转型过程中取得更多的先发优势，实现业务、转型、市场地位"三赢"。从调研企业的反馈来看，这一形态正在快速成为企业满足业务发展获取人才和组建团队的主流模式之一。

6.2.2　互联网、信息化和数字化为共享用工提供了扎实的技术基础

互联网、信息化和数字化为共享用工提供了扎实的技术基础，使互联网时代人力资源管理可以实现跨界与破界。有了技术的支撑，人力资源外包服务公司完全可以构建一个全社会的人才价值创造网络，并在这个价值创造网络当中实现人与岗位、人与组织、人与任务的最佳的配置，以此构建需求端与供给端最精准的连接和交互服务，实现全球"人才为我所用"。

6.2.3　共享用工提高了人才的使用效率，使人力资源价值实现了最大化

企业可通过外包资源整合的形式拥有人才：需要时组合，不需要时将人才转移给需要的企业——灵活匹配。它解决了企业冗员和工作量不恒定的问题，降低了过去稳定用工的闲时人工成本，使企业能够用最经济、最有效的方式去使用人才，实现了企业价值的最大化和人力资本价值的最大化。

（1）人才管理之"活"的现实价值

未来人才管理的关键词，就是一个"活"字。

第一是**人与组织、人与岗位要实现动态的、"活"的配置。**

第二是**人才的价值创造方式更加灵活**。每个人的内在潜能被释放出来，同时，组织价值创造的能力得到提升，实现了整个组织价值的最大化，激活了其价值创造的活力。

第三是人与组织、**人与岗位间的关系从单一的、僵化的配置走向灵活和充满活力**。未来的组织采取了以工作任务为核心、分布式的组织形式。当平台拥有大数据，了解了双方的特点与需求时，就能够根据供给端与需求端的算例进行精准配置。

第四是**人才的退出与再配置的机制更加灵活。**

（2）共享用工提高了人才的使用效率，提高了组织人力资源的效能，使人力资源价值实现了最大化

从成本的角度来讲，共享用工激活了内部人才，为内部人才带来了危机感。同时它降低了企业的总成本。为什么说降低的是总成本而不是成本呢？一般来说，一些外包服务、管理咨询服务等，其收费有可能不菲，短期内其成本必然是高的。但是，优秀的外部人才为企业解决了问题，其所贡献的是智慧价值而非时间价值，而这是需要以远期效果来衡量的。因此，仅就个案来说，其单一成本未必低，但企业的总成本一定是最低的。

同时，共享用工还降低了企业人才的摩擦成本、交易成本和退出成本。当前执行的劳动法规使企业面临人才退出成本过高的问题，也会让企业内部的交易成本居高不下，而共享用工使企业实现了人才的退出成本、人才的再配置成本最低化。

人才退出成本和人才再配置成本，以及企业总成本的降低，使共享用工不再局限于标准化工种及临时工、闲杂人员等，而是延伸到整个人才价值链和人才生态，使高端的创新型人才、经营型人才、专业化人才等均可被纳入共享用工的范畴之内，都可以采用第三方服务的方式。因此，共享用工也不仅仅是人力资源外包，它实际上是一个解决人力资源供给和需求矛盾的第三方服务平台。

图 4-30　共享用工的价值体现

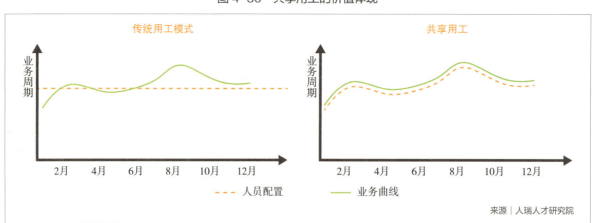

6.3　多元化用工模式的价值体现与管理要点

1991 年管理战略顾问加里·哈梅尔（Gary Hamel）与 C.K. 普拉赫拉德（C.K.Prahalad）在《哈佛商业评论》的一篇文章里面第一次提出了："企业核心竞争力"的概念，从而引起众多公司的ＣＥＯ将其子公司和业务功能进行剥离，进而取得成功。这使得外包非核心业务成为简化公司主体业务、打造公司核心竞争力的重要途径。

多元化用工的使命是合规高效地做好对公司**非核心能力的承接、核心能力的补充**、前沿能力的协同与获取、人才生态与创新生态培育支撑，形成通畅开放充满活力的外部人才通道，并做好**自有人才规模的蓄水池**。

6.3.1　多元化用工的战略选择

David P.Lepak 和 Scott A.Snell 在前人研究基础上，根据人力资本的价值和稀缺性，将人力资源系统的用工模式用一个模型来进行表述（图 4-31）。在这幅人力资源系统图中，针对员工不同的人力资本，可以使用不同的用工模式（雇佣模式）。

图 4-31　人力资源系统的用工模式

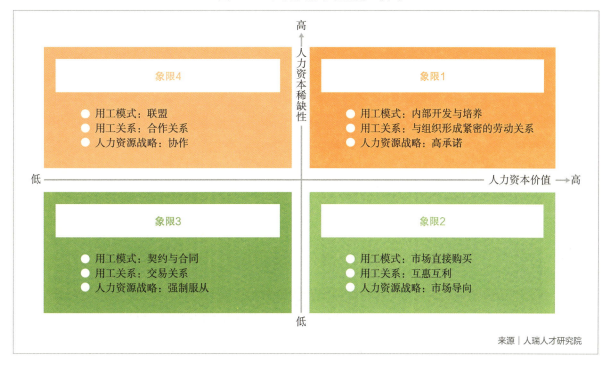

象限 1：主要针对人力资本价值和人力资本稀缺性都很高的员工。 这类员工拥有企业最核心的技能、知识和能力，企业应该采用内部开发和培养的方式投资这部分人力资本。为了维护员工的稳定性和组织绩效，企业与员工应形成高度紧密的雇佣关系，与此同时，企业也应采用高承诺的人力资源管理战略回报员工。

象限 2：主要针对人力资本价值高，但稀缺性低的员工。 这些员工对企业有很高的价值，但是他们所拥有的技术、知识和能力并不具备稀缺性。员工对企业不会产生高度的忠诚，他们更看重职业的发展，而并不会全身心投入企业发展中，不会在企业中形成长期发展自己的事业。企业对这类员工，应该采用市场直接雇佣的方式。企业和员工基于市场交易，双方互惠互利。企业无须在他们身上投入更多的成本去提升人力资本，而员工也会按照合同契约履行自己的职责。

象限 3：主要针对人力资本价值和稀缺性都低的员工。 他们只拥有一般性的技能或能力，同时这些技能可替代性强，在市场上也很容易获得。这部分员工并不会形成企业的核心竞争力，企业为了降低管理成本以及员工高频率的流失所带来的风险，一般会将这些员工所在的岗位外包给人力资源服务公司。企业不需要对这些员工投入更多的成本来提升人力资本，只需要按照市场合同和管理制度来严格要求员工履行岗位职责。

象限4：主要针对那些稀缺性高，但对企业来说价值比较低的人员，比如专家、顾问等。 他们不会为企业直接创造市场价值，但因为他们人力资本的稀缺性，所以交易成本会很高，从企业成本收益的角度来考虑，其价值就很低。对于这部分人员，企业不宜采用直接雇佣的方式，而是采用市场合作的方式，在市场上直接购买他们的服务，形成合作关系。企业在人力资源管理的战略上，也应采取协作的方式，这样使企业既获得这部分稀缺的人力资本的支持，同时也降低企业的成本。

6.3.2　多元化用工的方式

目前法律层面对多元化用工没有明确的定义。但在常规环境中，多元化用工是指传统单一的雇佣式用工模式不同，以标准用工与灵活用工相结合的新型用工模式。传统的雇佣模式主要为长期稳定的劳动力需求；多元化用工包括外包、众包、零工、合伙人等多种类型。对比企业雇佣的固定用工形式，多元化用工在劳动时间、收入报酬、工作场地、保险福利、劳动关系等各方面更加灵活，可以帮助企业充分调动社会资源实现企业人力资源队伍的快速调整、精确匹配、弹性管理和敏捷适应环境变化，降低用工成本。多元化用工的常见模式如图**4-32**所示。

图4-32　多元化用工常见模式

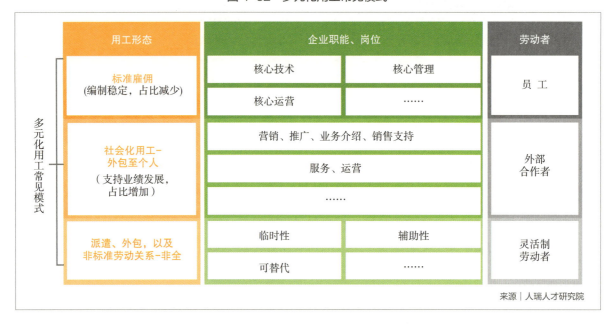

6.4　未来社会化共享用工大平台的设想与展望

人力资源服务外包只是一种用工形式的变化，是工业、技术、市场化大发展，分工协作普遍化，企业对市场开拓、产品实现、目标达成、组织管理方式更加灵活、高效期待下的阶段性必然产物，其与企业自主用工本质差异只在于"保障员工合法权益责任主体"的区别。

我们预计未来的组织形态、用工模式、用工理念将会发生根本性的巨大变化——依赖于社会化共享用工大平台的建立，真正意义的多元用工将普遍化（图4-33）。数字化技术的发展，使得办公软件不断革新迭代，远程办公、视频会议、多地协同办公等工作组织形式得以实现和应用，加之不同群体的特性，推动灵活用工从基础劳力型工作向更复杂的技术性、专业性工作延伸。对企业组织而言，它将是一种更加灵活、敏捷、效益、科学的多元用工模式，可以极大限度解决不同企业不同发展阶段的人才供需、精准匹配、组织能效、人才培养等方面问题。而从社会价值而言，它将打破现有的人与岗位的固化和僵化、打破组织的相对固化和僵化，使就业模式从"组织＋雇员"向"平台＋个体"转变，实现形式上"去劳动关系化"。在数字化时代背景下，劳动者从"单位人"到"平台人"的转变，是用工模式革命性的突破。这些突破也将打破企业、劳动关系对人才的"时空、管理、工作条件、工作关系、工作模式"等的常规限制，最大限度地在"有效需求"与"匹配人才"之间实现高效链接，从根本实现"以任务为核心、以结果为导向"，充分盘活人才资源，实现社会化人力资本的持续增值。

图4-33　社会化共享用工平台架构

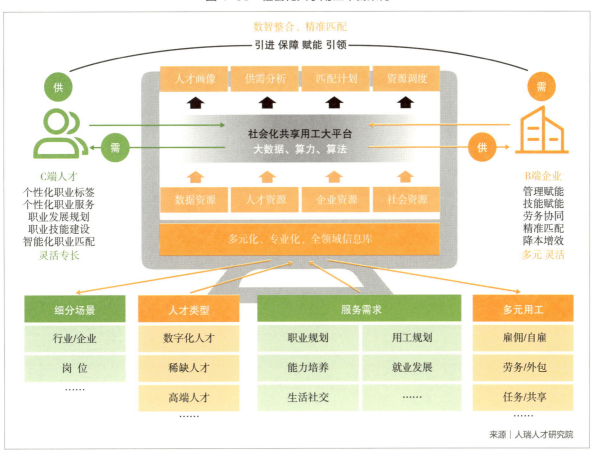

未来的人力资源外包服务公司将成为社会化用工大平台的组织者与搭建者，将基于大数据、基于精准的算例、基于算法向数字化驱动的高科技公司转变，其核心竞争能力是数字化、算力和算法。

因此，未来的人力资源外包服务平台至少要具备以下几个特征。

第一，它是实现供给与需求最优精准配置的第三方平台化服务商。

第二，它是稀缺人才的经纪人，是稀缺人才、高端人才的共享平台，可以实现高端人才与供给需求方的对接。

第三，它是数字化驱动的高科技公司。平台化的人力资源外包服务公司一定会掌握供需两方面的信息，其核心技术能力包括海量的数据、独特的算例和自己的底层算法。

第四，实现人力资本价值最大化。人力资源外包服务公司不仅可以让社会资源得到有效利用，社会效率得到提高，而且能减少人才退出交易的成本与摩擦，有利于建立和谐的劳资关系，使组织变得更灵活、更有效率，使组织充满活力。

第五，人力资源外包服务公司要从过去的以节约成本为主要目标，向满足需求、精准配置、提高人才效能和人力资源价值创造的活力转化，实现人与岗位的灵活配置、人与组织关系的动态合作，以及提高企业应对外部的不确定性的能力。未来它们还是一个职业能力的提升平台，是赋能的平台和快速适应组织的能力发展平台，也会为人力资源提供就业前的技能培训。

社会化共享用工大平台是新业态、新形势、新时代下人力资源开发的有益探索，聚焦招工就业"供需两端"实际，精准发力、精准对接、精准匹配。社会化共享用工大平台将以更多元、灵活的方式满足企业与人才的"供需匹配"，大大提升组织人力资源的效能和效率，帮助企业和个人实现价值的最大化。

图书在版编目（CIP）数据

产业数字人才研究与发展报告. 2023 / 人瑞人才，
德勤中国著. -- 北京：社会科学文献出版社, 2023.4
　　ISBN 978-7-5228-1555-8

　　Ⅰ.①产…　Ⅱ.①人…②德…　Ⅲ.①产业经济－转
型经济－数字化－人才培养－研究－中国－2023　Ⅳ.
①F269.2

　　中国国家版本馆CIP数据核字（2023）第048329号

产业数字人才研究与发展报告（2023）

著　　者 / 人瑞人才
　　　　　德勤中国

出 版 人 / 王利民
责任编辑 / 孙　瑜　佟英磊
责任印制 / 王京美

出　　版 / 社会科学文献出版社·群学出版分社（010）59367002
　　　　　地址：北京市北三环中路甲29号院华龙大厦　邮编：100029
　　　　　网址：www.ssap.com.cn
发　　行 / 社会科学文献出版社（010）59367028
印　　装 / 三河市东方印刷有限公司

规　　格 / 开　本：889mm×1194mm　1/16
　　　　　印　张：24　字　数：558千字
版　　次 / 2023年4月第1版　2023年4月第1次印刷
书　　号 / ISBN 978-7-5228-1555-8
定　　价 / 198.00元

读者服务电话：4008918866